Wirtschaftsrecht

Basisbuch für Studium und Praxis

Herausgegeben von
Prof. Dr. Dr. Volker Boehme-Neßler
in Zusammenarbeit mit
Prof. Dr. Irmgard Küfner-Schmitt
Prof. Dr. Stephan Dietrich
Prof. Dr. Hinrich Julius
RA Prof. Christoph Schalast
Prof. Dr. Andreas Schmidt-Rögnitz

R. Oldenbourg Verlag München Wien

Die Deutsche Bibliothek – CIP-Einheitsaufnahme

Wirtschaftsrecht : Basisbuch für Studium und Beruf / hrsg. von Volker Boehme-Neßler. In Zusammenarbeit mit Irmgard Küfner-Schmitt .... - München ; Wien : Oldenbourg, 2000
ISBN 3-486-24894-4

Rosenheimer Straße 145, D-81671 München
Telefon: (089) 45051-0
www.oldenbourg-verlag.de

Gedruckt auf säure- und chlorfreiem Papier
Druck: Grafik + Druck, München
Bindung: R. Oldenbourg Graphische Betriebe Binderei GmbH

ISBN 3-486-24894-4

Inhaltsverzeichnis

Vorwort

Es wäre vermessen, das ganze Wirtschaftsrecht in einem so schmalen Lehrbuch darstellen zu wollen. Darum geht es dem hier vorgelegten Wirtschaftsrecht nicht. Die Autoren wollen zweierlei:

Sie wollen Grundkenntnisse der wichtigsten Bereiche des Wirtschaftsrechts vermitteln und einen Überblick schaffen. Es gibt ein unverzichtbares Basiswissen, ohne das man Wirtschaftsrecht nicht verstehen kann. Darum soll es in diesem Buch gehen.

Gleichzeitig will das Lehrbuch das Wirtschaftsrecht transparent machen und dadurch die Fähigkeit anregen, juristisch, genauer: wirtschaftsrechtlich, zu denken. Denn diese Fähigkeit ist letztlich viel wichtiger als die Kenntnis von Details, die sich in kürzester Zeit ändern. Nicht Detailwissen, sondern juristisches Verständnis macht es den Leserinnen und Lesern möglich, sich in unbekannte Rechtsprobleme einzuarbeiten und eigenständig Lösungen zu finden. Und darauf kommt es an – im Studium und in der Praxis.

Die Wirtschaft und ihr Recht sind ungeheuer vielfältig und dynamisch. Das wird in Zukunft noch deutlicher werden. Globalisierung und neue Technologien – Stichwort: Internet und Telekommunikation – unterwerfen die Weltwirtschaft einem rasanten Strukturwandel, dessen Ergebnis noch kaum abzusehen ist. Vielfalt heißt also das Zauberwort: Das vorliegende Lehrbuch zum Wirtschaftsrecht trägt dem Rechnung: Verschiedene Autoren haben sich mit ihren Spezialgebieten befaßt. Sie haben die Hoffnung, daß dabei ein vielfältiges und deshalb anregendes Buch entstanden ist.

Das Buch wendet sich an alle, die sich einen Überblick über Inhalte, Strukturen und Mechanismen des Wirtschaftsrechts verschaffen wollen. Also an alle, die dem Wirtschaftsrecht die Frage stellen: Wie funktioniert das? In erster Linie sind das sicher Studentinnen und Studenten der Rechts- und Wirtschaftswissenschaften. Ähnliche Bedürfnisse haben aber auch die Praktiker in Wirtschaft, Behörden und Anwaltschaft. Ihnen will das Buch den schnellen Einstieg in das Wirtschaftsrecht erleichtern.

Bücher entstehen nicht ohne Lektoren. Wir danken deshalb Martin Weigert vom Oldenbourg-Verlag sehr für seine Unterstützung und sein Verständnis.

Auch ein Lehrbuch ist „work in progress", und ein Fortschreiten ist nur durch Dialog möglich. Wir freuen uns deshalb sehr auf einen Dialog mit unseren Leserinnen und Lesern aus Studium und Praxis. Kritik und Anregungen sind also sehr willkommen.

Volker Boehme-Neßler

Volker Boehme-Neßler

Ein Ordnungsrahmen für die Wirtschaft: Deutsches und Europäisches Wirtschaftsverfassungsrecht

A. Deutsches und Europäisches Wirtschaftsverfassungsrecht

I. Wirtschaft und Verfassung: Welche Bedeutung hat die Verfassung für die Wirtschaft?

Das Grundgesetz ist als Verfassung die Grundlage und der Rahmen für das gesamte deutsche Rechtssystem[1], also auch für das Wirtschaftsrecht. Die Verfassung macht grundsätzliche und abstrakte Vorgaben, die einzelnen wirtschaftsrechtlichen Gesetze konkretisieren diese Vorgaben und machen sie in der Praxis anwendbar.

Das Grundgesetz steht in der Hierarchie der Normen ganz oben: Es geht allen anderen Gesetzen und Rechtsnormen im Rang vor. Das bedeutet, daß wirtschaftsrechtliche Regelungen nur dann wirksam sind, wenn und soweit sie mit dem Verfassungsrecht übereinstimmen. Verfassungswidriges (Wirtschafts)Recht ist nichtig.

Die Verfassung erfüllt zwei wichtige Funktionen für den Staat[2]: Die Integrations- und die Ordnungsfunktion. Die moderne pluralistische Gesellschaft ist von Interessengegensätzen und Konflikten geprägt. Die Verfassung formuliert einen gemeinsamen, rechtlich verbindlichen Grundkonsens, auf den sich alle einigen können, und stellt so die Einheit des Staates her. Gleichzeitig gibt die Verfassung politische Leitlinien und Staatsstrukturen vor, die das politische und das wirtschaftliche System prägen. Dadurch schafft die Verfassung (Rechts-)Sicherheit, die die Wirtschaft braucht, um planen und investieren zu können. Welche fatalen Auswirkungen die fehlende Ordnung durch eine funktionierende Verfassung auf die Wirtschaft haben kann, läßt sich in den letzten Jahren sehr instruktiv in den Nachfolgestaaten der ehemaligen Sowjetunion verfolgen.

Daneben hat das Verfassungsrecht auch Bedeutung für die praktische Rechtsanwendung im Wirtschaftsrecht. In den einzelnen wirtschaftsrechtlichen Gesetzen

---

1 Ausführlich zur Bedeutung der Verfassung Ekkehart Stein, Staatsrecht, 16. Auflage 1998, S. 13 ff.

2 Dazu Ekkehart Stein, Staatsrecht, 16. Auflage 1998, S. 16 f.

existiert eine Fülle von sogenannten unbestimmten Rechtsbegriffen. Um die Gesetze anwenden zu können, müssen diese Rechtsbegriffe erst mit Inhalt gefüllt, also ausgelegt werden. Diese Auslegung geschieht mit Hilfe des Verfassungsrechts und der Grundsatzentscheidungen, die in ihm enthalten sind. Was ein Begriff bedeutet, wird geklärt, indem man fragt, welche Ziele die Verfassung verfolgt und welche Grundvorstellungen sie von bestimmten Wirtschaftsrechtsgebieten hat.

Die Wirtschaftsgesetze räumen den Wirtschaftsverwaltungsbehörden in vielen Fällen ein Ermessen ein: Unter bestimmten Voraussetzungen können die Behörden tätig werden, sie müssen es aber nicht. Dieses Ermessen ist nicht völlig frei, sondern rechtlich gebunden. Bei der praktischen Frage, ob eine Behörde ihr Ermessen ausübt und tätig wird, muß sie die Verfassung beachten. Denn ihr gesamtes Handeln, also auch die Ermessensausübung, muß der Verfassung entsprechen.

II. Deutsches und europäisches Wirtschaftsverfassungsrecht

Wirtschaftsverfassungsrecht – darunter versteht man in erster Linie alle wirtschaftlich relevanten Regelungen des Grundgesetzes. Seit Gründung der Europäischen Gemeinschaften im Jahr 1957 ist allerdings eine weitere Quelle des Wirtschaftsverfassungsrechts dazugekommen: Die europäischen Gründungsverträge, vor allem der EG-Vertrag. Der EG-Vertrag enthält eine Fülle von Regelungen, die für die Wirtschaft von großer Bedeutung sind.

Gleichzeitig beansprucht er – genau wie das Grundgesetz – inhaltlichen Vorrang vor jedem anderen Gesetz und vor jeder anderen Norm. Dieser Vorrang ist genau das, was typischerweise eine Verfassung ausmacht. Die Wirtschaftsverfassung in Deutschland besteht also aus zwei Rechtsquellen: Dem GG und dem EGV.

Solange sich beide Rechtsordnungen ergänzen, ergeben sich keine Probleme: Beide bilden die gemeinsame Wirtschaftsverfassung. Probleme entstehen allerdings dann, wenn sich inhaltliche Widersprüche zwischen GG und EGV ergeben. Dann stellt sich die Frage nach dem Rangverhältnis beider Rechtsquellen: Was ist anzuwenden – das Grundgesetz oder das europäische Recht?

Das europäische Recht selbst und die europäischen Institutionen wie etwa der Europäische Gerichtshof beanspruchen einen absoluten Anwendungsvorrang.[3]: Wenn Europarecht und deutsches Recht denselben Sachverhalt regeln, gilt das europäische Recht, das nationale Recht wird verdrängt. Das entspricht der Logik der europäischen Einigung. Durch die europäischen Gründungsverträge ist eine eigenständige – supranationale – Rechtsordnung entstanden, die davon lebt, daß ihre Regelungen den nationalen Rechtsakten vorgehen. Nur durch diesen Vorrang wird der weitere Fortschritt der europäischen Einigung vorangetrieben. Der Vorrang des Europarechts ist der „Motor der Integration".[4]

Das Bundesverfassungsgericht sieht die Vorrangfrage stärker aus dem nationalen Blickwinkel. Zwar akzeptiert es auch einen grundsätzlichen Vorrang des Euro-

---

3 So ganz klar der EuGH: EuGHE 1978, 629 – Simmenthal I

4 Ausführlich dazu der EuGH schon 1964: EuGHE 1964, 1251, 1269 f. – Costa ./. ENEL

parechts, allerdings zieht es ihm Grenzen. Wenn der Identitätskern des Grundgesetzes betroffen ist, hat das europäische Recht nach seiner Ansicht keinen Vorrang mehr. Dann geht die deutsche Verfassung vor[5].

Diese Streitfrage hat allerdings in der Praxis nur eine begrenzte Bedeutung. Bisher hat das Bundesverfassungsgericht noch keinen derartigen Konflikt zwischen Europarecht und nationalem Recht angenommen. Es gibt auch keine Anzeichen dafür, daß sich dies in Zukunft ändern wird.

III. Die Europäisierung des Wirtschaftsrechts

Der Vorrang des europäischen Rechts hat erhebliche Auswirkungen auf das deutsche Wirtschaftsrecht: Es wird zunehmend europäisiert. Schätzungen gehen davon aus, daß inzwischen etwa 80 % aller deutschen Wirtschaftsgesetze inhaltlich auf eine europäische Regelung zurückgehen[6]. Oder überspitzt gesagt: Das deutsche Wirtschaftsrecht wird in Brüssel gemacht, nicht mehr in Bonn – oder Berlin. Ähnliche Entwicklungen lassen sich in nahezu allen Rechtsgebieten beobachten. Betroffen davon sind zunächst zahllose Detailregelungen und einzelne Normen. Brisanter ist aber, daß durch das europäische Recht auch Grundstrukturen des deutschen Rechtssystems geändert werden.

Auswirkungen dieser *strukturellen* Europäisierung des deutschen Rechts finden sich im Verwaltungsrecht, aber auch im Wettbewerbsrecht, im Arbeits- und Sozialrecht, im Zivilrecht und weiteren Rechtsgebieten. Dabei entstehen teilweise ganz neue Rechtsinstitute. Erwähnt sei nur der *transnationale Verwaltungsakt*, der das bisher stark national orientierte Verwaltungsrecht „aufbricht".

Bisweilen scheint das europäische Recht trotz aller Dynamik an Grenzen zu stoßen. Wenn das Europarecht besonders sensible Strukturen der nationalen Rechtssysteme ändern will, wird der Widerstand der betroffenen Rechtsordnungen stärker. Ein gutes Beispiel dafür ist die Geschichte der Euro-Betriebrats-Richtlinie.[7] Die EG-Kommission wollte die nationalen Betriebsverfassungsrechte grundlegend ändern. Das hat heftiger Widerstand in den Mitgliedstaaten verhindert. Nach jahrelangem politischen Tauziehen ist schließlich die derzeit gültige Fassung der Richtlinie verabschiedet worden, die das nationale Betriebsverfassungsrecht weitgehend unverändert läßt. Auf die Dauer markieren diese Schwierigkeiten aber keine letzte Grenze der Europäisierung. Denn die EG-Kommission ist flexibel und ändert in diesen Fällen ihre Rechtsetzungstaktik, um trotz aller Widerstände Fortschritte bei der Europäisierung zu erreichen. Damit ist sie in der Regel auch erfolgreich.

Der dynamische Prozeß der Europäisierung ist nicht aufzuhalten. Um so wichtiger ist es für die Mitgliedstaaten, diese Entwicklung kreativ mitzugestalten. Das

---

5 Dazu BVerfGE 89, 155, 175 – Maastricht

6 Rabe, NJW 1993, 1 ff.

7 RL 94/54 EWG, Abl. EG 1994, Nr. L 254/64. Ausführlich dazu Neßler, ZfRV 1996, 229 ff.

europäische System ist offen für Ideen und Inhalte der nationalen Rechtsordnungen. Alle Mitglieder der EG können deshalb bewährte Grundsätze ihres Rechts und damit auch ihre jahrhundertealten Erfahrungen in die europäische Rechtsetzung einbringen. Dadurch läßt sich die Europäisierung der nationalen Rechtsordnungen mitgestalten. Dafür gibt es aus deutscher Sicht ein wichtiges Beispiel: Der Verhältnismäßigkeitsgrundsatz war den meisten europäischen Rechtsordnungen unbekannt. Inzwischen ist er – eine Folge des deutschen Einflusses – ein wichtiger Bestandteil des europäischen Rechts geworden.[8] Es geht dabei – das sei betont – nicht um einen Export deutschen Rechts nach Europa. Es geht darum, die Europäisierung als einen wechselseitigen Prozeß des Ideenaustauschs zwischen Europa und den nationalen Rechtsordnungen zu begreifen und zu gestalten.

Abgesehen von allen rechtspolitischen und dogmatischen Problemen, die mit dieser Europäisierung verbunden sind, ist eine Erkenntnis nicht von der Hand zu weisen: Europäisches Wirtschaftsverfassungsrecht ist von nicht zu unterschätzender Bedeutung auch und gerade für den Wirtschaftsalltag und die Unternehmenspraxis.

B. Europäisches Wirtschaftsverfassungsrecht

I. Europäischer Binnenmarkt und Europäische Wirtschafts- und Währungsunion

Welche Ziele die Europäische Gemeinschaft verfolgt, sagt Art. 2 EGV ausdrücklich. Es geht der EG um

- eine harmonische, ausgewogene und nachhaltige Entwicklung des Wirtschaftslebens
- ein hohes Beschäftigungsniveau
- ein hohes Maß an sozialem Schutz
- die Gleichstellung von Männern und Frauen
- ein beständiges, nichtinflationäres Wachstum
- internationale Wettbewerbsfähigkeit
- Konvergenz der Volkswirtschaften
- Umweltschutz und Verbesserung der Umweltqualität
- Verbesserung der Lebensqualität
- Solidarität zwischen den Mitgliedsstaaten der EG.

Das entscheidende Mittel, um diese Ziele zu realisieren, sieht die Europäische Gemeinschaft darin, einen europäischen Binnenmarkt und eine Europäische Wirtschafts- und Währungsunion zu schaffen. Schon bei der Gründung der EG im Jahr 1956 ging es darum, einen Gemeinsamen Markt in allen Mitgliedstaaten zu schaffen. Alle Handelshemmnisse zwischen den Mitgliedstaaten sollten abgebaut werden. Die verschiedenen, voneinander abgeschotteten nationalen Märkte sollten zu einem einheitlichen, europäischen Markt verschmolzen werden. Art. 14 II EGV

---

[8] Dazu EuGHE 1979, 3727 – Hauer; EuGHE 1985, 2889 – Man

definiert den europäischen Binnenmarkt deshalb konsequent als *Raum ohne Binnengrenzen, in dem der freie Verkehr von Waren, Personen, Dienstleistungen und Kapital gewährleistet ist.*

Der EG stehen eine Reihe von Maßnahmen und Instrumenten zur Verfügung, die sie genutzt hat, um einen Europäischen Binnenmarkt zu schaffen. Sie hat die vom EGV vorgesehenen Marktfreiheiten verwirklicht. Gleichzeitig wurden nationale Rechtsvorschriften, die den freien Handel hemmen könnten, weitgehend harmonisiert, also auf europäischem Niveau vereinheitlicht. Wo Vereinheitlichungen nicht möglich waren, hat man Handelshemmnisse durch die Strategie der gegenseitigen Anerkennung beseitigt.

Viele Bereiche der Wirtschaft sind deshalb inzwischen zu einem Europäischen Binnenmarkt verschmolzen. Allerdings bleibt die Verwirklichung des Europäischen Binnenmarktes ein dauerndes Ziel, zu dessen Verwirklichung die Institutionen der EG verpflichtet sind.

Ohne dieses Ziel sind die Einzelheiten des europäischen Wirtschaftsverfassungsrechts – v. a. die Grundfreiheiten und die Wirtschaftspolitiken – nicht zu verstehen. Denn sie sind auf dieses Ziel zugeschnitten, sie dienen in erster Linie der Verwirklichung des gemeinsamen Binnenmarktes.

Die Europäische Gemeinschaft begnügt sich aber nicht mit dem Binnenmarkt. Sie zielt darüber hinaus auf eine immer tiefer gehende Koordinierung der Wirtschafts- und Währungspolitiken, die in einer Union münden soll. Die Währungsunion ist bereits vollendet: Seit dem 1. Januar 1999 gibt es in elf der fünfzehn Mitgliedstaaten eine gemeinsame Währung, den Euro. Von einer Wirtschaftsunion ist die Gemeinschaft allerdings noch weit entfernt. Wirtschafts- und Finanzpolitik ist immer noch Sache der nationalen Regierungen, nicht der Europäischen Gemeinschaft. Allerdings stimmen sich die Regierungen dabei – dem Postulat von Art. 4 Abs. 1 EGV folgend – immer stärker ab.

II. Die Marktfreiheiten

1. Die Marktfreiheiten als Pfeiler des Binnenmarktes

Der EGV gewährleistet ausdrücklich den freien Warenverkehr, den freien Personenverkehr, den freien Dienstleistungsverkehr und den freien Kapitalverkehr. Diese Freiheiten sind die Grundlage des freien Wirtschaftsverkehrs innerhalb der EG. Wegen ihrer grundlegenden Bedeutung für den Europäischen Binnenmarkt werden sie auch als Grundfreiheiten bezeichnet.

Die Grundfreiheiten garantieren den Bürgern der Gemeinschaft bestimmte wirtschaftliche Freiheiten als subjektive Rechte gegenüber ihren Staaten. Verletzt eine Regierung einen Bürger in diesen Rechten, kann er sich dagegen vor den nationalen Gerichten und vor dem Europäischen Gerichtshof wehren[9]. Indem die Bürger

---

[9] Zu den Rechtsschutzmöglichkeiten Matthias Herdegen, Europarecht, 2. Auflage 1999, S. 143 ff.

ihre Freiheitsrechte durchsetzen und verteidigen, leisten sie gleichzeitig einen Beitrag zur Verwirklichung des Europäischen Binnenmarktes, der ja nur funktioniert, wenn die Freiheiten auch genutzt werden.

2. Die Freiheit des Warenverkehrs

Von einem Europäischen Binnenmarkt kann man nur sprechen, wenn Waren in Europa völlig ungehindert von nationalen Grenzen zirkulieren können. Von erheblicher Bedeutung ist deshalb Art. 23 EGV, der die Freiheit des Warenverkehrs als Kernstück des Binnenmarktes garantiert: Alle staatlichen Maßnahmen, die den grenzüberschreitenden Warenhandel zwischen den Mitgliedstaaten der EG behindern könnten, sind grundsätzlich verboten.

Der EG-Vertrag versteht den Begriff Ware dabei sehr weit[10]. Waren sind zunächst, aber nicht nur, bewegliche Sachen, die einen kommerziellen Wert haben. Um aber ein umfassendes System freier Verkehrsströme zu schaffen, wird auch die Lieferung von Gas, Wasser und Elektrizität unter die Warenverkehrsfreiheit subsumiert. Das gilt auch für die transnationale Übertragung von Forderungen, Patenten und Warenzeichenrechten. Auch Abfälle stellen Waren im Sinne des EG-Vertrages dar, wenn sie recycelt werden können[11].

Der EG-Vertrag garantiert die Freiheit des Warenverkehrs durch zwei unterschiedliche Strategien. Zum einen schafft er – das sagt Art. 23 EGV – eine Zollunion innerhalb der Gemeinschaft: Zölle oder Abgaben gleicher Wirkung zwischen den Mitgliedstaaten werden verboten, gegenüber dritten Ländern wird ein gemeinsamer Zolltarif eingeführt. Der freie Verkehr von Wirtschaftsgütern zwischen den einzelnen Mitgliedstaaten der EG kann deshalb nicht mehr durch Zölle oder ähnliche Abgaben behindert werden. Das würde allerdings noch nicht ausreichen, immerhin sind noch andere, sogenannte nichttarifäre Handelshemmnisse denkbar. Die Mitgliedstaaten entwickeln eine erstaunliche Phantasie, wenn es darum geht, durch offene oder versteckte Diskriminierungen ihre nationale Wirtschaft vor ausländischer Konkurrenz zu schützen.

Beispiele: Das deutsche Biersteuergesetz sah vor, daß ausländische Getränke auf dem deutschen Markt nur dann als Bier verkauft werden durften, wenn sie dem deutschen Reinheitsgebot entsprachen.[12] Das schwedische Alkoholgesetz erlaubte den Großhandel und die Einfuhr von alkoholischen Getränken nur Unternehmen, die eine (teure) Lizenz der staatlichen Alkoholinspektionsbehörde erwarben und sich den (kostspieligen) Überwachungsmaßnahmen der Behörden unterwarfen.[13]

Deshalb verbieten Art. 28, 29 EGV alle mengenmäßigen Einfuhr- und Ausfuhrbestimmungen sowie alle Maßnahmen gleicher Wirkung. Insgesamt ist somit alles

---

10 Dazu Albert Bleckmann, Europarecht, 6. Auflage 1997, Rd. 1470 f.
11 So ausdrücklich EuGHE 1992 I, 4431 ff.
12 Dazu EuGHE 1987, 1227 ff.
13 Dazu EuGHE 1997 I, 5509 – Franzén

verboten, was den freien Warenverkehr zwischen den EG-Mitgliedstaaten behindern könnte.

Der Binnenmarkt für Waren ist eine eindrucksvolle, im Wirtschaftsalltag deutlich sichtbare Leistung der EG. Dennoch ist er bis heute keineswegs umfassend verwirklicht. Schwierigkeiten bereitet vor allem die gegenseitig Anerkennung unterschiedlicher nationaler Produktstandards. Unterschiedliche nationale Regelungen über Qualitäts- und Sicherheitsanforderungen an Produkte sind ein wichtiges Hindernis für den freien Warenverkehr. Um dieses Hindernis zu beseitigen, werden die Mitgliedstaaten der EG verpflichtet, ihre unterschiedlichen Standards gegenseitig als gleichwertig anzuerkennen. Diese gegenseitige Anerkennung beseitigt dann die Hindernisse für den Export oder Import. Allerdings tun sich die Mitgliedstaaten mit der gegenseitigen Anerkennung noch schwer. Immerhin werden niedrigere rechtliche Anforderungen an ein Produkt als Standortvorteil angesehen, der zur Verlagerung von Produktionsstätten in Länder mit niedrigeren Standards führen könnte. Die Staaten mit höheren Standards wollen das im Wettlauf um Investitionen nicht unterstützen.

3. Die Freiheit des Personenverkehrs: Arbeitnehmerfreizügigkeit und Niederlassungsfreiheit

Nicht nur Waren, sondern auch die Bürger, die außerhalb ihrer Heimatländer arbeiten wollen, sollen sich im Europäischen Binnenmarkt ohne Hindernisse bewegen können. Von großer Bedeutung ist deshalb, daß der EG-Vertrag ausdrücklich auch die Freiheit des Personenverkehrs gewährleistet.

Art. 39 EGV garantiert die Arbeitnehmerfreizügigkeit: Alle Arbeitnehmer dürfen deshalb innerhalb der Gemeinschaft arbeiten, wo sie wollen. Den Staaten ist es nicht nur verboten, ausländische Arbeitnehmer gegenüber einheimischen zu benachteiligen. Über das bloße Diskriminierungsverbot hinaus enthält Art. 39 EGV ein *umfassendes Beschränkungsverbot*:[14] Die Mitgliedstaaten der EG müssen jegliche Maßnahme unterlassen, die die Mobilität der Arbeitnehmer beeinträchtigen könnte. Man spricht in diesem Zusammenhang sogar von einem „Grundrecht auf Mobilität“[15]

Beispiel: Die im Profifußball geltenden Ablöseregelungen und Ausländerklauseln sind Beschränkungen der Arbeitnehmerfreizügigkeit.[16] Nicht mit der Mobilitätsgarantie vereinbar ist auch die Diskriminierung von Gastarbeiterkindern bei der Ausbildungsförderung.[17]

In einem Bereich gilt die Arbeitnehmerfreizügigkeit allerdings – das sagt Art. 39 IV EGV ganz klar – ausdrücklich nicht: In der öffentlichen Verwaltung.

---

14 So ganz dezidiert EuGHE 1995 I, 4921 Rd. 96 – Bosman
15 Oppermann, Europarecht, S. 630 m.w.N.
16 EuGHE 1995 I, 4921 Rd. 96 – Bosman
17 EuGHE 1974, 773 ff. – Casagrande

Dort darf der Staat ausnahmsweise besondere Anforderungen an die Arbeitnehmer stellen, die faktisch die Freizügigkeit für die Bürger anderer Staaten einschränken.

Beispiel: Die Tätigkeit als Richter oder Soldat kann an die nationale Staatsangehörigkeit geknüpft sein.

Das ist vor allem historisch begründet. Die Wahrnehmung bestimmter öffentlicher Aufgaben setzt ein besonders enges Loyalitätsverhältnis zum Staat voraus. Diese besondere Verbundenheit zum Staat wird durch die Staatsangehörigkeit geschaffen. Deshalb darf jeder Mitgliedstaat den Dienst in der öffentlichen Verwaltung auf seine eigenen Staatsangehörigen beschränken und die Bürger anderer Mitgliedstaaten davon ausschließen.[18] Weil sich das aber kaum mit der Idee der Arbeitnehmerfreizügigkeit vereinbaren läßt, legt der EuGH den Anwendungsbereich von Art. 39 IV EGV sehr eng aus. Als öffentliche Verwaltung i.S.d. Europarechts sieht er keineswegs alle Tätigkeiten im Staatsdienst an. Nach seiner Rechtsprechung fällt nur die Beschäftigung in Kernbereichen der staatlichen Verwaltung – also Justiz, Militär, Polizei und Finanzverwaltung – unter die Ausnahmevorschrift[19]. Für alle anderen Tätigkeiten gilt die Arbeitnehmerfreizügigkeit ohne Einschränkung.

Beispiele: Arbeit als Lehrer oder Tätigkeiten in der Sozialverwaltung[20]

Im Wirtschaftsleben wird die Freizügigkeit der Arbeitnehmer nicht nur durch staatliche Maßnahmen, sondern auch durch die Handlungen Privater bedroht. Das Paradebeispiel dafür sind die Regelwerke privater Sportverbände: Im Profifußball, aber auch in anderen Sportarten sind die Möglichkeiten, von einem Verein zum anderen zu wechseln, durch umfangreiche Transferregelungen stark beschränkt. Das läßt sich mit dem Ziel eines Europäischen Binnenmarktes ohne Hindernisse für die Mobilität der Arbeitnehmer kaum vereinbaren. Der EuGH hat deshalb entschieden, daß die Garantie der Freizügigkeit von Art. 39 EGV nicht nur gegenüber staatlichen Stellen, sondern auch gegenüber privaten Unternehmen gilt.[21] Diese sogenannte *Drittwirkung* der Arbeitnehmerfreizügigkeit hat beispielsweise dazu geführt, daß die Transferregelungen im europäischen Fußball für europarechtswidrig angesehen und aufgehoben wurden.[22]

Die Niederlassungsfreiheit in Art. 43 EGV erstreckt die Personenverkehrsfreiheit auf die Selbständigen. Sie schützt die Freizügigkeit der unternehmerischen Tätigkeit und die Freiheit der Standortwahl durch den Unternehmer. Alle natürlichen und juristischen Personen haben das Recht, sich in jedem Mitgliedstaat der EG niederzulassen und eine dauernde selbständige Tätigkeit auszuüben. Die Niederlassungsfreiheit beinhaltet zunächst ein Diskriminierungsverbot: Ausländische Unternehmer müssen formal gleich behandelt werden. Die Niederlassungsfreiheit erschöpft sich aber – wie die anderen Marktfreiheiten auch – nicht im Grundsatz

18 EuGHE 1980, 3881 ff., 3901

19 EuGHE 1986, 2121, 2147 – Lawrie-Blum

20 EuGHE 1996 I, 3207 – Luxemburg

21 EuGHE 1974, 1405 – Walrave

22 EuGHE 1995 I, 4921 – Bosman

der Inländergleichbehandlung. Sie verbietet jegliche Beschränkung der selbständigen unternehmerischen Tätigkeit durch staatliche Stellen[23].

Beispiel: Einem in Deutschland zugelassenen Rechtsanwalt darf nicht unter Berufung auf deutsches Standesrecht verboten werden, in Italien seine Tätigkeit ebenfalls auszuüben.

Die Niederlassungsfreiheit wird in der Praxis in erster Linie von Unternehmen, weniger von Einzelpersonen wahrgenommen. Sie hat – das zeigt ein Blick auf die Statistik – die erwünschten Effekte: Im Bereich der EG sind die Auslandsinvestitionen europäischer Unternehmen erheblich stärker gewachsen als im internationalen Rahmen allgemein.[24]

4. Die Dienstleistungsfreiheit

Die Bedeutung des Dienstleistungssektors für die modernen Volkswirtschaften ist enorm und nimmt weiter zu. Dieser Tatsache trägt Art. 49 EGV Rechnung, der die Freiheit des Dienstleistungsverkehrs garantiert. Alle Beschränkungen des freien Dienstleistungsverkehrs durch staatliche Stellen innerhalb der EG sind grundsätzlich verboten. Wie bei den anderen Grundfreiheiten auch, enthält der EG-Vertrag also ein umfassendes Beschränkungsverbot.

Um die Freiheitsgewährleistung möglichst umfassend zu gestalten, geht der EG-Vertrag von einem weiten Begriff der Dienstleistung aus, der nichts mit dem wirtschaftswissenschaftlichen Dienstleistungsbegriff zu tun hat: Nach Art. 50 EGV versteht das Europarecht unter Dienstleistungen alle *Leistungen, die in der Regel gegen Entgelt erbracht werden.*[25] Mit diesem Begriff will der EG-Vertrag alle wirtschaftlich relevanten Handlungen erfassen, die nicht unter die Arbeitnehmerfreizügigkeit und die Niederlassungsfreiheit fallen (Auffangfunktion der Dienstleistungsfreiheit).

Das Europarecht unterscheidet drei unterschiedliche Aspekte der Dienstleistungsfreiheit, die gleichermaßen geschützt werden:

- die aktive Dienstleistungsfreiheit: Dienstleistungen werden in einem anderen Staat erbracht. Beispiel: Ein Arzt begibt sich zu einer Behandlung in einen anderen Mitgliedstaat.
- die passive Dienstleistungsfreiheit: Dienstleistungen werden in einem anderen Staat entgegengenommen. Beispiel: Ein Patient läßt sich in einem anderen Mitgliedstaat behandeln.[26]
- die Grenzüberschreitung durch die Dienstleistung selbst. Beispiel: Rundfunksendungen werden in einem Mitgliedstaat produziert und auch in anderen Staaten ausgestrahlt.

---

23 EuGHE 1995 I, 4165 ff. – Gebhard

24 Deutsche Bundesbank, Monatsbericht Mai 1995, S. 45

25 In einer erläuternden Mitteilung hat die Kommission den Begriff der Dienstleistung näher dargestellt: Abl. EG 1993, Nr. C 334/3

26 Dazu EuGHE 1998 I, S. 1931 ff. – Kohll

Um die Dienstleistungsfreiheit in die konkrete Praxis umzusetzen, hat die EG eine Fülle von Richtlinien erlassen, die den Dienstleistungsverkehr europaweit liberalisieren sollen.[27] Dabei geht es darum, Unterschiede in den nationalen Rechtssystemen zu beseitigen. Denn unterschiedliche Regelungen behindern eine europaweite Ausübung der Dienstleistungsfreiheit. Die Gemeinschaft wendet dabei zwei unterschiedliche Methoden an:

Wo es möglich ist, werden Unterschiede zwischen den nationalen Rechtssystemen durch eine Rechtsangleichung beseitigt: Die Gemeinschaft setzt einheitliches europäisches Recht, das in allen Mitgliedstaaten gilt.

In manchen Bereichen ist das wegen technischer Schwierigkeiten oder politischer Widerstände nicht möglich. Dann praktiziert die Gemeinschaft das Prinzip der gegenseitigen Anerkennung: Es bleibt bei den Unterschieden zwischen den nationalen Rechtsordnungen. Die Mitgliedstaaten werden aber durch Richtlinien verpflichtet, ihre unterschiedlichen rechtlichen Regelungen als gleichwertig anzuerkennen. Die Unterschiede können dann den grenzüberschreitenden Dienstleistungsverkehr nicht mehr behindern.

Die Konsequenz ist: Mit einem Berufs- oder Studienabschluß aus einem Mitgliedstaat kann man in allen anderen Mitgliedstaaten Dienstleistungen erbringen.

Beispiel: Ärzte oder Krankenpfleger mit deutschen Befähigungsnachweisen können damit grundsätzlich in allen anderen Staaten der Gemeinschaft Dienstleistungen erbringen oder sich niederlassen.

5. Die Freiheit des Kapital- und Zahlungsverkehrs

Ein Europäischer Binnenmarkt kann nur funktionieren, wenn es auch einen freien Kapital- und Zahlungsverkehr zwischen den Mitgliedstaaten der EG gibt. Unter Kapitalverkehr versteht das Europarecht dabei den grenzüberschreitenden Transfer von Geld- oder Sachkapital. Dabei geht es in der Regel um Kapitalanlagen oder Investitionen. Zahlungsverkehr ist demgegenüber der grenzüberschreitende Kapitaltransfer zur Erfüllung einer rechtsgeschäftlichen Schuld.

Ohne einen freien Kapitalverkehr sind Auslandsinvestitionen unmöglich, jedenfalls sehr erschwert. Ohne einen freien Zahlungsverkehr wären die Grundfreiheiten wirkungslos: Der freie Warenverkehr beispielsweise ist sinnlos, wenn nicht gleichzeitig die mit dem Warenhandel erzielten Erlöse frei von einem Staat in den anderen transferiert werden könnten. Wenn die nationalen Grenzen für die Güter und Dienstleistungen fallen, muß das auch für das Kapital gelten: Ein grenzüberschreitender, europaweiter Wirtschaftsprozeß kann nicht von nationalen Kapitalmärkten finanziert werden.

Die Kapital- und Zahlungsverkehrsfreiheit ist Teil eines umfassenden Ziels: Es geht darum, einen einheitlichen europäischen Finanzraum zu schaffen, der alle nationalen Finanzmärkte der Mitgliedstaaten umfaßt und europäisiert. Diese Zielsetzung berücksichtigt die engen Zusammenhänge zwischen Warenhandel, Wäh-

27 Ausführlich dazu Oppermann, Europarecht, S. 680 ff.

rung und Kapitalmärkten: Der europäische Binnenmarkt und die europäische Währung funktionieren auf Dauer nicht ohne einen europäischen Finanz- und Kapitalmarkt. Deshalb betonen Art. 3 Abs. 1 lit. c EGV und Art. 14 Abs. 2 EGV die zentrale Bedeutung eines freien Kapital- und Zahlungsverkehrs.

Art. 56 EGV verbietet grundsätzlich alle staatlichen Beschränkungen des Kapital- und Zahlungsverkehrs. Das gilt für rechtliche und faktische, für offene und verschleierte Diskriminierungen und Beschränkungen.

Beispiel: Devisenvorschriften, die die Ausfuhr von Banknoten von einer speziellen Genehmigung abhängig machen, sind grundsätzlich unzulässig.[28]

In Deutschland hat sich in den letzten Jahren ein brisantes Problem entwickelt, das noch nicht gelöst ist. Bei der immer intensiveren Fahndung nach Steuersündern klagen die Staatsanwaltschaften zunehmend nicht nur die Steuerhinterzieher selbst an. Auch die Bankmitarbeiter, die an der Verschiebung von Schwarzgeld ins Ausland beteiligt waren, werden angeklagt – wegen Beihilfe zur Steuerhinterziehung. Ob sich das mit der Kapitalverkehrsfreiheit in Einklang bringen läßt, ist sehr zweifelhaft.[29]

Die Ermittlungen der Staatsanwaltschaft erschweren den grenzüberschreitenden Kapitalverkehr erheblich: Wenn jeder, der ein Konto im Ausland unterhält, als potentieller Steuerhinterzieher mit einem Ermittlungsverfahren rechnen muß, hat das eine enorme abschreckende Wirkung (chilling effect). Das gilt nicht nur für die Bankkunden, sondern auch für die Banken selbst. Letztlich wird der grenzüberschreitende Kapitalverkehr in Europa dadurch gebremst. Das verletzt die Kapitalverkehrsfreiheit, die den Kapitalverkehr in Europa gerade fördern und verbessern will.

6. *Schranken der Marktfreiheiten*

Die Marktfreiheiten des Europarechts geben den EG-Bürgern weitreichende Abwehrrechte gegenüber staatlichen Eingriffen in ihre Wirtschaftstätigkeit. Gleichzeitig greift das europäische Recht damit weit in den Bereich der Souveränität der nationalen Staaten ein. Um diese Souveränitätsbeschränkung „abzufedern“ und dadurch für die Mitgliedstaaten der EG erst akzeptabel zu machen, werden die Grundfreiheiten nicht schrankenlos garantiert. Der EG-Vertrag enthält die Befugnis der Mitgliedstaaten, unter bestimmten Voraussetzungen die Grundfreiheiten ausnahmsweise einzuschränken. Um das Ziel, den Europäischen Binnenmarkt, aber nicht zu gefährden, ist eine Beschränkung der Grundfreiheiten nur unter strengen Voraussetzungen gerechtfertigt[30].

Beschränkungen sind deshalb europarechtlich nur erlaubt, wenn folgende Voraussetzungen kumulativ vorliegen:

---

28 Dazu EuGHE 1995 I, 361 – Bordessa

29 Ausführlich zu dieser Problematik Ress/Ukrow, Kapitalverkehrsfreiheit und Steuergerechtigkeit, 1997, S. 58 ff.

30 So der EuGHE 1995 I, 4165 Rd. 37 – Gebhard

- Sie müssen durch zwingende Gründe des Allgemeininteresses gerechtfertigt sein.
- Sie dürfen keine versteckte Diskriminierung ausländischer Bürger, Waren oder Dienstleistungen darstellen.
- Sie müssen verhältnismäßig sein. Das bedeutet vor allem: Sie dürfen nicht über das hinausgehen, was zur Realisierung des mit ihnen verfolgten Ziels unbedingt erforderlich ist.

Der EuGH betont, daß diese Ausnahmetatbestände eng auszulegen und abschließend sind. [31]Durch die strengen Voraussetzungen wird sichergestellt, daß eine Einschränkung der Grundfreiheiten die absolute Ausnahme bleibt.

a) Zwingende Gründe des Allgemeininteresses

Grundfreiheiten können nur eingeschränkt werden, wenn das im öffentlichen Interesse zwingend notwendig ist. Was versteht das Europarecht unter dem Begriff Allgemeininteresse?

Art. 30 EGV zählt, ähnlich wie Art. 39 III, 46 und 55 EGV, ausdrücklich bestimmte Allgemeininteressen auf, die Beschränkungen rechtfertigen können: die öffentliche Sicherheit und Ordnung, der Schutz der Gesundheit und des Lebens, der Schutz nationaler Kulturgüter oder des gewerblichen Eigentums.

Beispiel: Einfuhrverbote für gesundheitsgefährdende Produkte; Ausfuhrverbote für archäologische Fundstücke

Der EuGH sieht die Aufzählungen allerdings nicht als abschließend an. Andere Allgemeininteressen, die – das ist entscheidend – eine ebenso große Bedeutung wie die ausdrücklich genannten haben, können nach seiner Rechtsprechung ebenfalls Eingriffe in Marktfreiheiten rechtfertigen. Umweltschutz, Kulturpolitik oder sogar Interessen des europäischen Fußballs sind deshalb potentiell geeignet, Eingriffe in Marktfreiheiten zu rechtfertigen.[32]

b) Keine versteckte Diskriminierung

Eine Marktfreiheit kann allerdings unter keinen Umständen durch eine staatliche Maßnahme eingeschränkt werden, die eine verschleierte Diskriminierung von EG-Ausländern oder ausländischen Waren oder Dienstleistungen darstellt. Solche Maßnahmen sind ausnahmslos verboten. Das gilt sogar dann, wenn sie an sich (auch) durch ein Allgemeininteresse gerechtfertigt wären.

---

31 EuGHE 1981, 1625 ff.

32 Siehe dazu: EuGHE 1988, 4607, 4630 – dänische Pfandflaschen; EuGHE 1985, 2605, 2626 – Cinéthèque; EuGH NJW 1996, 505 ff. – Bosman

Beispiel: Einfuhrbeschränkungen für Geflügel sind unzulässig, wenn es dabei nicht um den behaupteten Schutz der Verbraucher, sondern in Wirklichkeit um den Schutz der einheimischen Landwirte vor ausländischer Konkurrenz geht.[33]

c) Verhältnismäßigkeit

Die Beschränkung einer Grundfreiheit ist schließlich nur dann gerechtfertigt, wenn sie verhältnismäßig ist. Der Grundsatz der Verhältnismäßigkeit ist aus dem deutschen Verfassungsrecht in das europäische Recht übernommen worden.[34] Er entspricht inhaltlich in etwa dem deutschen Prinzip.

Eine Maßnahme, die Grundfreiheiten beschränkt, muß deshalb überhaupt geeignet sein, das angestrebte Ziel zu erreichen. Eine Maßnahme, die von vornherein nicht geeignet ist, das von ihr angestrebte Ziel zu erreichen, ist in jedem Fall unverhältnismäßig und kann keinen Eingriff rechtfertigen.

Beispiel: Das ausgeklügelte System der Transferzahlungen und Ablösesummen im europäischen Fußball ist vom EuGH als unverhältnismäßiger Eingriff in die Personenfreiheit angesehen worden. Ablösesummen sollten verhindern, daß die finanzkräftigen Vereinen alle guten Spieler unter Vertrag nehmen und das Gleichgewicht unter den Vereinen gestört wird. Trotz der Transferregelungen ist genau diese Situation eingetreten. Der EuGH hat daraus zu Recht geschlossen, daß Ablöseregelungen schon ungeeignet sind, ihr Ziel – ein faires Gleichgewicht zwischen den europäischen Vereinen herzustellen[35] – zu erreichen.

Die Einschränkung einer Marktfreiheit ist darüber hinaus nur zulässig, wenn sie das mildeste Mittel darstellt, also überhaupt erforderlich ist. Immer, wenn es eine mildere staatliche Maßnahme gibt, die das angestrebte Ziel genauso effektiv erreichen kann, ist eine Freiheitseinschränkung unverhältnismäßig und unzulässig.

Beispiel: Wenn Gesundheitskontrollen ausreichen, um Gefahren durch verseuchte Lebensmittel zu verhüten, wäre ein totales Einfuhrverbot unverhältnismäßig und damit europarechtswidrig[36]

III. Allgemeine Rechtsgrundsätze

Die europäischen Verträge garantieren zwar wirtschaftliche Grundfreiheiten. Sie enthalten aber keinen geschriebenen Grundrechtskatalog, wie etwa das deutsche GG, aber auch andere nationale Verfassungen. Auch in anderen Bereichen enthalten die Verträge Lücken.

Um diese teilweise als schmerzlich empfundenen Lücken zu schließen, hat der EuGH ungeschriebene Rechtsgrundsätze entwickelt.[37] Er wendet dabei die Metho-

---

33 Siehe dazu den Fall von EuGHE I 1998, 2793, 2826

34 Dazu Oppermann, Europarecht, S. 200

35 Ausführlich dazu EuGH NJW 1996, 505 ff. – Bosman

36 So der instruktive Fall von EuGHE 1993 I, 3315 – Süßwasserkrabben

37 Ausführlich dazu Oppermann, Europarecht, S. 185 ff.

de der *wertenden Rechtsvergleichung* an: Er vergleicht die nationalen Rechtsordnungen der Mitgliedstaaten und gewinnt dadurch allgemeine Rechtsgrundsätze, die in den meisten, nicht unbedingt in allen Rechtsordnungen enthalten sind. Gestützt auf Art. 288 II EGV übernimmt er diese Erkenntnisse in das europäische Recht, allerdings in der Regel mit deutlichen Modifikationen. Er wertet, wägt ab und paßt die gefundenen Grundsätze an die Erfordernisse des europäischen Rechtssystems an. Die so entwickelten ungeschriebenen allgemeinen Rechtsgrundsätze werden dann gleichberechtigter Bestandteil des Europarechts neben den ausdrücklichen Regelungen, die sich in den Verträgen finden.

Die Richter dürfen sich aber – das würde die Kompetenzverteilung des EGV verletzen – nicht an die Stelle des europäischen Gesetzgebers setzen: Sie dürfen Recht finden, aber nicht erfinden. Für die Entwicklung dieser allgemeinen Rechtsgrundsätze aus den nationalen Rechtsordnungen gibt es deshalb zwei wichtige Schranken:

- es muß eine wesentliche Lücke im geschriebenen Europarecht bestehen und
- der EuGH muß die Rechtsgrundsätze in den nationalen Rechtsordnungen tatsächlich finden, er darf sie nicht etwa selbst „erfinden" oder erst erschaffen.

Von besonderer Bedeutung für die Wirtschaft sind der Schutz der Eigentumsfreiheit und die Berufsfreiheit, die der EuGH in ständiger Rechtsprechung als Bestandteil des Europarechts ansieht[38].

Beispiel: Eine EG-Verordnung verbietet generell die Neuanpflanzung von Weinreben, um einer Überproduktion entgegenzuwirken. Das ist ein Eingriff in das Eigentum und die Berufsfreiheit der betroffenen Weinbauern.

Bestandteil der europäischen Verträge sind nach dieser Rechtsprechung auch das Grundrecht der Unverletzlichkeit der Wohnung oder fundamentale Prinzipien des Rechtsstaats wie das Recht auf rechtliches Gehör, der Verhältnismäßigkeitsgrundsatz, der Vertrauensschutz, die Rechtssicherheit und das Rückwirkungsverbot.

Der vom EuGH entwickelte ungeschriebene europäische Grundrechtskatalog hat eine nicht zu unterschätzende Bedeutung. Wenn das Europarecht die Bürger unmittelbar betrifft, müssen sie – das entspricht der europäischen Rechtsstaatstradition – durch Grundrechte gegenüber den europäischen Institutionen geschützt sein. Nur nationale Grundrechte reichen nicht aus, vor allem dann nicht, wenn das europäische Recht Vorrang gegenüber jeglichem nationalem Recht beansprucht. Denn nationale Grundrechte können dann nicht gegen europäische Eingriffe schützen. Der Grundrechtskatalog hat im übrigen das Bundesverfassungsgericht dazu bewogen, bei der Überprüfung von europäischem Recht Zurückhaltung zu üben. Solange das Europarecht effektive Grundrechte enthält – so seine Argumentation – müsse das BVerfG das europäische Recht nicht am Maßstab der deutschen Grundrechte überprüfen.[39]

---

38 Grundlegend dazu EuGHE 1979, 3727

39 BVerfGE 73, 339, 387 – Solange II

Der vom EuGH entwickelte Grundrechtsstandard hat sicher ein eindrucksvolles Niveau erreicht. Dennoch bleiben Zweifel an der praktischen Effektivität der Grundrechte. Immerhin ist auffällig, daß der EuGH noch keine einzige Maßnahme einer EG-Institution wegen eines Verstoßes gegen ein europäisches Grundrecht aufgehoben hat.

IV. Ein Kernstück der Wirtschaftsverfassung: Die Wettbewerbsordnung der EG

Der Europäische Binnenmarkt soll Unternehmern und Unternehmen neue Märkte erschließen und Freiräume eröffnen. Die Gemeinschaft hat erkannt, daß es nicht ausreicht, einen freien Wettbewerb in Europa anzustoßen und ihn vor staatlichen Eingriffen zu schützen. Der Wettbewerb ist auch durch das Verhalten Privater bedroht. Er muß permanent vor Verfälschungen, etwa durch Kartelle oder Monopolbildungen, geschützt werden. Art. 3 Abs. 1 lit. g EGV gibt der EG deshalb auf, den Wettbewerb innerhalb der Gemeinschaft vor Verfälschungen zu schützen. Art. 81 ff. EGV legen Regeln fest, denen der Wettbewerb gehorchen muß. Nur so kann die unternehmerische Autonomie und die freie Wahlmöglichkeit der Verbraucher zwischen Waren und Dienstleistungen gewährleistet werden. Den Verbrauchern sollen Waren und Dienstleistungen zu optimalen Bedingungen angeboten werden. Gleichzeitig soll der Wettbewerb die Unternehmen zu ständigen Innovationen stimulieren. Das Wettbewerbsrecht hat also auch den permanenten wissenschaftlichen, technischen und ökonomischen Fortschritt im Auge, letztlich im Interesse der Bürger, die davon profitieren sollen.

Allerdings ist die Sicherung des freien Wettbewerbs nicht das einzige Ziel, dem sich der EG-Vertrag verschrieben hat. Art. 3 Abs. 1 lit. EGV verpflichtet die europäischen Institutionen auf ein industriepolitisches Ziel: Die Stärkung der internationalen Wettbewerbsfähigkeit der europäischen Industrie. Diese Zielsetzung steht in einem Spannungsverhältnis zur Sicherung eines freien Wettbewerbs. Denn internationale Wettbewerbsfähigkeit kann eine Unternehmensgröße voraussetzen, die in Europa keinen freien Wettbewerb mehr zuläßt. Eine Möglichkeit, das Spannungsverhältnis aufzulösen, ist die Befugnis der Kommission, gemäß Art. 85 Abs. 3 EGV Ausnahmen vom Kartellverbot zuzulassen. Um aber eine grundsätzliche Aufweichung des Wettbewerbsprinzips mit industriepolitischen Begründungen zu verhindern, bestimmt Art. 157 Abs. EGV eindeutig, daß die Gemeinschaft keine Maßnahmen ergreifen darf, die zu Wettbewerbsverzerrungen führen könnten.

1. Das Kartellverbot, Art. 81 EGV

Art. 81 Abs. 1 EGV enthält eine Generalklausel. Verboten sind Vereinbarungen und alle aufeinander abgestimmten Verhaltensweisen von Unternehmen und Unternehmensvereinigungen, die den Handel in der EG beeinträchtigen könnten und eine Verfälschung des Wettbewerbs bezwecken oder bewirken.

Damit verbietet der EG-Vertrag Kartelle im klassischen Sinn, also *horizontale* Wettbewerbsverfälschungen.

Beispiel: Preisabsprachen oder Gebietsaufteilungen zwischen Konkurrenzunternehmen

Von erheblicher Bedeutung ist, daß der Vertrag aber auch alle *vertikalen* Wettbewerbsbeschränkungen untersagt.

Beispiel: Alleinvertriebsvereinbarungen zwischen Produzent und Großhändler; langfristige Lieferverträge[40]

Absprachen und Verträge zwischen Unternehmen, die gegen das Kartellverbot verstoßen, sind – das sagt Art. 81 Abs. 2 EGV ganz eindeutig – automatisch nichtig.[41] Es ist keine Entscheidung einer europäischen oder nationalen Behörde mehr notwendig. Das Europarecht greift dadurch unmittelbar in das nationale Zivilrecht der Mitgliedstaaten ein.

Das allgemeine Kartellverbot gilt nicht ohne Ausnahme. Das Verbot wird gemäß Art. 81 Abs. 1 EGV von vornherein beschränkt durch die

- Zwischenstaatsklausel: Verboten sind nur Absprachen, die sich auf den Handel zwischen den Mitgliedstaaten auswirken könnten. Rein nationale Kartelle werden nicht nach europäischem Recht, sondern nach nationalem Recht beurteilt.
- Wirkungsklausel: Verboten sind nur Absprachen oder Maßnahmen, die eine Wettbewerbsverfälschung subjektiv bezwecken oder objektiv bewirken.

Bestimmte Unternehmensgrößen und bestimmte Formen der Zusammenarbeit zwischen Unternehmen sind schädlich für den Wettbewerb. Gleichzeitig sind bestimmte Forschungen und Produktentwicklungen vor allem im Hochtechnologiebereich nur möglich, wenn Unternehmen genau diese an sich wettbewerbsfeindlichen Größen erreichen oder so zusammenarbeiten, daß der Wettbewerb jedenfalls in Teilbereichen außer Kraft gesetzt wird. So schädlich Wettbewerbsbeschränkungen im Grundsatz für eine Volkswirtschaft sind, in bestimmten Fällen sind sie also eine schiere Notwendigkeit. Hier zeigt sich das bereits erwähnte Spannungsverhältnis zwischen den beiden Zielen: Wettbewerbsfreiheit und Industriepolitik der Gemeinschaft. Diesem Dilemma trägt Art. 81 Abs. 3 EGV Rechnung, der die grundsätzliche, aber starre Regelung von Art. 81 Abs. 1 EGV ergänzt, besser: flexibilisiert. Er erlaubt der EG-Kommission, bestimmte Verhaltensweisen von Unternehmen, die an sich dem Kartellverbot unterliegen, ausnahmsweise von der Anwendung von Art. 81 Abs. 1 EGV freizustellen, also zu erlauben. Voraussetzung dafür ist, daß die freigestellten Maßnahmen zur Verbesserung der Warenerzeugung und Warenverteilung oder zum technischen oder wirtschaftlichen Fortschritt beitragen.

Das Europarecht kennt zwei Arten der Freistellungen:

- individuelle Freistellungen
- Gruppenfreistellungen

---

40 Ausführlich dazu Oppermann, Europarecht, S. 417 f. m.w.N. Ein instruktives Beispiel dazu findet sich bei EuGHE 1991 I, S. 935 ff. Rd. 10 ff. – Delimitis.

41 EuGHE 1962, 97 ff. – De Geus/Bosch, seither st. Rspr.

Mit individuellen Freistellungen kann die Kommission in Form eines Verwaltungsakts einzelne Kartelle, die das beantragen, vom Kartellverbot ausnehmen. Diese Ausnahmegenehmigung spielt in der Praxis vor allem bei selektiven Vertriebssystemen eine erhebliche Rolle. Durch Gruppenfreistellungen werden dagegen pauschal im Voraus bestimmte Gruppen von Kartellen vom Kartellverbot „befreit". Die EG-Kommission hat zahlreiche Gruppenfreistellungsverordnungen erlassen, die das Kartellverbot inzwischen erheblich modifizieren.[42] Von aktueller Bedeutung ist eine neuere Verordnung der Kommission, die bestimmte Typen oder Gruppen von Unternehmensvereinbarungen zum Technologietransfer von der Anwendung des Kartellverbots freistellt.[43]Dadurch soll der Technologietransfer durch Produktlizenzverträge oder Know-how-Vereinbarungen gefördert werden.

2. Das Mißbrauchsverbot, Art. 82 EGV

Gefahren drohen dem Wettbewerb nicht nur durch Kartelle oder unfaire Formen der Zusammenarbeit zwischen Unternehmen, also die Entstehung von Marktmacht. Der Wettbewerb ist auch gefährdet, wenn Unternehmen ihre schon bestehende Marktmacht, ein Monopol oder eine ähnlich marktbeherrschende Stellung zum Nachteil der Wettbewerber und Verbraucher mißbrauchen. Deshalb verbietet Art. 82 EGV ausdrücklich den Mißbrauch einer schon bestehenden beherrschenden Stellung auf dem Gemeinsamen Markt oder auf einem wesentlichen Teil desselben.

Von einer marktbeherrschenden Stellung eines Unternehmens geht das Europarecht aus, wenn ein Unternehmen oder eine Unternehmensgruppe objektiv fähig ist, einen wirksamen Wettbewerb auf einem Markt für ein bestimmtes Erzeugnis zu verhindern.[44] Ob das tatsächlich der Fall ist, kann im Einzelfall schwer feststellbar sein und ist von vielen Faktoren – wie Marktanteil, Zahl und Stärke der Wettbewerber, Marktverhalten usw. – abhängig. In der Regel geht der Europäische Gerichtshof aber bei einem Marktanteil von über 40 % von einer marktbeherrschenden Stellung aus.[45]

Art. 82 EGV nennt – beispielhaft, aber nicht abschließend – einige typische Fälle des Mißbrauchs wirtschaftlicher Macht[46]:

- Erzwingung von unangemessenen Geschäftsbedingungen
- Einschränkung von Erzeugung, Absatz oder technischer Entwicklung von Waren zum Schaden der Verbraucher
- Wettbewerbsfeindliche Bevorzugung oder Benachteiligung von Handelspartnern

---

42 Sehr kritisch dazu Martinek/Habermeier, ZHR 1994, S. 107

43 EG-Verordnung Nr. 240/96, Abl. 1996, Nr. L 31/ 2. Ausführlich dazu Kleinmann, EWS 1996, 149 ff.

44 EuGHE 1988, 5987 ff. – Alcatel

45 EuGHE 1991 I, 1439 ff. – Hilti

46 Weitere Beispiele bei: Oppermann, Europarecht, S. 398 m.w.N.; Herdegen, Europarecht, S. 260 f. m.w.N.

– Unsachliche Koppelung von Leistungen und Bedingungen.

Letztlich geht es darum, daß Unternehmen ihre Marktmacht nicht dazu benutzen dürfen, ihre Vertragspartner auszubeuten oder wettbewerbswidrig zu behindern. Der Europäische Gerichtshof spricht deshalb zusammenfassend von *Ausbeutungsmißbrauch* oder *Behinderungsmißbrauch*.[47]

Welche zivilrechtlichen Folgen ein verbotener Mißbrauch hat, regelt Art. 82 EGV nicht. Die Folgen richten sich deshalb nach dem nationalen Zivilrecht. In Deutschland sind Vereinbarungen, die gegen das Mißbrauchsverbot verstoßen, in der Regel wegen § 134 BGB oder § 138 BGB nichtig.

3. Fusionskontrolle

Unter wettbewerbsrechtlichen Gesichtspunkten hat das Mißbrauchsverbot eine entscheidende Schwäche. Es erlaubt lediglich die *nachträgliche* Beurteilung eines Unternehmenszusammenschlusses unter dem begrenzten Gesichtspunkt des Machtmißbrauchs im Einzelfall. Viel effektiver wäre dagegen eine *vorbeugende* Fusionskontrolle mit dem Ziel, wettbewerbsgefährdende Unternehmenszusammenschlüsse von vornherein zu untersagen. Das deutsche Wettbewerbsrecht enthält in §§ 23 ff. GWB die Möglichkeit für die Kartellbehörden, Unternehmenszusammenschlüsse vor ihrer Realisierung darauf zu untersuchen, ob sie den Wettbewerb gefährden oder nicht. Eine solche Präventivkontrolle kennt Art. 82 EGV aber nicht. Europäische Kommission und EuGH haben versucht, Fusionen ab einer bestimmten Größenordnung als Mißbrauch i.S. d. Art. 82 EGV einzuordnen, um sie so verhindern zu können.[48] Besonders erfolgreich waren sie damit allerdings nicht.

1989 hat der Rat die Fusionskontrollverordnung[49] verabschiedet, die diese Lükke schließen soll. Danach sind alle grenzüberschreitenden Fusionen verboten, die eine marktbeherrschende Stellung begründen oder verstärken und dadurch den Wettbewerb behindern. Aufgabe der Kommission ist es, Unternehmenszusammenschlüsse, die gemeinschaftsweite Bedeutung haben, im Voraus auf ihre Wettbewerbskompatibilität zu untersuchen. Wenn Fusionen den Wettbewerb gefährden, muß die Kommission sie verbieten.

Seit 1990 hat sich die Fusionskontrolle neben der Mißbrauchsaufsicht zum zweiten Schwerpunkt der europäischen Wettbewerbspolitik entwickelt. Angesichts der Fülle an Fusionen in Europa beschränkt sich die europäische Fusionskontrolle allerdings auf Großfusionen, die Auswirkungen auf den Wettbewerb in der Gemeinschaft haben[50]. Untersagungen von Unternehmenszusammenschlüssen sind eher selten, allerdings kommt es immer wieder zu spektakulären Fällen. Ein Bei-

---

47 EuGHE 1994 I, 1477 ff. – Almelo

48 EuGHE 1987, 4487 ff. – Philipp Morris

49 VO 4064/89/EWG, Abl. EG 1990, Nr. L 257/13. Die Verordnung wurde inzwischen revidiert. Dazu Hirsbrunner, EuZW 1998, 69 ff. m.w.N.

50 Dazu Bekanntmachung der Kommission, Abl. EG 1994, Nr. C 385/5

spiel dafür ist die geplante, von der EG-Kommission 1998 aber verbotene Zusammenarbeit der Medienkonzerne Kirch und Bertelsmann.

4. Die Beihilfenaufsicht, Art. 87 EGV

Eine besondere Gefahr für den unverfälschten Wettbewerb stellen staatliche Subventionen – der EG-Vertrag spricht von Beihilfen – dar.[51] Wenn der Staat Leistungen an Unternehmen erbringt und sie dadurch begünstigt, ohne daß sie zu adäquaten Gegenleistungen verpflichtet wären, werden diese Unternehmen gegenüber ihren Konkurrenten begünstigt und der Wettbewerb verzerrt. Im Interesse eines möglichst freien Wettbewerbs verbietet Art. 87 Abs. 1 EGV deshalb staatliche oder aus staatlichen Mitteln gewährte Beihilfen im Grundsatz, wenn zwei Voraussetzungen vorliegen:

- die Subventionen verfälschen den Wettbewerb oder drohen ihn zu verfälschen, und
- die Subventionen beeinträchtigen den Handel zwischen den Mitgliedstaaten.

Art. 88 EGV verpflichtet und ermächtigt die EG-Kommission, fortlaufend die Subventionsvergabe in den Mitgliedstaaten zu überprüfen. Die Kommission muß von den nationalen Verwaltungen vor der Vergabe einer Subvention informiert werden (Art. 88 Abs. 3 EGV). Hält sie die Beihilfe nach einem Vorprüfungsverfahren für mißbräuchlich, entscheidet die Kommission, daß der Staat die Beihilfe zu unterlassen oder zurückzufordern hat. Befolgt die nationale Regierung diese Entscheidung nicht, verklagt die Kommission sie gemäß Art. 226 EGV vor dem Europäischen Gerichtshof wegen einer Vertragsverletzung.

Unverfälschter Wettbewerb ist ein wichtiges Ziel der europäischen Politik. Daneben gibt es aber – darauf wurde bereits hingewiesen – andere, nicht weniger wichtige Ziele. Diese Ziele erfordern nicht selten die Vergabe staatlicher Subventionen. Ein Beispiel dafür ist die Forschungsförderung im Bereich der High-Tech-Industrie. Um den Mitgliedstaaten insoweit politische Spielräume zu erhalten, sieht Art. 87 Abs. 2, 3 EGV Ausnahmen vom grundsätzlichen Beihilfenverbot vor.

Art. 87 Abs. 2 EGV enthält die Legalausnahmen, also Beihilfen, die per se zulässig sind. Dabei handelt es sich um:

- Sozialbeihilfen für einzelne Verbraucher
- Beihilfen nach Naturkatastrophen oder außergewöhnlichen Ereignissen
- Beihilfen für besonders von der Teilung Deutschlands betroffene Gebiete (Deutschland-Klausel)[52]

In Art. 87 Abs. 3 EGV werden Beihilfen genannt, die zwar nicht von vornherein erlaubt sind, aber von der EG-Kommission im Einzelfall erlaubt werden können. Das sind:

- Beihilfen, die besondere wirtschaftliche Schwierigkeiten beseitigen sollen (Beispiel: Subventionen für den Mezzogiorno in Italien)

---

51 Einen guten Überblick über das europäische Beihilfenrecht gibt Zivier, Jura 1997, 116 ff.

52 Ausführlich dazu Oppermann, Europarecht, S. 437 ff. m.w.N.

- Beihilfen, die ein gemeinsames europäisches Interesse fördern sollen (Beispiel: Subventionen für das Airbus-Programm)
- Beihilfen zur sektoralen, regionalen oder kulturellen Entwicklungshilfe (Beispiel: Subventionen für die Schiffbauindustrie, für ostdeutsche Industriezweige oder zur Kulturförderung).

Von besonderer Bedeutung für Deutschland sind seit der Wiedervereinigung 1990 Beihilfen für die Neuen Bundesländer. Solche Subventionen sind nicht von vornherein zulässig, sie können aber von der Kommission erlaubt werden. Das ist oft, allerdings keineswegs immer, auch geschehen. Immer wieder kam es aber auch dazu, daß die Bundesrepublik Deutschland von der EG aufgefordert wurde, bestimmte Subventionen, die nicht mit dem europäischen Recht vereinbar waren, zurückzufordern.

Art. 87 Abs. 3 lit. e EGV enthält eine Generalklausel, die dem Rat einen politischen Spielraum bei der Subventionsvergabe eröffnet: Er kann mit qualifizierter Mehrheit sonstige Arten von Beihilfen für zulässig erklären.

Nicht alle Beihilfen werden von den allgemeinen Regeln in Art. 87 EGV erfaßt. Für einige Subventionsbereiche sieht der EG-Vertrag spezielle Regelungen vor. Das gilt für den Agrarbereich, die Verkehrspolitik, die Ausfuhr in Drittstaaten außerhalb der EG und die Umweltpolitik.[53]

5. *Europäische Kartellbehörde und Kartellverfahren*

Die EG-Kommission ist die europäische Kartellbehörde. Art. 85 I EGV weist ihr die Aufgabe zu, die Einhaltung der europäischen Wettbewerbsregeln zu überwachen und gegen Verstöße einzuschreiten.

Stellt ein Mitgliedstaat einen entsprechenden Antrag oder erfährt die Kommission auf anderem Wege von einer möglichen Verletzung des Wettbewerbsrechts, leitet sie ein förmliches Verwaltungsverfahren zur Klärung ein. Sie hat dabei weitgehende Nachprüfungs-, Akteneinsichts- und Untersuchungsrechte, die in der Kartellverordnung[54] näher geregelt sind. Dazu gehören etwa auch überraschende Einzelkontrollen bei den betroffenen Unternehmen. Gleichzeitig sind die nationalen Behörden verpflichtet, ihr Amtshilfe zu leisten und sie bei der Untersuchung möglicher Wettbewerbsverstöße zu unterstützen.

Stellt die Kommission als Ergebnis ihrer Untersuchung ein verbotenes Kartell oder den Mißbrauch einer marktbeherrschenden Stellung fest, kann sie Geldbußen in Höhe von bis zu 1 Mio. Euro oder 10 % des Jahresumsatzes des betroffenen Unternehmens verhängen (Art. 15 Kartellverordnung).[55]

Weil die EG dem Rechtsstaatsprinzip verpflichtet ist, haben die betroffenen Unternehmen bestimmte Verfahrensrechte, mit denen sie sich gegen die Vorwürfe wehren können. Dazu gehört in erster Linie das rechtliche Gehör. Dadurch soll ein

---

53 Siehe dazu den Überblick bei Oppermann, Europarecht, S. 428 f. m.w.N.

54 VO Nr. 17 des Rates, Abl. EG 1962, S. 204

55 Zur Höhe der Sanktionen EuGHE 1995 I, 1063, 1123 – Tréfilunion

faires, rechtsstaatliches Verfahren sichergestellt werden.[56] Ebenfalls den rechtsstaatlichen Grundsätzen des Verfahrens entspricht es, daß sich die betroffenen Unternehmen vor Gericht gegen die verhängten Sanktionen wehren können. In diesem Fall entscheidet das europäische Gericht, ob die Sanktionen zu Recht verhängt wurden oder ob sie rechtswidrig und damit aufzuheben sind.

6. Extraterritoriale Wirkung des europäischen Wettbewerbsrechts

Angesichts der vielfältigen, im Zuge der Globalisierung weiter zunehmenden weltweiten wirtschaftlichen Verflechtungen wäre das Wettbewerbsrecht nur begrenzt wirksam, wenn es sich auf das Gebiet der EG beschränken würde. Denn die Fälle werden immer zahlreicher, in denen außereuropäische, global operierende Unternehmen durch wettbewerbsverzerrende Maßnahmen den Wettbewerb innerhalb der EG verfälschen.

Beispiel: Zwei US-amerikanische Luftfahrtkonzerne fusionieren in Amerika. Dieser Zusammenschluß hat Auswirkungen auf den gesamten Weltmarkt, also auch auf den Markt in Europa.

Aus diesem Grund wendet die EG ihr Wettbewerbsrecht auch auf Unternehmen außerhalb ihres Territoriums an, wenn deren Verhalten den Wettbewerb innerhalb der EG beeinflußt[57]. Der EuGH vertritt dabei das Wirkungsprinzip: Es kommt danach nicht darauf an, wo ein Kartell gebildet wird. Entscheidend ist vielmehr, wo das Kartell sich auswirkt. Die EG-Kommission verhängt also beispielsweise auch Sanktionen gegen das Verhalten amerikanischer Unternehmen, wenn diese Wettbewerbsverzerrungen in Europa verursacht haben.

Das ist unter völkerrechtlichen Gesichtspunkten nicht unproblematisch. Denn immerhin gilt im Völkerrecht im Grundsatz das Territorialitätsprinzip: Hoheitsakte gelten nur auf dem räumlichen Territorium der Rechtsordnung, die sie hervorgebracht hat. Es ist verboten, Hoheitsakte auf fremdem Territorium zu setzen. Streng genommen dürfte die Kommission deshalb wettbewerbsrechtlich nur gegen Unternehmen auf dem Gebiet der EG einschreiten.

In gut begründeten Ausnahmefällen läßt das Völkerrecht aber eine Durchbrechung des Territorialprinzips zu. Weil das europäische Wettbewerbsrecht an den Auswirkungen des wettbewerbswidrigen Handelns auf das Gebiet der EG anknüpft und auf wenige Einzelfälle beschränkt bleibt, wird die extraterritoriale Wirkung des europäischen Wettbewerbsrechts weitgehend als völkerrechtlich zulässig akzeptiert[58]. In solchen Fällen ist die Kommission praktisch aber immer auf die Kooperation der ausländischen Behörden angewiesen. Verweigern diese eine Zusammenarbeit, läßt sich der extraterritoriale Geltungsanspruch des EG-Wettbewerbsrechts praktisch nicht durchsetzen.

---

56 EuGHE 1983, 3461, 3498 – Michelin
57 So EuGHE 1988, 5193 ff. – Zellstoff
58 Ausführlich dazu Knebel, EuZW 1991, 265 ff.

Das Problem der territorialen Anwendbarkeit soll im Verhältnis der EG zu den USA durch ein 1991 abgeschlossenes völkerrechtliches Abkommen pragmatisch gelöst werden.[59] In diesem Vertrag verpflichten sich beide Seiten, ihre Wettbewerbsrechte gegenseitig zu beachten und sich bei der Behandlung von Großfusionen gegenseitig zu unterstützen. Auf der Grundlage dieser Vereinbarung arbeiten die amerikanische Kartellbehörde und die EG-Kommission zusammen: Sie unterrichten sich gegenseitig über Fusionen, die die Interessen der anderen Seite berühren, und unterstützen sich bei der Durchführung der Kartellverfahren. Von besonderer Bedeutung ist, daß der Vertrag ein spezielles Verfahren enthält, das die unvermeidlichen Interessenkollisionen zwischen den USA und der EG entschärfen soll.[60]

7. Ein Problem aus deutscher Sicht: Verwässert das europäische Wettbewerbsrecht die deutsche Wettbewerbsordnung?

Europäisches Recht genießt Anwendungsvorrang vor nationalem Recht: Das ist – darauf wurde bereits hingewiesen – ein eherner Grundsatz des europäischen Rechts, und das gilt auch für das Wettbewerbsrecht. Nur dadurch lassen sich eine Zersplitterung des Wettbewerbsrechts in Europa und die damit zwangsläufig verbundenen Wettbewerbsverzerrungen vermeiden. Was bedeutet das für das deutsche Wettbewerbsrecht? Wo das deutsche Wettbewerbsrecht inhaltlich dem europäischen Recht widerspricht, kann es nicht angewendet werden[61]. Wenn das Europarecht also eine Maßnahme verbietet, kann sie nicht nach nationalem Recht zulässig sein. Und umgekehrt: Europarechtlich erlaubte Maßnahmen können nicht nach nationalem Recht verboten sein.[62]

Das erscheint aus der Sicht des strengen deutschen Wettbewerbsrechts nicht unproblematisch. Vor allem die großzügige Freistellungspolitik der Kommission nach Art. 81 Abs. 3 EGV scheint manchen Kritikern geeignet, das deutsche Wettbewerbsrecht aufzuweichen. Kritisiert wird vor allem, daß die Kommission nicht nur für die Überwachung des Wettbewerbs zuständig ist, sondern gleichzeitig Industriepolitik machen soll. Angesichts des potentiellen Widerspruchs zwischen beiden Aufgaben wird vorgeschlagen, eine Europäische Kartellbehörde nach dem Vorbild des Bundeskartellamts zu gründen, die ausschließlich den Wettbewerb kontrolliert, völlig unabhängig von industriepolitischen Überlegungen.[63]

Diese Kritik verkennt aber die Idee der Europäischen Integration. Es kommt nicht auf Veränderungen der nationalen Rechtsordnungen an. Entscheidend ist die gesamteuropäische Bilanz: Selbst wenn das deutsche Wettbewerbsrecht „verwässert" würde, wird im gesamten Gebiet der EG eine funktionsfähige und effiziente Wettbewerbsordnung geschaffen, wie sie vorher nicht existiert hat. Ein mögliches

---

59 Abkommen über die gegenseitige Anwendung ihrer Wettbewerbsrechte, Abl. EG 1995, Nr. L 95/45. Dazu Wallwitz, EuZW 1997, 525 ff.

60 Dazu das „positive-comity-Abkommen, Abl. EG 1998, Nr. L 173/26

61 So der EuGH in einer Grundsatzentscheidung: EuGHE 1969, 1, 13 f. – Walt Wilhelm

62 Grundlegend EuGHE 1980, 2327, 2375 – Guerlain

63 Dazu Oppermann, Europarecht, S. 411 m.w.N.

„Minus" auf deutscher Ebene wird also durch ein deutliches „Plus" im europäischen Rahmen ausgeglichen. Abgesehen davon sprechen auch praktische Gründe für das schnelle einstufige und politisch abgesicherte Kartellverfahren, das die EG praktiziert.[64]

V. Die Europäische Wirtschafts- und Währungsunion

1. Zur Notwendigkeit einer europäischen Wirtschafts- und Währungsunion

Die Gründungsstaaten der EWG verfolgten 1956 das Ziel, ihre nationalen Wirtschafts- und Währungspolitiken stärker aufeinander abzustimmen und dadurch die wirtschaftliche Entwicklung in Europa zu fördern[65]. Allerdings wurde keine gemeinschaftliche, europäische Wirtschafts- und Währungspolitik geschaffen. Es sollte bei nationalen, wenn auch stärker koordinierten Politiken bleiben.

Diese nationale Ausgestaltung der Wirtschafts- und Währungspolitiken hatte eine entscheidende Schwäche: Sie erlaubte den Mitgliedstaaten weiterhin Auf- und Abwertungen ihrer Währungen. Das erweiterte zwar den Spielraum der nationalen Wirtschaftspolitik. Für den innereuropäischen Handel hatte das aber negative Folgen: Die wenig kalkulierbaren, instabilen Wechselkurse behinderten den Export und gefährdeten die gemeinsame europäische Agrarpolitik, die auf einem System einheitlicher Preise beruhte.[66]

Als sich ab den 70er Jahren die Wirtschaftskrisen häuften und die wirtschaftliche Entwicklung der einzelnen Volkswirtschaften immer stärker divergierte, gründete die Gemeinschaft 1978 das Europäische Währungssystem (EWS).[67] Wechselkursschwankungen blieben zwar möglich, ihre Bandbreite wurde aber begrenzt. Dadurch wurden die nationalen Währungen stärker aneinander gebunden. Der wirtschaftspolitische Effekt war, daß die stabileren Wechselkurse zu einer Belebung des innereuropäischen Handels führte.

Ende der achtziger Jahre setzte sich innerhalb der EG die Erkenntnis durch, daß die weitere europäische Integration nur möglich sei, wenn eine gemeinsame europäische Währung geschaffen würde. Ausschlaggebend dafür waren vor allem zwei Gründe:[68]

- Ein *wirtschaftlicher* Grund: Eine gemeinsame Währung soll – davon geht man nach den positiven Erfahrungen mit dem EWS aus – dem Europäischen Binnenmarkt weitere Impulse geben und insgesamt die wirtschaftliche Integration Europas vorantreiben.

---

64 So der für das Kartellrecht zuständige Leiter der Generaldirektion IV der EG-Kommission Ehlermann, EuZW 1994, 647 ff.

65 Siehe dazu den prägnanten Überblick über die politische Geschichte der EWWU bei Oppermann, Europarecht, S. 354 f. m.w.N.

66 Oppermann, Europarecht, S. 376

67 Rechtsgrundlage des EWS ist die Verordnung 3181/78, Abl. EG 1978, Nr. L 379/2

68 Ausführlich zu den Hintergründen Schönfelder/Thiel, Ein Markt – Eine Währung, 2. Auflage 1996, S. 9 ff. m.w.N.

- Ein *politischer* Grund: Eine gemeinsame Währung soll zum „Motor" der weiteren europäischen Integration werden, erst auf dem Gebiet der Wirtschaftspolitik, dann auch in weiteren Politikfeldern. Der Erfolg der Währung soll „überspringen" auf andere Politikbereiche (sog. spill-over-Effekt).

2. Grundlagen der Europäischen Wirtschafts- und Währungsunion

Der 1992 abgeschlossene Unionsvertrag von Maastricht sieht deshalb als neues Ziel für die EG in Art. 2 die Schaffung einer Wirtschafts- und Währungsunion vor. Die EWWU enthält drei Elemente:

- Eine europäische Währung: Die nationalen Währungen werden durch eine gemeinsame europäische Währung ersetzt, den EURO.
- Nationale Wirtschaftspolitiken: Die Wirtschaftspolitik bleibt – anders als die Währungspolitik – weiterhin in der Zuständigkeit der Mitgliedstaaten bleiben. Es gibt viele nationale Wirtschaftspolitiken, nicht eine gemeinsame europäische Wirtschaftspolitik.
- Strenge Koordinierung der nationalen Wirtschaftspolitiken: Die nationalen Wirtschaftspolitiken sind nicht völlig frei. Sie werden auf gemeinsame Ziele verpflichtet und besonders eng koordiniert.

Das Ziel der EWWU ist, eine stabile Währung bei möglichst ausgeglichener Haushaltssituation der Mitgliedstaaten zu schaffen (Art. 4 Abs. 3 EGV). Dafür legt der EG-Vertrag fünf Grundpfeiler fest, die garantieren sollen, daß diese Ziele auch erreicht werden:

- Ein unabhängiges Europäisches System der Zentralbanken (ESZB)
- Die Preisstabilität als herausragendes Ziel der Europäischen Gemeinschaft
- Eine Konvergenz der nationalen Volkswirtschaften als Voraussetzung für den Beitritt zur Währungsunion
- Ein rechtlich fundierter Zwang zur Haushaltsdisziplin
- Einen Ausschluß einer europäischen Haftung für nationale Staatsschulden.

3. Abgestimmte Wirtschaftspolitiken

Der Rat der Wirtschafts- und Finanzminister ist – so Art. 99 EGV – der Ort, wo die Abstimmung der Wirtschaftspolitiken stattfindet. Dort werden auch die Grundzüge der Wirtschaftspolitik verbindlich festgelegt. Ob sich die nationalen Regierungen daran halten, wird vom Ministerrat in Zusammenarbeit mit der Kommission gemäß Art. 99 III EGV überwacht.

Art. 98 EGV gibt den Mitgliedstaaten verbindliche Orientierungspunkte für ihre Wirtschaftspolitik vor: Sie muß eine offene Marktwirtschaft mit freiem Wettbewerb gewährleisten. Dabei müssen die Mitgliedstaaten – das legt Art. 104 EGV fest – übermäßige Defizite der öffentlichen Haushalte vermeiden. Was als übermäßiges Defizit anzusehen ist, definiert die Gemeinschaft in einem Zusatzprotokoll zum EG-Vertrag: Das öffentliche Defizit darf in einem Jahr nicht mehr als

3 % des Bruttoinlandsprodukts betragen, die gesamten Staatsschulden dürfen 60 % des Bruttoinlandsprodukts nicht übersteigen.[69]

Die Kommission überwacht laufend, ob die Wirtschaftspolitik der Mitgliedstaaten diese Vorgaben einhält und erstattet dem Ministerrat regelmäßig Bericht. Art. 104 EGV gibt dem Ministerrat ein abgestuftes Bündel von Maßnahmen an die Hand, mit denen er die Einhaltung dieser Vorgaben durch die Regierungen erzwingen kann. Die Sanktionen reichen bis zur zwangsweisen Hinterlegung einer unverzinslichen Einlage bei der Europäischen Zentralbank(EZB) oder einer Geldbuße in angemessener Höhe (Art. 104 XI EGV).

4. Die Währungspolitik: Eine gemeinsame europäische Währung

Der Sinn dieser strengen, durch Sanktionen garantierten Koordinierungspflichten erschließt sich bei einem Blick auf das Ziel der europäischen Währungspolitik seit dem Maastricht-Vertrag. Art. 4 II EGV formuliert das Ziel klar und eindeutig: Eine gemeinsamen Währung. An sich existiert ein untrennbarer Zusammenhang zwischen Wirtschaftspolitik und Währungspolitik. Die Stabilität einer Währung hängt von der Stärke der hinter ihr stehenden Volkswirtschaft und dem Vertrauen der Finanzmärkte in die Wirtschaftspolitik ab.

Beispiel: Als der deutsche Finanzminister Oskar Lafontaine am 11. März 1999 von seinem Amt zurücktrat, verbesserte sich der Kurs des Euro gegenüber dem Dollar an den internationalen Devisenbörsen deutlich, wenn auch nur kurzfristig. Das belegt die engen, teilweise nur psychologisch zu erklärenden Wechselwirkungen zwischen (Wirtschafts) Politik und Wechselkurs einer Währung.

Unter ökonomischen Gesichtspunkten ist es ein gewagtes Experiment, eine gemeinsame Währung einzuführen, gleichzeitig aber die Wirtschaftspolitiken in der Verantwortung der einzelnen Staaten zu belassen. Durch die strengen Koordinierungsvorschriften versucht man deshalb, eine Divergenz der Wirtschaftspolitiken, die sich nachteilig auf die Währung auswirken könnte, zu vermeiden.

Der Maastricht-Vertrag sah die Einführung der gemeinsamen Währung – des Euro – in drei Stufen vor[70]. Seit dem 1.1.1999 sind elf Mitgliedstaaten der EG in die dritte Stufe eingetreten und haben eine offizielle gemeinsame Währung eingeführt: den Euro[71]. Damit hat die Europäische Integration eine neue Dimension erreicht[72]. Immerhin verzichten die Mitgliedstaaten zugunsten der EG auf einen Kernbestandteil der nationalen Souveränität: die Hoheit über die eigene Währung. Die EG greift damit tief in die Wirtschafts-, Konjunktur-, Arbeitsmarkt- und Sozialpolitik der Mitgliedstaaten ein.

---

69 So Art. 1 des 20. Protokolls zum Maastricht-Vertrag.

70 Ausführlich dazu Morgenthaler, JuS 1997, 673 ff.

71 Grundlage dafür ist der Beschluß des Europäischen Rates vom 3.5.1998 in Form der VO 974/98, Abl. EG Nr. L 139/1.

72 Dazu Oppermann, Europarecht, S. 386 ff. m.w.N.

5. Die Währungsunion als Stabilitätsgemeinschaft

Von Anfang an ging es den Mitgliedstaaten darum, eine *stabile* gemeinsame Währung zu schaffen. Art. 4 II EGV nennt als vorrangiges Ziel der Wirtschaftspolitik ausdrücklich die Preisstabilität. Wie will die Europäische Gemeinschaft das erreichen? Ihre Strategie, Preisstabilität sicherzustellen, beruht auf zwei Säulen: Inhaltlichen Vorgaben für die nationalen Finanzpolitiken und europäischen Institutionen, deren Aufgabe ausschließlich in der Sorge für einen stabilen Euro besteht.

a) Stabilität durch inhaltliche Vorgaben: Die Konvergenzkriterien

Der EG-Vertrag schreibt bestimmte Kriterien verbindlich fest, denen die Haushalts- und Finanzpolitik der Mitgliedstaaten genügen muß. Diese sog. Konvergenzkriterien sind nach Ansicht der Mitgliedstaaten die Voraussetzung für die Stabilität einer Währung.

Art. 121 I EGV führt die Konvergenzkriterien auf:

- niedrige Inflationsrate der nationalen Währung
- kein übermäßiges Defizit der öffentlichen Haushalte
- hohe Wechselkursstabilität der nationalen Währung
- möglichst niedriges Niveau der langfristigen Zinssätze

In einem Zusatzprotokoll zum Maastricht-Vertrag sind diese Kriterien mit konkreten Zahlen verdeutlicht worden.

Nur die Mitgliedstaaten, die diese Kriterien erfüllen und also eine stabile Währung haben, durften überhaupt an der Währungsunion teilnehmen. Von besonderer Bedeutung für die zukünftige Haushalts- und Finanzpolitik der Mitgliedstaaten in „Euroland" ist: Auch nach der Einführung der gemeinsamen Währung am 1. Januar 1999 bleiben die Kriterien verbindlich. Die Teilnehmer an der Währungsunion sind rechtlich verpflichtet, sie auch in Zukunft einzuhalten. Der Ministerrat und die Kommission kontrollieren im Rahmen der – bereits erwähnten – koordinierten Wirtschaftspolitik, ob sich die nationalen Regierungen auch weiterhin an diesen Kriterien orientieren. Ist dies nicht der Fall, steht dem Ministerrat das bereits angesprochene Maßnahmenbündel von Art. 104 EGV zur Verfügung, um die nationalen Wirtschaftspolitiken zu beeinflussen und auf einen stabilitätsorientierten, den Konvergenzkriterien entsprechenden Kurs zurückzuführen.

b) Stabilität durch Institutionen: ESZB und EZB

Um die Stabilität des Euro auch institutionell abzusichern, haben die Mitgliedstaaten der EG das Europäische System der Zentralbanken (ESZB) gegründet. Das ESZB ist sozusagen die Notenbank der EG. Kernstück und europäischer Kopf des ESZB ist die Europäische Zentralbank (EZB), die zum 1. Juni 1998 ihre Arbeit aufgenommen hat. Die nationalen Notenbanken haben ihre währungspolitischen Kompetenzen verloren und sind als regionale Bestandteile in das ESZB eingegliedert worden.

Das ESZB geht auf das Vorbild der Deutschen Bundesbank zurück[73]. Es ist – das betont Art. 108 EGV – völlig unabhängig von politischen Instanzen und nur stabilitätspolitischen Überlegungen und Zielen verpflichtet. Weder Organe der EG noch nationale Gremien können dem ESZB oder seinen Mitgliedern Weisungen erteilen. Entsprechend ihrem Charakter als Notenbank der EG besteht ihre Hauptaufgabe – das legt Art. 105 I EGV fest – darin, die Stabilität des Euro zu gewährleisten. Der EG-Vertrag stellt ihr in Art. 105 und Art. 106 die dafür notwendigen geldpolitischen Instrumente zur Verfügung.

6. Chance und Risiko: Zur Problematik der Währungsunion[74]

Eine einflußreiche Richtung in den Wirtschaftswissenschaften geht davon aus, daß eine Währungsunion eine Wirtschaftsunion voraussetzt: Die Währung ist nach dieser Ansicht die „Krönung" einer gemeinsamen Wirtschaftspolitik[75]. Das fußt auf der Erkenntnis, daß die Stabilität einer Währung von der Stärke der Volkswirtschaft und des Staates abhängt, die hinter ihr stehen. Grundlage des Euro ist aber nicht *eine* kohärente Volkswirtschaft, sondern zur Zeit elf unterschiedliche nationale Wirtschaftsordnungen. Insofern ist es ein politisches Wagnis, eine gemeinsame Währung zu installieren, ohne gleichzeitig eine einheitlich europäische Wirtschaftspolitik zu schaffen.

Immerhin wird das Wagnis reduziert durch die bereits erwähnten strengen Pflichten der Mitgliedstaaten, ihre Wirtschaftspolitiken eng zu koordinieren. Eine extreme Divergenz der Volkswirtschaften wird sich dadurch verhindern lassen. Entscheidend ist aber die Chance, die neben den ohne Zweifel vorhandenen Risiken[76] mit dem Euro verbunden ist. Weil eine gemeinsame Währung langfristig nur stabil sein kann, wenn ihr eine gemeinsame (Wirtschafts)Politik zugrunde liegt, wird der Druck auf die Mitgliedstaaten zunehmen, ihre Politik zunehmend aufeinander abzustimmen, also letztlich zu europäisieren. Die gemeinsame Währung wird dann – so das Kalkül der Europapolitiker – zum „Grundstein" einer tiefgreifenden Weiterentwicklung der Europäischen Integration hin zu einer Europäischen Union.

VI. Eine moderne Zukunftspolitik: Das europäische Umweltrecht

1. Hintergründe der europäischen Umweltpolitik

In den Gründungsverträgen der Europäischen Gemeinschaften ist keine Rede davon, daß sich die damalige EWG mit Umweltpolitik beschäftigen sollte. Das seit

---

73 Oppermann, Europarecht, S. 387.

74 Ausführlich dazu Schönfelder/Thiel, Ein Markt – Eine Währung, 2. Auflage 1996, S. 30 ff.

75 Zu diesen sog. Ökonomisten Oppermann, Europarecht, S. 354 f. m.w.N.

76 Oppermann, Europarecht, S. 389, spricht zu Recht von einem „Gang ins Ungewisse".

Anfang der siebziger Jahre zunehmende Umweltbewußtsein in Gesellschaft und Politik hat sich allerdings auch auf die politische Agenda der EG ausgewirkt. Seit der Vertragsänderung durch die Einheitliche Europäische Akte von 1987 gehört der Umweltschutz zu den hervorragenden Aufgaben und Zielen der Gemeinschaft[77]. Art. 2 EGV verpflichtet die EG ausdrücklich, ein hohes Maß an Umweltschutz und eine Verbesserung der Umweltqualität anzustreben. Dahinter stehen zwei umweltpolitische Erkenntnisse. Ökologische Fragen haben eine existentielle Bedeutung für die Zukunft der Staaten. Und: Umweltprobleme lassen sich nicht von einzelnen Staaten allein, sondern nur grenzüberschreitend im europäischen Rahmen lösen.

Beispiel: Die Luftverschmutzung durch industrielle und andere Emissionen ist unabhängig von Staatsgrenzen. Luftreinhalte-Politik macht deshalb letztlich nur im europäischen, wenn nicht globalen Rahmen Sinn.

Die EG war und ist noch in erster Linie wirtschaftlich orientiert. Besonders wichtig für die Aufnahme des Umweltschutzes in den europäischen Aufgabenkatalog war deshalb eine ökonomische Einsicht[78]: Der Europäische Binnenmarkt und die Warenverkehrsfreiheit sind gefährdet, wenn die Mitgliedstaaten unterschiedliche nationale Umweltstandards einführen oder beibehalten. Unterschiedliche Produkte und Produktionskosten verzerren den Wettbewerb, der Europäische Binnenmarkt funktioniert nicht mehr. Wettbewerbsverzerrungen lassen sich deshalb letztlich nur durch ein einheitliches europäisches Umweltrecht vermeiden.

2. Ziele und Prinzipien der europäischen Umweltpolitik

Art. 174 I EGV enthält einen Zielkatalog, der die umweltpolitischen Ziele der EG konkretisiert. Die Gemeinschaft verfolgt in ihrer Umweltpolitik folgende Ziele:[79]

- Umweltschutz
- Schutz der menschlichen Gesundheit
- rationelle Verwendung der natürlichen Ressourcen
- internationale Maßnahmen zur Lösung regionaler oder globaler Umweltprobleme.

Dieser Katalog zeigt, daß die Umweltpolitik der Gemeinschaft viel weiter gefaßt ist als eine bloße Umweltschutzpolitik. Sie befindet sich damit auf der Höhe der umweltwissenschaftlichen Diskussion, die immer stärker den alle Lebensbereiche umfassenden, vernetzten Ansatz von Umweltpolitik betont.

Art. 174 II EGV nennt drei abstrakte Leitprinzipien, an denen sich die konkrete Umweltpolitik der Gemeinschaft ausrichten muß[80]:

---

77 Auch vor 1987 gab es allerdings schon eine europäische Umweltpolitik, wenn auch erst in unsystematischen Ansätzen. Dazu Oppermann, Europarecht, S. 866 ff. m.w.N.

78 Dazu Stober, JZ 1988, 426 f.

79 Ausführlich zu den Zielen Michael Kloepfer, Umweltrecht, 2. Auflage 1998, S. 550 ff.

- Vorsorge- und Vorbeugungsprinzip: Umweltbeeinträchtigungen sollen von vornherein, vor ihrer Entstehung, vermieden werden. Ein wichtiges Mittel, um dieses Prinzip in die Praxis umzusetzen, ist die 1985 von der EG eingeführte Umweltverträglichkeitsprüfung[81].
- Ursprungsprinzip: Umweltbeeinträchtigungen sollen vorrangig an ihrer Quelle vermieden oder bekämpft werden. Ein prägnantes Beispiel dafür ist die Entwicklung umweltfreundlicher Produkte.
- Verursacherprinzip: Der Verursacher, nicht die Allgemeinheit, muß vorrangig alle – in erster Linie finanziellen – Lasten tragen, die durch die Umweltbelastungen entstehen.

Die Bedeutung der Umweltpolitik für die gesamte EG betont die sog. Querschnittsklausel in Art. 6 EGV. Erfordernisse des Umweltschutzes müssen nicht nur bei der eigentlichen Umweltpolitik beachtet werden. Umweltschutzbelange sind vielmehr bei jeder Politik angemessen zu beachten, die von der Gemeinschaft konzipiert und durchgeführt wird. Der Umweltschutz ist also kein isolierter Politikbereich neben anderen, er betrifft – sozusagen querschnittsartig – jeden Politikbereich der EG. Dahinter steht die zutreffende Erkenntnis, daß es vielfältige und enge Wechselwirkungen zwischen umweltpolitischen Maßnahmen und anderen Politik- und Rechtsbereichen gibt.

Beispiel: Auch bei verkehrspolitischen, industriepolitischen oder agrarpolitischen Initiativen muß die Gemeinschaft ökologische Gesichtspunkte bedenken und berücksichtigen

Eine gewisse Einschränkung der Querschnittsklausel stellt das Berücksichtigungsgebot in Art. 174 Abs. 3 EGV dar. Danach muß die Gemeinschaft bei ihrer Umweltpolitik u. a. die wirtschaftlichen Belastungen und den unterschiedlichen wirtschaftlichen und sozialen Entwicklungsstand der einzelnen europäischen Regionen berücksichtigen. Das gibt den Mitgliedstaaten einen rechtlichen Hebel in die Hand, um sich gegen umweltpolitische Maßnahmen zu wehren, die ihrer Ansicht nach zu weit gehen oder mit zu hohen finanziellen Belastungen verbunden sind.

3. Organisation der europäischen Umweltpolitik

Der EG-Vertrag regelt die Aufgabenverteilung zwischen der EG und den Mitgliedstaaten in der Umweltpolitik. Art. 175 I EGV gibt dem Ministerrat im Zusammenwirken mit dem Europäischen Parlament die Befugnis, umweltpolitische Rechtsakte zu erlassen. Für die Durchführung und Finanzierung sind in der Regel – das legt Art. 175 IV EGV fest – die Mitgliedstaaten zuständig.

Ob die Mitgliedstaaten das europäische Umweltrecht effektiv umsetzen, wird – das ist der Inhalt von Art. 211 EGV – von der Europäischen Kommission kontrolliert. Stellt die Kommission fest, daß ein Mitgliedstaat seine Pflichten verletzt,

---

80 Ausführlich dazu Michael Kloepfer, Umweltrecht, 2. Auflage 1998, S. 555 f.

81 Die Rechtsgrundlage dafür ist die UVP-Richtlinie der Gemeinschaft vom 27.6.198, Abl. EG Nr. L 175/40.

kann sie ihn deswegen gemäß Art. 226 EGV vor dem Europäischen Gerichtshof verklagen. Daß die Wächterfunktion der Kommission notwendig ist, macht die hohe Zahl von Vertragsverletzungsverfahren im Umweltbereich deutlich.[82]

Seit 1992 beteiligt sich die Gemeinschaft an der Finanzierung von Umweltmaßnahmen. Sie hat einen Fonds – die genaue Bezeichnung lautet: ligne de l'instrument de finacier pour l'environnement (LIFE) – gegründet[83], durch den Umweltprojekte in den Mitgliedstaaten, u. U. sogar in Drittstaaten, mit EG-Mitteln finanziell gefördert werden.[84]Die Förderung erfolgt als Ko-Finanzierung: Die Gemeinschaft trägt lediglich die Hälfte der Kosten, die andere Hälfte muß der Mitgliedstaat selbst aufbringen. Damit soll erreicht werden, daß sich die Mitgliedstaaten stärker umweltpolitisch engagieren.

Ein wichtiger Bestandteil der europäischen umweltpolitischen Organisationsstruktur ist die Europäische Umweltagentur in Kopenhagen, die seit 1993 europaweit Umweltdaten sammelt, analysiert und aufbereitet[85]. Sie soll dadurch ein umfassendes und detailliertes Bild der Umweltsituation in allen Mitgliedstaaten schaffen, das die Basis für die weitere Umweltplanung und Ökologiepolitik der EG bilden kann.

4. Akzente der europäischen Umweltpolitik: Klassische Umweltschutzpolitik und innovative Ansätze

Die EG ist umweltpolitisch in vielen Bereichen tätig. Aktionsprogramme, Verordnungen und Richtlinien beschäftigen sich mit klassischen Umweltschutzthemen wie Luftreinhaltung, Naturschutz, Lärmschutz, Abfallwirtschaft, Gewässerschutz, Gefahrstoffrecht und industriellen Risiken.[86]Seit den achtziger Jahren befaßt sich die Europäische Gemeinschaft verstärkt mit Problemen der Biotechnologie und der Gentechnik. Mehrere europäische Richtlinien regeln die Voraussetzungen für die Arbeit mit gentechnisch veränderten Organismen und deren Freisetzung ebenso wie das Inverkehrbringen von gentechnisch veränderten Agrarerzeugnissen und Lebensmitteln („Novel Food“)[87].

Das umweltpolitische Engagement ist nicht auf Europa beschränkt. Seit Ende der siebziger Jahre ist die EG an einer ganzen Reihe von internationalen Umweltabkommen beteiligt[88]. Sie ist dadurch zu einer der wichtigsten internationalen Umweltschutzorganisationen geworden[89].

---

82 Dazu Oppermann, Europarecht, 2. Auflage 1999, S. 884

83 Die Grundlage dieses Finanzierungsinstruments ist die VO 1973/92, Abl. EG 1992, Nr. L 206/1

84 Für das Jahr 1999/2000 stehen dafür 64,8 Millionen Euro zur Verfügung. Dazu Süddeutsche Zeitung vom 30.7.1999, S. 6

85 Grundlage der Umweltagentur ist die VO 1210/90, Abl.. EG 1990, Nr. L 126/1

86 Einen guten Überblick über die neuere europäische Umweltpolitik gibt Oppermann, Europarecht, 2. Auflage 1999, S. 876 ff.

87 Siehe dazu die Novel-Food-Richtlinie 98/44, Abl. EG Nr. L 213/13.

88 Einen kurzen Überblick gibt Oppermann, Europarecht, S. 869, 883 m.w.N.

89 Kilian, Umweltschutz durch internationale Organisationen, 1987, S. 278.

Neben der klassischen Umweltpolitik gibt es Initiativen der Gemeinschaft, mit denen sie neue Wege jenseits der üblichen Umweltpolitik beschreitet. Dazu gehört die Einführung einer obligatorischen Umweltverträglichkeitsprüfung[90] vor der Realisierung bestimmter öffentlicher und industrieller Projekte: Alle denkbaren Auswirkungen eines Projektes auf die Umweltsituation werden in einem Prüfungsverfahren gesammelt und bewertet. Die dadurch ermittelte Umweltverträglichkeit des Projekts ist dann ein Abwägungsfaktor bei der Frage, ob das Projekt von der zuständigen Behörde genehmigt wird oder nicht.

In eine ähnliche Richtung zielt die Öko-Audit-Verordnung von 1993.[91]Durch sie führt die Gemeinschaft eine Art „Umwelt-TÜV" für Unternehmen und Betriebe ein. Wenn Unternehmen sich einer umfassenden ökologischen Bestandsaufnahme – einem Öko-Audit – unterzogen haben, können sie sich zum Abschluß verpflichten, ihre Umweltbilanz gezielt zu verbessern. Nach Abgabe dieser sog. Umwelterklärung erhalten sie die Erlaubnis, ein Öko-Audit Zeichen zu führen. Die Teilnahme am Öko-Audit-Verfahren ist nicht zwingend, sondern freiwillig. Die Gemeinschaft vertraut darauf, daß die Marktkräfte und der Wettbewerb Druck auf die Unternehmen ausüben, sich einem Öko-Audit zu unterziehen. Ob sich dieses innovative Instrument bewährt, kann zur Zeit noch nicht beurteilt werden.

Bemerkenswert ist der Stellenwert, den die EG den Umweltinformationen als Faktor des Umweltschutzes beimißt. Auch das ist ein innovativer Ansatz in der Umweltpolitik. Die Gemeinschaft hat 1990 die Umweltinformations-Richtlinie[92] erlassen. Sie räumt allen Bürgern jedenfalls im Grundsatz einen freien Zugang zu allen umweltrelevanten Informationen ein, die von den Behörden gesammelt werden. Damit sollen nicht nur die nationalen Behörden zu einer aktiven Informationspolitik verpflichtet werden. Gleichzeitig – das ist ein neuer Gedanke – geht es darum, die einzelnen Bürger stärker für den Umweltschutz zu aktivieren. Durch die ihnen zugänglich gemachten Informationen werden sie nämlich in die Lage versetzt, sich stärker und kompetenter in die lokale, regionale und nationale Umweltpolitik einzumischen. Davon erhofft sich die EG einen neuen Schub für die europäische Umweltpolitik.

5. Ein Sonderproblem: Der nationale Alleingang im Umweltrecht

Wenn sich auf europäischer Ebene fünfzehn Staaten auf gemeinsame Standards in der Umweltpolitik einigen müssen, besteht die große Gefahr, daß die Einigung nur auf dem kleinsten gemeinsamen Nenner erfolgt. Dieses Risiko hat sich in der europäischen Umweltpolitik – das zeigen empirische Untersuchungen – nicht verwirklicht. Die Staaten haben sich in der Regel auf eine europäische Lösung verständigt, die etwa bei einem mittleren Nenner liegt.[93]

---

90 Dazu Michael Kloepfer, Umweltrecht, 2. Auflage 1998, S. 237 ff.

91 VO 1836/93, Abl. EG 1993, Nr. L 168/1

92 Zu dieser Richtlinie Michael Kloepfer, Umweltrecht, 2. Auflage 1998, S. 276 ff.

93 Oppermann, Europarecht, 2. Auflage 1999, S. 884.

Selbst das könnte allerdings für diejenigen Staaten ein Problem sein, die eine besonders strenge Umweltgesetzgebung haben. Müssen sie ihre Umweltnormen im Interesse eines einheitlichen europäischen Umweltrechts „aufweichen“? Das Europarecht verlangt von diesen Staaten keine Angleichung ihrer strengen Standards „nach unten“ an den europäischen Durchschnitt. Art. 176 EGV und Art. 95 Abs. 4 EGV erlauben im Umweltrecht – anders als in anderen Bereichen – ausdrücklich einen nationalen Alleingang, der an sich der Idee eines einheitlichen europäischen Rechts widerspricht: Im Interesse eines möglichst effektiven Umweltschutzes dürfen Umweltstandards, die den europäischen Durchschnitt übertreffen, beibehalten werden. Das gilt grundsätzlich auch dann, wenn die strengen Umweltnormen den freien Warenverkehr behindern[94].

C. Deutsches Wirtschaftsverfassungsrecht

I. Eine einheitliche Wirtschaftsverfassung?

Das Grundgesetz enthält eine Fülle von Regelungen, die für die Wirtschaft relevant sind. Es schreibt aber kein bestimmtes Wirtschaftssystem – etwa eine soziale Marktwirtschaft oder eine Planwirtschaft – vor. Das Grundgesetz läßt die Frage der Wirtschaftsverfassung bewußt offen. Damit will es der Wirtschaftspolitik einen Freiraum für Auseinandersetzungen, Entscheidungen und Gestaltungen lassen[95]. Nur diese relativ offene Wirtschaftsverfassung trägt der Dynamik des Wirtschaftslebens Rechnung. Eine Verfassung, die zu konkrete und zu starre Regeln aufstellt, wird von der wirtschaftlichen und geschichtlichen Entwicklung überholt und veraltet. Die Folgen wären fatal: Die Verfassung wird von den Bürgern immer weniger beachtet und verliert dadurch ihre Wirkung.

Die mit der Globalisierung[96] zusammenhängenden Veränderungen des Wirtschaftslebens zeigen, wie weise die Entscheidung des GG für eine offene und flexible Wirtschaftsverfassung ist. Die Wirtschaft läßt überkommene Formen immer stärker hinter sich und wird zunehmend unübersichtlich und extrem flexibel.[97] Starre rechtliche Regeln wären völlig ungeeignet, diese neuen Wirtschaftsstrukturen zu erfassen.

Die wirtschaftspolitische Neutralität des Grundgesetzes bedeutet allerdings nicht, daß der Staat sich nicht in die Wirtschaft einmischen dürfte. Denn der Staat trägt die Verantwortung für das Gemeinwohl, der er in bestimmten Fällen nur durch Eingriffe in das Wirtschaftsleben gerecht werden kann. Dabei muß er selbstverständlich das Grundgesetz beachten.

---

94 Ausführlich zu den Schutzverstärkungsklauseln Pechstein, JURA 1996, 176 ff. m. umfangr. N.

95 So BVerfGE 4, 7, 18.

96 Umfassend zur Globalisierung und ihren Auswirkungen auf Gesellschaft und Politik Ulrich Beck (Hrsg.), Politik der Globalisierung, 1998

97 Dazu Davis/Meyer, Das Prinzip Unschärfe, 1999. Die Folgen, die das für den einzelnen Menschen hat, beschreibt Richard Sennett, Der flexible Mensch, 1998

Obwohl das Grundgesetz keine geschlossene Wirtschaftsverfassung installiert, enthält es doch eine ganze Reihe von Regelungen, die für das Wirtschaftsrecht und die in der Wirtschaft tätigen Personen verbindlich und relevant sind. Dabei lassen sich grob zwei Gruppen von Normen unterscheiden: Grundrechte und Staatszielbestimmungen.

II. Grundrechtsschutz für die Wirtschaft

1. Wirtschaftsfreiheit durch Grundrechte: Warum Grundrechte wichtig für die Wirtschaft sind

Die im Grundgesetz enthaltenen Grundrechte sichern die Freiheit des Bürgers in mehrfacher Hinsicht.

Sie sind subjektive öffentliche Rechte der Bürger: Der Bürger kann sich auf sie berufen und mit ihrer Hilfe Eingriffe des Staates in seine private Lebensführung abwehren. Im modernen Staat ist die Verwirklichung von Freiheit aber nicht nur gegen den Staat möglich. Freiheit ist in vielen Fällen nur mit oder im Staat denkbar. Die Grundrechte geben den Bürgern deshalb auch einen Anspruch auf gleichberechtigte Teilhabe an den staatlichen Institutionen und am staatlichen Leben.

Beispiel: Art. 12 GG gibt den Bürgern als Teilhaberecht ein Recht auf Zugang zu den staatlichen Schulen und Hochschulen

Neben dieser subjektiven, freiheitssichernden Funktion haben die Grundrechte eine objektive Dimension. Sie richten sich auch an den Staat und verpflichten ihn zu einem bestimmten Verhalten. Zum Beispiel enthalten die Grundrechte objektive Schutzpflichten des Staates: Er muß tätig werden, um die Grundrechte seiner Bürger zu schützen.

Beispiel: Art. 2II GG verpflichtet den Staat, die Gesundheit seiner Bürger zu schützen. Weil Nachtarbeit schädlich für die menschliche Gesundheit ist, darf der Staat Nachtarbeit nicht unbeschränkt zulassen.[98]

Durch ihre objektive Dimension werden die Grundrechte zu Ordnungsprinzipien, die das gesamte Rechtssystem strukturieren und prägen.

Die Grundrechte haben eine besondere Bedeutung für die Wirtschaft. Sie sichern auf die genannte Weise die freie wirtschaftliche Betätigung der einzelnen. Sie wehren – das ist die subjektive Dimension der Wirtschaftsgrundrechte – unverhältnismäßige Eingriffe des Staates in die Wirtschaft ab. Wirtschaftsgesetzgebung und Wirtschaftsverwaltung müssen sich – das ist die objektive Seite der Wirtschaftsgrundrechte – schützend und fördernd vor die in der Verfassung aufgeführten Grundrechtsgewährleistungen stellen. Die Gesetze müssen die Ausübung der Wirtschaftsgrundrechte nicht nur zulassen, sondern darüber hinaus auch soweit wie möglich erleichtern.

---

[98] BVerfGE 85, 191, 213

Für das Wirtschaftsrecht spielt es eine besondere Rolle, daß die Grundrechte nicht nur die Wirtschaftsfreiheiten der natürlichen Personen schützen. Artikel 19 Absatz 3 Grundgesetz bestimmt, daß auch inländische juristische Personen, etwa Personengesellschaften oder Kapitalgesellschaften, von Grundrechten geschützt werden, wenn diese Grundrechte ihrem Wesen nach auf juristische Personen anwendbar sind.

Beispiel: Eine AG kann auch Eigentum haben. Ihr Eigentum wird deshalb durch ein Grundrecht, nämlich die Eigentumsgarantie in Art. 14 I GG geschützt. Anders ist es aber mit der Gewissensfreiheit. Weil nur Menschen, nicht aber juristische Personen ein Gewissen haben können, kann sich eine AG nicht auf das in Art. 4 I GG gewährleistete Grundrecht der Glaubens- und Gewissensfreiheit berufen.

Alle Grundrechte, die das Grundgesetz enthält, sind für die Wirtschaft von Bedeutung. Im Rahmen dieses Basisbuches soll die Darstellung aber auf die wichtigsten Grundrechte beschränkt werden.

2. Die Berufsfreiheit, Artikel 12 GG

a) Die Bedeutung der Berufsfreiheit

Artikel 12 Abs. 1 GG ist das Hauptgrundrecht der wirtschaftlichen Betätigung. Als umfassendes Grundrecht der Berufsfreiheit garantiert es das Recht, Beruf, Arbeitsplatz und Ausbildungsstätte frei zu wählen. Grundsätzlich darf jeder die Arbeit als Beruf ergreifen, für die er sich geeignet fühlt. Ebenso schützt das GG die Entscheidung, wie, wo und wann der Beruf ausgeübt werden soll. [99]

Die Berufsfreiheit gilt für Selbständige ebenso wie für Arbeitnehmer. Sie will eine möglichst unreglementierte berufliche Betätigung, welcher Art auch immer.[100]Ihre zentrale Bedeutung für das Wirtschaftssystem liegt darin, daß sie jede berufliche und damit wirtschaftliche Tätigkeit für jeden öffnet und damit den wirtschaftlichen Wettbewerb anstößt. Eingriffe des Staates in diese Freiheit des Wettbewerbs erlaubt das GG nur ausnahmsweise und mit einer besonderen verfassungsrechtlichen Rechtfertigung.

b) Der Inhalt der Berufsfreiheit

Was ein Beruf ist, definiert die Verfassung nicht. Angesichts der vielfältigen technischen und wirtschaftlichen Veränderungen, die die moderne Industrie- und Dienstleistungsgesellschaft prägen, muß der Begriff „Beruf" dynamisch, weit und zukunftsgerichtet ausgelegt werden. Beruf ist deshalb jede auf Dauer berechnete und nicht nur vorübergehende Betätigung zur Schaffung und Erhaltung der Lebensgrundlage. Artikel 12 GG schützt deshalb alle denkbaren beruflichen Tätig-

---

[99] BVerfGE 84, 132,146

[100] So ganz klar das Bundesverwaltungsgericht: BVerwGE 95, 341, 348

keiten, jedenfalls soweit sie erlaubt sind.[101] Artikel 12 erlaubt auch die Erfindung neuer Berufe durch die Bürger.

Beispiel: Informationsbroker, die Informationen aus dem Internet beschaffen; Energiemakler, die günstige Energieversorgungsverträge für Großkunden aushandeln.

Artikel 12 gilt nur für Deutsche im Sinne von Artikel 116 GG. EG-Ausländer sind in ihrer Berufsfreiheit durch den EG-Vertrag und die EG-Freizügigkeitsverordnung geschützt. Andere Ausländer sind aber dennoch nicht ohne Grundrechtsschutz: Ihre Berufsfreiheit wird durch die allgemeine Handlungsfreiheit in Artikel 2 Abs. 1 GG geschützt.

Artikel 12 GG betrifft nicht nur natürliche Personen. Auch inländische und in der EG ansässige juristische Personen des Privatrechts können sich auf die Berufsfreiheit berufen und sind deshalb in ihrer Unternehmer- und Gewerbefreiheit geschützt. Das gilt etwa für die AG und GmbH oder die handelsrechtlichen Personengesellschaften wie OHG und KG.

Art. 12 GG stellt also ein subjektives Abwehrrecht des Einzelnen gegen Eingriffe des Staates in die Berufsfreiheit dar. Daneben hat Artikel 12 GG auch eine objektive Dimension: Das Grundrecht der Berufsfreiheit gibt dem Staat eine Schutz- und Fürsorgepflicht und eine damit zusammenhängende Berufs- und Arbeitsmarktverantwortung auf. Der Staat muß durch seine Gesetze eine freie und faire Wettbewerbsordnung schaffen. Er muß diejenigen ermutigen und fördern, die Produktivität erzeugen, Arbeitsplätze schaffen und sichern und damit die Berufswahlfreiheit garantieren. Der Staat muß also die beruflichen Rahmenbedingungen und das wirtschaftliche Umfeld so gestalten, daß Unternehmer oder Existenzgründer ermutigt und gefördert werden[102]. Das kann beispielsweise bedeuten, daß Bestimmungen des Steuer-, Sozial- und Arbeitsrechts geändert werden müssen, wenn sie dazu führen, daß Unternehmensgründungen behindert werden.

Aus Artikel 12 GG läßt sich allerdings kein „Grundrecht auf Arbeit" ableiten[103]. Ein solches Grundrecht wäre sinnlos. Das liegt daran, daß der Staat in einer marktwirtschaftlich geprägten Wirtschaftsordnung keine Verfügungsbefugnis über die Arbeitsplätze hat. In der Wirtschaftsordnung der Bundesrepublik Deutschland werden Arbeitsplätze von privaten Unternehmern geschaffen. Der Staat könnte also ein Recht auf Arbeit gar nicht befriedigen: er hätte keine Arbeitsplätze, die er den Bürgern zur Verfügung stellen könnte. Artikel 12 setzt deshalb voraus, daß genügend Arbeitsplätze zur Verfügung stehen. Fehlen adäquate Arbeitsplätze, läuft das Grundrecht der Berufsfreiheit in Artikel 12 GG leer.

---

[101] Ob Art. 12 GG alle Tätigkeiten oder nur erlaubte schützt, ist heftig umstritten. Zu dieser Kontroverse Stober, Allgemeines Wirtschaftsverwaltungsrecht, 11. Auflage 1996, S. 224 f. m.w.N.

[102] BVerfGE 93, 165, 170, 175

[103] Dazu BVerfGE 92, 140, 150

c) Einschränkungen der Berufsfreiheit: Die 3-Stufen-Theorie

Wie alle anderen Grundrechte auch, wird die Berufsfreiheit nicht schrankenlos garantiert. Sie kann durch ein Gesetz oder aufgrund eines Gesetzes, etwa durch Verwaltungsakt, eingeschränkt werden. Wegen ihrer enormen Bedeutung für die Wirtschaftsordnung, kann die Berufsfreiheit aber nur in sehr engen Grenzen eingeschränkt werden. Das Bundesverfassungsgericht hat ein differenziertes System entwickelt, das Voraussetzungen, Umfang und Intensität der Einschränkungen regelt: die 3-Stufen-Theorie.[104]

Die erste Stufe staatlicher Maßnahmen bilden die am wenigsten intensiven Eingriffe des Staates in die Berufsfreiheit: Der Staat regelt, wie ein Beruf ausgeübt werden soll. Das darf er, wenn und soweit vernünftige Erwägungen des Gemeinwohls es zweckmäßig erscheinen lassen.

Beispiel: Der Staat verpflichtet Tabakhersteller, Warnhinweise an ihren Produkten anzubringen.[105]Oder: Arbeitsschutzbestimmungen, Verbraucherschutzgesetze.

Eingriffe des Staates auf der zweiten Stufe sind intensiver. Sie betreffen die Freiheit der Berufswahl durch subjektive Zulassungsregelungen. Dabei geht es um staatliche Regelungen, die die Wahl eines Berufs von bestimmten, subjektiven Voraussetzungen, etwa einem Examen, abhängig machen. Entscheidend ist dabei, daß jeder Berechtigte die subjektiven Zulassungsvoraussetzungen grundsätzlich und potentiell erfüllen kann. Solche Regelungen und Eingriffe in die Berufsfreiheit sind zulässig, wenn und soweit der Schutz besonders wichtiger Gemeinschaftsgüter sie zwingend erfordert.

Beispiel: Der Staat darf die selbständige Ausübung eines Handwerks vom Bestehen der Meisterprüfung abhängig machen, um die Leistungsfähigkeit des Handwerks zu schützen.[106]

Am härtesten greift der Staat in die Berufsfreiheit ein, wenn er – das stellt die dritte Stufe dar – objektive Zugangsbeschränkungen zu einem bestimmten Beruf verhängt. Ob jemand einen bestimmen Beruf ergreifen darf, hängt dabei – im Gegensatz zur zweiten Stufe – nicht mehr von seiner subjektiven Leistungsfähigkeit, sondern von objektiven Faktoren ab, die er nicht beeinflussen kann.

Beispiel: Taxikonzessionen oder Genehmigungen zum Betrieb einer Apotheke werden nur erteilt, wenn eine bestimmte Konzentration noch nicht überschritten ist

Dieser besonders intensive Eingriff in die Freiheit der Berufswahl ist nur zulässig, soweit der Schutz überragend wichtiger Gemeinschaftsgüter zur Abwehr nachweisbarer oder höchstwahrscheinlicher schwerer Gefahren ihn dringend erfordert.

Beispiel: Schutz der Rechtspflege durch Zulassungsbeschränkungen für Notare[107]

---

104 Grundlegend dazu das Apotheken-Urteil: BVerfGE 17, 241 ff.

105 BVerfG DVBl. 1997, 548 ff.

106 So das Bundesverwaltungsgericht, GewArch 1997, 63

107 Dazu BVerfGE 17, 371

Die 3-Stufen-Theorie ist – als Konkretisierung des allgemeinen Verhältnismäßigkeitsgrundsatzes – Ausdruck eines einfachen Gedankens: je wichtiger der Zweck des staatlichen Handelns ist, desto eher und desto intensiver darf der Staat in das Grundrecht der Berufsfreiheit eingreifen und es beschränken. Und umgekehrt: Weil die Berufsfreiheit eine so große Bedeutung für die Wirtschaftsordnung hat, darf der Staat sie desto weniger beschränken, je unwichtiger das Ziel ist, das er mit seinem Eingriff verfolgt.

3. Die Eigentumsfreiheit, Artikel 14 GG

a) Die Bedeutung der Eigentumsgarantie für die Wirtschaft

Wie das Eigentum geschützt wird, ist ein zentrales Merkmal jeder Wirtschaftsordnung. In der Marktwirtschaft steht das Eigentum an den Produktionsmitteln regelmäßig den Privaten zu. In der Planwirtschaft ist dagegen der Staat Eigentümer der Produktionsmittel. Auf diesem grundlegenden Unterschied basieren letztlich alle weiteren Differenzen zwischen den entgegengesetzten Wirtschaftskonzepten.

Die Eigentumsgarantie in Art. 14 GG hat deshalb eine grundlegende wirtschaftspolitische Bedeutung. Sie garantiert das private Eigentum auch an den Produktionsmitteln. Neben der Berufsfreiheit ist die Eigentumsgarantie damit der zweite verfassungsrechtliche Pfeiler der marktwirtschaftlichen Ausrichtung der deutschen Wirtschaftsordnung.

b) Der Inhalt der Eigentumsgarantie

Artikel 14 GG schützt das private Eigentum gegen Beschränkungen durch den Staat. In Ausnahmefällen läßt das GG Enteignungen zu. Dann muß der Staat aber – das garantiert Art. 14 III GG – Entschädigung leisten.

Was versteht das GG unter Eigentum? Der Eigentumsbegriff in Artikel 14 GG umfaßt einmal das klassische Sacheigentum: Das Recht, mit einer Sache zu tun und zu lassen, was man will[108]. Dabei geht es nicht nur um die Verfügungsbefugnis an beweglichen Sachen. Die Verfassung schützt auch das Grundeigentum in allen seinen Facetten[109].

In einer modernen Wirtschaftsordnung geht es allerdings nicht mehr ausschließlich um das Eigentum an Sachen. Rechte, Forderungen, Marken, Patente und Urheberrechte spielen eine zunehmende Rolle. Das hat das Grundgesetz erkannt. Der Schutzbereich von Artikel 14 GG geht deshalb über das klassische Sacheigentum weit hinaus. Eigentum ist auch alles, was im weitesten Sinne als geistiges Eigentum verstanden werden kann. Artikel 14 GG schützt grundsätzlich alle vermögenswerten privaten Rechte, die der Berechtigte eigenverantwortlich

---

[108] BVerfGE 78, 58, 71.
[109] BVerfGE 21, 73, 82 f.

und zu seinem privaten Nutzen ausüben darf. Dazu gehören etwa der Anspruch aus einem Kaufvertrag, eine Hypothek, ein Urheber- und Erfinderrecht, das schutzfähige Warenzeichen oder auch ein Handelsname.

Der Eigentumsbegriff umfaßt auch öffentliche Rechte – also Ansprüche gegen den Staat –, wenn sie überwiegend auf eigener Leistung beruhen[110]. Damit sind die meisten sozialversicherungsrechtlichen Ansprüche Eigentum und werden deshalb von Art. 14 GG geschützt. Entscheidend für diese Rechtsprechung ist folgende Überlegung: Art. 14 GG will die materielle Basis für die Freiheit der Bürger schützen. In den modernen Gesellschaften ist nicht mehr das Sach- oder Grundeigentum die materielle Absicherung der Bürger, sondern die erworbenen sozialversicherungsrechtlichen Ansprüche. Konsequenterweise muß Art. 14 GG dann auch diese Ansprüche schützen.

Art. 14 GG ist kein Deutschen-Grundrecht, sondern ein sog. Jedermann-Grundrecht: Er schützt auch das Eigentum von Ausländern in Deutschland. Das hat eine wirtschaftlich bedeutsame Konsequenz: Ausländische Investitionen sind geschützt, unabhängig davon, ob ein ausländischer Staat ein Investitionsschutzabkommen mit Deutschland geschlossen hat oder nicht.

Gemäß Artikel 19 Abs. 3 GG können sich auf dieses Grundrecht auch inländische juristische Personen des Privatrechts berufen. Darüber hinaus sind auch nichtrechtsfähige Personengesellschaften von der Rechtsprechung in den Schutzbereich von Art. 14 GG einbezogen worden[111]. Die Eigentumsgarantie ist damit ein verfassungsrechtlicher Grundpfeiler des Gesellschaftsrechts[112].

c) Die Schranken des Eigentums

Das Eigentum wird – wie alle anderen Grundrechte auch – vom GG nicht unbeschränkt garantiert.

Artikel 14 Abs. 1 Satz 2 ermächtigt den deutschen Gesetzgeber, den Inhalt und die Schranken des Eigentums zu bestimmen. Was also Eigentum ist, steht nicht von vornherein und für immer fest. Der Gesetzgeber kann die Definition dessen, was Eigentum ist, durchaus ändern und neu bestimmen. Er muß sich dabei aber immer am Wohl der Allgemeinheit orientieren[113].

Beispiel: Das Eigentum an einem Produktionsbetrieb besteht deshalb nicht schrankenlos. Der Gesetzgeber hat durch das Mitbestimmungsgesetz entschieden, daß das Produktionseigentum durch die Mitbestimmungsrechte der Arbeitnehmer beschränkt wird.[114]

Warum wird das Eigentum nicht schrankenlos garantiert? Das Eigentum ist ein zwar wichtiger, keineswegs aber der einzige Wert, den die Verfassung schützt.

---

[110] So die Grundsatzentscheidung BVerfGE 53, 257, 291.

[111] Grundlegend BVerfGE 4,7,17.

[112] Siehe dazu den Beitrag von Dietrich, Von der GmbH bis zum Weltkonzern: Gesellschaftsrecht, in diesem Band.

[113] BVerfGE 25, 112, 118.

[114] BVerfGE 50, 290 ff.

Einen hohen Stellenwert genießen in der Verfassung auch soziale Belange, ökologische und kulturelle Angelegenheiten. Von entscheidender Bedeutung ist darüber hinaus der Demokratiegrundsatz. Einschränkungen des Eigentums sind dann möglich, wenn anders die genannten wichtigen Verfassungsgüter nicht gewährleistet werden können.

Beispiel: Der Umweltschutz ist – das kommt auch in Art. 20a GG zum Ausdruck – ein wichtiges Verfassungsziel. Deshalb darf der Staat das Eigentum der Betreiber von umweltbelastenden Anlagen einschränken, indem er ihnen aufgibt, Filteranlagen zu installieren.

Weil das Eigentum aber von hervorragender Bedeutung ist, darf es nur eingeschränkt werden, wenn es unbedingt notwendig ist. Die Einschränkungen des Eigentums unterliegen deshalb ihrerseits wieder einer Schranke: Sie müssen verhältnismäßig sein, und sie dürfen in keinem Fall den Kernbereich des Eigentums berühren.

Als intensivsten Eingriff in das Eigentumsgrundrecht sieht Artikel 14 Abs. 3 GG die Enteignung vor: Unter bestimmten – strengen – Voraussetzungen läßt das Grundgesetz den vollständigen Entzug aller Eigentumsrechte eines Berechtigten zu. Das ist aber nur gegen Entschädigung möglich.

Beispiel: Gegen Entschädigung können Grundstücke enteignet werden, die für den Bau einer Straße benötigt werden.

4. Die Vereinigungs- und Koalitionsfreiheit, Artikel 9 GG

a) Wirtschaftliche Bedeutung

Artikel 9 GG enthält zwei Freiheitsgrundrechte: das Recht, Vereine und Gesellschaften zu bilden und das Recht, zur Wahrung und Förderung der Arbeits- und Wirtschaftsbedingungen Vereinigungen zu bilden.

Die Bedeutung beider Grundrechte für das Wirtschaftsrecht ist groß. Wirtschaftliche Tätigkeiten können häufig nicht von einzelnen Personen, sondern nur von juristischen Personen, also Vereinigungen, durchgeführt werden. Die modernen Wirtschaftsordnungen sind völlig undenkbar ohne die Möglichkeit, Gesellschaften – etwa Handelsgesellschaften, GmbHs oder AGs – oder andere Vereinigungen zu bilden[115].

Beispiel: Internationale Konzerne, also juristische Personen, prägen die Struktur der Weltwirtschaft und – mehr oder weniger intensiv – auch die nationalen Volkswirtschaften.

Die Koalitionsfreiheit in Artikel 9 Abs. 3 GG markiert einen Grundpfeiler der sozialen Marktwirtschaft: sie ist die verfassungsrechtliche Basis der Tarifautonomie, die das deutsche Arbeitsrecht und die Wirtschaftsstruktur prägt.

---

115 Siehe dazu Dietrich, Vom Verein bis zum Weltkonzern: Gesellschaftsrecht, in diesem Band.

b) Inhalt

Die Vereinigungsfreiheit in Artikel 9 Abs. 1 GG schützt sämtliche Erscheinungsformen von Vereinen und Gesellschaften. Sie ist damit die verfassungsrechtliche Grundlage des gesamten Gesellschaftsrechts.

Beispiel: Geschützt werden die BGB-Gesellschaft, die Partnerschaftsgesellschaft, Genossenschaften, wirtschaftliche Vereine nach § 22 BGB, Handelsgesellschaften (OHG, KG), die GmbH, die AG.

Die Vereinigungsfreiheit umfaßt zwei Aspekte:
- die positive Vereinigungsfreiheit
- die negative Vereinigungsfreiheit.

Die positive Vereinigungsfreiheit schützt das Recht, privatrechtliche Vereinigungen zu gründen und ihnen beizutreten. Die negative Vereinigungsfreiheit schützt dagegen das Recht, privatrechtlichen Vereinigungen fernzubleiben. Art. 9 I GG schützt auch den Bestand[116] und die freie Selbstbestimmung[117] der Vereinigungen. Vereinigungen können also vom Staat nicht ohne weiteres aufgelöst werden. Gleichzeitig können sie selbst über ihre innere Organisation, ihre Willensbildung und ihre Geschäftsführung entscheiden.

Die Koalitionsfreiheit in Artikel 9 Abs. 3 GG garantiert– anders als die allgemeine Vereinigungsfreiheit – nur die Bildung von speziellen Vereinigungen: Vereinigungen, die den Zweck verfolgen, die Arbeits- und Wirtschaftsbedingungen zu wahren und zu fördern. Letztlich schützt Artikel 9 Abs. 3 GG also die Tarifautonomie: Die Freiheit, Gewerkschaften und Arbeitgeberverbände zu gründen und die Bedingungen des Arbeitslebens durch Tarifverträge eigenverantwortlich ohne Eingriffe des Staates selbst zu regeln. Damit bildet Art. 9 III GG einen wichtigen Pfeiler der sozialen Marktwirtschaft. Hinter dieser Regelung steckt die Idee, daß Arbeitgeber und Gewerkschaften ihre gegenseitigen wirtschaftlichen Interessen besser als der Staat zum Ausgleich bringen können.[118]

Wie bei der Vereinigungsfreiheit kennt auch die Koalitionsfreiheit eine positive und eine negative Komponente. Die positive Koalitionsfreiheit garantiert das Recht, arbeitsrechtliche Koalitionen zu gründen oder ihnen beizutreten. Die negative Koalitionsfreiheit garantiert das Recht, diesen Koalitionen fernzubleiben.

Beispiel: Ein Arbeitnehmer darf nicht gehindert werden, eine Gewerkschaft zu gründen oder einer Gewerkschaft beizutreten. Gleichzeitig darf er dazu aber auch nicht gezwungen werden, wenn er nicht Mitglied werden will.

Die ebenfalls in Artikel 9 Abs. 3 GG enthaltene sogenannte kollektive Koalitionsfreiheit ist das Grundrecht, das den arbeitsrechtlichen Koalitionen selbst, nicht den einzelnen Arbeitnehmern zusteht. Es schützt den Bestand und die Betätigung der Koalitionen, also der Gewerkschaften und Arbeitgeberverbände. Zur Betätigung gehören u. a. auch Arbeitskampfmaßnahmen wie Streik oder Aussperrung,

---

[116] BVerfGE 84, 372, 378

[117] BVerfGE 50, 290, 354

[118] So BVerfGE 94, 268, 282 ff.

sofern sie erforderlich sind, um die mit der Tarifautonomie verbundenen Aufgaben wahrzunehmen.

c) Schranken

Eine ausdrückliche Grenze der Vereinigungsfreiheit nennt Artikel 9 Abs. 2 GG. Vereinigungen, die gegen Strafgesetze, die verfassungsmäßige Ordnung oder den Gedanken der Völkerverständigung verstoßen, sind verboten. Im Bereich der Wirtschaft wird diese Schranke in der Regel keine Rolle spielen.

Von größerer praktischer Bedeutung ist aber eine ungeschriebene Grenze beider Grundrechte. Wenn sie in Anspruch genommen werden, dürfen dadurch nicht die Grundrechte Dritter oder andere wichtige Verfassungsgüter verletzt werden. Der Gesetzgeber darf deshalb die Vereinigungs- und die Koalitionsfreiheit einschränken, um die Grundrechte Dritter oder andere Verfassungsgüter zu schützen[119].

Beispiel: Der Gesetzgeber darf durch das Hochschulrahmengesetz (HRG) Regelungen der Arbeitsverhältnisse der wissenschaftlichen Beschäftigten treffen und dadurch in die Tarifautonomie eingreifen. Grund: Er fördert dadurch den wissenschaftlichen Nachwuchs.

Wichtig ist aber: Jede staatliche Einschränkung der Vereinigungs- oder Koalitionsfreiheit muß verhältnismäßig sein[120]. Das fordert das Rechtsstaatsprinzip, das staatliche Eingriffe in die Freiheiten der Bürger strikt begrenzt.

Die Koalitionsfreiheit kann auch mit den Grundrechten Dritter kollidieren. Ein Beispiel dafür ist das brisante Problem der tarifbedingten Arbeitslosigkeit[121]. Wenn Arbeitnehmer wegen bestehender Flächentarifverträge keine Chance haben, Arbeitsverträge zu anderen als den in den Tarifverträgen vorgesehenen Bedingungen abzuschließen, beschränkt die Koalitionsfreiheit sie in ihren Freiheitsrechten.

5. Die Gleichheitsgrundrechte in Art. 3 GG

a) Wirtschaftliche Bedeutung

Die Grundrechte der Verfassung wollen individuelle wirtschaftliche Freiheit verwirklichen. Das setzt aber voraus, daß der Staat die Bürger in wirtschaftlichen Angelegenheiten gleich behandelt. Denn wirtschaftliche Freiheit ist undenkbar, wenn einzelne private Wirtschaftsteilnehmer staatlich privilegiert oder diskriminiert werden. Eine Ungleichbehandlung durch den Staat verzerrt die ökonomischen Startchancen und verfälscht den Wettbewerb.

---

119 BVerfGE 94, 268, 284

120 BVerfGE 37, 344, 361 f.; 61, 218, 220.

121 Ausführlich dazu Richardi, Gutachten B zum 61. Deutschen Juristentag 1996, S. 13 ff. m. w.N.

Beispiel: Unternehmen, die vom Staat Subventionen erhalten, haben Wettbewerbsvorteile gegenüber ihren Konkurrenten, die ausschließliches eigenes Kapital einsetzen müssen.

Die Gleichheitsgrundrechte, die Artikel 3 GG enthält, sind deshalb von erheblicher Bedeutung für die marktwirtschaftliche und wettbewerbsorientierte Wirtschaftsordnung in Deutschland.

b) Die Gleichberechtigung von Mann und Frau in der Wirtschaft, Artikel 3 Abs. 2 GG

Artikel 3 Abs. 2 GG sagt knapp und klar: „Männer und Frauen sind gleichberechtigt." Sowohl Gesetzgeber als auch Verwaltung müssen deshalb bei allen (wirtschafts)rechtlichen Regelungen eine Benachteiligung oder Bevorzugung vermeiden und beiden Geschlechtern gleiche Erwerbschancen und wirtschaftliche Entfaltungsmöglichkeiten einräumen. Herkömmliche Rollenklischees dürfen nicht verfestigt werden[122].

Um dieses Gleichberechtigungsgebot im Recht und in der Wirtschaft insgesamt durchzusetzen, verpflichtet Artikel 3 Abs. 2 GG nicht nur den Staat und seine Organe zur Gleichbehandlung. Das Gleichbehandlungsgebot gilt – man spricht dabei von Drittwirkung – für alle Bürger und muß beispielsweise bei der Ausgestaltung privater Verträge beachtet werden. Das hat eine erhebliche Bedeutung für die Arbeitsverträge in der privaten Wirtschaft.

Beispiel: Vereinbarungen in Arbeitsverträgen, durch die Frauen für die selbe Arbeit weniger Lohn als Männer erhalten, sind nichtig. Die Ungleichbehandlung von Männern und Frauen bei der Nachtarbeit verstößt gegen den Gleichheitssatz.[123]

Mehrere Bundesländer haben spezielle Frauenförderungsgesetze erlassen, um das Gleichbehandlungsgebot der Verfassung in die Praxis umzusetzen. Diese anfangs politisch umstrittenen Maßnahmen haben sich durchgesetzt. Ursprünglich bestehende europarechtliche Probleme sind inzwischen geklärt[124].

c) Absolute Diskriminierungsverbote, Artikel 3 Abs. 3 GG

Art. 3 Abs. 3 GG erweitert das geschlechtsspezifische Diskriminierungsverbot. Er zählt einzelne konkrete Umstände und Faktoren auf, aufgrund derer eine Benachteiligung oder Bevorzugung ebenfalls verboten ist. Ungleichbehandlungen aufgrund des Geschlechts, der Abstammung, der Rasse, der Sprache, der Heimat und Herkunft, des Glaubens, der religiösen oder politischen Anschauung sind absolut, also ohne Ausnahme, verboten.

---

122 BVerfGE 89, 234, 258; st. Rspr.

123 BVerfG DVBl. 1992, 364

124 Siehe dazu EuGHE 1995 I, 3051 – Kalanke; EuGHE 1997 I, 6363 – Marshall.

d) Der allgemeine Gleichheitssatz, Artikel 3 Abs. 1 GG

Ergänzt werden die konkreten Diskriminierungsverbote von Art. 3 Abs. 2, 3 GG durch den allgemeine Gleichheitssatz in Art. 3 Abs. 1 GG. Er verbietet dem Staat, wesentlich Gleiches willkürlich, also ohne sachlichen Grund, ungleich zu behandeln.[125] Wesentlich Ungleiches ist dagegen nach seiner spezifischen Eigenart ungleich zu behandeln.

Der allgemeine Gleichheitssatz will damit auch und gerade im Bereich des Wirtschaftsrechts Willkürentscheidungen des Staates verhindern und gerechte Lösungen erzielen[126]. Unter wirtschaftsrechtlichen Gesichtspunkten läßt sich der Gleichheitsgrundsatz als weiterer Grundpfeiler der marktwirtschaftlichen, wettbewerbsgeprägten Wirtschaftsordnung ansehen: Ohne ein gewisses Maß an Gleichheit ist kein Wettbewerb möglich.

Der Gleichheitssatz wendet sich an den Gesetzgeber, der Wirtschaftsgesetze erläßt, und an die Verwaltung, die einzelne wirtschaftsrechtliche Entscheidungen trifft. Beide dürfen dabei nicht willkürlich handeln.

Der Bundestag hat grundsätzlich einen weiten Spielraum bei der Frage, ob und wie er einzelne Wirtschaftsrechtsgebiete regelt. Dennoch darf er bei der Ausfüllung dieses Gestaltungsspielraumes den allgemeinen Gleichheitssatz nicht verletzen. Wenn er per Gesetz eine Ungleichbehandlung anordnet, für die jeder sachlich einleuchtende Grund fehlt, hat er Artikel 3 Abs. 1 GG verletzt: Das Gesetz ist deshalb nichtig[127].

Beispiel: Es gibt keinen sachlichen Grund (mehr) dafür, daß Arbeiter kürzere Kündigungsfristen haben als Angestellte. Eine gesetzliche Regelung, die das vorsieht, verstößt deshalb gegen Art. 3 I GG und ist nichtig.

Diesen weiten politischen und rechtlichen Spielraum wie das Parlament hat die Verwaltung nicht. Für sie wird Artikel 3 Abs. 1 GG durch den sogenannten Grundsatz der Selbstbindung der Verwaltung praktisch bedeutsam: Hat die Verwaltung ihr Ermessen in einer bestimmten Art und Weise ausgeübt, ist sie – wegen des allgemeinen Gleichheitssatzes – in Zukunft an diese Verwaltungspraxis gebunden und verpflichtet, alle vergleichbaren Sachverhalte genauso zu behandeln.

Beispiel: Bei der Vergabe von Subventionen muß sich die Verwaltung an ihre Subventionsrichtlinien halten und darf die Chancengleichheit nicht verletzen. Bei der Vergabe öffentlicher Aufträge muß die Verwaltung die Aufträge öffentlich ausschreiben und alle Anbieter gleich beachten, ohne einzelne Anbieter willkürlich zu bevorzugen oder zu benachteiligen.

Die Verwaltung kann vergleichbare Fälle also nicht willkürlich unterschiedlich behandeln. Dennoch ist sie nicht „für immer und ewig“ an eine einmal eingeführte Verwaltungspraxis gebunden. Sie kann ihre Praxis generell – nicht aber

---

125 Dazu ausführlich BVerfG NJW 1997, 1975, 1979

126 Dazu BVerfGE 86, 59, 63.

127 BVerfGE 82, 126, 146 ff.

willkürlich im Einzelfall – ändern, wenn sie sich als überholt oder unzweckmäßig herausstellt.

Von praktischer Bedeutung ist, daß Artikel 3 Abs. 1 GG keine Gleichheit im Unrecht gewährt. Wenn die Verwaltung rechtswidrig gehandelt hat, ist sie daran nicht gebunden[128]. Sie kann – und soll – ihr Verhalten sofort wieder ändern. Alles andere wäre mit dem Rechtsstaatsprinzip nicht vereinbar.

Beispiel: Ein Bürger kann deshalb einen Anspruch auf eine rechtswidrige Gaststättengenehmigung nicht mit der Begründung geltend machen, ein anderer Bürger habe ebenfalls eine rechtswidrige Genehmigung erhalten.

6. Die allgemeine Handlungsfreiheit, Artikel 2 Abs. 1 GG

a) Die Freiheit der wirtschaftlichen Entfaltung

Artikel 2 Abs. 1 GG ist die verfassungsrechtliche Garantie der allgemeinen Handlungsfreiheit. Er umfaßt und schützt jegliches menschliches Verhalten und garantiert den Bürgern damit das Recht auf die freie Entfaltung ihrer Persönlichkeit.

Unter wirtschaftlichen Aspekten betrachtet bedeutet dies: Artikel 2 Abs. 1 GG sichert die wirtschaftliche Entfaltungsfreiheit, also das Unternehmer-Werden und das Unternehmer-Sein. Artikel 2 Abs. 1 GG greift immer dann ein, wenn eine wirtschaftliche Betätigung nicht durch ein spezielleres Freiheitsrecht – wie etwa die Berufsfreiheit in Artikel 12 Abs. 1 GG – erfaßt wird. Artikel 2 Abs. 1 GG wird deshalb nicht nur als Hauptfreiheitsrecht, sondern auch als sogenanntes Auffanggrundrecht bezeichnet.

b) Ausprägungen der wirtschaftlichen Entfaltungsfreiheit

Artikel 2 Abs. 1 GG schützt das ganze Spektrum der wirtschaftlichen Freiheit. Dazu gehört etwa die Vertragsfreiheit: das Recht, Verträge über wirtschaftliche Güter und Dienstleistungen abzuschließen, inhaltlich zu gestalten und wieder aufzuheben. Artikel 2 Abs. 1 GG umfaßt auch die Preis- und Finanzierungsfreiheit[129]: das Recht, einen marktgerechten Preis auszuhandeln, und die Entscheidungsfreiheit bei der Beschaffung von Geld. Zur wirtschaftlichen Entfaltungsfreiheit gehören auch die Wettbewerbsfreiheit[130], die Werbefreiheit, die Konsumfreiheit, die Produktionsfreiheit und die Freiheit der informationellen Selbstbestimmung über wirtschaftliche Daten[131].

---

128 BVerwGE 92, 153, 157

129 Dazu BVerfGE 70, 1, 25.

130 BVerfGE 32, 311.

131 BVerfGE NJW 1995, 2839.

c) Schranken der wirtschaftlichen Entfaltungsfreiheit

Der Schutzbereich von Artikel 2 Abs. 1 GG ist umfassend: die ganze menschliche Entfaltungsfreiheit wird geschützt. Die Handlungsfreiheit wird aber nicht unbegrenzt garantiert. Das Grundrecht wird in dreifacher Hinsicht beschränkt. Das Grundgesetz nennt ausdrücklich als Schranken der allgemeinen Handlungsfreiheit

- die Rechte anderer
- das Sittengesetz
- die verfassungsmäßige Ordnung.

Praktisch bedeutsam im Bereich der Wirtschaft ist vor allem die Schranke der verfassungsmäßigen Ordnung: Wirtschaftliche Tätigkeiten werden von der Verfassung geschützt, aber nur soweit sie nicht gegen die verfassungsmäßige Ordnung verstoßen. Unter verfassungsmäßiger Ordnung versteht Artikel 2 Abs. 2 GG alle Normen und Gesetze, die formell und materiell verfassungsmäßig sind.[132] Das bedeutet, daß der Gesetzgeber die wirtschaftliche Entfaltungsfreiheit des einzelnen im Interesse des Gemeinwohls einschränken darf. Durch Wirtschaftsgesetze darf er das Wirtschaftsleben steuern, kontrollieren, lenken und eben auch einschränken. Das tut der Staat in erster Linie durch Gebote und Verbote[133].

Beispiel: § 35 GewO sieht Verbote für bestimmte Gewerbetreibende vor; das Ladenschlußgesetz verbietet Verkäufe nach 20 Uhr grundsätzlich; der Staat erhebt Steuern und Abgaben auf bestimmte wirtschaftliche Tätigkeiten.

Weil die wirtschaftliche Entfaltungsfreiheit aber eine große Bedeutung für die Gesellschaft und die Wirtschaft hat, gilt: Die Einschränkungen durch staatliche Regelungen dürfen nicht unbegrenzt sein. Alle Normierungen müssen verhältnismäßig sein, sie dürfen die wirtschaftliche Entfaltung nicht übermäßig einschränken. Unabhängig davon gilt: Ein Kernbereich der wirtschaftlichen Freiheit ist unantastbar[134]. Ein angemessener Spielraum zur Entfaltung privater ökonomischer Initiative muß immer erhalten bleiben[135].

Beispiel: Zwar darf der Staat Steuern erheben und dadurch in die Unternehmerfreiheit eingreifen. Die Steuern dürfen aber keine „erdrosselnde Wirkung" haben und jede wirtschaftliche Initiative ersticken.[136]

III. Staatsziele und ihre wirtschaftspolitische Bedeutung

1. Staatsziele und Wirtschaft

Das Grundgesetz enthält vor allem in Artikel 20, 28 GG Grundentscheidungen, die die Struktur des Staates festlegen. Danach ist Deutschland

---

132 BVerfG NJW 1997, 1975 f.

133 So ausdrücklich BVerfGE 20, 150, 155.

134 BVerfGE 91, 207, 221

135 BVerfGE 65, 196, 210

136 BVerfGE 87, 153, 169

- eine Republik
- eine Demokratie
- ein Rechtsstaat
- ein Sozialstaat
- ein Bundesstaat.

Neben diesen Verfassungsstrukturbestimmungen finden sich im Grundgesetz Staatsziele, die verbindliche programmatische Direktiven vorgeben, für die sich der Staat einsetzen muß. Dazu gehört etwa das Staatsziel Umweltschutz in Artikel 20a GG, aber auch das gesamtwirtschaftliche Gleichgewicht in Artikel 109 Abs. 2 GG.

Alle Verfassungsstrukturbestimmungen und Staatsziele sind für den Bereich der Wirtschaft grundsätzlich von Bedeutung. Im Rahmen dieses Grundrisses sollen aber nur das Rechtsstaatsprinzip, das Sozialstaatsprinzip und das Umweltschutzprinzip vertieft behandelt werden.

2. Das Rechtsstaatsprinzip

a) Wirtschaft im Rechtsstaat: Die Bedeutung des Rechtsstaatsprinzips für die Wirtschaft

Das Grundgesetz äußert sich eindeutig: Die Bundesrepublik Deutschland ist ein Rechtsstaat. Was heißt das? Das bedeutet: Das Recht und die Gesetze sollen die Basis des sozialen und staatlichen Lebens sein. Staat und Gesellschaft werden durch das Recht geordnet. Über dieses formale Verständnis hinaus enthält der Rechtsstaat, wie ihn das GG versteht, auch inhaltliche Vorgaben: Er muß die Menschenwürde garantieren (Art. 1 Abs. 1 GG) und die Grundrechte gewährleisten.

Das hat eine besondere Bedeutung für die Wirtschaft. Eine funktionierende Wirtschaft ist ohne einen funktionierenden Rechtsstaat kaum denkbar. Erst der Rechtsstaat gibt der Wirtschaft einen rationalen und verbindlichen Rahmen und damit Verläßlichkeit und Planungssicherheit. Welche Folgen das Fehlen eines funktionierenden Rechtsstaates für die Wirtschaftsordnung hat, läßt sich zur Zeit anschaulich in den Reformstaaten Osteuropas verfolgen. Eine – nicht die einzige – Ursache der schleppenden Wirtschaftsentwicklung in Rußland beispielsweise ist die Unsicherheit ausländischer Investoren darüber, wie ihre Investitionen geschützt sind. Eine funktionierende Rechtsordnung und eine effektive Verwaltung könnten diese Sicherheit vermitteln: Das wäre eine notwendige, wenn auch noch keine hinreichende Voraussetzung für ausländische Investitionen.

Was bedeutet das Rechtsstaatsprinzip konkret für die Wirtschaft? Das – abstrakte – Rechtsstaatsprinzip wird durch einzelne Elemente und Grundsätze konkretisiert, die auch die Wirtschaftspraxis betreffen. Die wichtigsten sind

- der Grundsatz der Gesetzmäßigkeit der Verwaltung
- das Prinzip der Rechtssicherheit und der Bestimmtheitsgrundsatz
- der Verhältnismäßigkeitsgrundsatz
- das Erfordernis effektiven Rechtsschutzes.

b) Die Gesetzmäßigkeit der Wirtschaftsverwaltung

Bei ihrem Handeln muß die Wirtschaftsverwaltung – das sagt Art. 20 Abs. 3 GG – den Gesetzmäßigkeitsgrundsatz beachten, der zwei Komponenten beinhaltet: den Vorrang des Gesetzes und den Vorbehalt des Gesetzes.

Der Grundsatz vom Vorrang des Gesetzes formuliert eine rechtsstaatliche Selbstverständlichkeit: Die Verwaltung ist bei ihrem Handeln immer an die geltenden Rechtsnormen gebunden. Dieser Grundsatz gilt für das gesamte Handeln der Verwaltung, unabhängig davon, in welcher Form die Verwaltung im konkreten Fall handelt.

Die Gesetzesbindung ist nicht nur selbstverständlich, wenn die Verwaltung den Bürger durch ihr Handeln belastet. Der Bindung an das Gesetz kann sich die Verwaltung auch dann nicht entziehen, wenn sie den Bürger durch ihr Handeln begünstigt.

Beispiel: Auch wenn die Verwaltung Subventionen an Unternehmen verteilt, darf sie dabei nicht willkürlich handeln. Sie bleibt an Gesetz und Recht gebunden.

Eine andere Nuance des Gesetzmäßigkeitsprinzips bezeichnet der Grundsatz vom Vorbehalt des Gesetzes: Entscheidungen, die wesentliche Fragen oder Probleme betreffen, darf die Verwaltung nicht selbst treffen. Wesentliche Probleme sind – das entspricht der Idee der Demokratie – dem von den Bürgern dafür gewählten Parlament vorbehalten. Was ist wesentlich und damit der Entscheidungsbefugnis der Verwaltung entzogen? Das Wesentlichkeitskriterium ist unbestimmt und läßt sich kaum abstrakt definieren. Welche Fragen wesentlich sind, muß durch eine Analyse des konkreten Einzelfalls ermittelt werden. Eine Faustregel gibt es aber, die eine Orientierung ermöglicht: Jedenfalls alles, was den Bereich der Grundrechte betrifft, ist wesentlich.[137]

Beispiel: Die Frage der Nutzung der Atomenergie[138] oder der Gentechnik[139] haben weitreichende Auswirkungen auf die Grundrechte der Bürger und sind deshalb wesentliche Fragen.

Wesentlich sind auch Entscheidungen von grundlegender Bedeutung für den Staat.

Beispiel: Ob die Bundeswehr im Ausland eingesetzt wird, ist eine wesentliche Frage. Sie darf deshalb nicht vom Verteidigungsminister entschieden werden, das Parlament selbst muß die Frage beantworten.[140] Die Reform der Rechtschreibung dagegen hat keine grundlegende Bedeutung für den Staat und ist deshalb nicht wesentlich. Deshalb durften die Kultusverwaltungen der Länder die Reform beschließen, ohne ihre Parlamente damit zu befassen.[141]

---

137 So BVerfG 57, 295, 321
138 BVerfGE 49, 89 – Kalkar.
139 VGH Kassel NJW 1990, 336.
140 BVerfG 90, 286, 388
141 BVerfG NJW 1998, 2515, 2520 ff.

Unumstritten ist die Geltung des Gesetzesvorbehaltes im Bereich der Eingriffsverwaltung: wenn die Verwaltung in die Rechte der Bürger eingreift, braucht sie dafür eine gesetzliche Ermächtigungsgrundlage.

Beispiel: Die Behörde darf einem Unternehmer eine Ausübung seines Gewerbes nur dann untersagen, wenn sie sich dabei auf ein Gesetz, etwa auf § 35 GewO stützen kann.

Nicht ganz unumstritten ist die Frage, ob der Gesetzesvorbehalt auch im Bereich der Leistungsverwaltung gilt. Braucht die Verwaltung auch dann eine gesetzliche Grundlage, wenn sie nicht in Rechte des Bürgers eingreift, sondern ihm im Gegenteil Leistungen gewährt? Besonders bedeutsam ist diese Frage im Bereich des Subventionsrechts. Ist für die Vergabe von Subventionen eine gesetzliche Grundlage notwendig, oder reicht es aus, daß die vergebenen Subventionen im Haushaltsgesetz und im Haushaltsplan veranschlagt sind?[142]

c) Rechtssicherheit und Bestimmtheitsgrundsatz

Die Wirtschaft kann sich nur dann entfalten und ihre Produktionsfaktoren effektiv einsetzen, wenn sie sich auf die Kontinuität der Wirtschaftsrechtsordnung und des staatlichen Handelns verlassen kann. Rechts- und Dispositionssicherheit sind elementare ökonomische Rahmenbedingungen und damit wichtige wirtschaftliche Standortfaktoren. Dieser Erkenntnis trägt der rechtsstaatliche Grundsatz der Rechtssicherheit Rechnung[143].

Rechtssicherheit heißt zunächst Rechtsklarheit. Der Bürger muß wissen können, was der Staat von ihm erwartet. Deshalb sind staatliche Rechtsakte nur dann gültig, wenn sie inhaltlich klar und eindeutig bestimmt sind. Staatliches Handeln darf nicht willkürlich sein, es muß im Gegenteil für die Bürger berechenbar sein. Die Wirtschaft beispielsweise muß wissen, auf welcher gesetzlichen Grundlage sie ihre Planungen und Investitionen vornehmen kann. Sie muß wissen, welche Anforderungen der Staat durch seine Gesetze und Verordnungen an sie stellt und welche nicht.

Rechtssicherheit verlangt auch, daß die Bürger sich auf den Bestand der Gesetze und Verordnungen grundsätzlich verlassen können. Der Grundsatz der Rechtssicherheit schützt den Wirtschaftsbürger jedenfalls im Grundsatz vor echten rückwirkenden Maßnahmen des Staates. Der Staat kann keine Gesetze erlassen, mit denen den Bürgern rückwirkend für die Vergangenheit Rechtspositionen wieder entzogen oder Pflichten auferlegt werden.

Beispiel: Der Staat darf Steuern nur für die Zukunft erheben, nicht rückwirkend für die Vergangenheit.

Im Rechtsstaat kann der Bürger also darauf vertrauen, daß eine bestehende Rechtslage beständig ist.[144] Das ist ein kaum zu unterschätzender Schutz für Investitionen.

---

142 Ausführlich dazu Stober, Allgemeines Wirtschaftsverwaltungsrecht, S. 88 ff. m.w.N.
143 Instruktiv dazu Rüthers, Rechtstheorie, 1999, S. 50 ff. m.w.N.
144 BVerfGE 67, 1, 15

Rechtssicherheit betrifft allerdings nicht nur die Vergangenheit, sondern auch die Zukunft. Die Wirtschaft kann nur investieren, wenn sie mit gewisser Sicherheit davon ausgehen kann, daß die Rahmendaten, die ihrer Investitionsentscheidung zugrunde liegen, auch in Zukunft nicht abrupt geändert werden. Es ist noch nicht abschließend geklärt, inwieweit das Rechtsstaatsprinzip den Staat verpflichtet, bestimmte Rahmendaten – etwa einmal aufgestellte Pläne – in Zukunft nicht mehr zu verändern. Möglicherweise läßt sich hier auch keine eindeutige Antwort geben. Denn hier besteht ein Zielkonflikt. Die Wirtschaft braucht Verläßlichkeit und wenig Veränderung der Rahmendaten, dem Staat muß aber die Möglichkeit erhalten bleiben, auf neue, unvorhersehbare Herausforderungen und Entwicklungen dynamisch zu reagieren. Sonst ist keine politische Gestaltung mehr möglich. Die Aufgabe des Wirtschaftsrechts besteht darin, diesen Widerspruch so gut wie möglich auszubalancieren und praktikable Lösungen im konkreten Einzelfall zu finden.

d) Der Verhältnismäßigkeitsgrundsatz

Im Rechtsstaat muß jedes staatliche Handeln verhältnismäßig sein[145]. Das Verhältnismäßigkeitsprinzip gilt für jeden Bereich staatlicher Aktivitäten ohne Ausnahme. Sowohl die Parlamente als auch die Verwaltungen sind daran gebunden.

Staatliches Handeln ist nur dann verhältnismäßig, wenn es drei Voraussetzungen erfüllt: Es muß

- geeignet
- erforderlich und
- verhältnismäßig im engeren Sinn sein

Staatliche Maßnahmen, die überhaupt nicht geeignet sind, das angestrebte Ziel zu erreichen, sind von vornherein unverhältnismäßig und damit rechtswidrig.

Beispiel: Die Behörde will die Umweltsituation verbessern und gibt einem Chemieunternehmen auf, eine Kläranlage zu bauen. Wenn das Unternehmen überhaupt keine belasteten Abwässer produziert, ist die Behördenmaßnahme ungeeignet und deshalb unverhältnismäßig.

Das staatliche Handeln muß darüber hinaus erforderlich sein. Erforderlich ist nur das mildeste aller möglichen Mittel. Der Staat darf keine unnötig schweren, den Bürgern unnötig belastende Maßnahmen ergreifen.

Beispiel: Um die Umweltsituation zu verbessern, ordnet die Behörde die Schließung eines Chemiewerks an. Das ist nicht erforderlich, denn es wären mildere, ebenso wirksame Maßnahmen denkbar: Etwa die Auflage, neue Filteranlagen zu installieren oder eine neue Kläranlage zu bauen.

Schließlich muß jede staatliche Maßnahme auch verhältnismäßig im engeren Sinne sein: Auch eine an sich geeignete und erforderliche Verwaltungsmaßnahme ist unzulässig, wenn der mit ihr verbundene (Kosten)Aufwand völlig außer Verhältnis zum erreichbaren Erfolg steht.

---

145 BVerfGE 90, 145, 173

e) Effektiver Rechtsschutz

Einen Grundpfeiler des Rechtsstaatsprinzips enthält Artikel 19 Abs. 4 GG: Der Rechtsstaat muß seinen Bürgern effektiven Rechtsschutz gegen staatliche Maßnahmen zur Verfügung stellen[146]. Ein Rechtsstaat ist nicht denkbar ohne unabhängige Gerichte, die der Bürger anrufen kann, wenn er mit rechtswidrigem Staatshandeln konfrontiert wird. Der Rechtsschutz muß – auch das erfordert Artikel 19 Abs. 4 GG – effektiv sein. Das heißt vor allem, daß Gerichte auch schnell und rechtzeitig entscheiden[147]. Der Rechtsstaat muß also gleichzeitig ein Rechtsschutzstaat sein.

Das Rechtsstaatsprinzip hat eine erhebliche Bedeutung für die Wirtschaft. Greift der Staat, in welcher Form auch immer, in das Wirtschaftsleben ein, können sich die Betroffenen dagegen grundsätzlich mit gerichtlicher Hilfe wehren.

3. Das Sozialstaatsprinzip

a) Das Sozialstaatsprinzip: Keine freie, sondern eine soziale Marktwirtschaft

Die Bundesrepublik Deutschland ist nicht nur ein Rechtsstaat, sondern auch ein Sozialstaat. Das sagt Artikel 28 Abs. 1 GG ausdrücklich.

Der Rechtsstaat will individuelle Freiheit des Bürgers im Verhältnis zum Staat garantieren. Die Staatszielbestimmung Sozialstaat resultiert aus der Erkenntnis, daß individuelle Freiheit auch einer materiellen Basis bedarf. Freiheit erfordert auch ein Mindestmaß an materieller Gleichheit und den Schutz des Schwächeren.[148]

Deshalb ist die Verwirklichung des Sozialstaates eine zentrale Staatsaufgabe. Der Staat muß – dazu verpflichtet ihn die Verfassung – ein Mindestmaß an sozialer Sicherheit und sozialer Gerechtigkeit verwirklichen. Er ist verpflichtet, für einen Ausgleich der sozialen Gegensätze und für eine gerechte Sozialordnung zu sorgen[149]. Er hat die Mindestvoraussetzungen für ein menschenwürdiges Dasein seiner Bürger zu schaffen.[150]Insofern hat das Sozialstaatsprinzip also eine erhebliche wirtschaftspolitische Bedeutung. Es läßt eine völlig freie Marktwirtschaft nicht zu und verpflichtet den Staat, für eine ausreichende soziale Komponente der marktwirtschaftlichen Wirtschaftsordnung zu sorgen. Im Sozialstaatsprinzip steckt also die verfassungsrechtliche Grundlage für die *soziale* Marktwirtschaft.

Umstritten ist allerdings, wie weit die staatlichen Verpflichtungen im konkreten Einzelfall gehen. Wie viele andere Verfassungsbestimmungen auch, ist das Sozialstaatsprinzip ein abstrakter und gleichzeitig offener Begriff, der ausgelegt werden

---

146 BVerfGE 93, 99, 107

147 BVerfG NJW 1997, 2811, 2812. Angesichts der im Durchschnitt immer länger werdenden Prozeßdauer ist zweifelhaft, ob das deutsche Justizsystem diesem Anspruch noch gerecht wird.

148 BVerfGE 26, 16, 37

149 So ausdrücklich das BVerfGE 22, 180, 204

150 Das betont das Bundesverfassungsgericht: BVerfGE 82, 60, 85

muß. Eine Auslegung[151] ist kaum möglich, ohne daß wirtschaftstheoretische und wirtschaftspolitische, ja sogar sozialpolitische Faktoren berücksichtigt werden. Das Auslegungsergebnis wird deshalb variieren je nach den theoretischen Konzeptionen, auf deren Grundlage man den Begriff Sozialstaat ausgelegt hat. Es ist deshalb nicht erstaunlich, daß die Frage, welche Sozialstaatskonzeption das Grundgesetz vertritt, sehr unterschiedlich beantwortet wird.

Auch wenn rechtlich keine unumstrittene, geschlossene Sozialstaatskonzeption existiert, hat das Bundesverfassungsgericht doch eine Reihe von konkreten Inhalten des Sozialstaatsprinzips herausgearbeitet. Anders als über den Begriff allgemein, besteht über diese konkreten Elemente des Sozialstaatsprinzips weitgehend Einigkeit.

Zu diesen Elementen gehören

- sozialer Ausgleich: der Schutz des Schwächeren
- soziale Sicherung: ökonomisches Existenzminimum
- intakte Umwelt: ökologisches Existenzminimum

Zum Sozialstaat gehört ein sozialer Ausgleich, allerdings keine Egalisierung der Gesellschaft. Der Sozialstaat des Grundgesetzes zielt ab auf eine Gleichheit der Chancen, nicht der sozialen Lebensumstände. Um Chancengleichheit zu erreichen, muß die Sozialpolitik gesellschaftliche Gruppen fördern, die sozial schlechter gestellt sind.

Beispiel: Der Sozialstaat muß also Sozialleistungen wie Kindergeld, BAföG oder sozialer Wohnungsbau zur Verfügung stellen.

Der Herstellung sozialer Gerechtigkeit dienen auch eine Fülle von Gesetzen, die den Schutz des Schwächeren[152] im Rechtsverkehr bezwecken. Dazu gehören vor allem Bestimmungen aus dem Arbeitsrecht, dem sozialen Mietrecht und dem Verbraucherschutzrecht.

Beispiel: Kündigungsschutz im Arbeitsrecht und im Mietrecht

Ein weiteres Ziel des Sozialstaats ist die soziale Sicherheit. Zum Sozialstaat gehört deshalb ein Kernbereich sozialer Sicherungen gegen Erwerbsunfähigkeit durch Alter, Krankheit, Invalidität und gegen Arbeitslosigkeit. Insofern ist die gesetzliche Sozialversicherung ein grundlegendes und unverzichtbares Element des Sozialstaats. Ergänzt wird die Sozialversicherung durch die Sozialhilfe, die das ökonomische Existenzminimum[153] sichern soll.

Neuerdings wird dem Sozialstaatsprinzip auch eine umweltrechtliche Dimension beigelegt. Danach hat der Staat nicht nur ein ökonomisches Existenzminimum, sondern ebenfalls ein ökologisches Existenzminimum zu garantieren[154]. Er muß also auch die Entwicklung der Technik kontrollieren und gestalten. Denn die Existenzgrundlagen der Bürger sind nicht nur durch materielle Probleme, sondern auch durch die Auswirkungen der Technik jedenfalls potentiell bedroht.

---

151 Umfassend zur Auslegung aus rechtstheoretischer Sicht Rüthers, Rechtstheorie, 1999, S. 392 ff. m.w.N.

152 Im Sozialstaat, wie ihn die Verfassung versteht, gilt nicht das Recht des Stärkeren. Dazu BVerfG NJW 1994, 36, 38; BVerfG NJW 1994, 2749.

153 Dazu BVerfGE 84, 133, 158.

154 So ausdrücklich Stober, Allgemeines Wirtschaftsverwaltungsrecht, S. 83.

Von großer Bedeutung ist aber, daß das Grundgesetz nicht von der Vorstellung eines totalen Betreuungs-, Wohlfahrts- und Versorgungsstaates ausgeht[155]. Im Grundgesetz wird auch die individuelle Freiheit und Verantwortung betont. Das Grundgesetz will beides: einen Sozialstaat und Bürger, die selbstbestimmt handeln und ihre Eigenverantwortung wahrnehmen. Aus diesem Dualismus ergeben sich Grenzen für die Ausgestaltung des Sozialstaats. Der Sozialstaat muß den Bürgern existentielle Risiken abnehmen, er darf aber ihre individuelle, unternehmerische Initiative und Eigenverantwortung nicht ersticken.[156]

b) Adressaten des Sozialstaatsprinzip

Das Sozialstaatsprinzip des Grundgesetzes richtet sich in erster Linie an den Gesetzgeber[157]. Er muß den Sozialstaat politisch durch Gesetze gestalten. Gefordert sind aber auch die anderen Staatsgewalten: Verwaltung und Rechtsprechung müssen bei der Anwendung der Gesetze sozialstaatliche Gedanken beachten und in die Praxis umsetzen.

Das Grundgesetz gibt dem Gesetzgeber nicht vor, wie die sozialstaatliche Gesetzgebung im konkreten Einzelfall aussehen muß. Es räumt ihm einen weiten Gestaltungsspielraum ein.[158] Die Verfassung hat erkannt, daß die konkrete Ausgestaltung des Sozialstaates nicht ein für allemal festgelegt werden kann. Der Sozialstaat ist abhängig von der wirtschaftlichen Situation. Denn grundsätzlich kann im Sozialstaat nur verteilt werden, was volkswirtschaftlich erarbeitet wurde. Bei anhaltend schlechter Wirtschaftslage ist ein Sozialumbau oder sogar ein Sozialabbau mit dem Sozialstaatsprinzip des Grundgesetzes zu vereinbaren, wenn er politisch gewollt ist. Verfassungsrechtlich entscheidend ist aber, daß ein ökonomisches Existenzminimum der Bürger in Notfällen gesichert bleibt.

Die Wirtschaftsbürger selbst können grundsätzlich aus dem Sozialstaatsprinzip keine subjektiv einklagbaren Rechte ableiten. Das Sozialstaatsprinzip gibt ihnen keine Ansprüche auf bestimmte Leistungen. Ansprüche entstehen erst dann, wenn der Gesetzgeber durch ein konkretes Gesetz konkrete Ansprüche geschaffen hat.

4. Das Umweltstaatsprinzip

a) Wirtschaft im Umweltstaat

In jüngster Zeit hat sich die Erkenntnis durchgesetzt, daß es einen Ausgleich zwischen Ökonomie und Ökologie geben muß. Die menschliche Existenz hängt

---

155 So ganz treffend Stober, Allegemeines Wirtschaftsverwaltungsrecht, S. 84 m.w.N.

156 Das betont das Bundesverfassungsgericht immer wieder. Siehe nur BVerfGE 17, 38, 56

157 BVerfGE 1, 97, 105

158 Darauf weist des Bundesverfassungsgericht immer wieder hin. Siehe beispielsweise BVerfGE 82, 60, 81

davon ab, daß die natürlichen Lebensgrundlagen erhalten bleiben[159]. Die Ökologie hat aber auch Bedeutung für die Wirtschaft selbst. Die Wirtschaft kann nämlich langfristig nur in einer intakten Umwelt funktionieren und sich entwickeln. Es kann deshalb nicht um kurzfristige wirtschaftliche Erfolge auf Kosten der Umwelt gehen. Es kommt vielmehr darauf an, die wirtschaftlichen Produktionsgrundlagen langfristig durch eine Politik der nachhaltigen Entwicklung – sustainable development – zu sichern.

Diese Erkenntnis hat dazu geführt, daß 1994 nach längerer politischer Diskussion das Staatsziel Umweltschutz durch Art. 20 a neu in das Grundgesetz aufgenommen wurde. Damit enthält die Verfassung die objektive Verpflichtung für den Staat, auf das Ziel des Umweltschutzes hinzuwirken: Der Staat des Grundgesetzes ist auch ein Umweltstaat[160]. Das hat erhebliche und konkrete Auswirkungen auf die Wirtschaft: Der Staat muß Umweltschutzstandards für wirtschaftliches Handeln festsetzen. Das hat nicht nur Kostenbelastungen zur Folge, sondern verändert nicht selten die Strukturen und Abläufe ganzer Wirtschaftszweige.

Beispiel: Die deutsche Industrie ist weltweit führend auf dem Gebiet der Umwelttechnik. Das hängt mit dem Innovationsschub zusammen, den die Industrie durch die strenger werdende Umweltgesetzgebung in Deutschland in den letzten zwanzig Jahren erhalten hat.

b) Der Inhalt des Umweltstaatsprinzips

Art. 20 a GG beschränkt sich nicht auf den Schutz der Lebensgrundlagen des Menschen. Der Umweltstaat der Grundgesetzes ist verpflichtet, die gesamte natürliche Umwelt zu schützen. Damit beginnt sich der Umweltstaat, wie ihn das Grundgesetz versteht, von der anthropozentrischen Betrachtungsweise zu lösen[161]. Die Verfassung zielt auf einen umfassenden, vom Menschen unabhängigen Umweltschutz. Schutzobjekt sind also Luft, Wasser, Boden, Pflanzen, Tiere und Mikroorganismen ebenso wie das Klima als Voraussetzung der Existenz der natürlichen Umwelt. Zum Inhalt des Umweltstaatsprinzips gehört auch der Nachweltschutz: Die natürlichen Lebensgrundlagen sind auch für die künftigen Generationen zu sichern[162].

Die von Art. 20 a GG fixierte umfassende Zukunftsverantwortung des Staates hat konkrete rechtliche Konsequenzen:

- Die **Akkumulation** möglicher Umweltgefährdungen in der Zukunft muß schon in der Gegenwart berücksichtigt werden.

Beispiel: Wenn man Atomkraftwerke betreibt, muß man schon heute das Problem der Entsorgung des Atommülls lösen. Eine Lösung kann nicht einfach in die Zukunft verschoben werden.

---

159 Bahnbrechend dazu Meadows u. a., Die Grenzen des Wachtums, 1972. Dazu auch BTDrs. 6/2710, S. 7.

160 Ausführlich dazu Kloepfer, DVBl. 1994, 12 ff. m.w.N.

161 Anders aber Stober, Allgemeines Wirtschaftsverwaltungsrecht, S. 142 m.w.N.

162 Dazu ausführlich Murswiek, NVwZ 1996, 222, 225.

- Für den Verbrauch nicht erneuerbarer Ressourcen gilt das strikte **Sparsamkeitsprinzip**.

Beispiel: Mit nicht erneuerbaren Rohstoffen wie etwa Erdöl muß so sparsam wie nur irgend möglich umgegangen werden.

- Bei erneuerbaren Ressourcen ist das **Nachhaltigkeitsprinzip** zu beachten.

Beispiel: Nachwachsende Rohstoffe dürfen nur in dem Maß verbraucht werden, in dem sie wieder nachwachsen. Das gilt etwa für den Fischfang oder für das Abholzen von Wäldern

- Die Einschätzung von Umweltrisiken muß nach dem **Vorsichtigkeitsprinzip** erfolgen: Zu berücksichtigen ist, daß schädliche Umweltauswirkungen möglicherweise erst später erkennbar werden.

Beispiel: Bei der Einführung neuer Technologien – beispielsweise der Gentechnik – muß beachtet werden, daß man im Augenblick möglicherweise noch nicht das gesamte Gefahrenpotential überblickt.

Das Umweltstaatsprinzip ist von großer praktischer Bedeutung für das Wirtschaftsrecht: Der Staat ist verpflichtet, die Schädigung der Umwelt durch Dritte – also etwa durch die Wirtschaft – abzuwehren und auszugleichen. Er muß also neben das Wirtschaftsrecht eine Umweltschutzgesetzgebung stellen, die ein „ökologisches Existenzminimum" sicherstellt[163].

Für das staatliche Handeln ist entscheidend, daß die Staatszielbestimmung Umweltschutz nicht das einzige, sondern nur eines unter mehreren Verfassungszielen ist. Dem Umweltschutz kommt im Konflikt mit anderen Rechtsgütern kein prinzipieller Vorrang zu, er muß aber bei staatlichen Entscheidungen immer gleichberechtigt berücksichtigt werden. Er hat nicht mehr, aber auch nicht weniger Bedeutung als andere Staatsziele.

Beispiel: Das Umweltstaatsprinzip bedeutet nicht, daß umweltschädliche Industrieprojekte per se verboten wären. Sie können aber nur genehmigt werden, wenn ihre wirtschaftpolitischen Vorteile ausführlich mit ihren ökologischen Nachteilen abgewogen wurden und diese überwiegen.

Weiterführende Literatur

Thomas Oppermann, Europarecht, 2. Auflage 1999
Matthias Herdegen, Europarecht, 2. Auflage 1999
Ekkehart Stein, Staatsrecht, 16. Auflage 1998
Rolf Stober, Allgemeines Wirtschaftsverwaltungsrecht, 11. Auflage 1998

[163] Dazu Waechter, NuR 1996, 321 ff.; Kloepfer, DVBl. 1996, 73, 74.

Andreas Schmidt-Rögnitz

Vom Vertrag bis zum Eigentum: Wirtschaftsprivatrecht

A. Das Wirtschaftsprivatrecht als Teil der Privatrechtsordnung

Wie die grundlegende Darstellung der Rechtsordnung der Bundesrepublik Deutschland gezeigt hat, läßt sich das Rechtssystem in die Teilbereiche des öffentlichen und des Privatrechts unterteilen. Dabei wurde deutlich, daß die Rechtsnormen des öffentlichen Rechts neben Fragen der Organisation des Staates und der verschiedenen öffentlich-rechtlichen Körperschaften in erster Linie die Beziehungen des Staates und anderer mit Hoheitsgewalt ausgestatteter Verbände zueinander und gegenüber dem Bürger betreffen, wobei diese Rechtsverhältnisse typischerweise durch eine Situation der Über-Unterordnung geprägt und durch Verwaltungsakte ausgestaltet werden.

Im Gegensatz hierzu regeln die Vorschriften des Privatrechtes, das auch als Zivil- oder Bürgerliches Recht bezeichnet wird, die Beziehungen von Personen zueinander. Dabei ist für das System des Privatrechts kennzeichnend, daß die miteinander in Kontakt tretenden Personen in einem Gleichordnungsverhältnis zueinander stehen und durch den Abschluß entsprechender Verträge eigenverantwortlich über die Art, den Umfang und die näheren Bedingungen ihrer rechtlichen Beziehungen entscheiden können.

I. Der Gegenstand und die wesentlichen Rechtsquellen des Wirtschaftsprivatrechts

Innerhalb der Privatrechtsordnung, die sich vor allem aus dem Kernbereich des „Bürgerlichen Rechts" sowie den Sonderregelungen des Handelsrechts, des Gesellschaftsrechts sowie dem Arbeitsrecht zusammensetzt, werden unter dem gesetzlich nicht definierten Begriff des „Wirtschaftsprivatrechts" diejenigen Regelungen verstanden, die einen besonderen Bezug zu wirtschaftlichen Vorgängen aufweisen. Hierzu zählen vor allem Teile des Bürgerlichen Gesetzbuches, das Handelsrecht, das Gesellschaftsrecht sowie einige weitere Sonderregelungen, die im folgenden vorgestellt werden.

1. Das Bürgerliche Gesetzbuch

Den zentralen Regelungskomplex des deutschen Privatrechts stellt das „Bürgerliche Recht" dar, das im Bürgerlichen Gesetzbuch (BGB) enthalten ist. In diesem Gesetzbuch, das in fünf aufeinander aufbauende „Bücher" unterteilt ist, finden sich neben einer Vielzahl von Detailregelungen vor allem die für das gesamte Privatrechtssystem maßgeblichen Grundsätze, denen alle privatrechtlich handelnden Personen unterliegen.

Für das Wirtschaftsprivatrecht von besonderer Bedeutung ist zunächst das erste Buch des BGB, der „Allgemeine Teil". In diesem Teil, der die §§ 1–240 BGB umfaßt, finden sich grundlegende Regelungen zu den Fragen, welche Personen überhaupt am Rechtsverkehr teilnehmen und an welchen Gegenständen Rechte bestehen können. Darüber hinaus enthält das erste Buch des BGB weitere für das gesamte Privatrecht maßgebliche Bestimmungen, wie zum Beispiel zu dem Problem der Geschäftsfähigkeit von Personen (§§ 104–113 BGB), dem Zustandekommen von Verträgen (§§ 145–157 BGB), zu Möglichkeiten der Stellvertretung (§§ 164–181 BGB) sowie zu der Anfechtung fehlgeschlagener Rechtsgeschäfte (§§ 119–124 BGB).

Das zweite Buch des BGB, das „Recht der Schuldverhältnisse" (§§ 241–853 BGB), umfaßt demgegenüber diejenigen Vorschriften, die das Eingehen von rechtlichen Bindungen zwischen zwei oder mehreren Personen mit dem Ziel betreffen, gegenseitig verschiedene Rechte und Pflichten zu begründen. Dabei ist das Schuldrecht in zwei Teile aufgeteilt: Im „Allgemeinen Teil des Schuldrechts" (§§ 241–432 BGB) werden zunächst allgemeine Probleme der Vertragserfüllung, der Mehrheit von Gläubigern oder Schuldnern oder das grundlegende Recht der Leistungsstörungen erörtert. Im „Besonderen Teil des Schuldrechts" werden darauf aufbauend bestimmte Vertragstypen als „Musterverträge" dargestellt und rechtlich ausgestaltet, die für das Wirtschaftsleben von besonderer Bedeutung sind. Aus Sicht des Wirtschaftsprivatrechts sind dies vor allem der „Kauf" (§§ 433–514 BGB) sowie die „Miete" (§§ 530–580a BGB), aber auch „Dienst-" (§§ 611–630 BGB) und „Werkverträge" (§§ 631–651 BGB).

Im Gegensatz zu dem Schuldrecht, das allein die rechtlichen Beziehungen zwischen zwei oder mehreren Personen beschreibt, befaßt sich das im dritten Buch des BGB enthaltene „Sachenrecht" (§§ 854–1296 BGB) mit der rechtlichen Stellung von Personen zu einzelnen Sachen beziehungsweise Grundstücken. Kennzeichnend für das Sachenrecht ist es, daß dort „absolute Rechte" festgeschrieben sind, die gegenüber jedermann Gültigkeit haben. Besonders deutlich wird dies bei den gerade auch wirtschaftsrechtlich wichtigsten Sachenrechten „Eigentum" (§§ 903–1011 BGB) sowie „Besitz" (§§ 854–872 BGB), die es dem jeweils Berechtigten innerhalb gewisser Grenzen ermöglichen, jeden anderen von der Einwirkung auf den entsprechenden Gegenstand auszuschließen. Da wirtschaftsprivatrechtliche Vorgänge häufig den Erwerb beziehungsweise die Veräußerung von Gegenständen betreffen, genießen insbesondere die Vorschriften der §§ 929 ff. BGB eine herausragende Stellung, da durch sie die Übereignung beweglicher Sachen und damit der Erwerb von Eigentum geregelt wird.

2. Das Handelsgesetzbuch

Neben dem Bürgerlichen Gesetzbuch kommt aus wirtschaftsrechtlicher Sicht besonders dem Handelsgesetzbuch eine überragende Bedeutung zu. Im Gegensatz zum BGB, das für den privaten und geschäftlichen Rechtsverkehr aller Teilnehmer maßgeblich ist, enthält dieses Gesetzbuch neben wichtigen gesellschaftsrechtlichen Bestimmungen das Sonderprivatrecht der Kaufleute und damit Regelungen, die im geschäftlichen Verkehr zwischen Kaufleuten beziehungsweise zwischen Kaufleuten und Privatverbrauchern zu beachten sind. Zwar vollzieht sich auch zwischen diesen Beteiligten der privatrechtliche Verkehr in erster Linie nach den Bestimmungen des BGB, doch werden diese Regelungen vielfach durch spezielle handelsrechtliche Normierungen ergänzt oder durchbrochen, die den besonderen Anforderungen des gewerblichen Rechtsverkehrs entgegenkommen sollen.

Wie das BGB folgt auch das Handelsgesetzbuch einer inneren Ordnung, die allgemein gültige Regelungen vor spezielle Bestimmungen stellt. So finden sich im ersten Buch des HGB (§§ 1–104 HGB) die für den gesamten Handelsverkehr grundlegenden Normierungen über den „Handelsstand“, die insbesondere die Frage der Kaufmannseigenschaft und damit die Anwendbarkeit des HGB (§§ 1–7 HGB) beziehungsweise grundsätzliche Pflichten der Kaufleute (§§ 8–37a HGB) betreffen. Ferner enthält dieser Teil des HGB Regelungen zu bestimmten Vollmachtsformen (§§ 48–58 HGB) und zu typischen Hilfspersonen der Kaufleute, wie beispielsweise dem „Handlungsgehilfen“ oder „Handelsvertreter“ (§§ 59–104 HGB). Die weiteren Bücher des HGB betreffen das Recht der Handelsgesellschaften und der stillen Gesellschaft (§§ 105–237 HGB), Bestimmungen über die zu führenden Handelsbücher (§§ 238–342a HGB) sowie – aus wirtschaftsprivatrechtlicher Sicht besonders bedeutsam – die Durchführung von Handelsgeschäften (§§ 343–475h HGB).

3. Ergänzende Rechtsquellen

Neben den Vorschriften des BGB sowie des HGB wird das Privatrecht schließlich durch eine Vielzahl weiterer Bestimmungen geprägt, die teilweise zu eigenen Rechtsgebieten zusammengefaßt werden können. Zu nennen sind hier insbesondere das Gesellschaftsrecht, das Versicherungsrecht, das Urheberrecht sowie die wichtigsten Teile des Arbeitsrechts.

Neben diesen gerade auch aus wirtschaftsrechtlicher Sicht wichtigen Teilbereichen des Privatrechts existieren schließlich weitere Gesetze, die spezielle Situationen im Privatrechtsleben betreffen. Zu diesen Regelungen gehören insbesondere das „Gesetz zur Regelung des Rechts der Allgemeinen Geschäftsbedingungen“ (AGBG), durch das Fragen der Einbeziehung von Allgemeinen Geschäftsbedingungen in Vertragswerke sowie deren Wirksamkeit geregelt werden, das Produkthaftungsgesetz (ProdHaftG), das die Haftung des Herstellers fehlerhafter Produkte regelt, oder das Verbraucherkreditgesetz (VerbrKrG), das besondere Modalitäten bei der Vergabe von Krediten an Verbraucher betrifft.

II. Grundprinzipien des Wirtschaftsprivatrechts

Bei der Ausgestaltung ihrer individuellen Rechtsbeziehungen unterliegen alle am Rechtsverkehr teilnehmenden Personen bestimmten grundlegenden Prinzipien, die für das gesamte Privatrechtssystem prägend sind. Hierzu zählen insbesondere der Grundsatz der Rechtsgleichheit aller Bürger, der in Art. 2 Abs. 1 GG verankerte Grundsatz der Privatautonomie sowie die in Art. 14 GG festgeschriebene Eigentums- und Testierfreiheit.

1. Der Grundsatz der Rechtsgleichheit

Durch den Grundsatz der formalen Gleichbehandlung aller Rechtsteilnehmer folgt das Bürgerliche Gesetzbuch dem Gedanken, daß alle Bürger ohne Ansehung ihres Geschlechts, ihrer Religion, ihrer sozialen Herkunft oder ihres Berufsstandes den gleichen Regeln unterliegen. Für den privatrechtlichen Wirtschaftsverkehr bedeutet dies, daß unabhängig von der jeweiligen wirtschaftlichen Macht des einzelnen jeder Teilnehmer am Rechtsverkehr den gleichen gesetzlichen Regeln unterliegt und von der Rechtsordnung weder bevorzugt noch diskriminiert werden darf.

2. Der Grundsatz der Privatautonomie

Neben dem Grundsatz der Rechtsgleichheit wird das Privatrecht in besonderem Maße durch das Prinzip der Privatautonomie geprägt. Durch diesen Grundsatz, der sich aus dem Primat der allgemeinen Handlungsfreiheit im Sinne des Art. 2 Abs. 1 GG ableiten läßt, wird in der Privatrechtsordnung die Freiheit des einzelnen verankert, aufgrund eigener Entscheidungen und nach eigenem Willen seine Ziele festzulegen und diese durch eine entsprechende Teilnahme am Rechtsverkehr zu erreichen. Die Autonomie des einzelnen umfaßt dabei sowohl die Entscheidung, überhaupt ein Rechtsgeschäft einzugehen (Abschlußfreiheit), als auch die Freiheit, über die Person des Vertragspartners sowie den Inhalt des Geschäfts nach eigenen Vorstellungen zu entscheiden (Inhaltsfreiheit).

Da jedoch sowohl die Abschluß- als auch die Inhaltsfreiheit bei einer grenzenlosen Gewährung zugunsten eines einzelnen zwangsläufig zu einer Beschränkung des Selbstbestimmungsrechts aller anderen Rechtsteilnehmer führen würde, unterliegt die Privatautonomie bestimmten Grenzen. So kann beispielsweise der Inhaber einer Monopolstellung zum Abschluß von Verträgen verpflichtet sein, so daß ein abgelehnter Vertragspartner einen Vertragsabschluß gegebenenfalls sogar gerichtlich durchsetzen kann.[1] Weitere Einschränkungen der Privatautonomie finden sich aber auch in wettbewerbsrechtlichen Bestimmungen, nach denen marktbeherr-

---

[1] Vgl. dazu weiterführend: Larenz, Lehrbuch des Schuldrechts, Allgemeiner Teil § 4 I m.w.N.

schende Unternehmungen ihre Stellung nicht zum Nachteil der Anbieter oder Nachfrager von bestimmten Waren und Leistungen mißbrauchen dürfen.

3. Die Eigentums- und Testierfreiheit

Mit dem Grundsatz der Eigentumsfreiheit folgt die Privatrechtsordnung schließlich dem in Art. 14 GG verfassungsrechtlich abgesicherten Recht, daß jede Person berechtigt ist, an Sachen Eigentum zu begründen sowie das Eigentum an einen frei gewählten Rechtsnachfolger zu vererben. Da auch dieses Gebot selbstverständlich nicht schrankenlos gelten kann, wird das sehr weitgehende Herrschaftsrecht des einzelnen durch das verfassungsrechtliche Gebot der Sozialbindung gemäß Art. 14 Abs. 2 GG, das eine sozialverträgliche Nutzung des Eigentums fordert, eingegrenzt.

B. Rechtssubjekte, Rechtsobjekte und besondere Personengruppen des Privatrechts

Da sich die Privatrechtsordnung mit den rechtlichen Beziehungen zwischen einzelnen Personen beziehungsweise zwischen Personen und einzelnen Gegenständen beschäftigt, muß die Rechtsordnung zwischen Rechtssubjekten, die als Träger von Rechten und Pflichten am Rechtsverkehr teilnehmen, und Rechtsobjekten, die Gegenstand des Rechtsverkehrs sind, unterscheiden.

I. Natürliche und juristische Personen als Rechtssubjekte des Privatrechts

Bei den Rechtssubjekten, die infolge ihrer Rechtsfähigkeit aktiv am Rechtsverkehr teilnehmen können, handelt es sich um „natürliche" und „juristische Personen". Während unter einer „natürlichen Person" im Sinne der Privatrechtsordnung jeder lebende Mensch zu verstehen ist, gleich welchen Alters, welcher Herkunft und welchen Geschlechts, handelt es sich bei „juristischen Personen" um Personenvereinigungen oder rechtlich verselbständigte Vermögensmassen, denen die Rechtsordnung die Fähigkeit zuerkennt, Träger von Rechten und Pflichten zu sein. Da die Privatrechtsordnung nicht zuletzt aus Gründen der Rechtssicherheit keine uferlose Zahl verschiedener „juristischer Personen" zulassen kann, sind die in der privaten Rechtsordnung anerkannten Formen juristischer Personen abschließend geregelt, wobei aus Sicht des privaten Wirtschaftsrechts insbesondere der eingetragene Verein (e. V.) gemäß §§ 21 ff. BGB, die Gesellschaft mit beschränkter Haftung (GmbH) gemäß § 1 GmbHG, die Aktiengesellschaft (AG) gemäß § 1 Abs. 1 AktG sowie die Genossenschaft nach den Regelungen des Genossenschaftsgesetzes zu nennen sind.

Gemeinsames Kennzeichen aller Rechtssubjekte ist ihre Rechtsfähigkeit, also die ihnen von der Rechtsordnung zuerkannte Fähigkeit, Träger von Rechten und

Pflichten sein und damit aktiv am Rechtsverkehr teilnehmen zu können. Während beim Menschen die Rechtsfähigkeit gemäß § 1 BGB von der Vollendung der Geburt bis zum Eintritt des Todes gegeben ist, hängt der Eintritt der Rechtsfähigkeit bei den verschiedenen juristischen Personen in der Regel von der Erfüllung bestimmter gesetzlicher Voraussetzungen oder einem staatlichen Verleihungs- oder Genehmigungsakt ab.

Von der Frage der Rechtsfähigkeit natürlicher oder juristischer Personen muß das Problem ihrer jeweiligen Handlungs- oder – im Falle der natürlichen Personen – ihrer Deliktsfähigkeit streng getrennt werden. Als Handlungsfähigkeit wird dabei die Fähigkeit bezeichnet, Handlungen rechtlich verbindlich und damit wirksam vornehmen zu können. Begrenzt wird die Handlungsfähigkeit des einzelnen in erster Linie durch Einschränkungen der Geschäftsfähigkeit insbesondere bei minderjährigen Personen sowie Bestimmungen, die auch die Verantwortlichkeit für ein schuldhaftes Verhalten an ein bestimmtes Lebensalter knüpfen (§§ 827, 828 BGB).

II. Kaufleute als besondere Rechtssubjekte des Wirtschaftsprivatrechts

Neben den natürlichen und juristischen Personen, die als Träger von Rechten und Pflichten auftreten können, kennt die Privatrechtsordnung eine Reihe von Personengruppen, die zum Teil speziellen Regelungen unterliegen. Zwar sind auch diese Personen „natürliche“ oder „juristische Personen“, so daß sie als rechtsfähige Rechtssubjekte am Privatrechtsverkehr teilnehmen, doch wickeln sie ihre Rechtsgeschäfte oftmals unter besonderen Bedingungen ab, für die gesonderte Regelungen gelten.

Besonders deutlich wird dies bei den „Kaufleuten“, die als Teilnehmer am kaufmännischen Geschäftsverkehr an der schnellen Vereinbarung und Abwicklung rechtlicher Bindungen interessiert sind, während der Schutz schwächerer Rechtsgenossen, der gerade in den Regelungen des BGB oftmals im Vordergrund steht, für sie weniger bedeutend ist. Um diesen Anforderungen zu genügen, unterliegt der kaufmännische Rechtsverkehr bestimmten handelsrechtlichen Regelungen, die im HGB zusammengefaßt sind. Da jedoch sichergestellt werden muß, daß die Bestimmungen des HGB tatsächlich nur den kaufmännischen Rechtsverkehr betreffen, greifen diese Regelungen nur dann ein, wenn an einem Rechtsgeschäft mindestens ein „Kaufmann“ beteiligt ist.

1. Der Betrieb eines Handelsgewerbes gemäß §§ 1 Abs. 2, 2 HGB

Obwohl das Eingreifen handelsrechtlicher Bestimmungen entscheidend von dem Begriff des „Kaufmanns“ abhängt, stellt das HGB in § 1 Abs. 1 HGB nur fest, daß „Kaufmann ist, wer ein Handelsgewerbe betreibt“. Dabei ist gemäß § 1 Abs. 2 HGB unter einem „Handelsgewerbe“ jeder Gewerbebetrieb zu verstehen, der einen in kaufmännischer Weise eingerichteten Geschäftsbetrieb erfordert oder der gemäß § 2 HGB unter einer Firma im Handelsregister eingetragen ist.

Ähnlich dem öffentlich-rechtlichen Gewerbebegriff ist auch im Handelsrecht unter einem Gewerbe eine „offene, planmäßige, auf das Anbieten entgeltlicher Leistungen gerichtete, selbständige und erlaubte Tätigkeit" zu verstehen, die nicht zu den „freien Berufen" gehört.

Wird anhand dieser Kriterien deutlich, daß eine Tätigkeit als „gewerbliche Tätigkeit" im Sinne des Handelsrechts anzusehen ist, ergibt sich hieraus die Kaufmannseigenschaft des Betreibers, wenn die Unternehmung entweder gemäß § 2 HGB unter einer Firma im Handelsregister eingetragen ist oder im Sinne des § 1 Abs. 2 HGB einen in kaufmännischer Weise eingerichteten Geschäftsbetrieb erfordert.

a) Das Handelsgewerbe kraft Eintragung (Kannkaufmann)

Gemäß § 2 HGB stellt ein gewerbliches Unternehmen dann ein Handelsgewerbe im Sinne des HGB dar, wenn es unter einer Firma im Handelsregister eingetragen ist. Da unter der „Firma" eines Kaufmannes gemäß § 19 HGB der Name zu verstehen ist, unter dem er seine Geschäfte betreibt und die Unterschrift abgibt[2], reicht für die Begründung der Kaufmannseigenschaft gemäß § 2 HGB mithin der bloße Eintrag im Handelsregister aus, ohne daß es auf die Größe oder den Umfang des Gewerbes ankäme.[3]

b) Der Begriff des Handelsgewerbes „nach Art und Umfang" (Istkaufmann)

Ist ein Unternehmen demgegenüber nicht unter einer Firma im Handelsregister eingetragen, ist es dennoch aufgrund § 1 Abs. 2 HGB als Handelsgewerbe anzusehen, es sei denn, es erfordert ausnahmsweise keinen nach Art und Umfang in kaufmännischer Weise eingerichteten Geschäftsbetrieb. Aufgrund dieser Normierung, die im wesentlichen als gesetzliche Beweislastverteilung anzusehen ist, gilt ein Unternehmen in der Regel als Handelsgewerbe, wenn nicht ausnahmsweise Umstände vorliegen, die im Hinblick auf die Art des vorliegenden Geschäftsbetriebes beziehungsweise dessen Umfang gegen einen nach kaufmännischen Grundsätzen strukturierten Betrieb sprechen. So würde beispielsweise ein Betrieb dann nicht kaufmännischen Grundsätzen entsprechen, wenn er in nur einer Betriebsstätte wenige und beschränkte Leistungen anböte und sowohl im Hinblick auf das eingesetzte Kapital sowie der beschäftigten Mitarbeiter als auch in Bezug

---

[2] Vgl. zum „Firmenrecht" unter anderem die Darstellung bei Brox, Handelsrecht, RdNr. 24 ff.

[3] Aufgrund dieser gesetzlichen „Automatik" empfiehlt es sich in einer praktischen Prüfung der Kaufmannseigenschaft eines Unternehmens, nach der Feststellung der „Gewerblichkeit" der Tätigkeit zunächst das Vorliegen eines Handelsgewerbes kraft Eintragung gemäß § 2 HGB zu erörtern: Ist nämlich ein Unternehmen unter einer Firma im Handelsregister eingetragen, folgt bereits hieraus dessen Charakter als „Handelsgewerbe", ohne daß auf die Voraussetzungen des § 1 Abs. 2 HGB eingegangen werden muß.

auf den erwirtschafteten Umsatz keine Struktur oder Größe aufweist, die typischen kaufmännischen Gegebenheiten entspricht.

2. Die Kaufmannseigenschaft von Kapitalgesellschaften

Neben den natürlichen Personen, die durch den Betrieb eines Handelsgewerbes „Kaufmann" im Sinne des Handelsrechtes werden, sind die für Kaufleute geltenden Regelungen gemäß § 6 Abs. 1 HGB auch auf die „Handelsgesellschaften" anzuwenden, bei denen es sich einerseits um die in der Form einer juristischen Person ausgestalteten Kapitalgesellschaften[4] sowie andererseits um die nicht mit einer eigenen Rechtsfähigkeit ausgestatteten Personenhandelsgesellschaften[5] handelt. Da diese Gesellschaften gemäß § 6 Abs. 1 HGB „automatisch" den für Kaufleute geltenden Regelungen des HGB unterfallen, hängt die Kaufmannseigenschaft bei diesen Rechtsformen weder von einem Eintrag im Handelsregister[6] noch von dem Umfang des Gewerbebetriebes ab.

3. Der Kaufmann kraft Eintragung

Neben den eben beschriebenen „echten" Kaufleuten kennt das HGB schließlich die in § 5 HGB geregelte Figur des „Kaufmann kraft Eintragung". Ist nämlich eine Firma im Handelsregister eingetragen, so kann sich deren Betreiber gegenüber einem anderen nicht darauf berufen, daß das unter dieser Firma betriebene Gewerbe kein Handelsgewerbe sei. Sinn dieser seit der Neufassung des Handelsrechtes weitgehend leerlaufenden Regelung ist es, dem Einwand eines unter einer Firma eingetragenen Betreibers eines Gewerbes, tatsächlich sei er kein Kaufmann, vorzubeugen und somit das Vertrauen des Rechtsverkehrs zu schützen.[7]

II. Die Rechtsobjekte

Handelt es sich bei den Rechtssubjekten um die möglichen Träger von Rechten und Pflichten, die aktiv an dem Rechtsverkehr teilnehmen können, stellen die

---

4 Kapitalgesellschaften sind die „Gesellschaft mit beschränkter Haftung" (GmbH) nach den Regelungen des „Gesetzes betreffend die Gesellschaften mit beschränkter Haftung (GmbHG), die „Aktiengesellschaft" (AG) nach den Bestimmungen des „Aktiengesetzes" (AktG) sowie die „Kommanditgesellschaft auf Aktien (KGaA) gemäß §§ 278 ff. AktG.

5 Personenhandelsgesellschaften sind die „offene Handelsgesellschaft" (oHG) gemäß §§ 105 ff. HGB sowie die „Kommanditgesellschaft" (KG) im Sinne der §§ 161 ff. HGB.

6 In der Praxis stellt sich zumindest bei Kapitalgesellschaften das Problem einer fehlenden Eintragung im Handelsregister nicht, da diese Gesellschaftformen erst mit dem Eintrag als juristische Person entstehen.

7 Zu der in diesem Zusammenhang weitaus bedeutenderen Publizitätswirkung des Handelsregisters vgl. Brox, Handelsrecht, RdNr. 109 ff. m.w.N.

„Rechtsobjekte" diejenigen Gegenstände dar, an denen Rechte bestehen können. Hierzu zählen einerseits alle körperlichen Gegenstände, die als Sachen bezeichnet werden (§ 90 BGB), sowie andererseits Rechte, soweit über sie selbständig verfügt werden kann.

1. Sachen und Tiere

Unter „Sachen" im Sinne des § 90 BGB sind alle „körperlichen Gegenstände" zu verstehen, die – unabhängig von ihrem Aggregatzustand – der menschlichen Beherrschung unterliegen. Als „Sachen" im privatrechtlichen Sinne gelten daher nicht nur alle festen Gegenstände, sondern auch Flüssigkeiten oder Gase, soweit sie – beispielsweise nach einer Abfüllung in entsprechende Behältnisse – „beherrschbar" sind. Nicht zu den „Sachen" im zivilrechtlichen Sinn gehören demgegenüber Tiere, die durch besondere Gesetze geschützt werden. Da auf sie gemäß § 90a BGB aber auch die für Sachen geltenden Vorschriften anzuwenden sind, soweit im Einzelfall nicht etwas anderes bestimmt ist, zählen damit letztendlich auch Tiere zu den Rechtsobjekten, an denen Rechte bestehen können.

Der Begriff der „Sache" wird in den auf § 90 BGB folgenden Regelungen mehrfach untergliedert, wobei zunächst zwischen beweglichen und unbeweglichen Sachen unterschieden werden kann. Dabei gelten als unbewegliche Sachen (Immobilien) Grundstücke sowie die mit ihnen verbundenen Bestandteile, während alle anderen Gegenstände zu den auch als „Mobilien" oder „Fahrnis" bezeichneten beweglichen Sachen gehören.

Handelt es sich bei einer Sache um eine „bewegliche Sache", kann weiter nach einer „vertretbaren" oder „unvertretbaren" Sache differenziert werden. Unter einer „vertretbaren Sache" ist gemäß § 91 BGB ein Gegenstand zu verstehen, der lediglich nach Zahl, Maß oder Gewicht bestimmt wird, so daß er gegebenenfalls durch einen anderen Gegenstand gleicher Art und Güte ersetzt werden kann. Demgegenüber handelt es sich bei „unvertretbaren" Sachen um individuell bestimmte Gegenstände, die – wie beispielsweise ein bestimmter Gebrauchtwagen – aufgrund ihrer besonderen Merkmale einzigartig und daher nicht durch andere Gegenstände ersetzbar sind.

Von besonderer Bedeutung ist schließlich die in den §§ 93 ff. BGB enthaltene Kennzeichnung bestimmter beweglicher Sachen in „wesentliche" und „unwesentliche" Bestandteile eines aus mehreren Teilen zusammengesetzten Gegenstandes. Grundlage dieser Unterteilung ist der im BGB verankerte und als „Spezialitätsgrundsatz" bezeichnete Gedanke, daß dingliche Rechte, wie beispielsweise das Eigentum[8], an einzelnen Gegenständen einheitlich bestehen sollen. Werden nun aber Gegenstände – wie in der Praxis häufig zu beobachten – aus einer Vielzahl einzelner Teile zu einem eigenständigen (neuen) Gegenstand zusammengefügt,

---

[8] Unter „Eigentum" im Sinne der §§ 903 ff. BGB ist die rechtliche Zuordnung einer Sache zu einer Person zu verstehen, während es sich bei dem „Besitz" gemäß §§ 954 ff. BGB um die tatsächliche Sachherrschaft handelt.

stellt sich das Problem, ob tatsächlich an jedem Einzelteil ein gesondertes Recht bestehen kann oder ob nicht der gesamte Gegenstand als Einheit zu betrachten ist, so daß lediglich er Gegenstand eines Sachenrechts sein kann. Um dieses Problem zu lösen, enthält § 93 BGB die Regelung, daß einzelne Teile eines Gegenstandes immer dann als deren „wesentliche Bestandteile" gelten, wenn sie nicht voneinander getrennt werden können, ohne daß hierdurch entweder sie oder der „größere" Gegenstand zerstört oder in ihrem Wesen verändert werden. So wären beispielsweise die Karosserie oder das Kabelsystem eines Kraftfahrzeuges als „wesentliche Bestandteile" anzusehen, da dieses im Falle ihres Fehlens nicht mehr als Fahrzeug erkennbar und daher „in seinem Wesen verändert" wäre, während andererseits ein (serienmäßiger) Austauschmotor nicht als wesentlicher Bestandteil angesehen wird, da der Motor sowie das Fahrzeug auch für sich genommen bestehen können.[9]

Ist ein Gegenstand als „wesentlicher" Bestandteil einer anderen Sache anzusehen, kann er gemäß § 93 BGB nicht Gegenstand besonderer Rechte sein. Dies bedeutet, daß beispielsweise an einem Fernsehgerät nur ein einheitliches Eigentumsrecht bestehen kann und nicht gesonderte Rechte an der Bildröhre, dem Gehäuse oder den eingefügten elektronischen Bauteilen möglich sind. Ist ein Gegenstand demgegenüber nicht als „wesentlicher" Bestandteil einer Sache anzusehen, kann er durchaus eigenen Rechten unterliegen, so daß beispielsweise eine in einer Fabrik aufgestellte Maschine einen anderen Eigentümer haben kann als die übrigen Geräte, die möglicherweise dem Inhaber des Betriebes gehören.

2. Nicht körperliche Gegenstände

Neben den körperlichen Gegenständen gelten auch bestimmte nicht körperliche Gegenstände als „Rechtsobjekte", so an ihnen Rechte bestehen können. Neben körperlich nicht „greifbaren" Dingen, wie beispielsweise Elektrizität, zählen hierzu insbesondere Rechte, soweit über sie verfügt werden kann. So sind beispielsweise das „Eigentumsrecht" an einer Sache, konkrete „Forderungen" gegenüber anderen Personen oder Urheberrechte eigenständige Rechtsobjekte, mit denen im Rechtsverkehr gehandelt werden kann.

C. Das rechtliche Handeln

Aufgrund des im Privatrecht vorherrschenden Grundsatzes der Privatautonomie sind die einzelnen Teilnehmer am Rechtsverkehr gehalten, ihre persönlichen Wünsche und Ziele selbst zu bestimmen und durch ein entsprechendes rechtliches Verhalten zu erreichen. Auch wenn damit rechtlich bedeutsame Vorgänge im Leben jedes Einzelnen eine maßgebliche Rolle spielen, muß das rechtlich verbindliche Verhalten von dem weiten Bereich des sonstigen sozialen Lebens unterschieden

---

[9] So insbesondere BGH, BGHZ 61, S. 81.

werden, das in erster Linie durch „unverbindliche“ Moralvorstellungen oder „gute Sitten“ geprägt wird.

Ob ein bestimmter Vorgang als rechtlich verbindlich oder als bloßes „soziales“ Verhalten zu werten ist, muß in der Regel nach den Gegebenheiten des Einzelfalles entschieden werden. Dabei wird von einem „rechtlichen“ Verhalten insbesondere dann auszugehen sein, wenn es sich um einen wirtschaftlich oder in anderer Hinsicht bedeutsamen Vorgang handelt, so daß zumindest einer der daran Beteiligten eine rechtlich verbindliche Abmachung wünscht, die gegebenenfalls auch zwangsweise durchgesetzt werden kann. Fehlt es demgegenüber an einer rechtlichen Verbindlichkeit, wie beispielsweise bei einer Einladung zum Abendessen unter Freunden, wird ein Verhalten eher dem allgemeinen sozialen Leben zuzurechnen sein.

Bei dieser Unterscheidung des menschlichen Verhaltens in rechtsverbindliche beziehungsweise soziale Handlungen darf jedoch nicht übersehen werden, daß auch der Bereich des sozialen Handelns gewisse rechtliche Verpflichtungen mit sich bringen kann. So hat zwar niemand einen Anspruch darauf, über eine belebte Straße geleitet oder eine schwere Einkaufstasche nach Hause getragen zu bekommen. Besteht jedoch ein sogenanntes Gefälligkeitsverhältnis, bei dem jemand einem anderen allein aus Gefälligkeit hilft, entstehen auch im Zusammenhang mit einem solchen rechtlich eigentlich nicht verbindlichen Verhalten bestimmte Schutz- und Sorgfaltspflichten, die rechtlichen Charakter haben.

I. Grundlagen des rechtlichen Handelns

Ist eine bestimmte Handlung dem rechtlich relevanten Bereich zuzurechnen, kann es sich hierbei entweder um ein rechtsgeschäftliches oder ein sonstiges rechtliches Verhalten handeln.

1. Das rechtsgeschäftliche Handeln

Das in der Praxis wichtigste Mittel, seine rechtlichen Beziehungen zur Umwelt autonom zu gestalten, ist das Rechtsgeschäft. Hierunter wird eine Handlung verstanden, mit der bewußt eine bestimmte Rechtsfolge herbeigeführt werden soll.[10]

Grundsätzlich kann zwischen einseitigen Rechtsgeschäften, wie beispielsweise einer Kündigung, sowie zwei- oder mehrseitigen Rechtsgeschäften unterschieden werden. Das wichtigste zweiseitige Rechtsgeschäft ist der Vertrag, dem gerade auch im Bereich des Wirtschaftsprivatrechts eine überragende Bedeutung zukommt.

Neben dieser grundlegenden Einteilung in ein- beziehungsweise zweiseitige Rechtsgeschäfte lassen sich Rechtsgeschäfte auch nach ihrer Wirkung unterscheiden, wobei insbesondere zwischen Verpflichtungs- und Verfügungsgeschäften

---

10 Vgl. hierzu auch Musielak, Grundkurs BGB, S. 17 f.

differenziert werden muß. Von einem Verpflichtungsgeschäft wird gesprochen, wenn durch ein Rechtsgeschäft zwischen zumeist zwei Personen bestimmte Leistungspflichten begründet werden, die als „relative" Rechte ausschließlich zwischen den am Vertrag beteiligten Personen wirken. So handelt es sich beispielsweise bei einem Kaufvertrag im Sinne des § 433 BGB um ein typisches Verpflichtungsgeschäft, bei dem sich einerseits der Verkäufer zur Lieferung eines bestimmten Gegenstandes verpflichtet, während der Käufer die Zahlung des vereinbarten Kaufpreises verspricht.

Von diesen schuldrechtlichen Verpflichtungsgeschäften scharf zu trennen sind demgegenüber die sogenannten Verfügungsgeschäfte, durch die über bestehende Rechte tatsächlich „verfügt" und damit bestimmte Verpflichtungen erfüllt werden. Das wichtigste sachenrechtliche Verfügungsgeschäft ist dabei die Übereignung einer beweglichen Sache gemäß §§ 929 ff. BGB, durch die das Eigentum an einem Gegenstand von einem Rechtssubjekt auf ein anderes Rechtssubjekt übertragen wird. Zu beachten ist, daß durch diese als „Abstraktionsprinzip" bezeichnete strikte Trennung zwischen dem schuldrechtlichen Verpflichtungs- und dem sachenrechtlichen Verfügungsgeschäft einheitlich erscheinende Lebensvorgänge in mehrere streng voneinander zu trennende Teile zerfallen, die ein unterschiedliches rechtliches Schicksal erleiden können.

2. Die Rechtshandlung

Abgesehen von der Vornahme eines „Rechtsgeschäftes", bei dem eine bestimmte rechtliche Folge bewußt und gewollt herbeigeführt wird, kann eine rechtliche Folge in einigen Fällen auch durch ein bestimmtes rechtlich relevantes Verhalten eintreten, das als „Rechtshandlung" bezeichnet wird. Dabei ist für eine Rechtshandlung jeweils kennzeichnend, daß der Eintritt bestimmter rechtlicher Folgen allein an die (bewußte) Vornahme einer bestimmten Handlung geknüpft ist, ohne daß sich der Wille des Handelnden – wie bei einem Rechtsgeschäft – auch auf den Eintritt der Rechtsfolge beziehen muß.

Zu dem Bereich der „Rechtshandlungen" gehörten insbesondere „geschäftsähnliche Handlungen", die zwar auch eine rechtliche Erklärung voraussetzen, ohne daß jedoch der Erklärende das Bewußtsein haben muß, hierdurch eine bestimmte Rechtsfolge auszulösen. Ein typisches Beispiel hierfür ist die „Mahnung" im Sinne des § 284 Abs. 1 BGB, durch die die rechtlichen Folgen des „Verzuges" eintreten, auch wenn der Mahnende die bei dem Ausspruch der Mahnung nicht bedacht oder möglicherweise auch gar nicht gewollt hat.

Ferner sind dem Bereich der „Rechtshandlung" auch „Realakte" zuzurechnen, bei denen sich eine Rechtsfolge bereits aus einer bloßen Handlung ergeben kann. So wird jemand beispielsweise allein durch die Erlangung der tatsächlichen Herrschaft über eine Sache deren „Besitzer", auch wenn ein entsprechendes Bewußtsein nicht vorliegt.

II. Die Willenserklärung

Damit es zu einem Rechtsgeschäft kommen und hierdurch eine rechtlicher Folge eintreten kann, muß mindestens eine „Willenserklärung" vorliegen, worunter man eine Willensäußerung versteht, die auf den Eintritt einer Rechtsfolge im Bereich des Privatrechts gerichtet ist.[11]

1. Der Begriff der Willenserklärung

Um von einer Willenserklärung ausgehen zu können, müssen bestimmte Voraussetzungen erfüllt sein, die sich in objektive beziehungsweise subjektive Kriterien einteilen lassen.

a) Die Erklärungshandlung

Damit der Wille einer Person, ein Rechtsgeschäft vornehmen zu wollen, nach außen überhaupt erkennbar wird, ist aus objektiver Sicht zunächst eine „Erklärungshandlung" erforderlich. Um seinen Willen nach außen zu zeigen, steht dem Erklärenden grundsätzlich jedes denkbare Erklärungsmittel offen, wenn nicht ausnahmsweise bestimmte Formerfordernisse wie beispielsweise die Schriftform zu beachten sind.

Neben der ausdrücklichen Erklärung des auf eine Rechtsfolge gerichteten Willens durch Sprechen, Schreiben, Gesten oder ähnliche Äußerungen ist eine Willenserklärung auch durch schlüssiges Verhalten möglich. Eine solche als „konkludente Willenserklärung" bezeichnete Erklärung liegt beispielsweise dann vor, wenn jemand sein Fahrzeug auf einem erkennbar kostenpflichtigen Parkplatz abstellt oder eine U-Bahn besteigt, um eine Beförderungsleistung in Anspruch zu nehmen.

Im Gegensatz zu diesen „aktiven" Verhaltensformen stellt das „Schweigen" im Rechtsverkehr – von wenigen ausdrücklich geregelten Sonderfällen abgesehen – grundsätzlich keine Willenserklärung dar. Läßt also eine Person weder mündlich, schriftlich noch in anderer Weise ihren Willen erkennen, ein bestimmtes Rechtsgeschäft vornehmen zu wollen, liegt ein rechtlich unbeachtliches „Schweigen" vor, das im Regelfall zu keinen Rechtsfolgen führt.

b) Der Handlungswille

Neben dem Vorliegen einer (objektiven) Erklärungshandlung erfordert eine Willenserklärung einen (subjektiven) Handlungswillen und damit das Bewußtsein, überhaupt zu handeln. Dies bedeutet, daß von einer rechtsgeschäftlichen Erklärung

---

11 Musielak, Grundkurs BGB, S. 19 ff.; Römer, Privarecht, S. 63 ff.

nur dann ausgegangen werden kann, wenn der Erklärende bewußt gehandelt und nicht nur beispielsweise im Schlaf oder unter Hypnose gezuckt hat.

c) Das Erklärungsbewußtsein

Während der Handlungswille allein das Bewußtsein beschreibt, überhaupt zu handeln, beschreibt das „Erklärungsbewußtsein" das Bewußtsein des Erklärenden, in einer rechtlich erheblichen Weise und damit rechtsgeschäftlich zu handeln. Zwar wird in der Praxis ein derartiges Bewußtsein in der Regel vorhanden sein, wenn eine Person beispielsweise einen Vertrag unterzeichnet. Um den Rechtsverkehr zu schützen, wird darüber hinaus aber auch dann ein ausreichendes Erklärungsbewußtsein angenommen, wenn der Handelnde hätte erkennen und verhindern können, daß eine Erklärung als Willenserklärung aufgefaßt werden konnte und ein Dritter sie tatsächlich so verstanden hat.[12] Auch wenn dies im Einzelfall durchaus dazu führen kann, daß jemandem ein Erklärungsbewußtsein und damit letztendlich eine Willenserklärung unterstellt wird, die tatsächlich nicht gewollt war, wird dieses Ergebnis zugunsten der Sicherheit des Rechtsverkehrs hingenommen: Es könnte nämlich anderenfalls jede Erklärung mit dem Argument entkräftet werden, man habe gar nicht rechtsgeschäftlich handeln wollen, wodurch die Rechtssicherheit weitgehend aufgehoben werden würde.[13]

Von dem Erklärungsbewußtsein ist schließlich der als „Geschäftsbewußtsein" bezeichnete Wille zu unterscheiden, ein ganz bestimmtes Rechtsgeschäft zu wollen. Während ein „Erklärungsbewußtsein" zumindest aus Sicht eines Außenstehenden anzunehmen sein muß, damit von einer Willenserklärung ausgegangen werden kann, ist das Geschäftsbewußtsein nach heute unstreitiger Ansicht nicht als notwendige Voraussetzung für das Bestehen einer Willenserklärung anzusehen.[14]

2. Die Wirksamkeit von Willenserklärungen

Neben dem Vorliegen einer Willenserklärung ist es für die Herbeiführung der gewünschten Rechtsfolge zwingend erforderlich, daß die Willenserklärung auch wirksam ist. Dies erfordert in der Regel ihre Abgabe sowie ihren Zugang.

a) Die Abgabe einer Willenserklärung

Grundsätzliche Voraussetzung für die Wirksamkeit einer Willenserklärung ist zunächst ihre „Abgabe", worunter ihre bewußte und zielgerichtete Entlassung in den Rechtsverkehr zu verstehen ist. So ist eine Willenserklärung beispielsweise

---

12 Vgl. auch Römer, Privatrecht, S. 64 f.

13 In derartigen Fällen kann die Willenserklärung in der Regel jedoch angefochten und ein hierauf aufbauendes Rechtsgeschäft vernichtet werden.

14 So auch Musielak, Grundkurs BGB, S. 27; Römer, Privatrecht, S. 65.

dann „abgegeben", wenn ein Kaufinteressent eine entsprechend ausgefüllte Bestellkarte zur Post gibt oder am Telefon ein Kaufangebot äußert.

Auch wenn die Abgabe einer Willenserklärung damit regelmäßig ein entsprechendes Verhalten des Erklärenden voraussetzt, gelten zum Schutze des Rechtsverkehrs Willenserklärungen auch dann als „abgegeben", wenn sie zwar ohne den Willen des Erklärenden in den Rechtsverkehr geraten sind, dieser aber ihr „Abhandenkommen" hätte verhindern können. Läßt also beispielsweise ein Ehemann auf seinem Schreibtisch eine ausgefüllte und unterzeichnete Bestellkarte liegen, die sodann von seiner Frau zur Post gebracht wird, muß er sich zum Schutze des Rechtsverkehrs an der Bestellung festhalten und auf die Möglichkeit der Anfechtung verweisen lassen.

b) Der Zugang einer Willenserklärung

Handelt es sich um eine nicht empfangsbedürftige Willenserklärung, wie beispielsweise die Auslobung (§§ 657 ff. BGB) oder das Testament (§§ 2064 ff. BGB), so wird sie bereits mit ihrer Abgabe wirksam. Da es sich bei der Mehrzahl der im Privatrecht auftretenden Willenserklärungen jedoch um empfangsbedürftige Willenserklärungen handelt, die erst mit ihrem Zugang bei dem Erklärungsempfänger wirksam werden, muß in diesem Zusammenhang grundsätzlich zwischen Willenserklärungen unter Anwesenden und Willenserklärungen unter Abwesenden unterschieden werden.

aa) Die Willenserklärung unter Anwesenden

Liegt eine Willenserklärung unter Anwesenden vor, was immer dann der Fall ist, wenn der Erklärende mit dem Empfänger mündlich kommuniziert, gilt sie mit ihrer Abgabe zugleich auch als zugegangen. Bietet also beispielsweise ein Kaufmann telefonisch seinem Kunden eine bestimmte Ware zum Kauf an, handelt es sich hierbei um eine Willenserklärung unter Anwesenden, die mit ihrer Äußerung zugleich auch zugegangen ist.

bb) Die Willenserklärung unter Abwesenden

Wird demgegenüber eine Willenserklärung in der Weise erklärt, daß sie der Empfänger nicht sofort vernehmen kann, handelt es sich um eine Willenserklärung unter Abwesenden. In diesem Fall ist es für ihren Zugang gemäß § 130 Abs. 1 S. 1 BGB erforderlich, daß die Willenserklärung so in den Bereich des gewünschten Empfängers gelangt, daß dieser sie zur Kenntnis nehmen kann.[15] Dies bedeutet, daß eine Willenserklärung unter Abwesenden nicht erst dann „zugeht", wenn sie

---

15 So beispielsweise BGH, BGHZ 67, S. 271 (275).

der Empfänger tatsächlich zur Kenntnis nimmt, sondern ihr Zugang bereits in dem Moment eintritt, in dem von dem Erklärungsempfänger „unter gewöhnlichen Verhältnissen" die Kenntnisnahme erwartet werden kann.

Insbesondere im Zusammenhang mit der Wahrung von Fristen kommt damit der Frage entscheidende Bedeutung zu, wann unter „gewöhnlichen Verhältnissen" eine Kenntnisnahme erwartet werden kann. Eine Kenntnisnahme kann immer dann erwartet werden, wenn es allein dem Risikobereich des Empfängers zuzurechnen ist, ob eine tatsächliche Kenntnisnahme erfolgt oder nicht. So gerät beispielsweise ein Brief mit dem Einwurf in den (Haus)Briefkasten des Empfängers in dessen Machtbereich, so daß dieser die Möglichkeit der Kenntnisnahme hat. Da jedoch nicht vorausgesetzt werden kann, daß der Empfänger jederzeit mit dem Eintreffen von Schriftstücken rechnet, sondern dies „nach den gewöhnlichen Verhältnissen" lediglich zu den üblichen Postzustellzeiten erwartet, wird ein beispielsweise in den späten Abendstunden eingeworfener Brief mithin erst in den Morgenstunden des folgenden Tages „zugehen".[16]

Neben der Wahrung von Fristen kommt der Ermittlung des genauen Zugangszeitpunkts auch dann eine entscheidende Bedeutung zu, wenn eine Willenserklärung widerrufen werden soll. Gemäß § 130 Abs. 1 S. 2 BGB wird eine Willenserklärung nämlich nicht wirksam, wenn vorher oder zeitgleich mit ihr eine Widerrufserklärung zugeht.[17]

3. Die Unwirksamkeit und Anfechtung von Willenserklärungen

Auch wenn die Wirksamkeit einer Willenserklärung üblicherweise mit ihrer Abgabe und ihrem Zugang eintritt, so daß sich die mit ihr bezweckte Rechtsfolge einstellt, enthält das BGB bestimmte Ausnahmeregelungen, die von diesem Prinzip abweichen.

a) Gesetzliche Fälle unwirksamer Willenserklärungen

Einige Fälle von Anfang an nichtiger Willenserklärungen finden sich in den Regelungen der §§ 116ff. BGB, nach denen Scheingeschäfte, Scherzerklärungen sowie Willenserklärungen, die unter einem geheimen Vorbehalt abgegeben werden, von vornherein als nichtig gelten.

b) Die Anfechtung von Willenserklärungen

Neben den zuvor dargestellten gesetzlichen Regelungen, die unmittelbar zur Nichtigkeit einer Willenserklärung führen, kennt die Privatrechtsordnung das in

---

[16] Vgl. hierzu weiterführend Münchener Kommentar – Förschler § 130 RdNr. 14.

[17] Vgl. zum Widerruf einer Willenserklärung insbesondere Medicus, AT BGB, S. 116f.

den §§ 142, 119ff. BGB normierte Gestaltungsrecht der Anfechtung. Durch dieses Recht besteht in bestimmten und abschließend geregelten Fällen der irrtümlichen Abgabe einer Willenserklärung die Möglichkeit, diese durch eine entsprechende Erklärung nachträglich mit der Folge zu vernichten, daß ein auf ihr aufbauendes Rechtsgeschäfts als von Anfang an nichtig gilt (§ 142 BGB). Ficht der Berechtigte das anfechtbare Rechtsgeschäft hingegen nicht an, bleibt es bei dessen Wirksamkeit. Der zur Anfechtung berechtigte Geschäftspartner kann also wählen, ob er an dem Rechtsgeschäft festhalten will oder ob er es vernichten möchte.

aa) Der Vorrang der Auslegung von Willenserklärungen

Bevor jedoch eine Willenserklärung angefochten werden kann, muß regelmäßig geprüft werden, ob nicht der Erklärungsempfänger den wahren Willen des Erklärenden erkennen konnte oder erkennen mußte, so daß das betreffende Rechtsgeschäft mit dem tatsächlich gewollten Inhalt entstanden ist und nicht angefochten werden muß. Zu diesem Zweck ist die Willenserklärung des Erklärenden anhand der in den §§ 133, 157 BGB enthaltenen Grundsätze dahingehend auszulegen, wie sie ihr Empfänger unter Anwendung der ihm zumutbaren Sorgfalt verstehen konnte und verstehen mußte. Konnte beispielsweise der Vertragspartner aufgrund der vorhergehenden Korrespondenz eindeutig erkennen, daß sich sein Verhandlungspartner in seinem Vertragsangebot lediglich verschrieben hat, so hat er die Erklärung so zu verstehen, als ob sie korrekt abgefaßt worden wäre.

bb) Der Anfechtungsgrund

Kann die wahre Bedeutung einer Erklärung demgegenüber nicht ermittelt werden, kann sich eine Möglichkeit ihrer Anfechtung ergeben. Hierfür muß allerdings einer der Anfechtungsgründe vorliegen, die in den Vorschriften der §§ 119, 120, 123 BGB abschließend geregelt sind und die jeweils bestimmte Irrtumsformen betreffen, unter denen eine Willenserklärung entstanden oder abgegeben worden sein kann.

Bei den gesetzlich anerkannten Anfechtungsgründen handelt es sich zunächst um die in § 119 Abs. 1 BGB geregelten Fälle des „Inhalts-“ sowie „Erklärungsirrtums“. Während ein „Inhaltsirrtum“ im Sinne des § 119 Abs. 1 1. Alternative BGB dann gegeben ist, wenn sich der Erklärende über den Inhalt beziehungsweise die Bedeutung seiner Erklärung irrt, liegt ein „Erklärungsirrtum“ im Sinne des § 119 Abs. 1 2. Alternative BGB vor, wenn sich der Erklärende bei der Abgabe der gewünschten Willenserklärung verschreibt, verspricht oder sonstwie irrt. So läge beispielsweise Erklärungsirrtum vor, wenn ein Kunde eines Versandhauses sich bei dem Ausfüllen der Bestellkarte verschreibt und dort anstelle der gewünschten Bestellnummer 1147 die Nummer 1174 einträgt, unter der eine andere Ware angeboten wird.

Einen Sonderfall des Erklärungsirrtums im Sinne des § 119 Abs. 1 2. Alternative BGB stellt schließlich der heute in der Praxis nur selten auftretende „Irrtum bei der Übermittlung einer Willenserklärung" gemäß § 120 BGB dar. Kennzeichnend für diesen Fall ist es, daß hier der Irrtum nicht dem Erklärenden selbst unterläuft, sondern einer Person, die zur bloßen Übermittlung der Erklärung eingeschaltet ist.

Über diese in § 119 Abs. 1 BGB enthaltenen Anfechtungsgründe hinaus ist gemäß § 119 Abs. 2 BGB eine Anfechtung auch dann möglich, wenn sich der Erklärende über eine verkehrswesentliche Eigenschaft einer Person oder Sache irrt. Da als „verkehrswesentliche Eigenschaften" einer Person oder Sache dabei alle diejenigen Merkmale und Umstände gelten, die ihr auf Dauer anhaften und für ihre Wertbildung von Bedeutung sind[18], kommt diesem Anfechtungsgrund gerade im Wirtschaftsprivatrecht besondere Bedeutung zu. So wäre beispielsweise eine Anfechtung gemäß § 119 Abs. 2 BGB möglich, wenn sich der Käufer eines Gebrauchtwagens über dessen Unfallfreiheit oder Laufleistung irrt, da es sich hierbei um typische „verkehrswesentliche Eigenschaften" des Fahrzeuges handelt. Dagegen ist der Marktwert oder Preis einer Sache keine Eigenschaft im Sinne des § 119 Abs. 2 BGB, da sich der Wert oder Preis einer Sache gerade aus ihren Eigenschaften ergibt.[19]

Neben den zuvor genannten Anfechtungsgründen ist schließlich eine Anfechtung gemäß § 123 Abs. 1 BGB möglich, wenn der Erklärende seine Willenserklärung aufgrund einer arglistigen Täuschung oder widerrechtlichen Drohung abgegeben hat. Während die Beeinflussung des Willens durch eine widerrechtliche Drohung in der Praxis seltener anzutreffen ist, spielt das Recht, eine aufgrund einer arglistigen Täuschung abgegebene Willenserklärung nachträglich wieder zu vernichten, gerade im Wirtschaftsprivatrecht eine erhebliche Rolle. Täuscht nämlich ein Teilnehmer am Rechtsverkehr seinen potentiellen Vertragspartner bewußt und gewollt und damit arglistig über bestimmte Tatsachen und gibt der Partner daraufhin im Vertrauen auf die Richtigkeit der Angaben eine Willenserklärung ab, kann ein solches böswillig herbeigeführtes Rechtsgeschäft nicht durch die Rechtsordnung geschützt werden, sondern muß im Wege der Anfechtung wieder vernichtet werden können.

cc) Die Anfechtungserklärung

Obwohl ein Rechtsgeschäft bei Vorliegen eines Anfechtungsgrundes anfechtbar ist, ist es doch zunächst wirksam. Um die Rechtsfolgen der Anfechtung auszulösen, muß der Anfechtungsberechtigte die Anfechtung gemäß § 140 Abs. 1 BGB gegenüber dem Anfechtungsgegner erklären. Dabei ist es für die Gültigkeit einer solchen Erklärung nicht erforderlich, daß dabei der Ausdruck „Anfechtung" gebraucht wird. Es reicht vielmehr aus, daß der Erklärungsempfänger erkennen kann, daß der Anfechtende wegen eines Irrtums an einem bestimmten Rechtsgeschäft nicht festhalten will.

---

18 BGH, BGHZ 34, S. 41.

19 Vgl. Brox, AT BGB, RdNr. 371 ff.

dd) Die Anfechtungsfrist

Ist ein Rechtsgeschäft anfechtbar, ergibt sich daraus für den Geschäftspartner die Ungewißheit, ob die Anfechtung tatsächlich ausgeübt werden wird oder nicht. Damit dieser Schwebezustand im Interesse des Erklärungsempfängers abgekürzt wird, muß die Anfechtungserklärung bei einem Irrtum im Sinne der §§ 119, 120 BGB gemäß § 121 BGB unverzüglich, also ohne schuldhaftes Zögern, erfolgen. In der Praxis bedeutet dies, daß der Anfechtungsberechtigte die Anfechtung erklären muß, sobald er seinen Irrtum bemerkt hat. Sind seit der Abgabe der anfechtbaren Willenserklärung mehr als dreißig Jahre verstrichen, ist das Recht zur Anfechtung endgültig ausgeschlossen (§ 121 Abs. 2 BGB).

Soll eine Anfechtungserklärung demgegenüber auf die Gründe des § 123 BGB gestützt werden, ist die Anfechtung binnen eines Jahres nach Entdeckung der Täuschung beziehungsweise Beseitigung der Zwangslage zu erklären, wobei auch in diesem Fall ein genereller Ausschluß der Anfechtung nach dem Verstreichen von 30 Jahren eintritt (§ 124 Abs. 4 BGB).

ee) Der Ausschluß der Anfechtung

Im Zusammenhang mit der möglichen Anfechtung von Willenserklärungen ist schließlich zu beachten, daß dieses Recht in bestimmten Fällen ausgeschlossen sein kann. So ist eine Anfechtung gemäß § 144 Abs. 1 BGB ausgeschlossen, wenn der Anfechtungsberechtigte in Kenntnis des Anfechtungsgrundes zum Beispiel den Kaufpreis gezahlt und damit das anfechtbare Rechtsgeschäft bestätigt hat. Ferner ist auch im Falle eines Sachmangels eines gekauften Gegenstandes die Anfechtung gemäß § 119 Abs. 2 BGB nach dessen Übergabe ausgeschlossen, da in diesem Fall die Vorschriften über die Sachmängelgewährleistung gemäß § 459 ff. BGB als speziellere Regelungen Vorrang haben.

ff) Die Rechtsfolgen der Anfechtung

Wird ein zunächst wirksam vorgenommenes Rechtsgeschäft erfolgreich angefochten, gilt es gemäß § 142 Abs. 1 BGB als von Anfang an nichtig. Lediglich bei in Vollzug gesetzten Arbeits- und Gesellschaftsverträgen gilt insoweit eine Ausnahme, als diese allein ab dem Moment der Anfechtung als nichtig gelten, da eine rückwirkende Vernichtung dieser Rechtsgeschäfte zu kaum überwindlichen Abwicklungsschwierigkeiten führen würde.

Neben der Pflicht, bereits geleistete Waren oder gezahltes Geld zurückzugewähren, kann sich im Falle einer Anfechtung aufgrund der in den §§ 119, 120 BGB enthaltenen Irrtumsformen gemäß § 122 Abs. 1 BGB zusätzlich die Verpflichtung des Anfechtenden ergeben, dem Anfechtungsgegner den Schaden zu ersetzen, den dieser dadurch erlitten hat, daß er auf die Wirksamkeit der angefochtenen Willenserklärung vertraut hat. Hat also beispielsweise der Geschäftspartner im Vertrauen auf die Wirksamkeit der Bestellung den bestellten Gegenstand versandfertig verpackt, kann er im Falle der Anfechtung den Ersatz der Verpackungskosten als „Vertrauensschaden“ verlangen, wenn er die Verpackung nun nicht mehr verwenden kann. Allerdings ist dabei zu beachten, daß diese Verpflichtung zum Ersatz des Vertrauensschadens durch den hypothetischen Gewinn, den der Vertragspartner bei einer ordnungsgemäßen Abwicklung des Vertrages erzielt hätte, begrenzt wird.[20] Hätte also der Vertragspartner im Falle der Wirksamkeit eines Geschäftes hierdurch einen Gewinn in Höhe von 100,00 DM erzielt, kann er im Falle der Anfechtung selbst dann nur diesen Betrag als maximalen Schadensersatz verlangen, wenn er im Vertrauen auf die Wirksamkeit des Vertrages ein späteres Angebot mit einer höheren Gewinnmöglichkeit ausgeschlagen hat.

D. Besondere Formen des rechtsgeschäftlichen Handelns

Neben dem Normalfall des rechtsgeschäftlichen Handelns durch Abgabe entsprechender Willenserklärungen regelt die Privatrechtsordnung auch eine Reihe atypischer Geschehensabläufe, aus denen sich in bestimmten Fällen auch rechtliche Folgen ergeben können. Von besonderer Bedeutung für das Wirtschaftsprivatrecht sind dabei das „Schweigen im Rechtsverkehr“, der rechtliche Kontakt mit „beschränkt geschäftsfähigen Personen“ sowie die Beteiligung von Stellvertretern im Rechtsverkehr.

I. Das Schweigen im Rechtsverkehr

Im Gegensatz zu der ausdrücklichen Willensäußerung durch Abgabe einer Willenserklärung hat das Schweigen im Rechtsverkehr grundsätzlich keinen Erklärungswert, so daß hierdurch generell keine rechtlichen Verpflichtungen entstehen können. Da dies auch dann gilt, wenn ein Verhandlungspartner dem Schweigen seines Kontrahenten einseitig eine Bedeutung beimessen möchte[21], kann das Schweigen im Privatrechtsverkehr nur dann Bedeutung bekommen, wenn die Verhandlungs- oder Vertragspartner dem Schweigen zuvor einvernehmlich eine bestimmte Bedeutung beigemessen haben sollten.

Während damit das „Schweigen“ im allgemeinen Privatrechtsverkehr nur in extremen Ausnahmefällen rechtlich verbindlich ist, können sich im kaufmännischen Geschäftsverkehr durchaus rechtliche Folgen ergeben, wenn ein Kaufmann in bestimmten Situationen nicht angemessen reagiert.

---

20 Hierbei handelt es sich um den sogenannten „Erfüllungsschaden“, vgl. dazu auch Brox, AT BGB, RdNr. 397.

21 Vgl. hierzu auch § 10 Nr. 5 AGB-Gesetz.

1. Das Schweigen gemäß § 362 HGB

Eine gesetzliche Regelung, die dem Schweigen den Wert einer Annahmeerklärung beimißt, findet sich in § 362 Abs. 1 HGB. Nach dieser Bestimmung muß ein Kaufmann, dessen Gewerbebetrieb die Besorgung fremder Geschäfte mit sich bringt, den Antrag eines Geschäftspartners, mit dem er in regelmäßigen geschäftlichen Verbindungen steht, auf Durchführung einer „einschlägigen" Geschäftsbesorgung unverzüglich ablehnen, um einen Vertragsabschluß zu vermeiden. Sollte der Kaufmann demgegenüber auf das Vertragsangebot nicht reagieren und damit „schweigen", kommt der vorgeschlagene Vertrag gemäß § 362 Abs. 1 HGB dem Antrag entsprechend zustande, so daß er von dem Kaufmann zu erfüllen ist.

Bei der Regelung des § 362 Abs. 1 HGB ist zu allerdings beachten, daß diese Bestimmung nicht für den gesamten kaufmännischen Handelsverkehr gilt, sondern nur für diejenigen Unternehmungen, deren Geschäftsbetrieb die „Besorgung fremder Geschäfte" mit sich bringt. Da die Anwendbarkeit des § 362 Abs. 1 HGB somit den Abschluß von „Geschäftsbesorgungsverträgen" im Sinne des § 675 BGB erfordert, betrifft diese Regelung in erster Linie alle Kaufleute, die eine selbständige wirtschaftliche Tätigkeit im Interesse und innerhalb der wirtschaftlichen Sphäre eines anderen durchführen.[22] Dies sind beispielsweise Banken im Rahmen der Anlageberatung, Haus- oder Vermögensverwalter, aber auch Reisebüros, die für einen Kunden eine individuelle Reise zusammenstellen und für diesen Flüge oder Hotels buchen.

2. Das Schweigen auf ein kaufmännisches Bestätigungsschreiben

Neben dieser gesetzlichen Normierung, die dem Schweigen ausnahmsweise einen Erklärungswert beimißt, ist im kaufmännischen Handelsverkehr unter anderem der gemäß § 346 HGB verbindliche Handelsbrauch zu beachten, daß ein Kaufmann einem „kaufmännischen Bestätigungsschreiben" unverzüglich zu widersprechen hat, wenn er mit dessen Inhalt nicht einverstanden sein sollte. Ansatzpunkt dieser „Handelsbrauches" ist, daß Kaufleute im Anschluß an mündliche Vertragsverhandlungen beziehungsweise mündliche Vertragsabschlüsse das Ergebnis ihrer Vereinbarungen üblicherweise schriftlich bestätigen, um damit möglichen Streitigkeiten vorzubeugen. Sollte nunmehr ein solches „kaufmännisches Bestätigungsschreiben" einen tatsächlich noch nicht abgeschlossen Vertrag bestätigen beziehungsweise dessen Inhalt nicht zutreffend wiedergeben, so wird im Interesse der Rechtssicherheit der Inhalt des Bestätigungsschreibens verbindlich, wenn ihm nicht der Empfänger des Schreibens „unverzüglich" widerspricht.

Bei den Grundsätzen des „Schweigens auf ein kaufmännisches Bestätigungsschreiben" ist allerdings zu beachten, daß sie nur auf den kaufmännischen Rechtsverkehr anzuwenden sind. Sowohl der Absender des Schreibens als auch dessen Empfänger müssen also entweder Kaufleute sein oder zumindest wie Kaufleute am

---

22 zum Geschäftsbesorgungsvertrag vgl. auch Brox, Schuldrecht BT, RdNr. 308 f.

Rechtsverkehr teilnehmen, was beispielsweise auf einen freiberuflichen Architekten zuträfe, der ein größeres Architekturbüro führt. Ferner setzen diese Grundsätze voraus, daß ein Vertrag tatsächlich bereits geschlossen beziehungsweise „unterschriftsreif" verhandelt worden ist, so daß eine „Bestätigung" erfolgen kann. Schließlich muß sich das Bestätigungsschreiben auch auf den Vertrag beziehen und dessen Inhalt weitgehend zutreffend wiedergeben, wobei der Absender etwaige Abweichungen nicht böswillig vorgesehen haben darf. Sollte also beispielsweise ein zwischen zwei Fruchthändlern zunächst mündlich geschlossener Vertrag über die Lieferung von 100 Kilo Tomaten dahingehend „bestätigt" werden, daß ein Gabelstapler zu liefern ist, wäre ein solches Bestätigungsschreiben ebenso unbeachtlich wie eine zum Zwecke der Umsatzsteigerung „mutwillig" abgegebene falsche Bestätigung der Bestellung von 150 Kilo Tomaten.

Sollte jedoch ein Bestätigungsschreiben von dem eigentlich gewollten Vertragsinhalt nicht derart abweichen, daß ein Einverständnis des Empfängers unter keinen Umständen erwartet werden kann[23], muß der Empfänger dessen Inhalt gegen sich gelten lassen, wenn er ihm nicht unverzüglich, also den Umständen des Einzelfalles entsprechend zügig[24], widersprochen hat.

II. Rechtsgeschäfte mit beschränkt Geschäftsfähigen

Ein weiterer Bereich innerhalb der Privatrechtsordnung, der einigen Sonderregelungen unterliegt, findet sich im Zusammenhang mit der Beteiligung Minderjähriger und anderer (noch) nicht voll geschäftsfähiger Personen am Rechtsverkehr. Um diese Personen, die infolge ihres geringen Lebensalters oder geistiger Gebrechen die Tragweite ihrer Erklärungen nicht überblicken können, vor den Gefahren des Rechtsverkehrs zu schützen, sieht das Privatrecht in den § 104 ff. BGB entweder die gänzliche Aufhebung oder zumindest eine wesentliche Einschränkung der Geschäftsfähigkeit vor. Dies bedeutet, daß diese Personen zwar in vollem Umfang „rechtsfähig" sind, so daß beispielsweise auch ein dreijähriges Kind Eigentümer eines Millionenvermögens sein kann, doch ist mit der Begrenzung der „Geschäftsfähigkeit" deren Möglichkeit aufgehoben oder eingeschränkt, eigenverantwortlich und aktiv am Rechtsverkehr teilzunehmen und damit über dieses Vermögen zu verfügen.

---

23 Welcher Grad einer Abweichung noch als unbeachtlich und damit „genehmigungsfähig" gelten kann, kann nur nach den Umständen des Einzelfalles beantwortet werden. Sollte der bestätigte Vertragsgegenstand jedoch für den Vertragspartner verwendbar sein beziehungsweise der vereinbarte Preis sowie die vereinbarte Liefermenge um nicht mehr als 10–15 % über- oder unterschritten werden, kann in der Regel ebenso von einer Genehmigungsfähigkeit ausgegangen werden wie bei der Aufnahme typischer Vertragsergänzungen, wie beispielsweise die Aufnahme Transportkostenklausel.

24 Auch der Begriff „unverzüglich" kann nur den Umständen des Einzelfalles entsprechend ausgelegt werden. Da jedoch unverzüglich nur derjenige reagiert, der „ohne schuldhaftes Zögern" handelt, dürfte dieser Zeitraum äußerstenfalls eine Woche betragen, vgl. hierzu auch Brox, Handelsrecht, RdNr. 299 m.w.N.

Um den gewünschten Schutz sicherzustellen, ist gemäß § 104 BGB die Geschäftsfähigkeit von Personen, die noch nicht das siebente Lebensjahr vollendet haben sowie von Personen, die sich in einem Zustand befinden, in dem ihre freie Willensbildung auf Dauer ausgeschlossen ist, generell ausgeschlossen. Soweit diese Personen Willenserklärungen abgeben, sind diese gemäß § 105 Abs. 1 BGB nichtig.

Minderjährige zwischen der Vollendung ihres siebenten und achtzehnten Lebensjahres sind hingegen gemäß §§ 106ff. BGB in ihrer Geschäftsfähigkeit beschränkt. Dies bedeutet, daß sie gemäß § 107 BGB in die Lage versetzt sind, wirksame Willenserklärungen insoweit abzugeben, als sie hierdurch ausschließlich rechtliche Vorteile erlangen. Ist eine Willenserklärung für den Minderjährigen aber auch rechtlich nachteilig, kann er nur dann wirksam handeln, wenn seine gesetzlichen Vertreter entweder gemäß 107 BGB vorher eingewilligt oder das Rechtsgeschäft gemäß § 108 Abs. 1 BGB nachträglich genehmigt haben. Möchte also beispielsweise ein 12-Jähriger von einem Fahrradhändler ein Mountainbike erwerben, würde er zum Abschluß des dafür erforderlichen Kaufvertrages selbst dann die Zustimmung seiner Eltern benötigen, wenn das Fahrrad zu einem äußerst günstigen Preis angeboten wird. Sollte ihm der Händler das Fahrrad allerdings bereits übereignen wollen, wäre dieser Vorgang aus Sicht des Minderjährigen rechtlich ausschließlich vorteilhaft und daher zustimmungsfrei möglich.

Einen Sonderfall der Einwilligung stellt die Vorschrift des § 110 BGB dar. Nach dieser Regelung, die als „Taschengeldparagraph" bekannt ist, gilt ein von einem Minderjährigen auch ohne Einwilligung seines gesetzlichen Vertreters geschlossener Vertrag als von Anfang an wirksam, wenn der Minderjährige die von ihm zu erbringende Leistung mit Mitteln bewirkt, die ihm von seinem gesetzlichen Vertreter für diesen Zweck oder zu seiner freien Verfügung überlassen worden sind. Da hierbei jedoch zu beachten ist, daß die Einwilligungswirkung des § 110 BGB erst dann eintritt, wenn der Minderjährige seine vertraglichen Verpflichtungen vollständig erfüllt hat, würde beispielsweise ein Kaufvertrag unter der Vereinbarung, den Kaufpreis in Raten zu entrichten, erst in dem Moment wirksam werden, in dem der Minderjährige die letzte Rate zahlt.

III. Rechtsgeschäfte unter Einbeziehung von Stellvertretern

Gerade im geschäftlichen Privatrechtsverkehr besteht häufig das Problem, daß der Geschäftsherr nicht alle Rechtsgeschäfte selbst vornehmen kann, sondern sich schon aus Gründen der Arbeitsentlastung anderer Personen bedienen muß. Um diesem Bedürfnis Rechnung zu tragen, sieht das BGB die rechtlichen Konstruktionen der „unmittelbaren" sowie der „mittelbaren Stellvertretung" vor.

1. Die unmittelbare Stellvertretung

Kennzeichnend für die „unmittelbare Stellvertretung" im Sinne der §§ 164ff. BGB ist es, daß sich eine Person offen durch eine andere rechtsgeschäftlich vertreten läßt. In diesem Fall der „unmittelbaren Stellvertretung" wird dem Vertretenen eine Willenserklärung des Vertreters wie eine eigene zugerechnet mit dem Ergebnis, daß ausschließlich der Vertretene aus dem vorgenommenen Rechtsgeschäft berechtigt und verpflichtet wird. Demgegenüber wird der Vertreter nicht Partner des herbeigeführten Rechtsgeschäfts.

Damit ein Rechtsgeschäft unter Einschaltung eines Vertreters wirksam vorgenommen wird, müssen drei Voraussetzungen erfüllt sein: Zunächst muß der Stellvertreter gegenüber dem Dritten eine eigene Willenserklärung abgeben. Darüber hinaus muß er im Namen des Vertretenen handeln, wobei schließlich die Grenzen der Vertretungsmacht zu beachten sind.

a) Die Willenserklärung des Vertreters

Da die unmittelbare Stellvertretung auf dem Prinzip aufbaut, daß dem Vertretenen eine Willenserklärung des Vertreters wie eine eigene zugerechnet wird, setzt die wirksame Stellvertretung zunächst voraus, daß der Vertreter überhaupt eine eigene Willenserklärung abgibt, die dem Vertretenen zugerechnet werden kann. Ob eine wirksame Willenserklärung des Vertreters vorliegt, richtet sich dabei nach den allgemeinen Grundsätzen.

Mit dem Erfordernis der Abgabe einer eigenen Willenserklärung durch den Vertreter kann die Stellvertretung im Sinne der §§ 164 ff. BGB zugleich von der Einschaltung eines „Boten" abgegrenzt werden. Während ein Stellvertreter berechtigt ist, für seinen Geschäftsherrn eine eigene Willenserklärung abzugeben und damit in der Regel entscheiden kann, ob und gegebenenfalls welche Erklärung er abgibt, handelt es sich bei einem Boten lediglich und den Überbringer einer von seinem Geschäftsherrn stammenden Willenserklärung. Da in diesem Fall keine fremde Willenserklärung vorliegt, sondern der Geschäftsherr eine eigene Erklärung formuliert, die von dem Boten lediglich überbracht wird, sind die Regelungen der Stellvertretung auf Boten nicht anzuwenden. Dies führt beispielsweise dazu, daß als Bote auch eine geschäftsunfähige Person eingesetzt werden kann, während ein Stellvertreter gemäß § 165 BGB zumindest beschränkt geschäftsfähig sein muß.

b) Die Abgabe der Willenserklärung im Namen des Vertretenen

Zweite wesentliche Voraussetzung für die wirksame Vornahme eines Rechtsgeschäftes durch einen Stellvertreter ist gemäß § 164 Abs. 1 BGB, daß der Vertreter aus Sicht des Dritten erkennbar für einen anderen handelt und damit in fremdem Namen auftritt. Um diesen als „Offenkundigkeitsprinzip" bezeichneten Grundsatz zu erfüllen, müssen entweder der Vertreter selbst oder zumindest die begleitenden Umstände deutlich darauf hinweisen, daß die sich aus dem vorgenommenen Rechtsgeschäft ergebenden Rechtsfolgen nicht ihn, sondern einen hinter ihm stehenden Vertretenen treffen sollen. Versäumt es dagegen der Vertreter, die Situation der Stellvertretung offenzulegen und ergibt sich dies auch nicht aus den begleitenden Umständen, muß sich der Vertreter seine Willenserklärung selbst zurechnen lassen, so daß er gemäß § 164 Abs. 2 BGB selbst Vertragspartner wird und in die sich aus dem Vertrag ergebenden Rechte und Pflichten eintritt.

Eine Ausnahme von diesem Prinzip besteht nur dann, wenn es sich bei dem Rechtsgeschäft entweder um ein „Geschäft für den, den es angeht" oder ein „Bargeschäft des täglichen Lebens" handelt. Kennzeichnend für die erste Situation ist dabei, daß der Vertreter zwar deutlich macht, für einen anderen handeln zu wollen, doch dessen Identität nicht nennt. Läßt sich der Dritte in dieser Situation auf das Rechtsgeschäft ein, weiß er zumindest, daß nicht der Vertreter sein Geschäftspartner werden wird, so daß er ebensowenig schutzbedürftig ist wie bei Geschäften, bei denen die Gegenleistung sofort und in bar entrichtet wird.

c) Das Handeln mit Vertretungsmacht

Die dritte und in der Praxis wichtigste Voraussetzung für die wirksame Vornahme eines Rechtsgeschäftes unter Einschaltung eines Vertreters ist schließlich, daß dieser mit einer entsprechenden Vertretungsmacht ausgestattet ist. Dabei darf die Frage der Vertretungsmacht nicht mit dem sogenannten „Grundverhältnis" verwechselt werden, das die „inneren" Rechtsbeziehungen zwischen dem Vertreter und dem Vertretenen prägt. So kann beispielsweise ein Arbeitnehmer aufgrund einer von seinem Arbeitgeber eingeräumten Vertretungsmacht berechtigt sein, für diesen im Rechtsverkehr aufzutreten und Verträge zu unterzeichnen. Daß er dies aber gegebenenfalls auch muß, ergibt sich demgegenüber aus dem zwischen dem Arbeitnehmer und Arbeitgeber als „Grundverhältnis" bestehenden Arbeitsvertrag, aus dem sich für den Arbeitnehmer seine Arbeitspflichten ergeben.

aa) Die BGB-Vollmacht

Die in der Praxis wohl wichtigste Vertretungsmacht stellt die „Vollmacht" im Sinne der §§ 164ff. BGB dar, die gemäß § 167 Abs. 1 BGB entweder durch eine entsprechende Erklärung gegenüber dem Vertreter selbst (Innenvollmacht) oder durch eine Erklärung gegenüber dem Dritten erteilt werden kann, gegenüber dem die Vertretung stattfinden soll (Außenvollmacht). Die Bevollmächtigung, die gemäß § 167 Abs. 2 BGB in der Regel keiner besonderen Form bedarf, kann inhaltlich und zeitlich begrenzt werden. Eine inhaltliche Begrenzung der Vollmacht liegt beispielsweise dann vor, wenn der Vertreter nur für die Vornahme eines ganz bestimmten Rechtsgeschäftes bevollmächtigt wird, wobei auch gewisse inhaltliche Mindestbedingungen des gewünschten Rechtsgeschäftes festgelegt werden können. Ist die Vollmacht zeitlich nicht beschränkt, bleibt sie gemäß § 168 grundsätzlich bis zu ihrem Widerruf beziehungsweise bis zum Erlöschen des Grundverhältnisses wirksam, wobei im Falle des Widerrufes zu beachten ist, daß dieser dem Weg der Vollmachtserteilung zu entsprechen hat (§§ 168, 170, 171 Abs. 2, 172 Abs. 2 BGB).

Abgesehen von der ausdrücklichen Bevollmächtigung eines Vertreters durch eine entsprechende Erklärung seitens des Geschäftsherrn kann sich eine Vertretungsmacht in bestimmten Fällen auch aus einem Rechtsschein ergeben, ohne daß tatsächlich eine Vollmacht erteilt worden wäre. Zu unterscheiden sind dabei die „Duldungsvollmacht", die gegeben ist, wenn der Vertretene das Handeln seines „Vertreters" kennt und dagegen nicht einschreitet, sowie die „Anscheinsvollmacht", bei dem der Vertretene das wiederholte Handeln seines Vertreters zwar nicht kennt, er es aber bei sorgfältigem Verhalten hätte erkennen und verhindern können.[25]

bb) Die Prokura

Eine besonders für den kaufmännischen Rechtsverkehr wichtige Vertretungsmacht findet sich in der „Prokura". Mit dieser Form der Vertretungsmacht, die in den §§ 48 ff. HGB geregelt ist, besteht für den Inhaber eines Handelsgeschäftes die Möglichkeit, einen Vertreter gemäß § 49 HGB zur Vornahme sämtlicher Rechtsgeschäfte zu berechtigen, die der Betrieb irgend eines Handelsgewerbes mit sich bringt. Indem die Prokura somit eine äußerst weitreichende Vertretungsmacht darstellt, deren Umfang zudem Dritten gegenüber nicht wirksam begrenzt werden kann, wäre der Prokurist eines metallverarbeitenden Betriebes damit beispielsweise berechtigt, Stoffe für eine mögliche Kleidungsfabrikation anzukaufen oder Währungsoptionsgeschäfte zur Sicherung vor Währungsschwankungen einzugehen. Beschränkungen unterliegt die Prokurist nur insoweit, als die vorgenommen Rechtsgeschäfte zum „laufenden Betrieb" eines Handelsgeschäftes gehören müssen, so daß er beispielsweise nicht dessen Konkurs anmelden könnte, und daß er seinerseits keine Prokura erteilen darf.

Wie die Erteilung einer „BGB-Vollmacht" gemäß § 167 Abs. 1 BGB setzt auch die Erteilung einer Prokura eine entsprechende Erklärung des Inhabers des Handelsgewerbes voraus, wobei diese wiederum entweder gegenüber dem Prokuristen selbst oder gegenüber dem Geschäftspartner erfolgen kann, gegenüber dem der Prokurist auftreten soll. Darüber hinaus ist die Prokura gemäß § 53 Abs. 1 HGB zur Eintragung im Handelsregister anzumelden, wobei diese Anmeldung jedoch nur eine deklaratorische Bedeutung hat. Auch eine nicht im Handelsregister verzeichnete Prokura ist daher wirksam und berechtigt zur Vertretung im Rechtsverkehr.

Die „Prokura" erlischt schließlich gemäß § 52 Abs. 1 HGB durch einen entsprechenden Widerruf seitens des Inhabers des Handelsgeschäftes beziehungsweise mit der Beendigung des Grundverhältnisses.

cc) Die Handlungsvollmacht

Eine ebenfalls für den Handelsverkehr wichtige, jedoch vom Umfang her hinter der „Prokura" zurückbleibende Vertretungsmacht stellt schließlich die „Handlungs-

---

[25] Vgl. weiterführend Brox, AT BGB, RdNr. 518 ff. m.w.N.

vollmacht“ im Sinne des § 55 HGB dar. Während der Prokurist berechtigt ist, alle Rechtsgeschäfte vorzunehmen, die zu dem Betrieb (irgend)eines Handelsgewerbes gehören, beschränkt sich die Handlungsvollmacht gemäß § 54 Abs. 1 HGB auf diejenigen Rechtsgeschäfte, die dem Betrieb des konkreten Handelsgewerbes zuzurechnen sind, so daß der handlungsbevollmächtigte Mitarbeiter eines Konfektionsgeschäftes beispielsweise nur zum An- oder Verkauf von Anzügen berechtigt wäre.[26]

d) Der Vertreter ohne Vertretungsmacht

Handelt ein Vertreter im Einklang mit den Wünschen seines Geschäftsherrn, wirkt sich das von dem Vertreter veranlaßte Rechtsgeschäft ohne weitere Voraussetzungen für und gegen den Vertretenen aus. Anders ist es jedoch, wenn der Vertreter im Namen des Vertretenen handelt, ohne hierzu ausreichend ermächtigt zu sein.

aa) Die Folgen für das Rechtsgeschäft

Schließt ein Vertreter ohne ausreichende Vertretungsmacht im Namen eines anderen einen Vertrag, hat gemäß § 177 Abs. 1 BGB zunächst der Vertretene die Wahl, ob er das Rechtsgeschäft nachträglich genehmigen und damit gegen sich gelten lassen will oder ob er den Vertrag mißbilligt. Genehmigt der Vertretene gemäß § 182 BGB den Vertrag durch die Abgabe einer entsprechenden Erklärung gegenüber dem Vertreter oder dem Geschäftspartner, so wird er selbst Vertragspartner und damit aus dem Vertrag berechtigt und verpflichtet.

bb) Die Haftung des Vertreters ohne Vertretungsmacht

Genehmigt der Vertretene den Vertrag hingegen nicht oder nicht innerhalb der in § 177 Abs. 2 BGB vorgesehenen Frist, ergeben sich für den Geschäftspartner gemäß § 179 BGB unterschiedliche Möglichkeiten, nunmehr gegen den Vertreter vorzugehen, wobei der Umfang der Rechte von den Umständen des Einzelfalles abhängt: Wußte nämlich der Vertreter von dem Mangel seiner Vertretungsmacht und war der Geschäftspartner selbst ahnungslos, kann der Geschäftspartner den vermeintlichen Vertreter entweder als Vertragspartner behandeln und von ihm die Erfüllung des Vertrages verlangen oder auf die Durchführung des Rechtsgeschäftes verzichten und von diesem Schadensersatz verlangen. Wählt der Geschäftspartner diese Alternative, hat ihn der Vertreter ohne Vertretungsmacht so zu stellen, als wenn der Vertrag ordnungsgemäß durchgeführt worden wäre (§ 179 Abs. 1 BGB).

---

26 Zur Handlungsvollmacht vgl. auch Brox, Handelsrecht, RdNr. 228 ff. sowie Canaris, Handelsrecht, S. 213 ff.

Kannte der Vertreter hingegen den Mangel seiner Vertretungsmacht nicht, beschränkt sich seine Haftung gegenüber dem Geschäftspartner gemäß § 179 Abs. 2 BGB auf die Leistung von Schadensersatz. Dabei hat der Vertreter nur den Nachteil auszugleichen, der dem Geschäftspartner dadurch entstanden ist, daß er auf die Wirksamkeit des Geschäftes vertraut hat.

War dem Geschäftspartner schließlich bekannt, daß der Vertreter ohne Vertretungsmacht handelt, oder hätte er es erkennen müssen, kann er vom Vertreter im Fall der Nichtgenehmigung des Vertrages durch den Geschäftsherrn gemäß § 179 Abs. 3 BGB weder die Erfüllung des Vertrages noch die Leistung von Schadensersatz verlangen.

2. Die mittelbare Stellvertretung

Während bei der unmittelbaren Stellvertretung im Sinne der §§ 164 ff. BGB in aller Regel offengelegt werden muß, für wen ein Vertreter auftritt, besteht gerade im Wirtschaftsprivatrecht oftmals der Wunsch, daß der eigentliche Geschäftsherr unerkannt im Hintergrund bleiben kann. Um diesem Bedürfnis entgegenzukommen, erlaubt die Privatrechtsordnung auch eine „mittelbare Stellvertretung", bei der der Vertreter in eigenem Namen auftritt und das Rechtsgeschäft auf eigene Rechnung abschließt, ohne den hinter einem Geschäft stehenden Geschäftsherrn aufdecken zu müssen. Zu beachten ist aber, daß bei der mittelbaren Stellvertretung ausschließlich der Vertreter Geschäftspartner des Dritten wird und nur er vertragliche Ansprüche gegenüber dem Dritten erwirbt. Soweit darüber hinaus Regelungen über die Herausgabe des erworbenen Gegenstandes an den eigentlichen Geschäftsherrn, den Vertretenen, erforderlich sind, müssen diese in einer gesonderten Vereinbarung zwischen dem Vertreter und seinem Geschäftsherrn festgelegt werden.

Einen in der Praxis häufigen Fall der mittelbaren Stellvertretung stellt das „Kommissionsgeschäft" im Sinne der §§ 383 ff. HGB dar. Hierbei wird auf Seiten eines Käufers oder Verkäufers, dem Kommittenten, ein Einkaufs- bzw. Verkaufskommissionär als mittelbarer Stellvertreter tätig, der gewerbsmäßig Geschäfte im eigenen Namen auf fremde Rechnung vornimmt (§§ 383, 406 HGB). Dabei beruht das Kommissionsgeschäft auf einem sogenannten Kommissionsvertrag zwischen dem Geschäftsherrn sowie dem Kommissionär, durch den die Pflichten des Kommissionärs festgelegt und Weisungen hinsichtlich der Ausführung des Geschäftes erteilt werden. Ist das Kommissionsgeschäft erfolgt, hat der Kommissionär die gekaufte Sache oder den erzielten Kaufpreis gemäß § 384 HGB, § 675 BGB an den Kommittenten herauszugeben, während dieser im Gegenzug gemäß § 396 HGB die Provision des Kommissionärs zu zahlen hat.[27]

[27] Ein Provisionsanspruch des Kommissionärs kann selbst ohne eine entsprechende Vereinbarung bestehen, § 354 HGB.

E. Der Abschluß von Verträgen

Während im öffentlichen Recht typischerweise „Verwaltungsakte" erlassen werden, um Einzelfälle verbindlich zu regeln, ist das wichtigste Mittel zur Gestaltung privatrechtlicher Beziehungen zwischen einzelnen Rechtssubjekten der „Vertrag". Hierbei handelt es sich um zwei- oder mehrseitige Rechtsgeschäfte, durch die die einzelnen Teilnehmer am Privatrechtsverkehr in eigener Verantwortung rechtsverbindliche Abmachungen treffen können, um ihre rechtlichen Beziehungen zu anderen Rechtsteilnehmern ihren individuellen Bedürfnissen entsprechend zu gestalten.[28]

I. Grundlagen des Vertragsabschlusses

Da es im Rahmen der geltenden Privatautonomie dem einzelnen überlassen ist, ob und gegebenenfalls mit wem er rechtliche Beziehungen eingehen möchte, ergeben sich rechtliche Verbindungen normalerweise nicht „automatisch" aus dem Gesetz, sondern setzen den Abschluß entsprechender Verträge voraus.[29] Hierfür sind in der Regel zwei inhaltlich übereinstimmende Willenserklärungen erforderlich, die als „Angebot" und „Annahme" bezeichnet werden.

1. Das Angebot

Bei dem „Angebot", das in § 145 BGB auch als „Antrag" bezeichnet wird, handelt es sich um eine empfangsbedürftige Willenserklärung, durch die eine Person einem gewünschten Geschäftspartner den Abschluß eines bestimmten Vertrages derart konkret anbietet, daß dieser mit einem bloßem „Ja" antworten und hierdurch den Vertrag abschließen kann. Damit von einem wirksamen Vertragsangebot ausgegangen werden kann, ist also zunächst erforderlich, daß sowohl der gewünschte Partner als auch der wesentliche Inhalt des gewollten Vertrages ausreichend genau beschrieben werden, wozu insbesondere die Festlegung der Leistung und Gegenleistung sowie der Vertragstyp gehören. Darüber hinaus muß sich aus dem Angebot der ernsthafte und endgültige Wille des Erklärenden entnehmen lassen, daß das Angebot verbindlich sein soll.

Fehlt demgegenüber eine der unbedingt notwendigen Angaben oder ist die Erklärung nicht an einen bestimmten Vertragspartner gerichtet, handelt es sich um eine bloße Aufforderung zur Abgabe eines Angebotes, die auch als „invitatio ad offerendum" bezeichnet wird. So sind beispielsweise Prospekte, Kataloge, Zeitungsanzeigen oder Schaufensterauslagen typische Aufforderungen an Dritte, die Vertragsverhandlungen aufzunehmen und ihrerseits ein Angebot zum Abschluß eines Vertrages abzugeben.

---

[28] Brox, AT BGB, RdNr. 69 ff. m.w.N.

[29] Im Gegensatz zu vertraglichen Verbindungen können in bestimmten Fällen auch „gesetzliche Schuldverhältnisse" bestehen, die sich direkt aus dem Gesetz ergeben.

Liegt ein Angebot im Sinne der § 145 ff. BGB vor, ist der Antragende gemäß § 145 BGB grundsätzlich an sein Vertragsangebot gebunden, so daß nunmehr der Empfänger die Möglichkeit hat, den Vertrag durch eine entsprechende Annahmeerklärung abzuschließen. Will der Antragende diese Bindung vermeiden, muß er die Bindung gemäß § 145 BGB ausdrücklich ausschließen, was beispielsweise durch den Zusatz „freibleibend" oder „ohne Obligo" geschehen kann.

Da im Interesse der Rechtssicherheit und zum Schutz des Erklärenden die bindende Wirkung eines Antrages nicht unbegrenzt andauern kann, erlischt der Antrag gemäß § 146 BGB, wenn der Antragsempfänger das Angebot entweder ablehnt oder nicht rechtzeitig im Sinne der §§ 147 – 149 BGB annimmt. In diesem Zusammenhang hat der Antragende gemäß § 148 BGB auch die Möglichkeit, selbst eine Frist für die Annahme des Angebotes zu setzen. Fehlt eine Fristbestimmung, so kann im Zweifel ein unter Anwesenden unterbreitetes Angebot gemäß § 147 Abs. 1 BGB nur sofort angenommen werden, während ein Angebot unter Abwesenden gemäß § 147 Abs. 2 BGB nur bis zu dem Zeitpunkt wirksam bleibt, zu dem der Antragende den Eingang der Antwort unter regelmäßigen Umständen erwarten darf.

2. Die Annahme

Auch bei der Annahmeerklärung handelt es sich um eine empfangsbedürftige Willenserklärung, durch die der Antragsempfänger dem Antragenden sein Einverständnis mit dem vorgeschlagenen Vertrag signalisiert. Damit jedoch über eine Annahmeerklärung der Vertragsabschluß herbeigeführt werden kann, ist es erforderlich, daß sich die Annahme auf das Angebot bezieht und inhaltlich mit ihr übereinstimmt. Weicht die Annahmeerklärung demgegenüber von dem Angebot ab oder erfolgt sie zu spät, ist diese Erklärung gemäß § 150 BGB als neues Angebot zu werten, das nun seinerseits angenommen werden kann.

Grundsätzlich muß auch die Annahmeerklärung dem Erklärungsempfänger zugehen, um wirksam zu werden. Eine Ausnahme von diesem Zugangserfordernis besteht allerdings gemäß § 151 BGB dann, wenn der Zugang der Annahmeerklärung entweder nach der Verkehrssitte nicht zu erwarten ist oder der Antragende hierauf ausdrücklich verzichtet hat. So setzt beispielsweise der Abschluß eines Beförderungsvertrages mit einem Nahverkehrsunternehmen allein voraus, daß der Fahrgast das Beförderungsangebot durch ein entsprechendes Verhalten – das Einsteigen in die abfahrbereite U-Bahn – annimmt, ohne daß diese Erklärung dem Beförderungsunternehmen ausdrücklich mitgeteilt werden müßte.

II. Sonderformen des Vertragsabschlusses

Auch wenn Verträge üblicherweise durch zwei sich entsprechende Erklärungen geschlossen werden, die individuell aufeinander abgestimmt sind, können in bestimmten Fällen Probleme auftreten, die den Vertragsabschluß beeinflussen. Zu den auch wirtschaftsprivatrechtlich wichtigsten Problemfeldern gehören dabei Situationen, in denen sich die Partner entgegen ihrer Erwartung noch nicht abschließend geeinigt haben sowie Fälle, in denen einer der Partner allgemeine Geschäftsbedingungen nutzen möchte, um den Vertrag im einzelnen auszugestalten.

1. Der Dissens

Nehmen zwei Partner Verhandlungen mit dem Ziel auf, eine bestimmte vertragliche Vereinbarung zu schaffen, werden sie sich über die regelungsbedürftigen Fragen üblicherweise verständigen und entsprechende vertragliche Bestimmungen treffen. In bestimmten Fällen kann es jedoch passieren, daß die Vertragspartner einen regelungsbedürftigen Punkt bewußt noch offen lassen, um hierüber beispielsweise noch weitere Verhandlungen zu führen. Liegt ein derartiger „offener Dissens" vor, gilt ein Vertrag gemäß der in § 154 Abs. 1 BGB enthaltenen Auslegungsregelung im Zweifel noch nicht als geschlossen, es sei denn, die noch offene Frage ist so unbedeutend, daß nach dem Willen der Parteien bereits ein Vertragsabschluß erfolgt sein soll. So wäre beispielsweise ein Kaufvertrag über ein fabrikneues Kraftfahrzeug auch ohne konkrete Festlegung des Tages seiner Auslieferung bereits wirksam entstanden, es sei denn, das Lieferdatum ist für den Kunden von entscheidender Bedeutung.

Im Gegensatz zu diesen Fällen des offenen Dissenses ist ein „versteckter Dissens" gegeben, wenn sich die Parteien aus ihrer Sicht abschließend geeinigt haben, obwohl in Wirklichkeit ein wesentlicher Punkt offen geblieben ist. So wäre beispielsweise ein „versteckter Dissens" anzunehmen, wenn die Partner eines Kaufvertrages den Kaufpreis in Dollar angeben, wobei ein Partner die US-amerikanische und der andere die kanadische Währung meint oder wenn beide Vertragspartner als Käufer auftreten wollten und ihren Partner irrtümlich jeweils als Verkäufer ansahen. Um in diesen Fällen einen angemessenen Ausgleich zwischen den beiderseitigen Interessen zu finden, ist zunächst zu prüfen, ob nicht doch der Vertrag mit dem gewünschten Inhalt zustande gekommen ist. Da hierfür die beiderseitigen Willenserklärungen gemäß § 133 BGB insoweit auszulegen sind, als der wirkliche Wille zu erforschen ist, könnte sich beispielsweise aus den begleitenden Umständen der Vertragsverhandlungen ergeben, daß beide Partner von kanadischen Dollar ausgegangen sind, so daß der Vertrag mit diesem Inhalt entstanden wäre. Bleibt es auch nach einer Auslegung jedoch bei einem Dissens oder läßt sich der wirkliche Wille nicht ermitteln und betrifft der Dissens einen wesentlichen Punkt des Vertrages, so gilt der Vertrag im Zweifel als nicht geschlossen. Betrifft die Unklarheit demgegenüber eine für den Bestand des Vertrages weniger bedeutende Abrede, gelten gemäß der in § 155 BGB enthaltenen Auslegungsregel im Zweifel die fehlerfreien Vereinbarungen als wirksam, während die „Lücken" gegebenenfalls durch gesetzliche Bestimmungen zu füllen sind.

2. Die Einbeziehung allgemeiner Geschäftsbedingungen

Da es gerade im Massenverkehr oftmals wenig sinnvoll ist, die Modalitäten eines jeden einzelnen Vertrages gesondert auszuhandeln und festzulegen, besteht die Möglichkeit, Verträge unter dem Einsatz formularmäßig vorbereiteter „Allgemeiner Geschäftsbedingungen" (AGB) abzuschließen und somit gleichlautende und standardisierte Vertragsbedingungen zu schaffen. Obwohl diese Praxis aus Sicht der allgemeinen Privatrechtsordnung keinen Bedenken unterliegt, zumal die Regelungen des BGB in weiten Teilen abdingbar sind, ist bei der Verwendung allgemeiner Geschäftsbedingungen die Gefahr gegeben, daß der Verwender allgemeiner Geschäftsbedingungen diese zu sehr zu seinem Vorteil ausformuliert und hierdurch gerade unerfahrene Geschäftspartner überrumpelt. Um diesem Risiko zu begegnen, wird der Einsatz sowie der Inhalt allgemeiner Geschäftsbedingungen durch das „Gesetz zur Regelung des Rechts der Allgemeinen Geschäftsbedingungen" (AGB-Gesetz) reglementiert, das entsprechende Schutzmechanismen bereithält.

a) Die Anwendbarkeit des AGB-Gesetzes

Bei der Anwendung des AGB-Gesetzes ist zunächst zu beachten, daß diesem Gesetz gemäß § 23 AGB-Gesetz bestimmte Vertragstypen sowie gemäß §§ 24f. AGB-Gesetz bestimmte Personen nicht oder nur eingeschränkt unterfallen. Werden also beispielsweise allgemeine Geschäftsbedingungen gegenüber einem Kaufmann eingesetzt, kann sich dieser gemäß § 24 Abs. 1 Nr. 1 AGB-Gesetz nur begrenzt auf den Schutz des AGB-Gesetzes berufen.

b) Der Begriff der „allgemeinen Geschäftsbedingung"

Damit das AGB-Gesetz eingreifen und eine bestimmte Klausel reglementieren kann, ist ferner erforderlich, daß es sich bei einer vertraglichen Bestimmung überhaupt um eine „Allgemeine Geschäftsbedingung" handelt. Aufgrund der in § 1 AGB-Gesetz enthaltenen Legaldefinition sind hierunter solche Vertragsbedingungen zu verstehen, die für eine Vielzahl von Verträgen vorformuliert sind und von einer Vertragspartei der anderen Vertragspartei bei dem Vertragsabschluß gestellt werden. Nicht zu den Allgemeinen Geschäftsbedingungen zählen daher Individualvereinbarungen, bei denen der Vertragspartner die Möglichkeit der Verhandlung und damit der Einflußnahme hat.

c) Die Einbeziehung allgemeiner Geschäftsbedingungen

Um Allgemeine Geschäftsbedingungen wirksam in einen Vertrag mit einzubeziehen, hat der „Verwender" seinen Vertragspartner gemäß § 2 Abs. 1 Nr. 1 AGB-Gesetz deutlich auf seine Allgemeinen Geschäftsbedingungen hinzuweisen und ihm gemäß § 2 Abs. 1 Nr. 2 AGB-Gesetz die Möglichkeit zur Kenntnisnahme zu verschaffen. Schließlich muß sich der Vertragspartner auch mit der Einbeziehung der Allgemeinen Geschäftsbedingung einverstanden erklären, was in der Regel durch die Unterzeichung des Vertrages geschieht.

Sollte es sich bei einer Allgemeinen Geschäftsbedingung um eine „überraschende Klausel" im Sinne des § 3 AGB-Gesetz handeln, wird diese Bestimmung trotz der Erfüllung der in § 2 AGB-Gesetz enthaltenen Voraussetzungen nicht Vertragsbestandteil.

d) Die Inhaltskontrolle allgemeiner Geschäftsbedingungen

Sind Allgemeine Geschäftsbedingungen in einen Vertrag einbezogen worden, sehen die §§ 9 ff. AGB-Gesetz eine Vielzahl einzelner Bestimmungen vor, die den möglichen Inhalt Allgemeiner Geschäftsbedingungen eingrenzen. Von besonderer Bedeutung ist dabei die Regelung des § 11 AGB-Gesetz, die eine Reihe „absoluter" Klauselverbote enthält. Verstößt eine Allgemeine Geschäftsbedingung gegen eine der dort vorgesehenen Grenzen, ist sie unwirksam, ohne daß es einer weiteren Wertung bedarf.

Neben der Regelung des § 11 AGB-Gesetz finden sich weitere Schranken in den §§ 10 und 9 AGB-Gesetz, wobei diese Bestimmungen Platz für eine individuelle Betrachtung lassen.

F. Der Inhalt von Verträgen

Neben der Freiheit des Einzelnen, über den Abschluß eines Rechtsgeschäftes selbst zu entscheiden, enthält der Grundsatz der Privatautonomie auch das Recht, den Inhalt möglicher Rechtsgeschäfte frei zu bestimmen, wobei jedoch zum Schutze der anderen Rechtsteilnehmer bestimmte Grenzen zu wahren sind.

I. Der Grundsatz der Vertragsfreiheit

Aufgrund des im BGB herrschenden Prinzips der Vertragsfreiheit sind die Parteien etwaiger Rechtsgeschäfte grundsätzlich berechtigt, auch über den Inhalt und die Ausgestaltung ihrer rechtlichen Beziehungen frei zu entscheiden. Da jedoch gleichzeitig die Freiheit eines Teilnehmers am Rechtsverkehr zu einer Beschränkung der freien Entfaltung anderer Rechtsgenossen oder zu Unsicherheiten im Rechtsverkehr führen kann, gilt dieser als „Inhaltsfreiheit" bezeichnete Grundsatz gemäß § 305 BGB weitgehend uneingeschränkt nur im Rahmen schuldrechtlicher Verpflichtungsgeschäfte. Möchten also zwei Partner eine individuelle und nur zwischen ihnen geltende rechtliche Verbindung knüpfen, haben sie bei dem Abschluß eines schuldrechtlichen Verpflichtungsgeschäftes grundsätzlich die Freiheit, sowohl über die Form als auch über die Art und den Inhalt ihrer vertraglichen

Beziehung eigenverantwortlich zu entscheiden. Aufgrund dieser Freiheit sind die verschiedenen normierten Vertragstypen, die im besonderen Teil des Schuldrechts zu finden sind, lediglich als Standardnormierungen besonders praxisrelevanter Vertragsarten anzusehen, von denen abgewichen werden kann oder die untereinander kombiniert werden können. So ist es beispielsweise möglich, durch die Kombination kauf- und mietrechtlicher Bestimmungen das „Leasing" zu schaffen, das nicht als Standardvertrag im BGB enthalten ist.

Im Gegensatz zu der weitgehenden Freiheit bei dem Abschluß schuldrechtlicher Verträge unterliegen die sachenrechtlichen Verfügungsgeschäfte dem Typenzwang. Dies bedeutet, daß beispielsweise die rechtsgeschäftliche Übereignung einer beweglichen Sache nur aufgrund der in den §§ 929 ff. BGB enthaltenen Regelungen erfolgen kann, so daß vertragliche „Eigenkreationen" in diesem Bereich nicht zulässig sind.

II. Grenzen der Vertragsfreiheit

Da eine weitgehende Freiheit bei dem Abschluß und der inhaltlichen Ausgestaltung von Verträgen naturgemäß zu Unsicherheiten im Rechtsverkehr führen kann, enthält die Privatrechtsordnung bestimmte Grenzen, die im Einzelfall zu wahren sind.

Zu den Bestimmungen, die den möglichen Inhalt von Rechtsgeschäften beschränken, zählt zunächst die in § 134 BGB enthaltene Regelung, nach der er ein Rechtsgeschäft nicht gegen ein „gesetzliches Verbot" verstoßen darf. Da als gesetzliche Verbote im Sinne dieser Regelung diejenigen Bestimmungen zu verstehen sind, die gerade die Vornahme bestimmter Rechtsgeschäfte verhindern wollen, finden sich derartige Verbote in erster Linie in den strafrechtlichen Bestimmungen des Strafgesetzbuches (StGB) beziehungsweise in strafrechtlichen Nebengesetzen, wie beispielsweise dem Arzneimittelgesetz.[30] So würde beispielsweise ein Kaufvertrag, durch den sich ein Hehler eine gestohlene Lederjacke verschaffen möchte, um diese an einen Interessenten zu verkaufen, gegen den Straftatbestand der Hehlerei gemäß § 259 StGB verstoßen, was gemäß § 134 BGB zu seiner Nichtigkeit führen würde.

Eine weitere Vorschrift des BGB, die der inhaltlichen Gestaltungsfreiheit von Rechtsgeschäften Grenzen setzt, findet sich in § 138 BGB. Nach dieser Regelung sind Rechtsgeschäfte, die gegen die guten Sitten verstoßen (§ 138 Abs. 1 BGB) sowie „wucherische Rechtsgeschäfte", durch die jemand unter Ausbeutung einer Zwangslage, seiner Unerfahrenheit, des Mangels an Urteilsvermögen oder einer Willensschwäche übervorteilt wird (§ 138 Abs. 2 BGB), nichtig.

Neben diesen Bestimmungen, die zur Nichtigkeit bestimmter Rechtsgeschäfte führen können, steht der gesamte Privatrechtsverkehr schließlich unter dem in § 242 BGB verankerten Gebot von „Treu und Glauben". Auch wenn sich aus die-

30 Zu dem Begiff des „gesetzlichen Verbots" vgl. weiterführend Münchener Kommentar – Mayer-Maly § 134 Rd. 47 ff. m.w.N.

ser Regelung nicht unmittelbar die Nichtigkeit von Rechtsgeschäften ergibt, die gegen das Gebot der Beachtung von Treu und Glauben verstoßen, enthält diese Rechtsnorm doch den die gesamte Rechtsordnung durchziehenden Gedanken der sozial angemessenen Rechtsausübung. Das Gebot, bei der Ausübung möglicher Rechte auf die Belange des jeweiligen Partners Rücksicht zu nehmen, steht mithin als Leitmotiv über der gesamten Privatrechtsordnung, so daß in Einzelfällen die Ausübung bestimmter Rechte untersagt sein kann, wenn dies mit dem Gebot der gegenseitigen Rücksichtnahme nicht vereinbar wäre.[31]

III. Die inhaltliche Ausgestaltung von Verträgen

Obwohl das BGB bei der Festlegung des Inhalts von Schuldverhältnissen den Parteien einen weiten Entscheidungsspielraum einräumt, enthält es einige grundsätzliche Regelungen über den „Leistungsgegenstand", die „Leistungszeit" sowie den „Leistungsort".

1. Der Leistungsgegenstand

Da eine Vielzahl unterschiedlicher Vertragstypen auf die Lieferung einer „Sache" abstellen, steht oftmals die Frage im Vordergrund, welcher konkrete Gegenstand tatsächlich geschuldet ist. Um hierauf eine Antwort zu finden, ist zunächst danach zu unterscheiden, ob der „Leistungsgegenstand" anhand konkreter und individueller Merkmale bestimmt ist, so daß es sich um eine „Stückschuld" handelt, oder ob der „Leistungsgegenstand" lediglich anhand allgemeiner „Gattungsmerkmale" beschrieben ist, so daß von einer „Gattungsschuld" im Sinne des § 243 Abs. 1 BGB auszugehen ist. Liegt ein „Stückschuldverhältnis" vor, dann kann die vertragliche Verpflichtung tatsächlich nur mit dem genau beschriebenen Gegenstand erfüllt werden, so daß der Gläubiger der Leistung andere Sachen ablehnen kann. Handelt es sich jedoch um eine „Gattungsschuld" im Sinne des § 243 Abs. 1 BGB, so ist der Schuldner lediglich verpflichtet, eine Sache mittlerer Art und Güte zu leisten, um seiner Verpflichtung zu genügen.

Ob in einem Einzelfall eine „Stück-" oder „Gattungsschuld" vorliegt, hängt in der Regel von den Vereinbarungen der Parteien ab und ist gegebenenfalls nach den Umständen des jeweiligen Einzelfalles zu entscheiden. So wäre beispielsweise von einem Stückschuldverhältnis auszugehen, wenn ein Kunde auf einem Wochenmarkt auf ein bestimmtes Bündel Bananen deutet und sich der Händler daraufhin bereit erklärt, ihm genau diese Früchte zu verkaufen. Äußert der Kunde demgegenüber lediglich den Wunsch, ein Kilo Bananen kaufen zu wollen, liegt eine Gattungsvereinbarung vor mit der Folge, daß der Händler zur Erfüllung seiner Verpflichtung lediglich ein Kilo Bananen „mittlerer Art und Güte" zu liefern hat.

---

31 Vgl. hierzu weiterführend Palandt – Heinrichs § 242 Rd. 1 ff.

Da die Bestimmung des Leistungsgegenstandes insbesondere dann wichtig ist, wenn das Leistungsverhältnis gestört wird, kann sich gemäß § 243 Abs. 2 BGB eine zunächst als Gattungsschuld eingegangene Verpflichtung auf einen bestimmten Gegenstand „konkretisieren", wenn der Schuldner alles zur Leistung notwendige veranlaßt hat. Sollte also beispielsweise der Verkäufer einer Waschmaschine eine Maschine aus seinem Lager geholt und zur Abholung durch den Kunden transportfertig bereitgestellt haben, beschränkt sich seine Leistungspflicht auf dieses konkrete Gerät und nicht mehr – wie zunächst vereinbart – auf eine beliebige Waschmaschine dieses Typs.

2. Die Leistungszeit

Da neben der Bestimmung des Leistungsgegenstandes oftmals auch der Zeitpunkt wesentlich ist, zu dem die Leistung erfolgen soll, enthält § 271 Abs. 1 BGB den Grundsatz, daß der Gläubiger die Leistung im Zweifel sofort verlangen und der Schuldner sie sofort bewirken kann. Sollte jedoch im Vertrag eine Leistungszeit bestimmt sein, ist der Gläubiger im Zweifel gemäß § 271 Abs. 2 BGB nicht berechtigt, eine vorfristige Leistung zu verlangen.

3. Der Leistungsort

Im Hinblick auf den Ort, an dem die Leistungshandlung vorzunehmen ist („Leistungsort"), enthält § 269 Abs. 1 BGB den Grundsatz, daß der Schuldner die Leistung im Zweifel an seinem Wohn- oder Geschäftssitz vornehmen kann und sich der Gläubiger die Leistung dort abholen muß („Holschuld"). Da es sich aber auch hierbei lediglich um eine dispositive Regelung handelt, von der durch entsprechende Vereinbarungen jederzeit abgewichen werden kann, können die Parteien beispielsweise auch eine „Bringschuld" vereinbaren, bei der der Schuldner seine Leistung am Wohnsitz des Gläubigers anbieten muß.

Handelt es sich bei der Leistungspflicht schließlich um eine Geldschuld, ist gemäß § 270 Abs. 1 BGB im Zweifel von einer „Schickschuld" auszugehen, bei der der Schuldner das geschuldete Geld auf seine Gefahr an den Wohn- oder Geschäftssitz des Gläubigers übermitteln muß, so daß er das Risiko des Verlustes des Geldes auf dem Überweisungsweg trägt.

IV. Wirtschaftsrechtlich relevante Vertragsformen im Überblick

Von den verschiedenen Vertragsformen, die das BGB in seinem „besonderen Schuldrecht" regelt, haben einige Muster gerade für das Wirtschaftsprivatrecht eine besondere Bedeutung. Dabei lassen sich grundsätzlich Vertragstypen, die auf eine dauerhafte oder zeitweilige Übertragung von Rechten gerichtet sind, von Vertragsformen unterscheiden, die auf bestimmte Tätigkeiten abzielen. Schließlich sind in der Praxis eine Reihe von „Mischformen" zu beobachten, die unterschiedliche Verpflichtungen miteinander kombinieren.

Um welche Vertragsform es sich im Einzelfall handelt beziehungsweise welches „Vertragsmuster" für ein bestimmtes Geschäft geeignet ist, läßt sich in erster Linie anhand der jeweiligen „Hauptleistungspflichten" bestimmen, die jeder Vertrag vorsieht. Als „Hauptleistungspflichten" werden dabei die für einen Vertrag wesentlichen Leistungspflichten bezeichnet, die im Zentrum der schuldrechtlichen Verpflichtung stehen und somit den Charakter des Vertrages prägen. Demgegenüber ist die Bezeichnung eines Vertrages durch die Parteien für dessen Einordnung weniger bedeutend, so daß beispielsweise ein Vertragsverhältnis, aufgrund dessen jemand eine bestimmte Sache für eine bestimmte Zeit entgeltlich nutzen darf, auch dann als „Mietvertrag" einzuordnen wäre, wenn die Parteien es fälschlicherweise als „Leihvertrag" bezeichnet haben sollten.

1. Verträge über Gegenstände

Der wirtschaftlich bedeutendste Vertragstypus für den Erwerb von Sachen jeder Art ist der Kaufvertrag im Sinne der §§ 433 ff. BGB. Hierbei handelt es sich um einen gegenseitigen Vertrag, durch den sich die eine Partei zur Übertragung des Eigentums an der Kaufsache und die andere zur Zahlung des hierfür vereinbarten Kaufpreises verpflichtet. Dabei ist jedoch zu beachten, daß der Kaufvertrag lediglich ein schuldrechtliches Verpflichtungsgeschäft darstellt, durch das die Zuordnung des Eigentums an dem Kaufgegenstand noch nicht verändert wird. Um die vertragliche Verpflichtung zur Übereignung des Kaufgegenstandes tatsächlich auch zu erfüllen, ist daher regelmäßig ein sachenrechtliches Verfügungsgeschäft erforderlich, das sich nach den Bestimmungen des Sachenrechtes richtet.

Da der Verkäufer mit der „Verfügung" über seine Sache regelmäßig die wichtigste Sicherheit verliert, die er gegenüber seinem Käufer hat, besteht gerade im gewerblichen Rechtsverkehr häufig das Bedürfnis, dem Käufer zwar bereits den Besitz an der gekauften Sache einzuräumen, aber die Übereignung erst dann zu vollziehen, wenn der Käufer den Kaufpreis vollständig bezahlt hat. Um dieses Ziel zu erreichen, ermöglicht § 455 BGB den Verkauf einer Sache unter gleichzeitiger Vereinbarung eines „Eigentumsvorbehalts", durch den die Übereignung unter die Bedingung der vollständigen Zahlung des Kaufpreises gestellt wird. Erfüllt der Käufer die Bedingung durch Zahlung des Kaufpreises, erwirbt er gemäß § 158 Abs. 1 BGB ohne weiteres Zutun des Verkäufers auch das Eigentum an der Sache. Kommt er hingegen mit der Zahlung des Kaufpreises in Verzug, ist der Verkäufer im Zweifel berechtigt, vom Vertrag zurückzutreten und als Eigentümer die Sache vom Käufer herauszuverlangen. Auf der anderen Seite wird aber auch der Erwerber durch die Vorschrift des § 161 Abs. 1 BGB geschützt, durch die jede weitere Verfügung unwirksam ist, die der Verkäufer während der Schwebezeit über den verkauften Gegenstand trifft. Darüber hinaus erwirbt der Käufer einer unter Eigentumsvorbehalt verkauften Sache ein sogenanntes Anwartschaftsrecht, das eine

Vorstufe zu dem vollgültigen Eigentumsrecht darstellt und über das der Käufer bereits selbständig verfügen kann.[32]

Während der Kaufvertrag dazu führt, daß der Verkäufer sein Eigentum an einer Sache abgibt und auf den Käufer überträgt, zielen die „Miete" im Sinne der §§ 535 ff. BGB sowie die in den §§ 598 ff. BGB geregelte „Leihe" darauf ab, daß der „Vermieter" beziehungsweise „Verleiher" seinem Vertragspartner ein Besitz- und Gebrauchsrecht an einer ihm gehörenden Sache einräumt. Geschieht dies entgeltlich – und sei die Gegenleistung noch so gering – so handelt es sich dabei um ein „Mietverhältnis" mit der Folge, daß die mietrechtlichen Bestimmungen der §§ 535 ff. BGB anzuwenden sind.[33] Wird das Besitz- und Gebrauchsrecht hingegen unentgeltlich gewährt, ist der Vertrag als „Leihvertrag" anzusehen, so daß die Regelungen der §§ 598 ff. BGB eingreifen.

Zwischen diesen Vertragsformen, die zu einer dauerhaften Eigentumsverlagerung beziehungsweise einem bloßen Besitz- und Gebrauchsrecht führen, sind schließlich zwei weitere Vertragstypen angesiedelt, die eine Kombination dieser Hauptpflichten enthalten. Zu diesen Vertragstypen zählt zunächst das „Darlehen" im Sinne der §§ 607 ff. BGB, das der „Miete" oder „Leihe" insoweit ähnelt, als auch der „Darlehensgeber" dem „Darlehensnehmer" Geld oder andere „vertretbare Sachen" zur Verfügung zu stellen hat. Im Unterschied zur Miete oder Leihe ist der Darlehensgeber jedoch nicht nur verpflichtet, dem Darlehensnehmer den Besitz an einem Gegenstand einzuräumen, den er nach Ablauf des Vertragsverhältnisses zurückerhält, sondern er hat den Vertragsgegenstand an den Darlehensnehmer zu übereignen. Ist das Darlehensverhältnis später beendet, hat der Darlehensnehmer gemäß § 607 Abs. 1 BGB dem Darlehensgeber auch nicht genau diejenigen Gegenstände zurückzugeben, die er erhalten hat, sondern Sachen gleicher Art, Güte und Menge. Auch wenn entsprechend dem Wortlaut des § 607 Abs. 1 BGB Darlehensverträge über alle „vertretbaren Sachen" geschlossen werden können, die nicht individuell bestimmt sind, sondern lediglich anhand allgemeiner Gattungsmerkmale beschrieben werden, tritt der Darlehensvertrag in der Praxis fast ausnahmslos als „Kreditvertrag" auf, aufgrund dessen ein bestimmter Geldbetrag zur Verfügung zu stellen ist.[34]

Eine weitere Mischform zwischen kaufrechtlichen und mietrechtlichen Aspekten stellt schließlich die Vertragsform des „Leasing" dar, die im BGB nicht geregelt ist. Grundkonstellation dieser Vertragsform ist, daß ein zumeist gewerbsmäßig auftretender Leasinggeber bestimmte Gegenstände bei Dritten erwirbt, um sie sodann einem Leasingnehmer für eine bestimmte Zeit gegen Entgelt zur Verfü-

---

32 Zu den verschiedenen Formen des Eigentumsvorbehaltes vgl. auch Medicus, Schuldrecht BT, RdNr. 120 ff.

33 Vgl. zum Mietrecht einführend Brox, BT Schuldrecht, RdNr. 151 ff.; Medicus, Schuldrecht BT, RdNr. 189 ff.

34 Sollte es sich hierbei um einen „Verbraucherkredit" handeln, unter dem ein gewerblich vergebener Kredit an einen Privatverbraucher zu verstehen ist, sind neben den Bestimmungen der §§ 607 ff. BGB die Regelungen des Verbraucherkreditgesetzes (VerbrKrG) zu beachten.

gung zu stellen. Auch wenn die Grundform des Leasing damit in erster Linie der „Miete" entspricht, die ebenfalls eine entgeltliche Gebrauchsüberlassung vorsieht, können je nach Ausgestaltung des Leasingverhältnisses auch kaufrechtliche Aspekte auftreten. Besonders deutlich wird dies bei der gerade in der Wirtschaft weit verbreiteten Form des „Finanzierungsleasing", das in der Regel eine längere vertragliche Bindungsdauer vorsieht und dem Kunden zum Abschluß der vertraglichen Bindung das Recht einräumt, den Gegenstand zu einem Restwert zu erwerben.[35]

2. Verträge über Tätigkeiten

Während Verträge über Gegenstände darauf abzielen, zumindest einem der Vertragspartner das Eigentum oder den Gebrauchswert einer Sache zu verschaffen, ergibt sich aus Verträgen über Tätigkeiten in der Regel die Verpflichtung eines Partners, im Interesse und zu Gunsten seines Vertragspartners bestimmte Tätigkeiten zu verrichten. Zu den wichtigsten Formen dieser Vertragstypen zählen der „Dienstvertrag" im Sinne der §§ 611 ff. BGB sowie der „Werkvertrag" gemäß §§ 631 ff. BGB.

Bei einem „Dienstvertrag" im Sinne des § 611 BGB handelt es sich um einen gegenseitigen Vertrag, durch den der eine Teil zur Leistung versprochener Dienste und dessen Partner zur Zahlung einer versprochenen Vergütung verpflichtet wird. Unterliegt der zur Leistung der Dienste Verpflichtete dabei dem Weisungsrecht seines Vertragspartners, handelt es sich bei dem Dienstvertrag um einen „Arbeitsvertrages", der neben den Regelungen des BGB insbesondere den Bestimmungen des Arbeitsrechtes unterfällt. Kann der zur Dienstleistung Verpflichtete demgegenüber über seine Leistung frei bestimmen, ist von einem „freien" Dienstverhältnis auszugehen, wie es beispielsweise für freiberuflich tätige Ärzte oder Rechtsanwälte typisch ist.

Im Gegensatz zum Dienstvertrag, der ein bloßes „Tätigwerden" erfordert, verpflichtet der von diesem Vertragstyp streng zu unterscheidende „Werkvertrag" im Sinne der §§ 631 BGB den Unternehmer zur Herstellung eines bestimmten Werkes. Während der Dienstvertrag somit lediglich darauf gerichtet ist, daß der zur Dienstleistung Verpflichtete für seinen Vertragspartner tätig wird, ohne daß ein bestimmter Erfolg erzielt werden muß, zielt der Werkvertrag gemäß § 631 Abs. 1 BGB auf die Herstellung eines bestimmten Werks ab, ohne daß die hierfür zu erbringende Tätigkeit im Vordergrund stünde.

Vom Dienstvertrag im Sinne des § 611 BGB abzugrenzen sind ferner „Auftragsverhältnisse" im Sinne der §§ 662 BGB, die eine unentgeltliche Tätigkeit vorsehen, sowie „Geschäftsbesorgungsverträge" gemäß 675 BGB, die eine selbständige Tätigkeit im Rahmen und Interesse eines fremden Geschäftskreises erfordern.

---

[35] Weiterführend Medicus, Schuldrecht BT, RdNr. 598 ff.

3. Weitere Vertragsformen im Überblick

Neben diesen „klassischen“ Vertragsformen des BGB haben sich gerade im Bereich des Wirtschaftsrechts einige weitere Vertragstypen herausgebildet, die nicht gesetzlich geregelt sind.

Zu diesen Vertragsformen, die zwischenzeitlich eine erhebliche wirtschaftlichen Bedeutung gewonnen haben, zählt zunächst das „Factoring“, das sich in das „echte“ sowie das „unechte“ Factoring unterscheiden läßt. Beiden Formen gemein ist, daß es sich jeweils um die Abtretung einer Forderung gemäß § 398 BGB von einem „Kunden“ an einen „Factor“ handelt, bei dem es sich in der Regel um eine Bank oder ein spezielles Factorunternehmen handelt. Der Unterschied zwischen beiden Formen liegt jedoch darin, daß der Factor bei dem „unechten Factoring“ lediglich die Einziehung der Forderung übernimmt, ohne das Risiko des Forderungsausfalles zu tragen, während der Factor im Falle des „echten Factoring“ auch das Ausfallrisiko übernimmt.

Als weiterer Vertragstyp, der gerade in den letzten Jahren immer mehr Verbreitung gefunden hat, ist schließlich der „Franchisevertrag“ zu nennen, durch den ein „Franchisegeber“ einem „Franchisenehmer“ gegen Entgelt das Recht einräumt, bestimmte Handelswaren oder Dienstleistungen anzubieten, die von dem Franchisegeber entwickelt oder hergestellt werden, und hierbei ein von dem Franchisegeber entwickeltes einheitliches Erscheinungsbild, dessen Markenrechte sowie „know how“ zu nutzen.[36]

G. Vertragsverhältnisse unter Beteiligung Dritter

Obgleich es sich bei Vertragsverhältnissen in der Regel um zweiseitige Rechtsgeschäfte handelt, durch die zwei Vertragspartner individuelle rechtliche Beziehungen zueinander knüpfen, sieht die Privatrechtsordnung auch die Möglichkeit der Beteiligung weiterer Personen an einem Vertrag vor. Dabei kann die Beteiligung einer oder mehrerer weiterer Personen mit unterschiedlicher Intensität erfolgen: Zunächst ist es denkbar, daß an einem Vertragsverhältnis anstelle eines Gläubigers und eines Schuldners mehrere Gläubiger oder Schuldner beteiligt sind, so daß eine „Gläubiger-“ oder „Schuldnermehrheit“ im Sinne der §§ 420 ff. BGB gegeben ist. Darüber hinaus ist es aber auch möglich, daß in einen zweiseitigen Vertrag weitere Personen mit einbezogen werden, so daß sie auch ohne eine direkte Beteiligung am Vertrag hieraus Ansprüche oder Schutzwirkungen herleiten können. Schließlich kann eine Beteiligung aber auch in der Form erfolgen, daß die Partner eines Vertrages ihre vertraglichen Rechte auf andere Personen übertragen, die damit an die Stelle der ursprünglichen Parteien treten.

---

36 Vgl. zum Franchisevertrag weiterführend: Emmerich, JuS 1995, S. 760.

I. Die Mehrheit von Gläubigern oder Schuldnern

Die weitreichendste Form, einen oder mehrere weitere Personen an einem Vertragsverhältnis zu beteiligen, stellt die in den §§ 420 ff. BGB geregelte „Gläubiger-" oder „Schuldnermehrheit" dar. Im Gegensatz zu „normalen" Vertragsverhältnissen, an denen üblicherweise nur zwei Partner beteiligt sind, stehen sich in diesen Fällen mehrere Beteiligte gegenüber, wobei sich je nach dem Inhalt der getroffenen Vereinbarungen verschiedene Formen der „Gläubiger-" und „Schuldnermehrheit" unterscheiden lassen: Ist jeder Gläubiger beziehungsweise jeder Schuldner aus dem Schuldverhältnis lediglich in der Form berechtigt oder verpflichtet, daß er nur einen Teil der Leistung verlangen kann oder erbringen muß, liegt eine „Teilgläubigerschaft" beziehungsweise „Teilschuldnerschaft" im Sinne des § 420 BGB vor. Da in diesen Fällen jeder Gläubiger nur einen Teil der Forderung verlangen beziehungsweise jeder Schuldner nur einen Teil der Leistung zu erbringen hat und dabei die einzelnen Ansprüche weitgehend unabhängig voneinander sind, entspricht diese Form der Parteienmehrheit weitgehend der Situation einzelner Gläubiger oder Schuldner. So kann beispielsweise jeder einzelne Gläubiger im Falle der Lieferung eines mangelhaften Gegenstandes Sachmängelgewährleistungsrechte geltend machen oder im Falle des Verzuges gegen den säumigen Schuldner vorgehen.

Eine deutlich engere Verzahnung zwischen den verschiedenen Gläubigern oder Schuldnern besteht demgegenüber in den gerade in den Praxis häufigen Fällen der „Gesamtgläubigerschaft" beziehungsweise „Gesamtschuldnerschaft". Bei solchen Rechtsverhältnissen, die sich entweder durch entsprechende Vereinbarungen oder aufgrund gesetzlicher Regelungen ergeben können, kann gemäß § 428 BGB im Zweifel jeder Gläubiger die gesamte Leistung fordern, während umgekehrt jeder Schuldner gemäß § 427 BGB im Zweifel die gesamte Leistung erbringen muß. Da diese Regelung des „Außenverhältnisses" im Ergebnis dazu führen könnte, daß nur einer der Gläubiger die Leistung bekommt beziehungsweise nur einer der Schuldner tatsächlich leistet, ergeben sich aus dem zwischen den einzelnen Gläubigern oder Schuldnern bestehenden „Innenverhältnis" in der Regel bestimmte Ausgleichsansprüche, die zu einer gerechten Verteilung der Früchte oder Lasten führen sollen. So wäre es beispielsweise denkbar, daß ein Unfallopfer, das von mehreren anderen Personen gemeinschaftlich verletzt wurde, von jedem Schuldner den Ersatz des gesamten Schadens verlangen kann. Hat dann jedoch einer der Schuldner gezahlt, kann er von seinen Mitschuldnern gemäß § 426 Abs. 1 BGB eine anteilige Beteiligung an seiner Zahlung verlangen.

Die intensivste Beteiligung mehrerer Personen an einem Rechtsverhältnis wird schließlich in den Fällen der „Gläubiger-" oder „Schuldnergemeinschaft" erreicht, in denen nur alle Gläubiger beziehungsweise Schuldner gemeinschaftlich die Leistung verlangen oder bewirken können. In der Praxis bedeutsam sind hierbei vor allem die gesetzlichen Fälle der „Gesamthandsgemeinschaften", die beispielsweise bei „Gesellschaften" im Sinne der §§ 705 ff. BGB, bei „ehelichen Gütergemeinschaften" gemäß § 1415 BGB oder bei „Erbengemeinschaften" im Sinne der §§ 2032 ff. BGB eintreten.

II. Die Verträge zugunsten Dritter

Im Unterschied zu den Fällen der Gläubiger- oder Schuldnermehrheit, bei denen mehrere Gläubiger oder Schuldner in einem Schuldverhältnis verbunden sind, können sich Dritte an einem Schuldverhältnis aber auch in der Form beteiligen, daß sie zwar aus einem Vertrag Vorteile ziehen, ohne jedoch unmittelbar am Vertragsabschluß beteiligt gewesen zu sein.

1. Der Vertrag zugunsten eines Dritten

Die weitreichendste Form dieser Einbeziehung eines Dritten in ein Vertragsverhältnis ist bei dem „Vertrag zugunsten eines Dritten" im Sinne des § 328 Abs. 1 BGB gegeben. Bei dieser Konstellation, die auf nahezu jedem Vertragstyp aufbauen kann, besteht zwischen den Vertragspartnern eine Vereinbarung, derzufolge der Schuldner seine Leistung nicht gegenüber dem Gläubiger, sondern gegenüber einem im Vertrag bezeichneten Dritten erbringen soll. Erwirbt dabei der Dritte aufgrund der vertraglichen Vereinbarungen sogar einen Anspruch auf Erfüllung des Vertrages, wird von einem sogenannten „echten Vertrag zugunsten eines Dritten" gesprochen, wogegen der Vertragspartner beim „unechten Vertrag zugunsten Dritter" lediglich berechtigt ist, seine Leistung auch gegenüber dem Dritten zu erbringen, ohne daß dieser die Vertragserfüllung beanspruchen könnte. Würden beispielsweise im Rahmen eines Kaufvertrages die Parteien vereinbaren, daß der erworbene Kühlschrank nicht an den Käufer, sondern an dessen Sohn geliefert werden soll, der gerade einen eigenen Hausstand gründet, müßte anhand der in den §§ 329f. BGB enthaltenen Kriterien geklärt werden, welche Form eines „Vertrages zugunsten eines Dritten" tatsächlich gegeben ist. Sollte sich dabei herausstellen, daß die Parteien des Kaufvertrages tatsächlich einen „echten Vertrag zugunsten eines Dritten" gewollt haben, könnte der Sohn die Lieferung des Kühlschrankes an sich verlangen, auch ohne den Vertrag selbst abgeschlossen zu haben.

2. Der Vertrag mit Schutzwirkung für einen Dritten

Im Gegensatz zu dem Vertrag zugunsten eines Dritten erwirbt der Dritte bei einem „Vertrag mit Schutzwirkung für einen Dritten" nicht direkt einen Leistungsanspruch gegenüber einem der beiden Vertragspartner, sondern wird allein in den Schutzbereich eines Vertrages mit einbezogen, so daß er im Falle der Verletzung vertraglicher Pflichten eigene Schadensersatzansprüche gegen einen der beiden Vertragspartner erheben kann. Damit der Vertragspartner jedoch durch die damit verbundene Ausweitung seiner Haftung nicht über Gebühr belastet wird, tritt eine solche Schutzwirkung nur dann ein, wenn der Vertrag erkennbar auch einem Dritten zu Gute kommt, der sich in einer besonderen „Leistungsnähe" zum Vertrag befindet und zudem auch schutzbedürftig ist, da er gegebenenfalls keine eigenen vertraglichen Beziehungen zu den Vertragspartnern unterhält. So wäre beispielsweise als typischer „Vertrag mit Schutzwirkung für Dritte" ein Mietvertrag über Geschäftsräume anzusehen, die nicht nur von dem vertragsschließenden Inhaber des Betriebes, sondern auch von dessen Mitarbeitern genutzt werden.[37] Sollte nun einer dieser Mitarbeiter durch den Gebrauch der Mietsache zu Schaden kommen, könnte dieser als „geschützter Dritter" gegen den Vermieter vorgehen.

3. Der Vertrag zu Lasten eines Dritten

Im Unterschied zu einem Vertrag, der einen Dritten begünstigt oder zumindest in seine Schutzwirkung mit einbezieht, sind Vertragsverhältnisse, durch die an ihnen nicht beteiligte Dritte belastet werden, nicht zulässig. Sollte also beispielsweise ein Gast in einem Lokal ein Bier mit der Vereinbarung bestellen, daß ein ahnungsloser Dritter die Zeche zahlen soll, wäre dieser Vertrag nicht wirksam.

III. Der Wechsel eines Vertragspartners

Neben den verschiedenen Möglichkeiten der Beteiligung mehrerer Personen an einem Schuldverhältnis ermöglicht die Privatrechtsordnung schließlich auch den Wechsel eines Vertragspartners während eines laufenden Vertragsverhältnisses.

1. Der Gläubigerwechsel

Da die Sicherheit einer Leistung in der Regel nicht von der Person ihres Gläubigers abhängt, ermöglicht das BGB den Wechsel des Gläubigers weitgehend unproblematisch dadurch, daß der „Altgläubiger" seine gegenüber dem Schuldner bestehende Forderung gemäß §§ 398 ff. BGB an einen neuen Gläubiger abtreten und diesen damit an seine Stelle setzen kann. Dabei ist zu beachten, daß es sich bei der „Abtretung" im Sinne des § 398 BGB bereits um ein Verfügungsgeschäft handelt, durch das die Forderung auf den neuen Gläubiger übertragen wird. Als Grundlage für eine solche Abtretung wird daher zwischen dem alten und dem neuen Gläubiger jeweils ein Verpflichtungsgeschäft geschlossen, das beispielsweise in einem „Forderungskauf" bestehen kann.

Um den Schuldner zu schützen, enthalten die Regelungen der §§ 399 ff. BGB einige Ausschlußtatbestände, die die Abtretung bestimmter Forderungen verbieten. Darüber hinaus haben der alte oder der neue Gläubiger dem Schuldner die Abtretung gemäß § 407 Abs. 1 BGB anzuzeigen. Anderenfalls bleibt dieser berechtigt, auch an den alten Gläubiger zu leisten.

---

37 BGH, BGHZ 61, S. 233.

2. Der Schuldnerwechsel

Daneben erlaubt die Privatrechtsordnung aber auch den Wechsel des Schuldners. Da der Gläubiger jedoch im Regelfall Wert auf einen leistungsfähigen und liquiden Schuldner legen wird, setzt der Schuldnerwechsel im Wege der „Schuldübernahme" gemäß § 414 BGB eine entsprechende Vereinbarung zwischen dem Gläubiger und dem neuen Schuldner, der als „Übernehmer" bezeichnet wird, voraus, die sodann gemäß § 415 Abs. 1 BGB vom alten Schuldner zu genehmigen ist.

H. Die Beendigung von Verträgen

Im gleichen Maße, wie die Teilnehmer am Privatrechtsverkehr Schuldverhältnisse eingehen können, müssen derartige Beziehungen auch wieder beendet werden können, wenn ihr Zweck erfüllt ist oder sie aus sonstigen Gründen nicht mehr erforderlich sind. Anders als bei dem Abschluß von Vertragsverhältnissen ist bei deren Beendigung allerdings auch zu beachten, daß sich aus bestehenden vertraglichen Abmachungen ein hohes Maß an Rechtssicherheit ergeben muß. Dies bedeutet, daß Verträge grundsätzlich einzuhalten sind und erst mit ihrer Erfüllung erlöschen, während sie ansonsten nur im Einvernehmen mit dem Partner oder in bestimmten Ausnahmefällen einseitig beendet werden dürfen.

I. Das Erlöschen im Falle der Leistungsbewirkung

Um dem Erfordernis der Rechtssicherheit zu genügen und zu verhindern, daß bestehende schuldrechtliche Verbindungen „ohne weiteres" wieder aufgelöst werden können, sollen sie im Regelfall erst dann enden, wenn der Schuldner die ihm obliegende Leistung erbracht und damit das Interesse des Gläubigers „erfüllt" hat oder die Verbindlichkeit in anderer Weise ausgeglichen ist.

Der wirtschaftlich wichtigste Fall des Erlöschens eines Schuldverhältnisses tritt gemäß § 362 Abs. 1 BGB ein, wenn der Schuldner die geschuldete Leistung gegenüber dem Gläubiger „bewirkt" hat und seine Schuld damit „erfüllt" hat. Dabei ist jedoch zu beachten, daß die „Erfüllung" eines Schuldverhältnisses im Sinne des § 362 Abs. 1 BGB erst dann eintritt, wenn der Schuldner die geschuldete Leistung tatsächlich „bewirkt" hat, was den Eintritt des zu erzielenden Leistungserfolges voraussetzt. So tritt die Erfüllung einer Geldschuld beispielsweise nicht bereits in dem Moment ein, in dem der Schuldner den Überweisungsauftrag bei seiner Bank einreicht, sondern erst mit der tatsächlichen Gutschrift der Zahlung auf dem Konto des Gläubigers.

Im Unterschied zu der Erfüllung im Sinne des § 362 Abs. 1 BGB erbringt der Schuldner bei der „Leistung an Erfüllungs Statt" nicht die tatsächlich geschuldete Leistung, sondern eine andere. Da in einem solchen Fall nicht grundsätzlich mit dem Einverständnis des Gläubigers gerechnet werden kann, führt eine derartige Leistung gemäß § 364 Abs. 1 BGB nur dann zum Erlöschen des Schuldverhältnisses, wenn der Gläubiger die Leistung „an Erfüllungs Statt“ annimmt, was gegebenenfalls auch durch eine konkludente Erklärung geschehen kann.

Bestehen schließlich zwischen zwei Personen gegenseitige Forderungen, können diese gemäß § 389 BGB auch dadurch zum Erlöschen gebracht werden, daß einer der beiden Partner die „Aufrechnung“ gemäß § 387 BGB erklärt. Hierbei handelt es sich um eine einseitige empfangsbedürftige Willenserklärung, durch die einer der Partner über seine Forderung verfügt. Damit eine solche Erklärung jedoch zum Erlöschen der hiervon betroffenen Forderungen führen kann, müssen verschiedene Voraussetzungen erfüllt sein. So müssen die gegeneinander gerichteten Forderungen zunächst „gleichartig“ sein, wovon insbesondere bei auf Geld gerichteten Forderungen auszugehen ist. Darüber hinaus muß die als „Gegenforderung“ bezeichnete Forderung, mit der aufgerechnet wird, gemäß § 390 Satz 1 BGB wirksam und fällig sein, während die „Hauptforderung“, gegen die aufgerechnet werden soll, zumindest erfüllbar sein muß. Um den Aufrechnungsgegner zu schützen, sind schließlich gemäß §§ 392 ff. BGB bestimmte Forderungen vor einer Aufrechnung geschützt.

II. Das Erlöschen in anderen Fällen

Um den Partnern eines Schuldverhältnisses die Möglichkeit zu geben, ein nicht (mehr) gewünschtes Schuldverhältnis auch ohne dessen Erfüllung zu beenden, enthält die Privatrechtsordnung verschiedene Regelungen, durch die zunächst wirksam begründete Rechtsverhältnisse auch ohne eine vorherige Erfüllung beendet werden können.

1. Der Aufhebungsvertrag

Entsprechend der Möglichkeit, jederzeit vertragliche Beziehungen zu begründen, können diese aufgrund der bestehenden Privatautonomie auch jederzeit wieder durch den Abschluß eines „Aufhebungsvertrages“ beendet werden. Hierbei handelt es sich um einen Vertrag, durch den keine rechtlichen Beziehungen geschaffen, sondern bestehende Verbindungen gelöst werden. Da ein Aufhebungsvertrag nur durch zwei sich entsprechende Willenserklärungen entstehen kann, ist bei dem Abschluß eines Aufhebungsvertrages in der Regel kein besonderer Beendigungsschutz zu beachten, wie er im Falle einer einseitigen Beendigung oftmals gilt.

2. Die Kündigung

Bei der „Kündigung“ eines Vertrages handelt es sich um eine einseitige empfangsbedürftige Willenserklärung, durch die ein bestehendes Rechtsverhältnis mit Wirkung für die Zukunft fristlos oder fristgerecht beendet wird. Da es im Gegensatz zum Abschluß eines Aufhebungsvertrages im Wege der Kündigung möglich ist, Vertragsverhältnisse auch einseitig zu beenden, erfordert eine wirksame Kündigung grundsätzlich eine eindeutige Willenserklärung, aus der sich die Kündigungsabsicht ergeben muß. Darüber hinaus sind gerade in den praktisch wichtigsten Fällen der Kündigung von Miet- oder Arbeitsverhältnissen eine Vielzahl besonderer Regelungen zu beachten, durch die Kündigungsmöglichkeiten zum Schutze bestehender Vertragsverhältnisse beschränkt werden.

3. Der Rücktritt vom Vertrag

Während eine Kündigung eines Vertrages dazu führt, daß dieser mit Wirkung für die Zukunft nicht mehr besteht, werden Verträge im Falle eines „Rücktrittes vom Vertrag“ gemäß § 346 BGB rückwirkend vernichtet. Um ein Vertragsverhältnis auf diesem Wege zu beenden, ist gemäß § 349 BGB zunächst eine Rücktrittserklärung erforderlich, bei der es sich um eine einseitige empfangsbedürftige Willenserklärung handelt. Da ein Rücktritt vom Vertrag naturgemäß zu einem besonders schwerwiegenden Eingriff in die Sicherheit bestehender Verträge führt, kann ein wirksamer Rücktritt von einem Vertrag darüber hinaus nur dann erfolgen, wenn die Parteien dies gemäß § 346 BGB ausdrücklich vereinbart haben oder ein gesetzlicher Rücktrittsgrund gegeben ist.

Wird ein Vertragsverhältnis durch Ausübung eines Rücktrittsrechtes wirksam beendet, erlöschen etwaige Leistungsansprüche. Darüber hinaus haben sich die Parteien eventuell bereits empfangene Leistungen gemäß § 346 Satz 1 BGB zurückzugewähren.

4. Der Widerruf von Verträgen

Schließlich können Vertragsverhältnisse in bestimmten Ausnahmefällen auch dadurch beendet werden, daß ihr Abschluß von einem der Vertragspartner „widerrufen“ wird. Da jedoch auch hierdurch empfindlich in den Grundsatz der Rechtssicherheit eingegriffen wird, setzt auch der Widerruf eines Vertragsabschlusses neben einer entsprechenden Erklärung ein besonderes Recht zum Widerruf voraus, das sich entweder aus einer vertraglichen Vereinbarung oder einer gesetzlichen Regelung ergeben kann. So können beispielsweise Vertragsverhältnisse, die an der „Haustür“ geschlossen wurden, unter bestimmten Voraussetzungen nach dem „Gesetz über den Widerruf von Haustürgeschäften und ähnlichen Geschäften“ widerrufen werden.

I. Störungen von Schuldverhältnissen

Normalerweise werden die Partner eines Vertrages sich vertragstreu verhalten und ihre Verpflichtungen erfüllen. Da andererseits aber auch nicht ausgeschlossen werden kann, daß es bei der Erfüllung der vertraglichen Pflichten zu Störungen kommt, enthält das BGB eine Reihe unterschiedlicher Leistungsstörungsregelungen, die in derartigen Fällen für einen Interessenausgleich sorgen sollen. Hierbei ist zwischen dem „allgemeinen Leistungsstörungsrecht", das alle Vertragstypen betrifft, sowie speziellen Regelungen zu unterscheiden, die jeweils für bestimmte Vertragsformen gelten.

I. Das „allgemeine Leistungsstörungsrecht"

Mit den Regelungen des „allgemeinen Leistungsstörungsrechts" werden zunächst diejenigen Fälle erfaßt, in denen die für alle Verträge typischen Leistungspflichten nicht ordnungsgemäß erfüllt werden. Dabei kann die vereinbarte Leistung entweder ganz oder teilweise ausbleiben oder sie kann verspätet erbracht werden. Schließlich ist es aber auch denkbar, daß die Leistung zwar vollständig und pünktlich, jedoch „schlecht" erbracht wird. Dabei ist zu beachten, daß die Vertragspartner nicht nur für eigenes Verschulden haften, sondern sich auch das Verhalten etwaiger „Erfüllungsgehilfen" zurechnen lassen müssen.

1. Die „Nichterfüllung"

Solange der Schuldner einer Leistung seiner Hauptpflicht nicht nachkommt und den Vertrag nicht erfüllt, behält sein Gläubiger selbstverständlich einen Anspruch auf Erfüllung, den er gegebenenfalls im Klagewege durchsetzen kann. Daneben kann sich für den vertragstreuen Partner eines gegenseitigen Vertrages gemäß § 320 BGB auch ein sogenanntes „Zurückbehaltungsrecht" ergeben. Dies bedeutet, daß auch der eigentlich leistungsfähige und leistungsbereite Vertragspartner seine Leistung zunächst zurückbehalten kann, bis sich auch sein Partner wieder vertragstreu verhält.

Sollte sich im Zusammenhang mit der Nichterbringung der geschuldeten Leistung durch einen Schuldner jedoch herausstellen, daß seiner Leistung ein dauerndes Hindernis entgegensteht, ist seine Leistung „unmöglich". Dabei unterscheidet das Gesetz zwischen den Fällen der „objektiven Unmöglichkeit", bei der die versprochene Leistung von niemandem (mehr) erbracht werden kann, und der „subjektiven Unmöglichkeit" („Unvermögen"), bei der lediglich der Schuldner zur Leistung außerstande ist. So wäre beispielsweise von einer „objektiven Unmöglichkeit" auszugehen, wenn der gerade verkaufte Gebrauchtwagen durch einen Unfall zerstört wird, so daß er von niemandem mehr übereignet werden kann, während ein Fall der „subjektiven Unmöglichkeit" vorläge, wenn das verkaufte Fahrzeug nicht dem Verkäufer gehört.

Welche Rechtsfolgen im Falle der Unmöglichkeit und des Unvermögen eintreten, richtet sich danach, ob das Leistungshindernis schon von Anfang an besteht („ursprüngliche" oder „anfängliche Unmöglichkeit") oder erst nach dem Vertragsschluß aufgetreten ist („nachträgliche Unmöglichkeit").

Besteht das Leistungshindernis von Anfang an und ist der Vertrag auf eine objektiv unmögliche Leistung gerichtet, so ist dieses Vertragsverhältnis gemäß § 306 BGB nichtig, wobei der Schuldner dem Gläubiger in bestimmten Fällen gemäß § 307 Abs. 1 BGB einen etwaigen Vertrauensschaden zu ersetzen hat. Handelt es sich dagegen um einen Fall des „anfänglichen Unvermögens“, bei dem nur der Schuldner von vornherein nicht zur Leistung in der Lage ist, bleibt ein solches Vertragsverhältnis wirksam. Da der Schuldner jedoch seine Leistung nicht erbringen kann, hat er seinen Gläubiger in diesem gesetzlich nicht geregelten Fall im Wege des Schadensersatzes so zu stellen, als wenn der Vertrag ordnungsgemäß erfüllt worden wäre.

Da es in der Praxis wenig Sinn macht, den Schuldner an einer Leistungspflicht festzuhalten, die er nicht erbringen kann, wird er gemäß § 275 Abs. 1 BGB auch in den Fällen eines nachträglich eintretenden Leistungshindernisses von seiner ursprünglich übernommenen Leistungspflicht befreit, wobei es hierfür weder auf die Art des Leistungshindernisses noch auf ein mögliches Verschulden des Schuldners ankommt. Um jedoch gerade in den praktisch wichtigen Fällen gegenseitiger Verträge einen angemessenen Interessenausgleich zwischen dem Schuldner einer unmöglichen Leistung und seinem Gläubiger zu gewährleisten, sind in den Bestimmungen der §§ 323 ff. BGB folgende grundlegende Regelungen enthalten: Hat weder der Schuldner der unmöglich gewordenen Leistung noch deren Gläubiger den Eintritt des Leistungshindernisses zu vertreten, entfällt gemäß § 323 Abs. 1 BGB auch die Gegenleistungspflicht. Ist demgegenüber der Gläubiger einer Leistung dafür verantwortlich, daß sein Schuldner nicht mehr leisten kann, muß er gemäß § 324 BGB seine Gegenleistung erbringen, obwohl der Schuldner gemäß § 275 BGB von seiner Verpflichtung zur Leistung frei wird. Hat schließlich der Schuldner die Unmöglichkeit seiner Leistung zu vertreten, kann der Gläubiger gemäß § 325 entweder von dem Vertrag zurücktreten oder Schadensersatz wegen Nichterfüllung verlangen.

2. Der Verzug

Im Gegensatz zu der Leistungsstörung der „Unmöglichkeit“ betrifft die Leistungsstörung des „Verzuges“ diejenigen Fälle, in denen einer der beiden Vertragspartner zwar grundsätzlich in der Lage ist, seinen vertraglichen Verpflichtungen nachzukommen, diese aber nicht rechtzeitig erfüllt. Da eine derartige Störung des Leistungsverhältnisses auf Seiten beider Vertragspartner eintreten kann, hängen die sich aus einem möglichen Verzug ergebenden Rechtsfolgen grundsätzlich davon ab, ob ein Fall des „Schuldnerverzuges“ im Sinne der §§ 284 ff. BGB gegeben ist, oder ob der Gläubiger seinen Verpflichtungen nicht zeitgerecht nachkommt, so daß die Regelungen des „Gläubigerverzuges“ gemäß §§ 293 ff. BGB eingreifen.

Damit ein Fall des „Schuldnerverzuges“ im Sinne der §§ 284 ff. BGB eintreten kann, ist gemäß § 284 Abs. 1 BGB erforderlich, daß der Schuldner trotz der Fälligkeit seiner Leistungspflicht nicht leistet.[38] Darüber hinaus muß der Gläubiger die Leistung gemäß § 284 Abs. 1 BGB anmahnen oder es muß für die Leistung ein bestimmter Termin vereinbart worden sein, so daß eine Mahnung gemäß § 284 Abs. 2 BGB entbehrlich ist. Schließlich muß der Schuldner den Grund seiner Säumnis gemäß § 285 BGB auch zu vertreten haben, wobei ihm gemäß § 276 BGB Vorsatz oder Fahrlässigkeit vorgeworfen werden können.

Gerät ein Schuldner mit einer Leistung in „Verzug", behält der Gläubiger zunächst seinen Anspruch auf Erfüllung des Vertrages. Darüber hinaus kann der Gläubiger von seinem Schuldner gemäß § 286 Abs. 1 BGB aber auch den Ersatz desjenigen Schadens verlangen, den er durch die Verzögerung der Leistung erleidet. Entstehen also beispielsweise dem Käufer eines neu erstellten Eigenheimes erhöhte Finanzierungskosten, weil ihm das Haus nicht termingerecht übergeben wird, läge hierin ein typischer „Verzögerungsschaden", den der Schuldner zu ersetzen hätte. Dabei ist zu beachten, daß der Gläubiger eines Zahlungsanspruchs gemäß § 288 Abs. 1 S. 1 BGB grundsätzlich den Ersatz von Verzugszinsen in Höhe von 4 % verlangen kann, wodurch jedoch die Geltendmachung eines tatsächlich höheren Schadens nicht ausgeschlossen wird. Kann der Gläubiger also beispielsweise nachweisen, während des Verzugs ständig einen Bankkredit zu einem Zinssatz in Höhe von 10 % in Anspruch genommen zu haben, wären diese Zinsen gemäß § 288 Abs. 2 BGB als Verspätungsschaden geltend zu machen. Stammt die Forderung schließlich aus einem beiderseitigen Handelsgeschäft, gilt gemäß § 352 Abs. 1 Satz 1 HGB ein gesetzlicher Zinssatz in Höhe von 5 %.

Neben diesen Rechtsfolgen, die im Falle eines Verzuges grundsätzlich eingreifen, hat der Gläubiger im Falle eines gegenseitigen Vertragsverhältnisses gemäß § 326 Abs. 1 BGB zusätzlich das Recht, entweder vom Vertrag zurückzutreten oder Schadensersatz wegen Nichterfüllung zu verlangen. Voraussetzung auch hierfür ist allerdings, daß sich der Schuldner mit seiner Leistung im Verzug befindet. Darüber hinaus muß der Gläubiger dem Schuldner eine angemessene „Nachfrist" setzen, innerhalb derer der Schuldner seine Leistung noch erbringen kann, und zugleich die Ablehnung der Leistung für den Fall androhen, daß der Schuldner auch innerhalb dieser Frist nicht leistet.

Im Gegensatz zum Verzug des Schuldners, der eine nicht fristgerecht erbrachte Leistung voraussetzt, knüpft der auch als „Annahmeverzug" bezeichnete „Gläubigerverzug" im Sinne der §§ 293 ff. BGB an die nicht fristgerechte Annahme der von dem Schuldner angebotenen Leistung an. So würde beispielsweise der Kunde einer Möbellieferung in „Gläubigerverzug" geraten, wenn er zu der vereinbarten Zeit nicht zu Hause ist, so daß der Verkäufer die Möbel nicht übergeben und damit seine ordnungsgemäß angebotene Leistung nicht erbringen kann. Auch in den Fällen des Gläubigerverzuges behält der Gläubiger selbstverständlich seinen Anspruch auf Erfüllung des Vertrages. Darüber hinaus tritt jedoch zugunsten des Schuldners, der sich vertragstreu verhalten hat, gemäß § 300 BGB eine deutliche Haftungserleichterung ein, so daß beispielsweise der Möbelhändler, der seine

---

38 Vgl. zur Fälligkeit einer Leistungspflicht die Regelung des § 271 Abs. 1 S. 1 BGB, nach der Leistungen im Zweifel sofort fällig sind.

Ware nun wieder mitnehmen muß, im Falle leicht fahrlässig verursachter Schäden nicht mehr haftet.

3. Die Schlechtleistung

Neben den gesetzlich geregelten Fällen der „Unmöglichkeit“ und des „Verzuges“ kann eine Störung in einem Schuldverhältnis schließlich auch in der Form eintreten, daß entweder die fristgerecht bewirkte Leistung selbst fehlerhaft ist oder im Zusammenhang mit der Leistungshandlung bei dem Gläubiger Schäden eintreten, die der Schuldner zu vertreten hat. Während das BGB für die erste Konstellation eine Reihe von Regelungen enthält, die insbesondere den wirtschaftlich wichtigen Kaufvertrag betreffen, finden sich zu der zweiten Situation, in der der Schuldner Nebenpflichten aus dem Vertrag nicht erfüllt oder bei der Erfüllung des Vertrages andere Rechtsgüter seines Partners schädigt, keine Regelungen. Um diese offensichtliche Lücke zu füllen, hat sich bereits kurz nach dem Inkrafttreten des BGB das Rechtsinstitut der „positiven Forderungsverletzung"[39] herausgebildet, aus dem sich eine Verpflichtung des Schuldners zum Ersatz des verursachten Schadens ergeben kann, der neben den Erfüllungsanspruch tritt. Zerschrammt also beispielsweise der Lieferant einer Waschmaschine bei deren Auslieferung fahrlässig die Wohnungstür des Kunden, so hat er nicht nur weiterhin die Maschine aufzustellen und zu übergeben, sondern darüber hinaus auch den an der Tür entstandenen Schaden auszugleichen.

4. Das „Verschulden bei Vertragsschluß“

Obwohl sich vor dem Abschluß eines Vertrages für die Geschäftspartner noch keine vertraglichen Pflichten ergeben, treten doch bereits mit dem Eintritt in Vertragsverhandlungen bestimmte Sorgfalts- und Obhutspflichten ein. Werden diese verletzt und kommt der Verhandlungspartner hierdurch zu Schaden, können sich auch in diesem Stadium der Vertragsverhandlungen beziehungsweise des vorvertraglichen geschäftlichen Kontaktes Schadensersatzansprüche gegen den Vertragspartner ergeben. Rechtsgrundlage hierfür ist das ebenfalls im BGB nicht ausdrücklich geregelte Institut der „culpa in contrahendo“ (c.i.c.), das neben der Aufnahme von Vertragsverhandlungen eine schuldhafte Schädigung eines Partners durch den anderen Verhandlungspartner voraussetzt. Nutzt also beispielsweise ein Geschäftspartner unsichere Verkaufsräume oder nimmt er bestimmte Aufklärungs- oder Mitwirkungspflichten nicht wahr und tritt hierdurch ein Schaden ein, hat der Schädiger den Geschädigten so zu stellen, als wenn das schädigende Ereignis nicht eingetreten wäre.

---

[39] Etwas ungenau findet sich für dieses Rechtsinstitut auch die Bezeichnung „positive Vertragsverletzung“.

5. Die Haftung für „Erfüllungsgehilfen"

Verursacht ein Vertragspartner eine „Leistungsstörung", kann ihm gemäß § 276 BGB zunächst nur ein eigenes schuldhaftes, also vorsätzliches oder fahrlässiges Verhalten vorgeworfen werden. Da dies im Rahmen einer arbeitsteiligen Wirtschaft dazu führen würde, daß ein Vertragspartner dann nicht in Anspruch genommen werden kann, wenn nicht er selbst gehandelt hat, sondern zur Erfüllung seiner Verbindlichkeit einen Dritten eingesetzt hat, muß sich ein Vertragspartner gemäß § 278 BGB auch ein etwaiges schuldhaftes Verhalten eines solchen „Erfüllungsgehilfen" zurechnen lassen. Hebt also beispielsweise ein Bauunternehmer die für die Errichtung des von ihm versprochenen Hauses erforderliche Baugrube nicht selbst aus, sondern läßt diese Aufgabe von einem „Subunternehmer" erledigen, wird der „Subunternehmer" insoweit als „Erfüllungsgehilfe" des Bauunternehmers tätig, da er eine dem Bauherrn gegenüber bestehende Verbindlichkeit des Bauunternehmers erfüllen hilft.

II. Besondere Störungen einzelner Vertragsformen

Über die allgemeinen Vertragsstörungen hinaus enthält das BGB eine Anzahl spezieller Leistungsstörungsregelungen, die jeweils auf die Besonderheiten bestimmter Vertragstypen abgestimmt sind und den allgemeinen Regelungen im Kollisionsfalle daher auch vorgehen.

So enthalten zum Beispiel die Regelungen der §§ 459ff. BGB das gerade wirtschaftlich besonders wichtige Sachmängelgewährleistungsrecht im Kaufrecht, das eingreift, wenn eine bereits übereignete Kaufsache mit „Fehlern" behaftet ist, die ihren Wert oder ihre Tauglichkeit nicht unerheblich mindern (§§ 459 Abs. 1, 462 BGB). Ist dies der Fall, kann der Käufer gemäß § 462 BGB entweder den Kaufpreis „mindern", also dessen Herabsetzung verlangen, oder den Kaufvertrag „wandeln" und damit dessen Rückabwicklung verlangen. Sollte darüber hinaus dem Kaufgegenstand eine vom Verkäufer zugesicherte Eigenschaft fehlen oder der Verkäufer einen Fehler verschwiegen haben, kann sich zugunsten des Käufers gemäß §§ 459 Abs. 2, 463 BGB sogar ein Anspruch auf Schadensersatz wegen Nichterfüllung ergeben.

Neben der Erfüllung einiger Voraussetzungen, die sich im einzelnen aus den §§ 459ff. BGB ergeben, ist bei der Geltendmachung von Sachmängelgewährleistungsansprüchen regelmäßig zu beachten, daß diese gemäß § 477 BGB einer recht kurzen Verjährungsfrist unterliegen, die bei beweglichen Sachen sechs Monate und bei Immobilien ein Jahr beträgt.

Um den besonderen Gegebenheiten des kaufmännischen Rechtsverkehrs entgegenzukommen, werden diese allgemeinen zivilrechtlichen Regelungen im Falle eines „Handelskaufes" durch einige spezielle Bestimmungen des HGB modifiziert. Zu den wichtigsten Änderungen gehört dabei der in den §§ 377f. HGB verankerte Grundsatz, daß sich ein Kaufmann nur dann auf die Sachmängelgewährleistungsrechte berufen kann, wenn er die Ware unverzüglich nach ihrer Ablieferung untersucht und einen gegebenenfalls festgestellten Mangel gegenüber dem Verkäufer gerügt hat.[40]

K. Gesetzliche Schuldverhältnisse

Neben den „vertraglichen Schuldverhältnissen", die durch entsprechende Willenserklärungen geknüpft werden, können sich rechtliche Beziehungen zwischen zwei Personen auch allein daraus ergeben, daß bestimmte, im Gesetz normierte Voraussetzungen erfüllt werden. Da diese als „gesetzliche Schuldverhältnisse" bezeichneten Beziehungen somit auch dann entstehen können, wenn die Beteiligten keine Willenserklärungen abgegeben haben, eignen sich derartige Schuldverhältnisse insbesondere zur Abwicklung nicht ausdrücklich vereinbarter Auftragsverhältnisse, zum Ausgleich ungerechtfertigter Bereicherungen sowie als Grundlage für Schadensersatzansprüche.

I. Die „Geschäftsführung ohne Auftrag"

Mit der in den §§ 677ff. BGB geregelten „Geschäftsführung ohne Auftrag" schafft das BGB eine gesetzliche Anspruchsgrundlage für die in der Praxis durchaus nicht seltenen Fälle, in denen jemand für einen anderen ein Geschäft führt, ohne hierzu ausdrücklich beauftragt oder sonstwie aufgrund eines bestehenden Rechtsverhältnisses verpflichtet zu sein. Findet also beispielsweise ein Kraftfahrer auf einer einsamen Landstraße einen verletzten Hund und transportiert er ihn mit seinem Fahrzeug zu dem nächst erreichbaren Tierarzt, so kann der Helfer aufgrund der damit eingetretenen „Geschäftsführung ohne Auftrag" von dem Halter des Hundes zum Beispiel den Ersatz zunächst verauslagter Tierarztkosten oder von Reinigungskosten verlangen, die für eine möglicherweise notwendige Säuberung der Autositze erforderlich sind.

Damit jedoch entsprechende Ansprüche bestehen können, ist regelmäßig erforderlich, daß der Geschäftsführer als „berechtigter" Geschäftsführer ohne Auftrag im Sinne der §§ 677ff. BGB gehandelt hat. Da dies jedoch gemäß § 683 BGB nicht nur das Bewußtsein und den Willen des Geschäftsführers voraussetzt, für einen anderen zu handeln, sondern darüber hinaus auch einen der in den §§ 679, 680 sowie 683 BGB enthaltenen Berechtigungsgründe erfordert, wird auch der Geschäftsherr auf diese Weise vor „aufgedrängten" Geschäften geschützt, die weder in seinem Interesse liegen (§ 683 Satz 1) noch der Erfüllung gesetzlicher Unterhaltspflichten (§ 679 BGB) beziehungsweise der Gefahrenabwehr (§ 680 BGB) dienen.[41]

---

[40] Zu dem Umfang der Untersuchungs- und Rügepflicht vgl. Brox, Handelsrecht, RdNr. 383ff.

[41] Vgl. zur „Geschäftsführung ohne Auftrag" weiterführend die Darstellung bei Brox, Schuldrecht BT, RdNr. 358ff.

II. Die „ungerechtfertigte Bereicherung"

Kommt es aufgrund eines vermeintlich wirksamen Verpflichtungsgeschäftes zu Vermögensverschiebungen oder erlangt jemand auf andere Weise ohne rechtlichen Grund einen Vorteil auf Kosten eines anderen, stellt sich regelmäßig das Problem, ob und gegebenenfalls in welchem Maße eine derartige „ungerechtfertigte Bereicherung" zurückzugewähren ist. Um den sich dabei ergebenden Interessengegensatz zwischen dem „Entreicherten", der sein Vermögensgut verloren hat, sowie dem ungerechtfertigt Bereicherten auszugleichen, enthält § 812 Abs. 1 BGB die grundsätzliche Bestimmung, daß der ungerechtfertigt Bereicherte in der Regel zur Rückgabe des Erlangten verpflichtet ist. Da durch diese Verpflichtung aber auch die Interessen des „ungerechtfertigt Bereicherten" betroffen werden, der zunächst auf die Wirksamkeit seines Vermögenserwerbs vertraut haben dürfte, enthalten die §§ 814ff. BGB eine Vielzahl einzelner Abwicklungsregelungen, durch die die Haftung des Bereicherten – je nach Kenntnis- und Interessenlage – gemildert oder verschärft wird.[42]

III. Das Deliktsrecht

Neben den zuvor kurz dargestellten gesetzlichen Schuldverhältnissen, die auch ohne entsprechende Willenserklärungen zu wechselseitigen Ansprüchen führen können, spielen derartige Schuldverhältnisse insbesondere auch im Recht der „unerlaubten Handlungen" eine wesentliche Rolle. Schädigt nämlich eine Person einen anderen Rechtsträger durch ein bestimmtes Verhalten, muß der Geschädigte von dem Schädiger auch dann den Ersatz seines Schadens verlangen können, wenn zwischen den Parteien keine vertraglichen Bindungen bestehen, die einen entsprechenden Anspruch tragen könnten.

1. Die Grundlagen der deliktischen Haftung

Um einem Geschädigten die Möglichkeit zu geben, gegen einen Schädiger vorgehen zu können, enthalten sowohl das BGB als auch eine Vielzahl anderer zivilrechtlicher Gesetze bestimmte Haftungstatbestände, die im Falle ihrer Erfüllung einen Schadensersatzanspruch „dem Grunde nach" gewähren. Zu den wichtigsten Regelungen gehören dabei die Bestimmungen der §§ 823 Abs. 1, 823 Abs. 2, 831 BGB und die Regelungen des Produkthaftungsgesetzes.

a) Die deliktische Haftung gemäß § 823 Abs. 1 BGB

Gemäß 823 Abs. 1 BGB, der als „Grundtatbestand" des Deliktsrechts bezeichnet werden kann, ist zum Schadensersatz verpflichtet, wer „vorsätzlich oder fahrlässig

---

[42] Vgl. zu der Rechtsfigur der „ungerechtfertigten Bereicherung" die Darstellung bei Brox, Schuldrecht BT, RdNr. 385 ff. m.w.N.

das Leben, den Körper, die Gesundheit, die Freiheit, das Eigentum oder ein sonstiges Recht eines anderen widerrechtlich verletzt". Führt also beispielsweise eine bestimmte Handlung eines Menschen zu einer Verschlechterung und damit Schädigung eines der in § 823 Abs. 1 BGB abschließend aufgezählten „absoluten" Rechtsgüter und hat der Schädiger schuldhaft, das heißt vorsätzlich oder fahrlässig im Sinne des § 276 BGB gehandelt, so muß der Schädiger den von ihm angerichteten Schaden ersetzen, wenn seine Handlung nicht ausnahmsweise gerechtfertigt[43] ist.

Neben dem Schutz der persönlichen Rechte „Leben", „Körper" „Gesundheit" „Freiheit" und „Eigentum" ist aus wirtschaftsrechtlicher Sicht bedeutsam, daß § 823 Abs. 1 BGB mit dem Schutzgut „sonstiges Recht" auch das Recht am „eingerichteten und ausgeübten Gewerbebetrieb" schützt. Ruft also beispielsweise ein Medienunternehmen ohne jeden Grund zum Boykott eines Herstellers bestimmter Waren auf oder blockieren Arbeitnehmer einen fremden Betrieb, um diesen an der Ausnutzung eines anderswo geführten Arbeitskampfes zu hindern, so kann dies als „betriebsbezogener Eingriff" in einen eingerichteten und ausgeübten Gewerbebetrieb zu werten sein, so daß ein sich daraus ergebender Schaden zu ersetzen ist.[44]

b) Die Verletzung eines Schutzgesetzes gemäß § 823 Abs. 2 BGB

Verstößt der Schädiger mit einer schadensstiftenden Handlung „gegen ein den Schutz eines anderen bezweckenden Gesetz", kann sich neben der Verpflichtung zum Schadensersatz gemäß § 823 Abs. 1 BGB auch eine Schadensersatzpflicht aus der Regelung des § 823 Abs. 2 BGB ergeben. Auch wenn der Anwendungsbereich beider Regelungen in der Praxis häufig ähnlich sein dürfte, so daß eine Haftung des Schädigers nach beiden Regelungen in Frage kommen wird, besteht bei § 823 Abs. 2 BGB die Besonderheit, daß diese Regelung nicht nur die in § 823 Abs. 1 BGB abschließend aufgezählten „absoluten Rechtsgüter" schützt, sondern gerade auch das „Vermögen" einer Person. Sollte also beispielsweise ein Betrüger das Vermögen eines ahnungslosen Opfers schädigen, käme eine Haftung gemäß § 823 Abs. 1 BGB nicht in Betracht, da das Vermögen als solches kein „sonstiges Recht" im Sinne dieser Regelung darstellt. Da der Betrüger mit seiner Tat jedoch gegen § 263 StGB und damit „gegen ein den Schutz eines anderen bezweckendes Gesetz" im Sinne des § 823 Abs. 2 BGB verstößt, ergibt sich seine Schadensersatzpflicht aus dieser Regelung.

Bei der Anwendung des § 823 Abs. 2 BGB ist jedoch zu beachten, daß nicht alle Regelungen, die bestimmte Verhaltensnormen aufstellen, als „Schutzgesetze" im Sinne des § 823 Abs. 2 BGB gelten, sondern nur diejenigen Bestimmungen, die zumindest auch den Schutz einzelner Rechtsträger bezwecken. Typische Schutzgesetze finden sich daher beispielsweise in den verschiedenen Straftatbeständen des

---

43 Als „Rechtfertigungsgründe" kommen insbesondere „Notwehr" oder „Nothilfe" in Betracht.

44 Vgl. zu den Einzelheiten des Eingriffs in einen eingerichteten und ausgeübten Gewerbebetrieb auch Palandt-Thomas § 823 RdNr. 19 ff. m.w.N.

StGB, die nicht nur die Allgemeinheit oder den Staat schützen, im Grundrechtskatalog des Grundgesetzes sowie in zivil- und öffentlich-rechtlichen Regelungen, soweit die jeweiligen Normen auch den Schutz Dritter verfolgen.[45]

c) Die Haftung für Verrichtungsgehilfen gemäß § 831 BGB

Während sich aus § 823 BGB eine Haftung desjenigen ergibt, der selbst und unmittelbar einen anderen schädigt, können andere Personen, die bei der Verursachung eines Schadens möglicherweise im Hintergrund geblieben sind, nach dieser Regelung nur in Ausnahmefällen in Anspruch genommen werden. Da jedoch auch solche Personen oftmals einen gewissen Einfluß auf den Eintritt und die Höhe möglicher Schäden haben, begründet § 831 BGB eine Haftung für „Verrichtungsgehilfen“ und damit in erster Linie für Arbeitnehmer, die aufgrund ihrer arbeitsrechtlichen Stellung dem Direktionsrecht ihres Arbeitgebers unterliegen. Damit jedoch eine derartige Haftung eines Arbeitgebers für einen Arbeitnehmer und damit „Verrichtungsgehilfen“ eintreten kann, ist erforderlich, daß der Verrichtungsgehilfe einem Dritten „bei Ausübung seiner Verrichtung“ widerrechtlich einen Schaden zugefügt hat. Dies ist immer dann der Fall, wenn der Verrichtungsgehilfe gegenüber einem Dritten den objektiven Tatbestand des § 823 Abs. 1 BGB verwirklicht hat, wobei der Schadenseintritt in einem „inneren Zusammenhang“ mit der zu verrichtenden Tätigkeit stehen muß. Stiehlt also beispielsweise der mit der Durchführung von Malerarbeiten betraute Geselle während seiner Mittagspause die Brieftasche des Kunden, stünde dieser Schaden nicht in einem „inneren Zusammenhang“ mit den von dem Gesellen zu erfüllenden Aufgaben, so daß eine Haftung des Arbeitgebers gemäß § 831 BGB entfällt.

Da § 831 BGB an einem vermuteten eigenen Verschulden des Geschäftsherrn anknüpft, seinen Verrichtungsgehilfen nicht ordnungsgemäß ausgewählt, geschult und überwacht zu haben, hat der Geschäftsherr schließlich gemäß § 831 Abs. 1 Satz 2 BGB die Möglichkeit, sich zu „exculpieren“. Kann also der Geschäftsherr im Streitfall darlegen und beweisen, daß er seinen Arbeitnehmer sorgfältig ausgewählt und regelmäßig geschult und überwacht hat, oder wäre der von dem Verrichtungsgehilfe verursachte Schaden auch bei Anwendung der gebotenen Sorgfalt des Geschäftsherrn entstanden, scheidet eine Haftung des Arbeitgebers gemäß § 831 BGB aus.

d) Die Gefährdungshaftung

Neben der Haftung einer Person für ein bestimmtes schadensstiftendes Verhalten kann sich eine Verpflichtung zur Leistung von Schadensersatz nach verschiedenen Regelungen des BGB sowie anderen gesetzlichen Bestimmungen auch dann

[45] Zu dem Begriff des „Schutzgesetzes“ und den dazu zählenden Normen vgl. Palandt-Thomas § 823 RdNr. 145.

ergeben, wenn für eine bestimmte Gefahr eine „Gefährdungshaftung“ zu übernehmen ist. Aus wirtschaftsrechtlicher Sicht besonders bedeutsam sind hierbei die Regelungen des Produkthaftungsgesetzes, nach denen der Hersteller eines fehlerhaften Produktes für hierdurch verursachte Körper- oder Sachschäden selbst dann haftet, wenn ihm ein Verschulden nicht nachgewiesen werden kann.[46]

e) Das Schmerzensgeld

Eine Sonderstellung im Deliktsrecht nimmt schließlich die Regelung des § 847 BGB ein, nach der der Geschädigte im Falle der Verletzung seines Körpers oder seiner Gesundheit sowie im Falle einer Freiheitsentziehung auch für solche Schäden, die nicht Vermögensschäden sind, eine billige Entschädigung in Geld verlangen kann. Indem mit dieser Bestimmung der in § 253 BGB verankerte Grundsatz durchbrochen wird, daß immaterielle Schäden in der Regel nicht in Geld zu ersetzen sind, bietet § 847 BGB vor allem in den Fällen eine Anspruchsgrundlage, in denen der Geschädigte durch die Verletzungshandlung besondere Schmerzen oder andere, eigentlich nicht in Geld zu bemessende Nachteile erlitten hat. Sollte beispielsweise ein Fußgänger durch einen Fahrradfahrer angefahren und verletzt werden, kann er von dem Schädiger neben dem Ersatz des materiellen Schadens gegebenenfalls auch die Zahlung eines billigen, das heißt angemessenen Schmerzensgeldes verlangen, wenn er durch den Unfall besondere Schmerzen erlitten hat.

2. Die Höhe des Schadensersatzes

Ist ein Schädiger aufgrund einer entsprechenden Regelung zur Leistung von Schadensersatz verpflichtet, hat er gemäß § 249 Abs. 1 BGB grundsätzlich denjenigen Zustand wiederherzustellen, der ohne das schädigende Ereignis bestehen würde („negatives Interesse“). Sollte der Schädiger hierzu nicht in der Lage sein, was in der Praxis die Regel sein dürfte, oder ist der Schadensersatz wegen der Verletzung einer Person oder Beschädigung einer Sache zu leisten, kann der Geschädigte gemäß §§ 249 Satz 2, 251 Abs. 1 BGB den zur Wiederherstellung des ursprünglichen Zustandes erforderlichen Geldbetrag verlangen.

Über den Ersatz dieser unmittelbaren Schäden hinaus kann in bestimmten Fällen auch ein Ersatz mittelbarer Schäden verlangt werden, die durch ein schädigendes Ereignis eintreten. Von besonderer Bedeutung für den Wirtschaftsverkehr ist dabei die Bestimmung des § 252 BGB, durch die klargestellt wird, daß unter bestimmten Voraussetzungen auch ein entgangener Gewinn auszugleichen ist. Sollte also beispielsweise ein schädigendes Ereignis dazu führen, daß der Geschädigte einen geschäftlichen Termin nicht einhalten kann, wodurch ein sonst sicheres Geschäft verloren geht, kann der Geschädigte neben dem Ersatz des unmittelbaren

---

46 Vgl. hierzu weiterführend Brox, Schuldrecht BT, RdNr. 532 ff.

Schadens auch einen Ersatz des entgangenen Gewinns verlangen, den er nach dem gewöhnlichen Lauf der Dinge wahrscheinlich erzielt hätte (§ 252 Satz 2 BGB).

Hat somit ein Schädiger im Regelfall sowohl die unmittelbaren als auch die mittelbaren Folgen auszugleichen, die sich aus seiner schädigenden Handlung ergeben, muß sich im Gegenzug der Geschädigte gemäß § 254 Abs. 1 BGB ein mögliches Mitverschulden anrechnen lassen, falls ihn bei der Entstehung eines Schadens ein anteiliges Verschulden treffen sollte. Da dies gemäß § 254 Abs. 2 BGB auch dann gilt, wenn es der Geschädigte lediglich unterlassen haben sollte, den Schädiger auf eine zunächst nicht erkennbare besondere Gefahr aufmerksam zu machen oder einen eingetretenen Schaden abzuwenden oder zu mindern, wird der Geschädigte in der Praxis oftmals keinen „vollen" Schadensersatz erhalten, sondern muß sich bei der Berechnung des zu leistenden Schadensersatzes einen entsprechenden Abzug gefallen lassen.

L. Das Sachenrecht

Während es sich bei den bisher dargestellten schuldrechtlichen Vorgängen um Regelungen handelt, durch die sich zwei oder mehrere Vertragspartner zu einem bestimmten Verhalten verpflichten, regelt das im dritten Buch des BGB niedergelegte Sachenrecht die rechtlichen Beziehungen zwischen Personen und Sachen. Im Gegensatz zum Schuldrecht, das von dem Grundsatz der Vertragsfreiheit geprägt wird, unterliegt das Sachenrecht dem Typenzwang. Dies bedeutet, daß die im Sachenrecht normierten Rechte an Sachen sowie die Möglichkeiten ihrer Übertragung abschließend geregelt sind, so daß der einzelne nicht berechtigt ist, hiervon abweichende Rechtsformen zu entwickeln. Kennzeichnend für das Sachenrecht ist weiterhin, daß die dort enthaltenen Rechte im Regelfall „absolute Rechte" darstellen, die gegenüber jedermann gelten.

I. Grundbegriffe des Sachenrechts

Entsprechend seiner Aufgabe, die rechtlichen Beziehungen zwischen Personen und Sachen darzustellen und Möglichkeiten zur Übertragung von „Sachenrechten" bereitzustellen, wird das Sachenrecht durch einige grundlegende Begriffe geprägt, aus denen sich zugleich bestimmte Rechte ergeben.

1. Das Eigentum

Das „wichtigste" Sachenrecht stellt das in den §§ 903 ff. BGB geregelte „Eigentum" dar, das die rechtliche Zuordnung einer bestimmten Sache zu einer Person als Bestandteil ihres Vermögens beschreibt. Da es sich hierbei um ein absolutes Recht handelt, das gegenüber jedem Dritten wirkt, hat der Eigentümer zunächst das Recht, jede andere Person von der Einwirkung auf sein Eigentum auszuschließen. Darüber hinaus kann der Eigentümer gemäß § 903 BGB mit seinem Eigentum nach Belieben verfahren, wobei jedoch zu beachten ist, daß das Eigentum gemäß Art. 14 Abs. 2 GG auch sozialen Verpflichtungen unterliegt und bei seiner Ausübung die Rechte anderer Personen zu berücksichtigen sind, die sich insbesondere aus den §§ 904 ff. BGB ergeben.

Als Träger des Eigentums kommen sowohl natürliche als auch juristische Personen in Betracht, wobei das Eigentum infolge des „Spezialitätsgrundsatzes" immer nur an einzelnen Sachen bestehen kann. Auf der anderen Seite ist es möglich, daß an einer einzelnen Sache mehrere Personen Eigentum begründen können, wobei zwischen dem „Miteigentum" im Sinne der §§ 1008 ff. BGB sowie dem „Gesamthandseigentum" zu unterscheiden ist, das zugunsten von „Gesamthandsgemeinschaften" gilt[47].

2. Der Besitz

Im Gegensatz zum Eigentum beschreibt der in den §§ 854 ff. BGB geregelte „Besitz" nicht die rechtliche, sondern die tatsächliche Verfügungsgewalt über eine Sache. So ist gemäß § 854 Abs. 1 BGB Besitzer einer Sache, wer bewußt die tatsächliche körperliche Herrschaft über eine Sache ausübt. Da es bei der Feststellung eines möglichen Besitzes nicht darauf ankommt, wem ein Gegenstand „gehört", also vermögensrechtlich zugeordnet ist, wäre beispielsweise auch der Dieb eines Fahrrads dessen „Besitzer", solange er die tatsächliche Herrschaft über diese Sache ausübt.

Je nachdem, ob der „Besitz" mit dem „Eigentum" zusammenfällt, lassen sich verschiedene Formen des Besitzes unterscheiden: Übt ein Eigentümer über eine ihm gehörende Sache auch die tatsächliche Sachherrschaft aus, ist er gemäß § 872 BGB „Eigenbesitzer". Fallen demgegenüber der Besitz und das Eigentum an einer Sache auseinander, wird der Besitzer als „Fremdbesitzer" bezeichnet. Über diese Unterscheidung hinaus läßt sich der Besitz aber auch nach der Nähe des Besitzers zu der betreffenden Sache differenzieren. Hat jemand auf eine bestimmte Sache eine direkte Zugriffsmöglichkeit, handelt es sich hierbei um einen „unmittelbaren Besitzer" gemäß § 868 BGB. Demgegenüber wird als „mittelbarer Besitzer" derjenige bezeichnet, der einen Gegenstand aufgrund eines wirksamen Besitzmittlungsverhältnisses – beispielsweise eines Mietvertrages – einem anderen zum Besitz überlassen hat.

Bei der Ausgestaltung eines Besitzverhältnisses ist schließlich die Regelung des § 855 BGB zu beachten, nach der auch derjenige unmittelbarer Besitzer einer Sache bleibt, der die tatsächliche Sachherrschaft durch eine im Abhängigkeitsverhältnis stehende andere Person ausüben läßt. So bliebe beispielsweise ein Unter-

---

47 „Gesamthandsgemeinschaften" sind beispielsweise die „Erbengemeinschaft" im Sinne des § 2032 BGB, die „eheliche Gütergemeinschaft" gemäß § 1416 BGB sowie die „Gesellschaft bürgerlichen Rechts" gemäß §§ 705 ff. BGB.

nehmer auch dann unmittelbarer Besitzer seiner im Betrieb befindlichen Geräte, wenn sie zwischenzeitlich von seinen Arbeitnehmern „benutzt“ werden.

3. Der Schutz von Eigentum und Besitz

Da sowohl das „Eigentum“ als auch der „Besitz“ absolute Rechte darstellen, die wirtschaftlich bedeutende Rechtspositionen einräumen, genießen beide Sachenrechte einen umfangreichen Schutz vor ungewollten Beschränkungen, der sich im wesentlichen aus den §§ 985 ff. BGB beziehungsweise den Regelungen der §§ 858 ff. BGB ergibt.

II. Der Erwerb des Eigentums

Da das „Eigentum“ als wichtigstes Sachenrecht nicht nur eine konkrete Sache einer bestimmten Person vermögensrechtlich zuordnen soll, sondern selbstverständlich auch übertragbar sein muß, gibt das Sachenrecht eine Reihe abschließend geregelter Möglichkeiten vor, Eigentum von einem Rechtsträger auf einen anderen zu übertragen (rechtsgeschäftlicher Eigentumserwerb) beziehungsweise Eigentum auch ohne Beteiligung eines Dritten zu gewinnen (originärer Eigentumserwerb).

1. Der rechtsgeschäftliche Erwerb des Eigentums vom Eigentümer

Für den rechtsgeschäftlichen Erwerb einer beweglichen Sache vom Eigentümer sehen zunächst die Vorschriften der §§ 929 ff. BGB bestimmte, im Gesetz abschließend geregelte Formen der Übereignung vor.[48]

a) Die Einigung

Die Übereignung einer beweglichen Sache vom Eigentümer erfordert zunächst, daß zwischen dem Veräußernden und dem Erwerber Einvernehmen darüber besteht, daß das Eigentum auf den Erwerber übergehen soll. Bei dieser „Einigung“ handelt es sich um einen sachenrechtlichen Verfügungsvertrag, der den allgemeinen Grundsätzen des rechtsgeschäftlichen Handelns unterliegt. Für die Einigung sind damit zwei sich entsprechende Willenserklärungen erforderlich, durch die sich der Veräußernde und der Erwerber ihr gegenseitiges Einverständnis signalisieren, daß das Eigentum übergehen soll. Da die Einigungserklärung in der Regel keiner besonderen Form bedarf, können die entsprechenden Willenserklärungen auch konkludent, also durch schlüssiges Verhalten abgegeben werden.

---

[48] Soll demgegenüber ein Grundstück übereignet werden, richtet sich die Übereignung nach den Bestimmungen der §§ 873 ff.

b) Die Übergabe und ihre Surrogate

Neben der Einigung setzt die Übereignung einer beweglichen Sache ihre Übergabe an den Erwerber beziehungsweise das Vorliegen eines „Übergabesurrogates" im Sinne der §§ 930, 931 BGB voraus.

aa) Die Übergabe gemäß § 929 S. 1 BGB

Den Normalfall der Übergabe beschreibt die Vorschrift des § 929 S. 1 BGB. Danach ist es für die Übereignung einer Sache in tatsächlicher Hinsicht erforderlich, daß der Gegenstand aus dem unmittelbaren Besitz des Veräußernden in den unmittelbaren Besitz des Erwerbers übergeben wird. Da es jedoch für beide Seiten möglich ist, bei der Übergabe des Besitzes Besitzdiener (z. B. Arbeitnehmer) oder Besitzmittler einzuschalten, ist es in der Praxis nicht erforderlich, daß der Veräußernde die Sache persönlich an den Erwerber übergibt.

Einen Sonderfall der Übereignung durch Einigung und Übergabe im Sinne des § 929 BGB regelt § 929 S. 2 BGB, wonach für den Fall, daß sich der Erwerber bereits im Besitz der Sache befindet, die bloße Einigung über den Eigentumsübergang zwischen dem Veräußernden und dem Erwerber ausreichend ist.

bb) Die Übereignung gemäß § 930 BGB

Im Gegensatz zu der Übereignung einer beweglichen Sache aufgrund der Regelung des § 929 Abs. 1 BGB bietet § 930 BGB die Möglichkeit, die Übergabe der Sache durch die Vereinbarung eines „Besitzmittlungsverhältnisses" zwischen dem Veräußernden und dem Erwerber zu ersetzen, aufgrund dessen der Veräußernde das Recht zum Besitz der Sache behält. Da als derartige „Besitzmittlungsverhältnisse" neben Miet- oder Leihverträgen insbesondere auch „Sicherungsverträge" in Betracht kommen, stellt die Übereignung gemäß § 930 BGB die Grundlage für die in der wirtschaftlichen Praxis äußerst wichtige „Sicherungsübereignung" dar, bei der der Sicherungsgeber einem Sicherungsnehmer – zum Beispiel einer Bank – einen ihm gehörenden Gegenstand zur Sicherheit übereignet. Folge dieses Sicherungsgeschäftes ist, daß der Sicherungsgeber weiterhin im Besitz der Sache bleibt und beispielsweise zu Produktionszwecken nutzen kann, während der Sicherungsnehmer durch die Übereignung der Sache im Regelfall ein gewährtes Darlehen absichert.[49]

---

[49] Vgl. zu den Einzelheiten der „Sicherungsübereignung" insbesondere Wolf, Sachenrecht, RdNr. 552 ff.

cc) Die Übereignung durch Abtretung des Herausgabeanspruches

Befindet sich der zu übereignende Gegenstand im Besitz eines Dritten, kann die körperliche Übergabe im Sinne des § 929 S. 1 BGB schließlich durch die Abtretung des Herausgabeanspruches an den Erwerber ersetzt werden, den der Veräußernde gegen den Dritten hat. Ist also beispielsweise ein zu übereignendes Fahrrad derzeit an einen Dritten verliehen und befindet sich deshalb in dessen Besitz, wäre für eine Übereignung gemäß § 931 BGB lediglich die Abtretung des Herausgabeanspruches notwendig, den der Alteigentümer gegenüber dem Besitzer der Sache hat. Dabei muß jedoch der Erwerber beachten, daß ihm der Dritte gemäß § 986 Abs. 2 BGB die Einwendungen entgegenhalten kann, die ihm gegenüber dem Veräußernden zustanden. Hat der Dritte also ein Recht zum Besitz der Sache oder kann er die Herausgabe der Sache aus anderen Gründen verweigern, so kann er diese Gründe auch dem Erwerber und neuen Eigentümer der Sache entgegenhalten.

2. Der Erwerb des Eigentums durch die Verfügung eines Nichtberechtigten

Auch wenn der Erwerb des Eigentums vom (berechtigten) Eigentümer in der Praxis die wichtigste Form der rechtsgeschäftlichen Übereignung darstellt, läßt es die Privatrechtsordnung in bestimmten Fällen auch zu, daß das Eigentum an einer beweglichen Sache durch die Verfügung eines Nichtberechtigten übergehen kann. So ist zunächst denkbar, daß der Eigentümer einer Sache mit der Verfügung eines Nichtberechtigten einverstanden ist (§ 185 Abs. 1 BGB) oder sie durch eine entsprechende Erklärung nachträglich genehmigt (§ 185 Abs. 2 BGB).

Abgesehen von dieser „einvernehmlichen" Form der Eigentumsübertragung durch einen eigentlich nichtberechtigten Dritten kann ein Eigentümer in bestimmten Ausnahmefällen aber auch unfreiwillig sein Eigentum an einer Sache verlieren, indem ein Dritter über sie verfügt. Grundlage für die damit von der Rechtsordnung akzeptierte Durchbrechung des Eigentumsschutzes ist der Vertrauenstatbestand, der durch den Besitz einer Sache geschaffen wird: Befindet sich nämlich ein Dritter im Besitz einer Sache, besteht gemäß § 1006 BGB zugunsten dieses Dritten die Vermutung, daß er auch ihr Eigentümer ist. Um gleichzeitig die sich daraus für den Eigentümer ergebenden Gefahren einzugrenzen, sind die für eine derartige Übereignung erforderlichen Tatbestandsvoraussetzungen in den Vorschriften der §§ 932–934 BGB aufgeführt, die insoweit die Übereignungstatbestände der §§ 929–931 BGB ergänzen. Dabei knüpft die Regelung des § 932 BGB an die des § 929 BGB an. Liegt hingegen eine Übereignung in der Form des § 930 BGB vor, vollzieht sich der Erwerb vom Nichtberechtigten unter den zusätzlichen Voraussetzungen des § 933 BGB, während eine Übereignung vom Nichtberechtigten in der Form des § 931 BGB die Erfüllung des § 934 BGB erfordert.

Schließlich ist zu beachten, daß der gutgläubige Erwerb an abhandengekommenen Sachen gemäß § 935 BGB generell ausgeschlossen ist. Handelt es sich bei einer Sache also um einen Gegenstand, der dem Eigentümer gestohlen wurde oder die auf andere Weise ohne seinen Willen aus seinem Besitz geraten ist, kann ein Dritter gemäß § 935 BGB selbst dann nicht Eigentum an ihr erwerben, wenn er gutgläubig von der Eigentümerstellung des derzeitigen Besitzers ausgehen sollte.[50]

Hat ein Nichtberechtigter im Sinne der §§ 932 ff. BGB wirksam über eine ihm nicht gehörende Sache verfügt, wird der Erwerber Eigentümer der Sache, ohne Ansprüchen des bisherigen Eigentümers wegen eines verbotenen Eingriffs in dessen Eigentum gemäß § 823 BGB ausgesetzt zu sein. Hat also der Dritte die betreffende Sache nicht gerade unentgeltlich erworben[51] oder von Anfang an gewußt, daß er den Gegenstand ohne rechtlichen Grund erhält[52], ist das Eigentum an der Sache für den bisherigen Eigentümer verloren und es bleibt ihm nur die Möglichkeit, von dem unberechtigt Verfügenden gemäß § 816 Abs. 1 S. 1 BGB die Herausgabe des Erlangten oder gemäß § 823 BGB die Leistung von Schadensersatz zu verlangen.

3. Der originäre Eigentumserwerb

Neben dem rechtsgeschäftlichen Eigentumserwerb, bei dem das Eigentum an einer Sache von einer anderen Person übernommen wird, kann es in bestimmten Fällen schließlich auch zu einem sogenannten „originären Eigentumserwerb" kommen, durch den an einer Sache direkt und ohne Beteiligung eines Rechtsvorgängers Eigentum erworben werden kann.

Die wirtschaftsrechtlich wichtigste Form des originären Eigentumserwerbs stellt dabei der Eigentumserwerb durch Verbindung, Vermischung und Verarbeitung einer Sache gemäß §§ 946 ff. BGB dar.[53] Wird nämlich eine bewegliche Sachen derart mit einer Hauptsache verbunden, daß sie ein wesentlicher Bestandteil der Hauptsache wird (§ 947 Abs. 2 BGB) oder wird sie infolge einer dauerhaften Verbindung mit einem Grundstück oder Gebäude wesentlicher Bestandteil der Liegenschaft (§ 946 BGB i.V.m. §§ 93, 94 BGB), erwirbt der Eigentümer der Hauptsache beziehungsweise des Grundstückes allein durch den Vorgang der „Verbindung"[54] auch das Eigentum an dem untergeordneten Gegenstand, ohne daß

---

[50] Wird eine abhanden gekommene Sache jedoch im Wege der bürgerlich-rechtlichen Versteigerung im Sinne des § 383 Abs. 3 BGB, durch einen öffentlichen Versteigerungsbeamten oder einen öffentlich bestellten Versteigerer im Sinne des § 34b Abs. 5 GewO veräußert, bleibt gemäß § 935 Abs. 2 BGB ein gutgläubiger Eigentumserwerb möglich.

[51] In diesem Fall kann sich gemäß § 816 Abs. 1 S. 2 BGB ein Rückgabeanspruch ergeben.

[52] Vgl. hierzu § 819 Abs. 1 BGB.

[53] Andere Formen des originären Eigentumserwerbs stellen sie „Ersitzung" im Sinne der §§ 937 ff. BGB, der Erwerb von „Erzeugnissen" einer Sache gemäß §§ 953 ff. BGB, die „Aneignung" gemäß §§ 958 ff. BGB sowie der „(Schatz)Fund" im Sinne der §§ 965 ff. BGB dar.

[54] Da die „Verbindung" zweier Sachen im Sinne des § 947 BGB allein ein festes, jedoch nicht notwendigerweise untrennbares Aneinanderfügen voraussetzt, werden Sachen beispielsweise schon durch ein Aneinanderstecken oder eine Verschraubung „verbunden".

eine rechtsgeschäftliche Übereignung im Sinne der §§ 929 ff. BGB erforderlich wäre.

Abgesehen von der Verbindung einer Sache mit einer anderen beweglichen Sache oder einem Grundstück führt gemäß § 948 BGB auch die Vermischung oder Vermengung von mehreren Sachen zu einem originären Eigentumserwerb des Eigentümers der Hauptmenge beziehungsweise zu der Entstehung einer Eigentümergemeinschaft im Falle gleichgroßer Teilmengen. Von einer „Vermischung“ oder „Vermengung“ im Sinne des § 948 BGB wird dabei gesprochen, wenn bewegliche Sachen dergestalt miteinander vermischt oder vermengt werden, daß sie nicht mehr oder nur unter Aufbietung unverhältnismäßiger Kosten getrennt werden können.

Einen gerade für den Bereich der Produktionswirtschaft besonders wichtigen Fall des originären Eigentumserwerbs stellt schließlich die „Verarbeitung“ im Sinne des § 950 BGB dar: Werden nämlich eine oder mehrere Sachen derart umgestaltet oder verarbeitet, daß sich hieraus ein neues Produkt ergibt, erwirbt im Regelfall gemäß § 950 Abs. 1 S. 1 BGB der Hersteller das Eigentum an der „neuen“ Sache, während die Eigentümer der Rohstoffe oder Ausgangssachen ihr Eigentum verlieren. Als Verarbeitung einer Sache gilt gemäß § 950 Abs. 1 S. 2 BGB auch die Bearbeitung ihrer Oberfläche durch Schreiben, Zeichnen, Malen, Gravieren, Drucken oder ähnliche Vorgänge.

Verliert ein Eigentümer aufgrund der vorgenannten Vorgänge sein Eigentum an einer Sache an einen anderen Rechtsträger, so kann er von dem Erwerber des Eigentums als Ausgleich für den eingetretenen Rechtsverlust gemäß § 951 BGB eine Vergütung in Geld nach den Vorschriften der ungerechtfertigten Bereicherung verlangen. Demgegenüber ist ein Anspruch auf Wiederherstellung des früheren Zustandes gemäß § 951 Abs. 1 S. 2 BGB ausgeschlossen.

Vertiefungsliteratur

Baur, Jürgen; Stürner, Rolf: Sachenrecht, 17. Auflage, München 1999

Brox, Hans: Allgemeiner Teil des Bürgerlichen Gesetzbuchs, 22. Auflage, Köln, Berlin, Bonn, München 1998

Brox, Hans: Allgemeines Schuldrecht, 25. Auflage, München 1998

Brox, Hans: Besonderes Schuldrecht, 23. Auflage, München 1998

Brox, Hans: Handelsrecht und Wertpapierrecht, 14. Auflage, München 1999

Canaris, Claus-Wilhelm: Handelsrecht, 22. Auflage, München 1995

Klunzinger, Eugen: Grundzüge des Handelsrechts, 10. Auflage, München 1999

Larenz, Karl: Allgemeiner Teil des deutschen Bürgerlichen Rechts, 8. Auflage, München 1998

Larenz, Karl: Lehrbuch des Schuldrechts, Band I, Allgemeiner Teil, 14. Auflage, München 1987

Larenz, Karl: Lehrbuch des Schuldrechts, Band II, Halbband 2, 13. Auflage, München 1994

Medicus, Dieter: Schuldrecht I, Allgemeiner Teil, 10. Auflage, München 1998

Medicus, Dieter: Schuldrecht II, Besonderer Teil, 9. Auflage, München 1999
Nagel, Bernhard: Wirtschaftsrecht I – Grundrechte und Einführung in das Bürgerliche Recht, 3. Auflage, München, 1993
Nagel, Bernhard; Eger Thomas: Wirtschaftsrecht II – Eigentum, Delikt, Vertrag mit einer ökonomischen Analyse des Rechts, 3. Auflage, München 1997
Reich, Dietmar O.; Schmitz, Peter: Einführung in das Bürgerliche Recht, 3. Auflage, Wiesbaden 2000
Römer, Hans: Privatrecht, 4. Auflage, München 1998
Rüthers, Bernd: Allgemeiner Teil des BGB, 10. Auflage, München 1997
Wolf, Manfred: Sachenrecht, 15. Auflage, München 1999

Kommentare

Baumbach, Adolf; Hopt, Klaus: Handelsgesetzbuch, 29. Auflage, München 1995
Palandt, Otto: Bürgerliches Gesetzbuch, 59. Auflage, München 2000

Hinrich Julius

Geld für die Wirtschaft: Das Recht der Kreditsicherung

A. Einleitung

I. Wirtschaftlicher Hintergrund von Kreditsicherheiten

Der Begriff „Kredit" kommt aus dem Lateinischen von „credere" = vertrauen. Jemandem Kredit zu gewähren bedeutet also, dieser Person zu vertrauen. Obwohl auch in der wirtschaftlichen Praxis ein solches Vertrauen eine große Rolle spielt, wird die tatsächliche Vergabe von Zahlungsfähigkeit, d.h. von Kredit im Sinne eines Darlehens gemäß § 705 BGB, in der Regel nicht allein auf das Vertrauen gestützt. Der Kreditnehmer wird vielmehr verpflichtet, dem Kreditgeber eine Sicherheit zu gewähren. Sowohl bei der geschäftsmäßigen Kreditvergabe durch Banken als auch zwischen anderen Personen wird durch die Sicherung eines Kredits der Situation vorgebeugt, daß der Kreditnehmer nicht mehr in der Lage sein sollte, den Kredit zurückzuzahlen. Eine solche Lage kann eintreten bei der einfachen Zahlungsunfähigkeit wie auch der in einem besonderen gesetzlichen Verfahren geregelten Insolvenz. Für diese Fälle der nicht ordnungsgemäßen Abwicklung eines Kreditverhältnisses will der Kreditgeber sich anderweitig befriedigen können.

II. Formen der Kreditsicherung

1. Personal- und Realsicherheiten

Der Gesetzgeber wie auch die wirtschaftliche Praxis haben zur Sicherung von Krediten eine Vielzahl verschiedener Sicherungsinstrumente entwickelt. Generell kann zwischen zwei verschiedenen Grundformen unterschieden werden – Personalsicherheiten und Realsicherheiten (letztere auch dingliche Sicherheiten oder Sachsicherheiten genannt). Während bei ersten eine Person mit ihrem Vermögen eine Sicherheit gewährt, wird bei zweiten der Kredit durch den Wert einer Sache („dinglicher Gegenstand, Realvermögen") besichert. Innerhalb der Gruppe der Realsicherheiten kann weiter differenziert werden nach dem Gegenstand der Besicherung. So ist zu unterscheiden zwischen Sicherheiten an beweglichen Gegenständen und Rechten (Mobiliarsicherheiten) sowie unbeweglichen Gegenständen (Immobiliarsicherheiten).

Personalsicherheiten werden im allgemeinen als weniger werthaltig angesehen, da bei Ihnen zwar eine Person regelmäßig mit dem vollen Vermögen haftet, der Wert dieser Haftung jedoch von dem Umfang des Vermögens dieser Person zum Zeitpunkt der Verwertung abhängt. Bei Realsicherheiten ist die Qualität der Sicherung abhängig vom Wert der zur Besicherung dienenden Sache. Nur die Sache dient als Sicherheit, diese aber in vollem Umfang. Auch bei den Realsicherheiten kann weiter unterschieden werden. Der Wert von Mobiliarsicherheiten ist regelmäßig problematisch, da die zur Sicherung dienenden beweglichen Sachen oder Rechte häufig zum Zeitpunkt der Verwertung entweder überhaupt nicht mehr vorhanden oder in ihrem Wert stark gesunken sind.

Kreditsicherheiten in der Praxis

Personalsicherheiten	**Realsicherheiten**
– Bürgschaft, § 765 BGB	– Mobiliarsicherheiten • Pfandrecht, §§ 1204, 1273 BGB • Sicherungsübereignung • Sicherungsabtretung
– bürgschaftsähnliche Schuldverhältnisse • Schuldbeitritt • Garantie • Patronatserklärung	– Immobiliarsicherheiten • Hypothek, § 1113 BGB • Sicherungsgrundschuld

2. Geborene und gekorene Sicherheiten

Für das Verständnis der heutigen Form einiger Kreditsicherheiten ist die Differenzierung zwischen geborenen und gekorenen Sicherheiten wichtig. Nur ein kleiner Teil der heute verwendeten Sicherheiten ist gesetzlich geregelt. Der Gesetzgeber hat im BGB einige Rechtsinstitute vorgesehen, die Sicherungszwecken dienen (vor allem Bürgschaft, § 765 BGB; Pfandrecht an beweglichen Sachen und an Rechten, §§ 1204, 1273 BGB; Hypothek, § 1113 BGB). Diese Sicherungsrechte werden geborene Sicherheiten genannt, da sie schon im Gesetz selber geregelt sind.

Die wirtschaftliche Praxis kam jedoch mit diesen Sicherungsrechten nicht aus. Es bestand und besteht auch weiterhin ein Bedürfnis nach der Entwicklung neuer, nicht ausdrücklich im Gesetz geregelter Sicherungsmittel. Schon früh wurde die Sicherungsübereignung und die Sicherungsabtretung „erfunden". Auch die Sicherungsgrundschuld ist aus der wirtschaftlichen Praxis heraus entstanden. Von der Praxis wurden gesetzlich geregelte Rechtsinstitute verwendet, um durch Vereinbarung zusätzlicher Inhalte ein für den jeweiligen Zweck praktikables Sicherungsinstrument zu schaffen. So wird etwa bei der Sicherungsgrundschuld die im Gesetz vorgesehene Grundschuld (§§ 1191 ff. BGB) um einen Sicherungsvertrag ergänzt, durch den der Zusammenhang von der besicherten Forderung und der Sicherungsgrundschuld hergestellt wird.

Gemeinsam ist diesen gekorenen („geschaffenen") Sicherungsmitteln eine höhere Verkehrsfähigkeit als den geborenen Sicherheiten. Die Sicherungsmittel lassen sich leichter auf Dritte übertragen und können daher einfacher zu wechselnden Besicherungen eingesetzt werden. Grundlage dieser Sicherungsmittel sind regelmäßig umfangreiche vertragliche Vereinbarungen, die inzwischen aufgrund der Verwendung nahezu identischer Allgemeiner Geschäftsbedingungen standardisiert sind. Weiter sind gerade auch diese Sicherungsmittel in einem erheblichen Umfang von der Rechtsprechung fortentwickelt worden. Die Praxis agierte entweder ohne detaillierte Vereinbarungen oder mit für den Sicherungsgeber (= „Kreditnehmer") ungünstigen Vereinbarungen. Von der Rechtsprechung wurden dann zum Schutz des wirtschaftlich unterlegenen Sicherungsgebers bestimmte gegenseitige Rechte und Pflichten aus allgemeinen zivilrechtlichen Grundsätzen gebildet oder die detaillierten Regelungen für unwirksam angesehen (entweder wegen eines Verstoßes gegen die guten Sitten, § 138 BGB oder wegen einer unangemessenen Benachteiligung des Sicherungsgebers in einer allgemeinen Geschäftsbedingung, § 9 AGBG).

3. Akzessorische und fiduziarische Sicherheiten

Weiter werden Sicherheiten auch danach unterschieden, ob die Sicherheit von dem Bestand der gesicherten Forderung abhängig ist. Sicherheiten, die vom Bestand der gesicherten Forderung abhängen, werden akzessorisch („abhängig") genannt, selbständige Sicherheiten sind fiduziarisch („treuhänderisch"). Der Begriff „treuhänderisch" wird verwandt, weil dem Sicherungsnehmer (= Kreditgeber) hier eine treuhänderische Rechtsposition eingeräumt wird, d. h. dem Sicherungsnehmer ein Recht übertragen wird, das er nicht in vollem sondern nur in dem vertraglich festgelegten Umfang ausüben soll. Bei der Sicherungsübereignung beispielsweise wird der Sicherungsnehmer Eigentümer des Sicherungsgutes. Er soll jedoch von seinem Eigentum nur im Sicherungsfall Gebrauch machen.

Die Abhängigkeit der Sicherheit vom Bestand der Hauptforderung drückt sich darin aus, daß beispielsweise die Begleichung der besicherten Forderung ein Untergehen der Sicherheit zur Folge hat. Ein Sicherungsrecht kann also allein nicht begründet oder auch abgetreten werden. So kann etwa ein Anspruch aus einer Bürgschaft nicht allein abgetreten werden; mit dem Abtreten der durch die Bürgschaft gesicherten Forderung (Hauptverbindlichkeit) geht automatisch die Bürgschaft auf den neuen Forderungsinhaber über (§ 401 I BGB). Klassische akzessorische Sicherheiten sind die Bürgschaft, das Pfandrecht des BGB und die Hypothek. Sämtliche ursprünglich vom Gesetzgeber vorgesehenen Sicherheiten („geborene Sicherheiten") sind akzessorisch.

Fiduziarische Sicherheiten sind nicht abhängig von der gesicherten Forderung. Sie bestehen auch bei Erlöschen einer gesicherten Forderung fort und können getrennt von der Forderung übertragen werden. Dieses Konzept liegt den von der wirtschaftlichen Praxis geschaffenen Sicherheiten zugrunde. Da die Sicherungsmittel rechtlich eigenständig eingesetzt und auch übertragen werden können, wurde deren Verkehrsfähigkeit und damit auch Akzeptanz erhöht.

Die Unterscheidung von akzessorischen und fiduziarischen Sicherheiten hat für die Lösung praktischer Probleme eine erhebliche Bedeutung. Bei fiduziarischen Sicherheiten besteht das rechtliche Band zwischen Sicherheit und gesicherter Forderung in einer vertraglichen Vereinbarung zwischen Sicherungsgeber und Sicherungsnehmer. Über den tatsächlichen Inhalt dieser Vereinbarungen wird häufig zwischen den Beteiligten gestritten, auch werden diese Vereinbarungen nicht eingehalten und es ist zu klären, wie diese Fälle rechtlich zu behandeln sind.

III. Zustandekommen und Wirksamkeit einer Sicherung

1. Der Sicherungsvertrag

Grundlage einer jeden Kreditsicherung ist stets eine vertragliche Vereinbarung zwischen Sicherungsgeber und Sicherungsnehmer. Erforderlich ist stets eine schuldrechtliche, d. h. zwischen beiden Parteien Rechte und Pflichten begründende Vereinbarung (so etwa ein Bürgschaftsvertrag, ein Sicherungsvertrag bei der Sicherungsübereignung oder bei der Grundschuld). Abhängig von der Art der Sicherheit ist darüber hinaus auch ein sachenrechtlicher Tatbestand vonnöten, d. h. eine Vereinbarung bzw. ein Akt, der unmittelbar auf eine Rechtsstellung eines Vertragspartners zu einer Sache wirkt (so beispielsweise bei der Sicherungsübereignung oder der Grundschuld die Übereignung bzw. Bestellung). Sicherungsgeber und Kreditnehmer müssen bei diesen Verträgen nicht identisch sein. So ist in der Praxis die Sicherheitengewährung von Dritten für Verbindlichkeiten anderer nicht selten (die Eltern lassen eine Grundschuld auf ihrem Grundstück für eine Verbindlichkeit eines Kindes eintragen, der Geschäftsführer übereignet zur Sicherung von Verbindlichkeiten seiner GmbH ein ihm persönlich gehörendes Kraftfahrzeug).

In der Bankpraxis wird der Inhalt des Sicherungsvertrages in aller Regel durch von der Bank vorformulierte Klauseln ausgestaltet. Schon die generellen Allgemeinen Geschäftsbedingungen der Banken und Sparkassen enthalten Regelungen, die den Sicherungsvertrag näher ausfüllen. Daneben liegen jedem einzelnen Sicherungsgeschäft auch standardisierte Vordrucke zugrunde. Der Inhalt der einzelnen Sicherungsrechte wird also in der Praxis in weitem Umfang durch standardisierte Regelwerke der Kreditinstitute bestimmt.

Sämtliche solche Regeln enthaltenden Vordrucke sind rechtlich als allgemeine Geschäftsbedingungen zu qualifizieren, für die das AGB-Gesetz die Einhaltung gewisser Mindeststandards aufstellt. So bedarf es etwa eines ausdrücklichen Hinweises auf die Geltung dieser Klauseln. Klauseln in Sicherungsverträgen dürfen nicht überraschend sein und auch den Sicherungsgeber nicht unangemessen benachteiligen. Mit dem Rechtsinstitut der sogenannten AGB-Kontrolle stellt der Gesetzgeber sicher, daß das wirtschaftliche Ungleichgewicht der handelnden Vertragspartner (Kreditinstitute auf der einen; insbesondere Verbraucher auf der anderen Seite) nicht von der mächtigeren Seite ausgenutzt wird.

2. Unwirksamkeit des Sicherungsvertrags

Von der Rechtsprechung wurden unter Anwendung des allgemeinen Maßstabs der Sittenwidrigkeit (§ 138 BGB) sowie der Anforderungen des AGB-Gesetzes Grenzen wirksamer Sicherungsverträge aufgestellt. Diese Rechtsprechung hat – soweit jeweils umsetzbar – Eingang in die Standardformulare der Kreditinstitute gefunden, so daß eine individuelle Prüfung jeder einzelnen Kreditsicherung zumeist nicht erforderlich ist. Weiterhin gilt jedoch, daß insbesondere bei Fortentwicklungen bestimmter Kreditsicherheiten die von der Rechtsprechung aufgezeigten Grenzen zu beachten sind.

Keine Kreditsicherheit darf den Sicherheitengeber in eine seine unternehmerische Leistungsfähigkeit bedrohende **Abhängigkeit** geraten lassen[1]. Bedeutung besitzt dieser Grundsatz vor allem bei Klauseln, die dem Sicherheitengeber die Verfügungsbefugnis über das Sicherungsgut einschränken. So muß etwa sichergestellt sein, daß ein Sicherungsgeber mit sicherungsübereigneter Ware wirtschaftlich agieren, insbesondere auch die Ware verarbeiten und weiterverkaufen kann. Auch muß bei der Abtretung von Forderungen der Sicherungsgeber weiter befugt sein, diese Forderungen im eigenen Namen einzuziehen. Im allgemeinen sind daher in den Sicherungsverträgen sämtlicher Kreditsicherheiten (zumeist in den allgemeinen Geschäftsbedingungen) Klauseln enthalten, die die wirtschaftliche Bewegungsfreiheit des Sicherungsgebers sicherstellen.

Weiter darf keine **Übersicherung** vorliegen. Von einer solchen kann ausgegangen werden, wenn der Wert der Sicherheit den Betrag der zu sichernden Forderung nicht nur vorübergehend weit übersteigt und deshalb zwischen Sicherheit und Forderung kein ausgewogenes, die beiderseitigen berechtigten Interessen berücksichtigendes Verhältnis besteht[2].

– Eine **anfängliche Übersicherung** führt zur Unwirksamkeit des Sicherungsvertrages. Bei dieser Betrachtung sind sämtliche gestellte Sicherheiten mit einzubeziehen. Eine absolute Grenze kann hier nicht angegeben werden, von der Praxis wird i.d.R. ein 30 % höherer Wert des Sicherungsgutes im Vergleich zur besicherten Forderung noch für zulässig erachtet[3].

– Auch die **nachträgliche Übersicherung** kann zur Unwirksamkeit des Sicherungsvertrages führen. Dies kann der Fall sein, wenn die gesicherte Forderung abnimmt, z. B. bei der Sicherungsübereignung wertbeständiger Sachen oder der

---

1 BGH WM 1955, S. 914; WM 1965, S. 84

2 BGH WM 1994, S. 419, 420 m.w.N.

3 vgl. BGH WM 1966, S. 13 (konkret im Rahmen der Überprüfung einer nachträglichen Übersicherung)

schnelleren Begleichung der gesicherten Forderung im Vergleich zum Wertverlust des Sicherungsgutes. Auch kann eine Übersicherung durch Anwachsen der Sicherheiten entstehen. Dies kann insbesondere der Fall sein bei sogenannten Globalsicherheiten wie etwa der Sicherungsübereignung eines Warenlagers mit wechselndem Bestand oder der Globalabtretung von Forderungen.

Der Gefahr einer Übersicherung wird regelmäßig durch sogenannte **Freigabeklauseln** begegnet. Freigabeklauseln müssen bei Globalsicherheiten eine zahlenmäßig bestimmte Deckungsgrenze enthalten, überschießende Sicherheiten sind auf Verlangen des Sicherungsgebers freizugeben[4]. Bei der Abtretung von Ansprüchen auf künftiges Arbeitseinkommen wird dem in der Praxis nachgekommen, indem ausgehend von einem abgetretenen Höchstbetrag eine anteilige Freigabeverpflichtung jeweils besteht, wenn der Gesamtbetrag der gesicherten Forderung sich nicht nur vorübergehend um 20 % ermäßigt[5]. Bei Singularsicherheiten (Einzel-) gelten diese Anforderungen nicht. Es müssen hier im Falle der durch Begleichung der Forderung entstehenden Übersicherung keine besonderen Regeln aufgestellt werden, da der Sicherungsgeber in Fällen deutlicher Übersicherung bereits durch den vertraglichen oder gesetzlichen Freigabeanspruch ausreichend geschützt sei[6].

Für die **Verwertung von Sicherungsgütern** wurden von der Rechtsprechung ebenfalls strenge Anforderungen aufgestellt. Bei Globalabtretungen (insbesondere auch in Form von Lohnabtretungen) sind die Voraussetzungen, unter denen der Sicherungsnehmer von der Sicherheit Gebrauch machen kann, genau zu konkretisieren[7]. So darf bei einer Lohnabtretung die Bank ohne Androhung und Einhaltung einer Frist nicht verwerten, d. h. nicht an den Arbeitgeber herantreten und von diesem Zahlung fordern.

Weiter können Sicherungsverträge unwirksam sein, wenn der Sicherungsgeber durch sie **geknebelt** wird oder **Dritte über die Kreditwürdigkeit des Schuldners**

Unwirksamkeitsgründe von Sicherungsverträgen

- Erhaltung der wirtschaftlichen Bewegungsfreiheit des Sicherungsgebers
- Vermeidung von Übersicherungen
  - anfängliche Übersicherung; individuelle Betrachtung aller gestellter Sicherheiten
  - nachträgliche Übersicherung
    - bei Globalsicherheiten festgelegte Deckungsgrenze und bestimmbare Freigabegrenzen
    - bei Singularsicherheiten ist Freigabeverpflichtung ausreichend
- Berücksichtigung der Interessen des Sicherungsgebers im Falle der Verwertung
- Knebelung

---

4 BGH WM 1986, S. 1545

5 so die gegenwärtig verwendeten Formulare der Bankpraxis zur Abtretung von Arbeitseinkommen

6 BGH WM 1994, S. 414, 419

7 BGH WM 92, 1359

getäuscht werden. So kann etwa der Sicherungsnehmer den Sicherungsgeber von einem an sich gebotenen Antrag auf Eröffnung eines Insolvenzverfahrens abhalten (Insolvenzverschleppung) oder Dritte zur Gewährung von Krediten anstiften, obwohl der Schuldner durch die bislang gewährten Sicherheiten bereits kreditunwürdig ist. In diesen Fällen ist stets eine Gesamtschau aller Umstände des Einzelfalls erforderlich.

B. Personalsicherheiten

I. Die Bürgschaft

1. Wesen der Bürgschaft

Die in der Praxis bedeutendste Personalsicherheit ist die Bürgschaft. Durch den Bürgschaftsvertrag verpflichtet sich der Bürge gegenüber dem Gläubiger eines Dritten, für die Erfüllung einer Verbindlichkeit des Dritten einzustehen (§ 765 I BGB). Die Eigenart einer Bürgschaftsverpflichtung besteht darin, eine fremde Schuld zu sichern. Mit einer Bürgschaft steht dem Sicherungsnehmer prinzipiell das gesamte Vermögen des Sicherungsgebers als Sicherungsmasse zur Verfügung. Für einen Bürgen kann daher die Übernahme einer Bürgschaft sehr riskant sein. Auf der anderen Seite steht für den Sicherungsnehmer jeweils nur das Vermögen in seinem aktuellen Bestand zur Verfügung. Die Sicherung ist also nur so viel wert, wie Vermögensmasse vorhanden ist. Daher kommt die Bürgschaft in der Praxis entweder als zusätzliche Sicherheit oder erst in Betracht, wenn keine anderen Sicherungen vorhanden sind.

Die Bürgschaft ist vom Bestehen und vom Umfang der Hauptschuld dauernd abhängig (**akzessorisch**[8]; vgl. § 767 I BGB). Nur wenn die gesicherte Forderung besteht und auch nur im Umfang ihres Bestehens, haftet der Bürge.

2. Ausgestaltung der Bürgschaft in der Praxis

Regelfall der Bürgschaft in der Bankpraxis ist die **Höchstbetragsbürgschaft**, bei der ein maximaler Haftungsbetrag vereinbart wird. Üblich ist hier eine Vereinbarung, die neben dem zu sichernden Kreditbetrag auch anfallende Zinsen und Kosten umfaßt. Die Höhe des insgesamt verbürgten Betrags muß hierbei unmißverständlich und drucktechnisch deutlich zum Ausdruck gebracht werden[9]. Eine unbegrenzte Haftung kommt regelmäßig nur bei Geschäftskunden in Betracht (z. B. Haftung des geschäftsführenden Alleingesellschafters für Verbindlichkeiten seiner GmbH).

---

[8] zum Begriff der Akzessorietät s.o. unter A II 3; zu konkreten Folgen bei der Bürgschaft unten unter B I 4

[9] ansonsten Unwirksamkeit gemäß § 3 AGBG; vgl. OLG Nürnberg, WM 1991, S. 985

Im täglichen Formulargeschäft der Banken ist darüber hinaus der Sicherungszweck, d.h. die gesicherte Forderung, möglichst präzise anzugeben. Der Bürge, dessen Haftung vom Bestand der Forderung abhängt, soll so geschützt werden. Verbreitet sind hier Bürgschaften zur Sicherung aller Ansprüche aus der Geschäftsverbindung bis zu einer bestimmten Höhe sowie zur Sicherung einer bestimmten Forderung.

Höchstbetragsbürgschaft in der Bankpraxis

Selbstschuldnerische Höchstbetragsbürgschaft zur Sicherung bestimmter Forderungen der Bank (Name und Anschrift der Bank)

Ich/Wir (nachstehend „der Bürge" genannt) übernehme (n) hiermit die selbstschuldnerische Bürgschaft bis zum Höchstbetrag von

DM ..., in Worten: Deutsche Mark ...

für sämtliche Ansprüche, die der Bank aus
(Bezeichnung der Forderung der Bank)

gegen
(Name und Anschrift des Hauptschuldners)

zustehen.

3. Form des Bürgschaftsvertrags

Um dem späteren Bürgen die Ernstlichkeit der Bürgschaft vor Augen zu führen, schreibt § 766 BGB **die Schriftform der Erklärung des Bürgen** vor. Die Bürgschaftserklärung muß hierbei den Gläubiger, den Hauptschuldner und die zu sichernde Verbindlichkeit benennen. Nur Vollkaufleute können im Rahmen ihres Handelsgewerbes sich auch mündlich verbürgen (§§ 350, 343 HGB). Dieser Personenkreis wird aufgrund seines ständigen geschäftlichen Auftretens für nicht so schutzbedürftig erachtet. Im Kreditgewerbe wird jedoch aus Beweisgründen auch hier stets eine schriftliche Erklärung verlangt werden.

4. Das Verhältnis zwischen Bürge und Gläubiger

Die Bürgschaft ist **akzessorisch**. Sie setzt das Bestehen einer Hauptschuld voraus und ist abhängig von dieser. Hinsichtlich des Fortbestands einer konkreten Bürgschaft ist jedoch jeweils der genaue Wortlaut zu berücksichtigen. Eine Bürgschaft für „alle gegenwärtigen und zukünftigen Ansprüche aus einer bankmäßigen Geschäftsverbindung" erlischt nicht durch eine vorübergehende Rückzahlung des Kredits. Eine Bürgschaft für eine bestimmte Kreditverbindlichkeit bleibt auch dann bestehen, wenn der gesicherte Kredit prolongiert oder der Zinssatz geändert wird. Der Bürge kann alle **Einwendungen** geltend machen, die dem Hauptschuldner gegenüber dem Gläubiger zustehen, unabhängig davon, ob dieser sie geltend macht oder auf sie verzichtet hat (§ 768 BGB).

Dieser Grundsatz der Akzessorietät ist in einigen Fällen kraft Gesetzes **durchbrochen**. So haftet der Bürge in einem Insolvenzverfahren weiter, auch wenn in einem Insolvenzplan zur Rettung des zahlungsunfähigen Schuldners auf die gesicherte Forderung teilweise verzichtet wird (§ 254 II InsO). Auch kann der Bürge in einem Erbschaftsfall nicht geltend machen, daß der Erbe des Hauptschuldners für dessen Verbindlichkeiten nur beschränkt haftet (§ 768 I 2 BGB).

Nach der gesetzlichen Konzeption ist die Verpflichtung des Bürgen gegenüber der Hauptschuld subsidiär, d. h. nachrangig. Der Bürge haftet nur, wenn der Gläubiger vom Hauptschuldner keine Befriedigung erlangen kann. Geregelt ist dies dergestalt, daß dem Bürgen im Falle der Inanspruchnahmen gemäß § 771 BGB die **Einrede der Vorausklage** zusteht. Der Gläubiger muß zunächst eine fruchtlose Zwangsvollstreckung gegen den Hauptschuldner versucht haben. Da eine solche vorrangige Vollstreckung dem Sicherungsinteresse der Banken widerspricht, kennt die Bankpraxis nur Bürgschaften, bei denen der Bürge auf die Einrede der Vorausklage verzichtet hat (**selbstschuldnerische Bürgschaft**).

5. Das Verhältnis zwischen Bürge und Hauptschuldner

Das Verhältnis zwischen Bürge und Hauptschuldner wird vor allem relevant, wenn der Bürge in Anspruch genommen wurde. Es stellt sich in diesem Fall die Frage, ob und wie der Bürge gegen den Hauptschuldner vorgehen kann. Hierbei ist zwischen zwei rechtlichen Ansatzpunkten zu unterscheiden. Zum einen besteht auch zwischen dem Bürgen und dem Hauptschuldner stets ein Rechtsverhältnis, das als Grundlage eines Rückforderungsanspruchs dienen kann. In Betracht kommt hier ein **unentgeltlicher Auftrag**, **ein entgeltlicher Geschäftsbesorgungsvertrag**, eine **Geschäftsführung ohne Auftrag** oder auch eine **Schenkung**. Hat der Bürge den Gläubiger befriedigt, kann er – mit Ausnahme der Schenkung – aufgrund dieses Rechtsverhältnisses Rückgriff beim Hauptschuldner nehmen.

Daneben ordnet das Gesetz den Übergang der Forderung des Gläubigers auf den Bürgen im Falle der Zahlung durch den Bürgen an (§ 774 BGB). Hierdurch wird der Rückgriffsanspruch des Bürgen verstärkt, da der Bürge kraft Gesetzes mit der Hauptforderung auch sämtliche für sie bestehenden akzessorischen Sicherheiten erwirbt (§§ 412, 401 BGB; Hypotheken, Pfandrechte). Nach den von der Bankpraxis verwendeten Bürgschaftsformularen sind die Banken bei vollständiger Begleichung der Forderung durch den Bürgen auch zur Übertragung sämtlicher weitere bestehender nicht akzessorischer Sicherheiten verpflichtet (Sicherungseigentum, sicherungshalber abgetretene Forderungen, Sicherungsgrundschuld).

6. Erlöschen der Bürgschaftsverpflichtung

Hauptfall der Beendigung eines Bürgschaftsverhältnisses ist die Begleichung der Hauptschuld. Entsprechend ihrem akzessorischen Charakter erlischt die Bürgschaft mit dem **Erlöschen der Hauptschuld**. Neben diesem Regelfall sieht das Gesetz jedoch noch weitere Beendigungstatbestände vor.

So erlischt eine Bürgschaft, wenn der Sicherungsnehmer eine **für die verbürgte Forderung bestehende besondere Sicherung aufgibt** (§ 776; z. B. bestimmte Vorzugsrechte, d. h. Zwangsvollstreckungs- oder Konkursvorrechte; Hypothek oder Pfandrecht gegen einen Mitbürgen). Da dies in der Bankpraxis besonders häufig vorkommt (so haften etwa bei der Bank unterhaltene Wertpapiere und Kontoguthaben des Kreditnehmers als Pfand für Kreditforderungen[10]), wird diese dem Schutz des Bürgen dienende Vorschrift des § 776 BGB zumeist abbedungen.

Die Verpflichtung des Bürgen erlischt im Falle einer **Befristung**, wenn der Gläubiger den Bürgen nicht unverzüglich nach Ablauf der Zeit in Anspruch nimmt (§ 777 BGB). Eine unbefristete Bürgschaft kann – wie jedes andere Dauerschuldverhältnis – nach Ablauf eines gewissen Zeitraums oder bei Eintritt eines wichtigen Grundes **gekündigt** werden kann. Ein solcher liegt etwa vor drei Jahre nach Ausscheiden eines bürgenden Gesellschafters aus der Gesellschaft, für deren Verbindlichkeiten gebürgt wurde[11]. In der Bankpraxis besonders wichtig sind **formularmäßige Kündigungsmöglichkeiten** der Bürgen (Kündigungsmöglichkeit ein Jahr nach Eingehen der Bürgschaftsverpflichtung).

Durch den **Tod eines Bürgen** erlischt die Bürgschaft nicht. Sie besteht unverändert gegenüber den Erben fort. Die Bank kann jedoch nach Treu und Glauben verpflichtet sein, die Erben des Bürgen vor einer neuen Kreditausreichung zu informieren. Die Erben können durch fristgemäße Ausschlagung der Bürgschaft eine Haftung für die Verbindlichkeiten des Erblassers vermeiden (§ 1944 BGB) oder ohne zeitliche Begrenzung durch Nachlaßverwaltung oder Nachlaßinsolvenz ihre Haftung auf den Nachlaß beschränken (§§ 1975 ff. BGB). In der Praxis wird daher eine Bank stets versuchen, eine Bürgschaft der Erben zu erlangen.

II. Sonstige Personalsicherheiten

1. Garantie

Der Garantievertrag ist ein **selbständiger Vertrag, durch den jemand einem anderen verspricht, für einen Erfolg einzustehen, insbesondere die Gefahr (das Risiko), die dem anderen aus einer Unternehmung erwächst, zu übernehmen**. Garantieverträge sind gesetzlich nicht geregelt, aufgrund der Vertragsfreiheit zulässig und auch außerhalb von Kreditsicherungen (etwa zur vertragliche Verlängerung von Gewährleistungspflichten) sehr verbreitet.

---

10 gemäß Nr. 14 I der generellen AGB-Banken; Nr. 21 I AGB-Sparkassen

11 BGH WM 1985, 969

Im Gegensatz zur Bürgschaft ist der Garantievertrag **nicht akzessorisch**. Die Grenzen sind jedoch fließend. Auf eine solche Abgrenzung kann es jedoch entscheidend ankommen, da der Garantievertrag **keine Schriftform** voraussetzt.

Dient die Garantie der Absicherung eines Kredits, liegt dem Rechtsverhältnis zwischen Garant und Kreditnehmer zumeist **ein Auftragsverhältnis** zugrunde. Zahlt der Garant, steht ihm daher ein Aufwendungsersatzanspruch gegen den Kreditnehmer zu. Da der Garantievertrag nicht akzessorisch ist, geht die Kreditforderung (inklusive etwaiger anderer Sicherungen) nicht auf dem Garanten über. Hier wird in der Praxis eine Freigabe von Sicherheiten durch die Bank vereinbart.

Für die Garantie ist die **Zahlungsverpflichtung auf erstes Anfordern** typisch. Hierbei muß der Garant bei bloßer Anforderung zahlen. Die Berechtigung der Anforderung kann erst in einem später durchzuführenden Rückforderungsprozeß geltend gemacht werden. Dies ist für den Sicherungsgeber besonders gefährlich und wird bei Bürgschaften außerhalb der entgeltlichen Zusagung von Zahlungsgarantien im Geschäftsverkehr (Avalgeschäft) auch als rechtlich problematisch erachtet. Garantien zur Kreditsicherung werden in der Bankpraxis daher vorwiegend von Kreditinstituten, Konzernobergesellschaften oder ausländischen Unternehmen gewährt. International ist eine in einer Urkunde verbriefte Garantie auf erstes Anfordern (**standby letter of credit**) verbreitet.

2. Schuldmitübernahme

Eine **Schuldmitübernahme** (auch **Schuldbeitritt** genannt) liegt vor, wenn neben den bisherigen Schuldner noch ein zweiter als Gesamtschuldner tritt. Der Schuldbeitritt ist grundsätzlich formfrei möglich. Bei einem Schuldbeitritt zu einem Kreditvertrag ist jedoch das Verbraucherkreditgesetz entsprechend anzuwenden, wenn der Beitretende Verbraucher gem. § 1 I VerbrKrG ist[12]. In diesem Fall ist sowohl Schriftform als auch Widerrufsrecht einzuhalten (§§ 4, 7 VerbrKrG).

Die Schuldmitübernahme begründet **eine selbständige Verpflichtung des Beitretenden**. Ein gesetzlicher Forderungsübergang bei Begleichung der Schuld durch den Beitretenden entsprechend § 774 BGB findet daher nicht statt. Dem Beitretenden kann jedoch ein Ausgleichsanspruch zustehen, der sich entweder aus dem Innenverhältnis oder aus § 426 I BGB begründet.

3. Patronatserklärung

Bei der Vergabe von Krediten an Konzerntochtergesellschaften haben in jüngerer Zeit sogenannte „**Patronatserklärungen**" Bedeutung erlangt. Beispiele[13]:

---

12 BGH, WM 1996, S. 1258

13 nach Weber, Kreditsicherheiten, § 5 IV; zu Einzelheiten und weiteren Formulierungsmöglichkeiten Michalski, WM 1994, S. 1229

„Die Firma ist eine 100%ige Tochtergesellschaft von uns. Ihre Leitung genießt unser volles Vertrauen."

„Wir haben mit Rücksicht auf unser Ansehen Verbindlichkeiten unserer Tochter stets so betrachtet wie eigene Verbindlichkeiten."

„Wir werden dafür Sorge tragen, daß unsere Tochter bis zur vollständigen Rückzahlung des Kredits in der Weise geleitet und finanziell ausgestattet wird, daß sie jederzeit in der Lage ist, ihre Verpflichtungen im Zusammenhang mit diesem Kredit zu erfüllen."

Die rechtliche Wirkung solcher Erklärungen ist unterschiedlich. Generell wird hier unterschieden zwischen sogenannten **weichen und harten Patronatserklärungen**. Nur bei harten Patronatserklärungen entstehen einklagbare Verpflichtungen. Bei obigen Beispielen wäre allein die dritte Formulierung als harte Patronatserklärung zu qualifizieren. Hintergrund der Herauslegung weicher Patronatserklärungen ist häufig der Wunsch, die **Bilanzierungspflicht** einer Eventualverbindlichkeit zu vermeiden.

C. Realsicherheiten

I. Mobiliarsicherheiten

1. Pfandrecht an beweglichen Sachen und Forderungen

a. Anwendungsbereich

Das Pfandrecht ist das vom Gesetzgeber vorgesehene Sicherungsmittel an beweglichen Sachen und Forderungen (§§ 1204 ff., 1273 ff. BGB). Der Nachteil des Pfandrechts besteht jedoch bei beweglichen Sachen darin, daß dem Sicherungsnehmer der Besitz an der Sache übergeben werden muß (§ 1205 BGB), während bei Forderungen die Verpfändung dem Schuldner der Forderung angezeigt werden muß (§ 1280 BGB). Beide Anforderungen widersprechen der wirtschaftlichen Praxis. Der Sicherungsgeber will mit den als Sicherheit zur Verfügung stehenden Sachen (z. B. Maschinen) wirtschaftlich agieren, der Forderungsinhaber will nicht offenlegen, daß zur Sicherung bestimmte Forderungen an einen Dritten, beispielsweise ein Kreditinstitut abgetreten sind.

Die Praxis bedient sich daher überwiegend der anderen, unten besprochenen Sicherungsformen. Bedeutung besitzt das rechtsgeschäftliche Pfandrecht neben der Tätigkeit von sogenannten Leihhäusern in gewissem Umfang weiterhin in der Bankpraxis. Kreditinstitute lassen sich die in ihrem Besitz befindlichen Wertpapiere und Wertgegenstände wie auch Guthaben auf Konten zur Sicherheit verpfänden. Daneben bestehen vielfache gesetzliche Pfandrechte wegen im Rahmen eines bestimmten Rechtsverhältnisses entstehender Forderungen. So steht beispielsweise dem Vermieter oder Verpächter ein Pfandrecht an den eingebrachten Sachen des Mieters/Pächters zu (§§ 559, 592 BGB). Weiter entsteht im Rahmen der Zwangsvollstreckung ein Pfändungspfandrecht des Vollstreckenden an den Sachen, Forderungen oder sonstigen Rechten, in die vollstreckt wird (§§ 808 ff., 828 ff., 857 ZPO). Sämtliche gesetzliche Pfandrechte entstehen ohne das Erfordernis besonderer Einigungen zwischen den Parteien.

b. Inhalt

Das Pfandrecht setzt das Bestehen einer zu sichernden Forderung voraus und erlischt auch mit dieser (§§ 1252, 1273 BGB). Es ist also ein **akzessorisches Sicherungsrecht**. Es haftet für Hauptforderung und Nebenforderungen wie Zinsen- und etwaige Vertragsstrafen (§ 1210 I 1 BGB). Die Akzessorietät des Pfandrechts drückt sich auch darin aus, daß mit Abtretung einer gesicherten Forderung das Pfandrecht mit übergeht (§ 401 BGB).

Das **rechtsgeschäftliche Pfandrecht an beweglichen Sachen** setzt eine Einigung über die Bestellung und die Besitzübergabe vom Eigentümer an den Sicherungsnehmer voraus. Eine bestimmte Form der Einigung ist nicht einzuhalten. Zwischen dem Pfandgläubiger und dem Verpfänder entsteht ein gesetzliches Schuldverhältnis, aufgrund dessen der Pfandgläubiger das Pfand u. a. ordnungsgemäß zu verwahren und es ordentlich zu behandeln hat (§§ 1215, 1217 BGB). Der Verpfänder hat auf der anderen Seite für die auf das Pfand gemachten Verwendungen (z. B. Erhaltungskosten) aufzukommen (§ 1216 BGB).

Das Pfandrecht an beweglichen Sachen wird durch Verkauf verwertet, der grundsätzlich im Wege der öffentlichen Versteigerung erfolgt (§§ 1285 I, 383 III BGB). Regelmäßig wird das Pfandrecht jedoch zunächst als Druckmittel gegenüber dem Verpfänder eingesetzt, um diesen zur Begleichung der gesicherten Forderung zu bewegen.

Das Pfandrecht an Rechten wird gemäß den zur Übertragung des jeweiligen Rechts geltenden Vorschriften bestellt (§ 1274 BGB), bei Forderungen bedeutet dies eine bloße Einigung über die Bestellung eines Pfandrechts (entsprechend § 398 BGB). Bei Forderungen ist weiter erforderlich, daß die Verpfändung dem Schuldner angezeigt werden muß. Um dieser Publizität auszuweichen, hat die Praxis die Sicherungsabtretung[14] entwickelt.

2. Sicherungsübereignung

a. Inhalt der Sicherungsübereignung

Die Sicherungsübereignung ist ein von der wirtschaftlichen Praxis entwickeltes, seit Jahrzehnten durch die Rechtsprechung als zulässig erachtetes Sicherungsmittel. Hintergrund dieser Entwicklung ist die Tatsache, daß das im Gesetz vorgesehene gesetzliche Pfandrecht in der Regel nur entsteht, wenn der Kreditgeber und

14 siehe unten unter C I 3

Sicherungsnehmer auch den unmittelbaren Besitz an der verpfändeten Sache erlangt hat (§ 1205 I 1 BGB). Das Pfandrecht ist daher in allen Fällen ökonomisch unsinnig, in denen der Sicherungsgeber mit den besicherten Gegenständen wirtschaftlich agieren will (Kraftfahrzeuge für den Betrieb; Rohstoffe für die Produktion; Lagerbestandteile für den Verkauf).

Mit der Sicherungsübereignung wird das Eigentum an dem Sicherungsgut durch den Sicherungsgeber auf den Sicherungsnehmer zur Sicherung bestimmter Forderungen übertragen, wobei der unmittelbare Besitz beim Sicherungsgeber verbleibt. Dies erfolgt mit der Maßgabe, daß der Sicherungsnehmer das Sicherungsgut nur unter bestimmten Bedingungen zur Befriedigung der gesicherten Forderung verlangen darf. Im Außenverhältnis wird der Sicherungsnehmer daher Eigentümer. Im Innenverhältnis unterliegt er jedoch den vertraglich vereinbarten Beschränkungen (Berechtigung zur Verwertung des Eigentums nur bei Nichtzahlung der Forderung; Verpflichtung zur Rückgewähr des Eigentums bei Fortfall des Sicherungszwecks, d. h. Erfüllung der Forderung)

Die Sicherungsübereignung ist somit ein Vertrag, korrekterweise zwei Verträge (ein dinglicher Übereignungsvertrag und ein schuldrechtlicher Vertrag, der die Sicherungsabrede enthält, die den schuldrechtlichen Zusammenhang zur gesicherten Forderung herstellt). Zumeist handeln hierbei die Bank als Sicherungsnehmer und der Kreditnehmer als Sicherungsgeber. Häufig stellen jedoch auch Dritte die Sicherheit. Auch kommt es – insbesondere bei Konsortialkrediten – vor, daß das Sicherungsgut nicht den kreditgebenden Banken, sondern einem Treuhänder oder einer Treuhandgesellschaft übereignet wird.

Vertragliche Struktur der Sicherungsübereignung

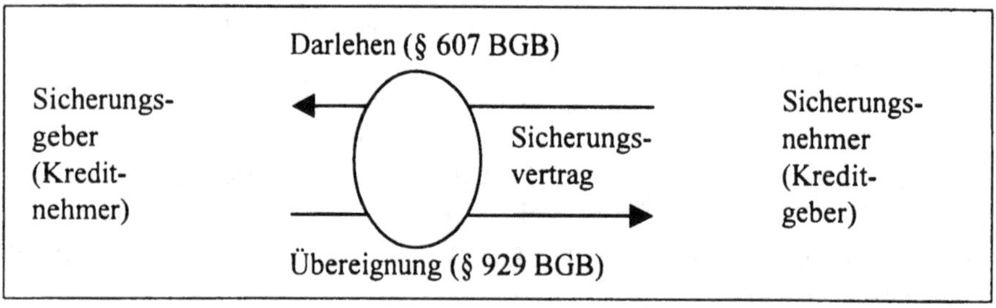

b. Gegenstand der Sicherungsübereignung

Gegenstand einer Sicherungsübereignung können grundsätzlich Sachen jeder Art sein. In der Praxis werden jedoch nur bewegliche Sachen wie Maschinen, Kraftfahrzeuge oder Waren sicherungsübereignet. Für Schiffe, die in Seeschiffahrts- oder Binnenschiffsregistern eingetragen sind, und Luftfahrzeuge besteht die Möglichkeit der Belastung mit Hypotheken oder Registerpfandrechten. Die Sicherungsübereignung von Segelbooten und Motoryachten kommt hingegen vor. Unbewegliche Sachen (Grundstücke) werden regelmäßig nicht sicherungsübereignet, da dies gesonderte Kosten auslösen würde (notarielle Kosten; u. U. Grunderwerbssteuer).

Bewegliche Sachen können nicht Gegenstand einer Sicherungsübereignung sein, wenn sie wesentlicher Bestandteil einer anderen Sache sind (§§ 93 – 95 BGB; fehlende Sonderrechtsfähigkeit). Wesentlicher Bestandteil ist eine Sache, wenn die Trennung zu einer erheblichen Vernichtung wirtschaftlicher Werte führen würde. Scheinbestandteile (§ 95 BGB; z. B. eine vorübergehend errichtete Lagerhalle) sind nicht als wesentliche Bestandteile anzusehen und können daher sicherungsübereignet werden. Zubehör (§ 97 BGB; z. B. Maschinen auf Fabrikgrundstück[15]) ist sonderrechtsfähig. Hier kann jedoch das Sicherungseigentum einer Bank von der Zubehörhaftung bei Grundpfandrechten beeinträchtigt sein (§ 1120 ff. BGB[16]).

c. Kollision mit anderen Sicherungsrechten

Ein Sicherungsgeber kann einen Gegenstand sicherungsübereignen, wenn er Eigentümer der als Sicherheit angebotenen Gegenstände ist. Da bei Sicherungsübereignungen der Sicherungsgeber unmittelbarer Besitzer bleibt, daher auch weiterhin wie ein Eigentümer auftreten kann und Sicherungsübereignungen häufig in Formularverträgen abgeschlossen werden, kommt es vor, daß Gegenstände „mehrfach" übereignet werden – im Verwertungsfall also mehrere Parteien Sicherungsrechte an bestimmten Gegenständen geltend machen. In der Praxis ist hierbei stets zunächst eine Analyse der Kollisionssituation unter Verwendung der folgenden „Kollisionsregeln" vorzunehmen. Da auch bei Anwendung dieser Regeln häufig noch viele Fragen offenbleiben, wird in der Praxis etwa im Rahmen einer Insolvenz zumeist eine gütliche Einigung der Beteiligten etwa zu Zwecke der Fortführung des Betriebs angestrebt.

Praktisch am relevantesten ist die Kollision mit einem Eigentumsvorbehalt. Gegenstände, die von einem Verkäufer unter Eigentumsvorbehalt erworben werden, bleiben bis zur vollständigen Zahlung des Kaufpreises im Eigentum des Verkäufers. Hier kann der Käufer als Sicherungsgeber das Eigentum nicht auf einen Sicherungsnehmer übertragen, da er gegenwärtig noch nicht Eigentümer ist. Im Falle einer Sicherungsübereignung kann daher der Sicherungsgeber nur sein Anwartschaftsrecht auf Eigentumserwerb übertragen. Im einzelnen kann es hierbei zu folgenden Kollisionen kommen:

– beim **einfachen Eigentumsvorbehalt** (§ 455 BGB) erwirbt der Sicherungsnehmer das Eigentum unmittelbar, wenn der Käufer den Kaufpreis bezahlt

– Bei Vereinbarung eines **Kontokorrentvorbehalts** (EV bleibt bestehen, bis alle Verbindlichkeiten aus der mit dem Käufer bestehenden Geschäftsverbindung befriedigt sind) oder eines **Konzernvorbehalts** (EV bleibt bestehen, bis die Verbindlichkeiten aller Konzernunternehmen getilgt sind), erwirbt der Sicherungsnehmer das Eigentum erst, wenn diese Tatbestände erfüllt sind.

---

15 umfangreiche Rechtsprechungsnachweise bei Palandt-Heinrichs, § 97, Rz 11 f.

16 siehe unten C II 8

Der Sicherungsnehmer übernimmt das Eigentum in seiner zum Zeitpunkt der Übertragung bestehenden Form. Etwaige vorher bestehende Sicherungsrechte (z. B. ein Vermieterpfandrecht) belasten das Sicherungseigentum.

d. Bestimmtheitsgrundsatz

Zur Rechtswirksamkeit der Sicherungsübereignung muß der übereignete Sicherungsgegenstand hinreichend individualisiert sein (**Bestimmtheitsgrundsatz**). Die bloße Bestimmbarkeit mittels außerhalb des Vertrages liegender Umstände genügt nicht (anders bei der Sicherungsabtretung; dort genügt Bestimmbarkeit). Erforderlich ist eine so genaue Bezeichnung im Vertrag, daß das Sicherungsgut allein anhand dieser Angaben eindeutig identifiziert werden kann (Die Formulierung: „Als Sicherheit werden drei von fünf Lkw an die Bank übereignet", ist nicht ausreichend; die genaue Bezeichnung der Fahrzeuge, Marke, Fahrgestellnummer, amtliches Kennzeichen wäre erforderlich).

Bei der **Sicherungsübereignung einer Vielzahl von Gegenständen**, z. B. Warenlagern kann die Sicherungsübereignung anhand der Angabe bestimmter Merkmale vorgenommen werden (Fabriknummer, Markierung). In der Praxis verbreitet ist der sogenannte **Raumsicherungsvertrag**[17], bei dem die erforderliche Bestimmtheit des Sicherungsgutes aufgrund der genauen Angabe des Ortes zu bejahen ist, an dem das Sicherungsgut sich befindet.

e. Rechtliche Anforderungen an eine wirksame Sicherungsübereignung

Die Sicherungsübereignung ist juristische eine **Eigentumsübertragung** (§§ 929 ff. BGB). Zum einen setzt sie daher eine Einigung zwischen Sicherungsgeber und Sicherungsnehmer über den Eigentumsübergang an dem Sicherungsgut voraus.

Nach sachenrechtlichen Prinzipien ist zum anderen eine Übergabe oder ein die Übergabe ersetzender Tatbestand erforderlich (Übergabesurrogat). Die Einräumung des Besitzes in Form der Übergabe gemäß § 929 BGB scheidet aus, da gerade die Einräumung des unmittelbaren Besitzes nicht den Bedürfnissen der Praxis entspricht (wirtschaftliche Verfügung über die sicherungsübereignete Sache). In der Praxis kommt daher die Vereinbarung eines **Besitzmittlungsverhältnisses**, d. h. eines rechtlich den faktischen Besitz ersetzenden Rechtsverhältnisses nach § 930 BGB (Verwahrungsvertrag, Leihe) oder, wenn das Sicherungsgut sich zur Zeit der Übereignung nicht im Besitz des Sicherungsgebers befindet, die Abtretung des Herausgabeanspruchs gemäß § 931 BGB in Betracht.

---

[17] Musterverträge sind beispielsweise abgedruckt bei Lwowski, Das Recht der Kreditsicherung

Regelfall der Sicherungsübereignung (Ware im Besitz des Sicherungsgebers)

> „Die A-GmbH überträgt hiermit das Eigentum an
>
> (Bezeichnung des Sicherungsguts)
>
> auf die B-Bank. Die Übergabe des Sicherungsgutes wird dadurch ersetzt, daß es der A-GmbH von der B-Bank zur leihweisen Benutzung überlassen wird."

Als Kausalgeschäft neben der dinglichen Übereignung muß eine Vereinbarung über den Sicherungszweck getroffen werden (**Zweckbestimmungsklausel**). In der Praxis ist diese Zweckbestimmungsklausel ein Bestandteil des Sicherungsvertrages, d. h. des schuldrechtlichen Vertrages, der die Verbindung von gesicherter Forderung und Sicherungsmittel herstellt. Es können im Rahmen dieser Klausel alle Forderungen aus der Geschäftsverbindung (weite Zweckbestimmung) oder auch nur Forderungen aus einem bestimmten Kredit vereinbart werden (enge Zweckbestimmung).

Weite Zweckbestimmungsklausel

> „Zur Sicherung aller bestehenden und künftigen – auch bedingten oder befristeten – Ansprüche, die der Bank und allen anderen Geschäftsstellen des Gesamtinstituts aus der Geschäftsverbindung (insbesondere aus laufender Rechnung und aus der Gewährung von Krediten jeder Art), aus Bürgschaften und aus abgetretenen oder kraft Gesetzes übergegangenen Forderungen sowie aus Wechseln (auch soweit diese von Dritten hereingegeben worden sind) gegen den Sicherungsgeber und/oder gegen ... zustehen, übereignet der Sicherungsgeber der Bank hiermit folgende Gegenstände (nachstehend „Sicherungsgut" genannt): ..."

Eine **Form** ist für die Sicherungsübereignung nicht vorgeschrieben. Aus Beweisgründen ist jedoch in der Bankpraxis Schriftform üblich. Von den Banken werden hierzu Formulare verwendet, die bei den einzelnen Sicherungsübereignungen Anwendung finden.

f. Beendigung der Sicherungsübereignung

In der Regel wird der Sicherungszweck gegenstandslos, wenn der **Kredit getilgt** ist. In diesem Fall hat der Sicherungsgeber einen Anspruch auf Rückübereignung. In der Bankpraxis ist dieser Anspruch detailliert in den verwendeten Formularen geregelt.

Das Sicherungseigentum erlischt ferner durch **Verwertung des Sicherungsgutes**. Dieser Fall ist ebenfalls in den von der Praxis verwendeten Formularen umfangreich geregelt. Danach ist die Bank berechtigt, das Sicherungsgut im Wege des freihändigen Verkaufs zu veräußern. Die Bank hat jedoch die Interessen des Sicherungsgebers an einer bestmöglichen Verwertung des Sicherungsgutes zu wahren. Häufig wird daher die Verwertung in Abstimmung mit dem Sicherungsgeber abgewickelt werden. Wird bei der Verwertung mehr erzielt, als zur Deckung der gesicherten Forderung erforderlich ist, ist der Mehrerlös an den Sicherungsgeber auszukehren.

3. Sicherungsabtretung

a. Rechtsgrundlagen der Sicherungsabtretung

Die Sicherungsabtretung zählt zu den nicht akzessorischen Sicherheiten und ist ein **durch jahrzehntelange Wirtschafts- und Rechtspraxis anerkanntes Institut**, das gesetzlich nicht besonders geregelt ist. Die Sicherungsabtretung oder auch -zession wurde entwickelt, da das im Gesetz als Sicherungsmittel an Forderungen vorgesehene Pfandrecht an Rechten (§§ 1273 ff. BGB) rechtswirksam nur mit Anzeige an den Drittschuldner bestellt werden kann (§ 1280 BGB). Zur Vermeidung dieser zumeist unerwünschten Publizität wurde – quasi parallel zur Sicherungsübereignung an Sachen – die Sicherungsabtretung an Forderungen und sonstigen Rechten entwickelt.

Die Sicherungsabtretung besteht aus zwei rechtlichen Bestandteilen; der **Abtretung der Forderung** (§§ 398 ff. BGB) und dem **Sicherungsvertrag**. Durch die Abtretung wird der Sicherungsnehmer juristischer Eigentümer der Forderung. Daneben wird schuldrechtlich vereinbart, daß er von dieser Eigentümerposition nur zur Befriedigung der gesicherten Forderung Gebrauch machen soll.

Vertragliche Struktur der Sicherungsabtretung:

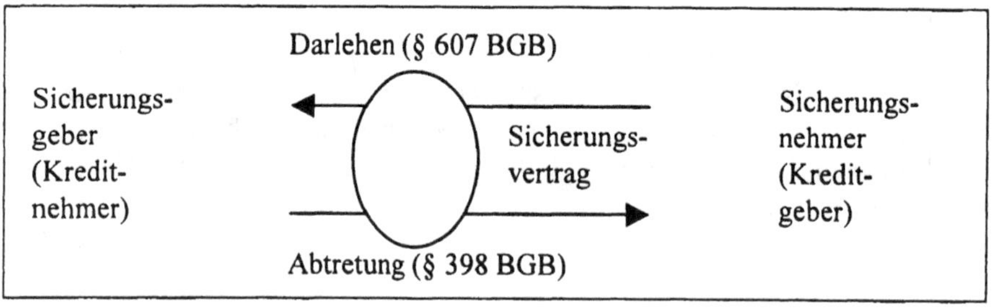

b. Sicherungsvertrag

Das Formular der Sicherungsabtretung enthält regelmäßig zwei rechtliche Elemente. Zum wird über die Abtretung der Forderung eine rechtliche Einigkeit erzielt (§ 398 BGB), zum anderen wird im Sicherungsvertrag im engeren Sinne die schuldrechtliche Rechtsposition des neuen Forderungsinhabers vereinbart (hier auch eine Zweckbestimmung, d. h. eine Benennung der gesicherten Forderung(en)).

Der Sicherungsvertrag bedarf zu seiner Rechtswirksamkeit grundsätzlich **keiner Form.** Banküblich ist jedoch Schriftform (aus Gründen der Beweissicherung; vgl. auch § 410 BGB).

In der Bankpraxis wird für Sicherungsabtretungen weitgehend **auf vorformulierte Texte** zurückgegriffen. Regelmäßig enthalten etwa persönliche Kredite Sicherungsabtretungen der Gehaltsansprüche. Weiter gibt es Sicherungsabtretungsformulare für Standardfallgruppen (z. B. Lebensversicherungsansprüche) sowie Musterverträge für andere Fälle, die dann jeweils einer individuelleren Ausgestaltung bedürfen.

c. Sicherungsgut

Sämtliche Forderungen können unabhängig von ihrem Rechtsgrund, dem Zeitpunkt ihres Entstehens und ihrer Fälligkeit abgetreten werden. Eine Abtretung kann sich auf einzelne Forderungen (Kaufpreisanspruch bzgl. des Verkaufs einer bestimmten Maschine) oder eine Mehrzahl von Forderungen (Globalzession) beziehen. Abtretbar sind sowohl gegenwärtige als auch künftige Forderungen. Die Abtretung einer künftigen Forderung wird zwar erst mit deren Entstehung wirksam, hat jedoch zur Folge, daß der Zessionar die Forderung auch dann unbelastet erwirbt, wenn zwischenzeitlich ein anderer Gläubiger den Versuch einer Pfändung unternimmt.

Forderungen sind nicht abtretbar, wenn die Abtretung durch Gesetz oder durch ein vertragliches Abtretungsverbot ausgeschlossen ist:

Gesetzliche Abtretungsverbote: Für bestimmte Forderungen hat der Gesetzgeber die Abtretbarkeit ausgeschlossen. Zumeist sind dies Ansprüche, die aus bestimmten, vor allem sozialen Gründen nur dem Forderungsinhaber zustehen sollen. Immer besteht ein Abtretungsverbot, wenn die Leistung an einen anderen als den ursprünglichen Gläubiger nicht ohne Veränderung des Inhalts der Leistung erfolgen kann (§ 399 1. Halbsatz BGB). Dies ist z. B. der Fall bei höchstpersönlichen Forderungen (z. B. Anspruch auf Gebrauchsüberlassung; Aufbaudarlehen; hier soll der persönlich Berechtigte geschützt werden).

Gesetzlich ausgeschlossen ist weiter die Abtretung unpfändbarer Forderungen (§ 400 BGB; z. B. des unpfändbaren Teils des Arbeitseinkommens, §§ 850 ff. ZPO; der unpfändbare Teil des Arbeitseinkommens soll allein dem Arbeitnehmer zu dessen Lebensunterhalt zustehen). Daneben gibt es auch noch eine Vielzahl von Sondervorschriften, die Abtretungsverbote enthalten.

Vertragliche Abtretungsverbote: Durch Vereinbarung zwischen dem ursprünglichen Gläubiger und dem Drittschuldner kann die Abtretbarkeit einer Forderung beschränkt werden (§ 399 2. Halbsatz BGB). Solche Vereinbarungen sind in der Praxis häufig und kommen vor in Form

- eines völligen Ausschlusses einer Abtretung
- einer Gestattung von Abtretungen nur mit Zustimmung des Drittschuldners und
- einer Zulassung von Abtretungen nur unter bestimmten sachlichen Voraussetzungen oder Formvorschriften (z. B. förmliche Anzeige an den Drittschuldner).

Vertragliche Abtretungsverbote sind jedoch unwirksam bei Geldforderungen, die aus beiderseitigen Handelsgeschäften unter Kaufleuten herrühren oder bei denen der Drittschuldner eine juristische Person des öffentlichen Rechts/ ein öffentliches Sondervermögen ist (§ 354 a HGB). Der Drittschuldner kann in diesem Fall jedoch bei einer Abtretung weiter wirksam an den ursprünglichen Gläubiger leisten (auch bei angezeigter Abtretung).

Der Umgang mit vertraglichen Abtretungsverboten ist in der Praxis häufig problematisch, da diese oft weder dem Sicherungsnehmer noch dem Sicherungsgeber bekannt sind. Es handelt sich zumeist nicht um Einzelvereinbarungen, sondern um Abtretungsverbote in Allgemeinen Geschäftsbedingungen (z. B. in Einkaufsbedingungen des Drittschuldners). Hier muß seitens der Sicherungsnehmer sorgfältig recherchiert werden; ggf. muß versucht werden, die Zustimmung des Drittschuldners einzuholen.

Neben Forderungen werden in der Kreditsicherungspraxis auch andere Rechte sicherungshalber abgetretenen (vor allem Grundpfandrechte und Gesellschaftsrechte; abtretbar sind weiter Patent- und Gebrauchsmusterrechte; Nutzungsrechte nach dem Urhebergesetz). Bereits bestellte Grundpfandrechte können zu Kreditsicherungszwecken ohne den Aufwand erneuter Bestellung zur Sicherung abgetreten werden. Praktisch bedeutsam ist hier aufgrund ihrer Abstraktheit die Grundschuld.

d. Drittschuldnerschutz

Durch die Sicherungsabtretung tritt derjenige, an den abgetreten wird (Zessionar), an die Stelle des bisherigen Gläubigers. Dieser Rechtsübergang hat zur Folge, daß der Drittschuldner dem Zessionar diejenigen **Einwendungen** entgegenhalten kann, die ihm zuvor gegen den bisherigen Gläubiger zustanden (§ 404 BGB). Dem Drittschuldner soll durch die Abtretung kein Rechtsnachteil entstehen. Folgende Einwände kommen hier in Betracht:

- Einrede des nicht erfüllten Vertrages (Sicherungsgeber hat dem Dritten Leistung noch nicht erbracht)
- Wandlung, Minderung als Folge von Leistungsstörungen
- Erfüllung, Stundung, Verjährung

In der Bankpraxis wird häufig versucht, vom Drittschuldner einen Verzicht auf seine Gegenrechte einzuholen. Üblicherweise geschieht dies durch Übersendung des Formulars für eine Abtretungsbestätigung.

e. Offenlegung der Abtretung

Regelfall der Abtretung ist die sogenannte stille Abtretung, bei der dem Drittschuldner die Abtretung zumindest zunächst noch nicht mitgeteilt wird. Der Sicherungsgeber wird bis auf Widerruf ermächtigt, die abgetretene Forderung in eigenem Namen einzuziehen. Dies ermöglicht es dem Sicherungsgeber, im Rechtsverkehr weiterhin als Inhaber dieser Forderung aufzutreten.

Eine stille Abtretung ist nicht möglich, wenn die Abtretung nach einem vertraglichen Abtretungsverbot anzeige- oder zustimmungspflichtig ist, es sei denn, es handelt sich um Forderungen aus beiderseitigen Handelsgeschäften unter Kaufleuten oder bei denen der Drittschuldner die öffentliche Hand ist (§ 354 a HGB).

Eine stille Abtretung birgt Risiken in sich:

– der Drittschuldner kann bis zur Kenntnis der Abtretung befreiend an den Sicherungsgeber leisten (§ 407 BGB)

– der Sicherungsgeber kann mit dem Drittschuldner Vereinbarungen über die Forderung treffen, die sich der Sicherungsnehmer entgegenhalten lassen muß (bis zum Erlaß)

– der Sicherungsgeber kann Forderungserlöse abredewidrig verwenden

Banken behalten es sich regelmäßig vor, eine Sicherungsabtretung dem Drittschuldner **„nach billigem Ermessen"** anzuzeigen. Regelmäßig darf eine Bank eine Zession nicht ohne vorherige Kontaktaufnahme mit dem Sicherungsgeber offenlegen. Entbehrlich ist dies nur bei einem Recht zur fristlosen Kündigung des Kredits. Zum Teil lassen sich Banken bei Abschluß des Sicherungsvertrags formularmäßige Blanko-Benachrichtigungsschreiben vom Sicherungsgeber unterzeichnen, die später versandt werden können.

f. Zessionsformen

Die **Einzelabtretung** ist in der Praxis selten. Erforderlich ist hier einzelne, im Sicherungsvertrag nach Betrag, Rechnungsnummer und Drittschuldner jeweils gesondert bezeichnete Forderungen.

Häufigste Form der Abtretung ist die **Globalzession**. Üblicherweise werden sämtliche gegenwärtigen und künftigen Ansprüche gegen entsprechend bezeichnete oder alle Drittschuldner abgetreten.

„Sämtliche gegenwärtigen und künftigen Forderungen aus Warenlieferungen und Leistungen gegen alle Kunden mit den Anfangsbuchstaben M – R".

Bei einer solchen Globalzession genügt – anders als bei der Sicherungsübereignung[18] – die **Bestimmbarkeit** der abgetretenen Forderungen. Unter Heranziehung weiterer Unterlagen, wie beispielsweise der Kundenlisten, müssen die im einzelnen abgetretenen Forderungen bestimmt werden können.

II. Immobiliarsicherheiten

1. Allgemeines

Immobiliarsicherheiten, auch Grundpfandrechte genannt, sind dingliche Belastungen an Grundstücken. Sie geben dem Inhaber ein dingliches Verwertungsrecht, d.h. die Befugnis, zur Befriedigung seiner Forderung unmittelbar auf das

---

18 vgl. oben B I 2d

belastete Grundstück zuzugreifen, falls er nicht anderweitig befriedigt wird. Dies geschieht durch Zwangsversteigerung und/oder Zwangsverwaltung. Der Eigentümer des belasteten Grundstücks schuldet dem Inhaber des Grundpfandrechts nichts. Er haftet nur mit seinem belasteten Grundstück, nicht aber mit seinem sonstigen Vermögen. Diese Haftung mit dem Grundstück ist der Grund für die Bedeutung von Grundpfandrechten. Personalsicherheiten hängen in ihrer Qualität als Sicherungsmittel von der Leistungsfähigkeit der haftenden Person ab. Mobiliarsicherheiten leiden generell an einem schnellen Wertverlust der besicherten Sache (sicherungsübereignete Maschinen verlieren beispielsweise schnell an Wert). Auch bei Grundstücken besteht ein gewisses Risiko des Wertverlusts. Dieses ist jedoch im Vergleich zu beweglichen Sachen gering. Oberstes Ansinnen jedes Kreditgebers ist es daher, eine Immobiliarsicherheit zu erhalten.

Zwei Immobiliarsicherheiten besitzen heute noch eine Bedeutung: die Hypothek und die (Sicherungs-)Grundschuld. Die im BGB ebenfalls geregelte Rentenschuld hat inzwischen jede praktische Bedeutung verloren. Auch die Hypothek kommt in der Praxis nur noch vor, wenn gesetzlich die Eintragung einer Hypothek vorgeschrieben ist (wie etwa im Rahmen der Zwangsvollstreckung in ein Grundstück im Wege der Eintragung einer Sicherungshypothek gemäß §§ 866 ff. ZPO).

2. Hypothek

Die Hypothek ist die Belastung eines Grundstücks in der Weise, daß an den Begünstigten eine bestimmte Geldsumme zur Befriedigung einer ihm zustehenden Forderung aus dem Grundstück zu zahlen ist, § 1113 I BGB. Die Hypothek ist in ihrem Bestand abhängig von einer zu sichernden Forderung. Entsteht keine Forderung, kann auch keine Hypothek entstehen (**Akzessorietät**). Trotz der Verdrängung der Hypothek in der Bankpraxis durch die Sicherungsgrundschuld sind die rechtlichen Regelungen für Hypotheken weiterhin bedeutsam, da für die Grundschuld weitgehend auf sie verwiesen wird, § 1192 I BGB.

3. Grundschuld

Bei der Grundschuld fehlt die rechtliche Verbindung mit der besicherten Forderung. Das Grundstück wird abstrakt belastet. Sämtliche Vorschriften des Hypothekenrechts, die auf der Abhängigkeit der gesicherten Forderung beruhen, bleiben daher außer Betracht. Die übrigen Vorschriften des Hypothekenrechts hingegen finden entsprechende Anwendung, § 1192 BGB. Für den Bestand der Grundschuld ist es unerheblich, ob die zu besichernde Forderung entstanden ist oder ob sie erfüllt wurde. Auch ist ein Auswechseln der Forderung einfach möglich. Aufgrund dieser Flexibilität hat die Grundschuld die Hypothek in der Bankpraxis weitgehend verdrängt.

Die Grundschuld kann als **Brief- oder Buchgrundschuld** bestellt werden. Bei der Briefhypothek wird neben der Eintragung ins Grundbuch noch ein sogenannter

Brief erteilt. Bei der Briefgrundschuld ist aufgrund der leichteren Übertragbarkeit die Verkehrsfähigkeit erhöht. Die Briefhypothek ist der gesetzliche Regelfall (§ 1116 I BGB) und auch gängige Praxis.

Eine Grundschuld kann auch für den Grundstückseigentümer bestellt werden und kommt in diesem Fall als **Eigentümergrundschuld** zur Entstehung (§ 1196 I BGB). Die Bestellung einer solchen Eigentümergrundschuld kann sinnvoll sein, weil der Eigentümer sich auf diese Weise ein rangbeständiges Sicherungsmittel selbst vorbehalten kann. Wenn die Eigentümergrundschuld als Briefgrundschuld begründet wird, kann darüber hinaus durch Abtretung der Ansprüche aus der Briefgrundschuld grundpfandrechtlich gesicherter Kredit in Anspruch genommen werden, ohne daß dies aus dem Grundbuch ersichtlich wird. Eine solche treuhänderische Übertragung einer Eigentümergrundschuld ist heute das bevorzugte Mittel, um kurz- und mittelfristige Kredite durch ein Grundpfandrecht abzusichern.

4. Entstehung der Grundpfandrechte

Grundpfandrechte entstehen entsprechend den sachenrechtlichen Grundprinzipien durch **Einigung und Eintragung**, § 873 BGB. Die Einigung ist grundsätzlich formlos möglich. Das Grundbuchamt nimmt jedoch Eintragungen nur auf Antrag vor, wenn derjenige, dessen Recht durch die Eintragung betroffen wird, diese bewilligt (§ 19 GBO). Diese Bewilligung des Grundstückseigentümers ist dem Grundbuchamt in öffentlich beglaubigter Form nachzuweisen (§ 29 I GBO). In der Praxis werden daher Verträge zur Bestellung von Grundpfandrechten notariell abgeschlossen.

Bei der **Hypothek** müssen aus der Eintragung im Grundbuch Gläubiger und Schuldner der zu sichernden Forderung, der Forderungsbetrag, ggf. der Zinssatz sowie der Schuldgrund ersichtlich sein (§ 1115 I BGB). Weiter ist das **Bestehen einer Forderung** erforderlich (ansonsten entsteht eine Eigentümergrundschuld, §§ 1163 I S. 1, 1177 I BGB).

Bei der **Sicherungsgrundschuld** ist weder der Sicherungszweck[19] noch die gesicherte Forderung einzutragen. Allein die aus dem Grundstück geschuldete Geldsumme sowie der Zinssatz ist einzutragen. Eine Abhängigkeit von der gesicherten Forderung läßt sich also durch Eintragung ins Grundbuch nicht herstellen.

Bei der **Briefhypothek oder -grundschuld** ist darüber hinaus noch die Übergabe des Hypothekenbriefs durch den Eigentümer an den neuen Gläubiger erforderlich (§ 1117 I S. 1 BGB). Der Hypothekenbrief wird vom Grundbuchamt nach Eintragung der Hypothek ausgestellt und dem Eigentümer übergeben (§ 60 GBO). Üblich ist eine sogenannte **Aushändigungsabrede** (§ 1117 II BGB), wonach der Gläubiger berechtigt ist, sich den Brief vom Grundbuchamt aushändigen zu lassen. Eine **Buchgrundschuld** entsteht aufgrund der Abstraktheit der Grundschuld mit Einigung und Eintragung im Grundbuch.

---

19 BGH, NJW 1986, 53; Palandt-Bassenge, BGB-Kurzkommentar, § 1191, Rz 13

5. Übertragung der Grundpfandrechte

Bei der Übertragung von Grundpfandrechten ist primär zwischen Buch- und Briefrechten zu unterscheiden. Hypothek und Grundschuld unterscheiden sich hier nur insoweit, als daß die Einigung sich bei der Hypothek neben dem Grundpfandrecht auch auf die Forderung erstrecken muß.

Bei **Buchhypothek oder Buchgrundschuld** bedarf es einer Einigung zwischen Alt- und Neugläubiger über den Rechtsübergang und der Eintragung des Rechtsübergangs im Grundbuch. Die Einigung ist nicht formbedürftig (§§ 873, 1154 III BGB); die Grundbucheintragung bedarf der Bewilligung des Altgläubigers (§§ 19, 29 GBO).

Bei **Briefrechten** kann die Übertragung durch **schriftliche Abtretungserklärung** und Übergabe des Hypotheken bzw. Grundschuldbriefs erfolgen (**Rechtsübergang außerhalb des Grundbuchs**). Für die Abtretungserklärung genügt nach § 1154 I S. 1 BGB einfache Schriftform. Für den Abtretungsempfänger (Zessionar) empfiehlt es sich jedoch, eine öffentlich beglaubigte Abtretungserklärung zu verlangen (§ 1154 I S. 2 BGB), weil er nur dann die Rechtsposition erlangt, die er bei Eintragung in das Grundbuch hätte (§§ 1155, 1160, 1161 BGB). Die Abtretung von Briefrechten kann auch im Grundbuch vollzogen werden. In diesem Fall wird der Neugläubiger vom Gericht über Vollstreckungsmaßnahmen informiert. In diesem Fall muß die Abtretung nicht schriftlich erklärt werden (§ 1154 II BGB).

6. Unterwerfungsklausel

Ein Eigentümer muß gemäß §§ 1147, 1192 BGB die Zwangsvollstreckung durch den Grundschuldgläubiger dulden. Voraussetzung ist jedoch das Vorliegen eines dinglichen Titels. Ein solcher kann erwirkt werden, indem der Eigentümer in einem gesonderten Prozeß auf Duldung der Zwangsvollstreckung verklagt wird. Dies ist jedoch mit einem erheblichen Kosten- und Zeitaufwand verbunden. In der Regel wird der Grundbuchgläubiger daher bereits bei Grundschuldbestellung verlangen, daß der Eigentümer sich in einer vollstreckbaren Urkunde der sofortigen Zwangsvollstreckung in das Grundstück unterwirft. Aus einer solchen **dinglichen Unterwerfungsklausel** kann unmittelbar vollstreckt werden, § 794 I Ziff. 5 ZPO. Bei einer Eintragung im Grundbuch wirkt diese Unterwerfung auch gegen mögliche Rechtsnachfolger, d. h. neue Eigentümer des Grundstücks, § 800 ZPO.

Dingliche Unterwerfungsklausel

„Der Besteller unterwirft sich wegen des Grundschuldbetrages und der Zinsen der sofortigen Zwangsvollstreckung in der Weise, daß die Zwangsvollstreckung aus dieser Urkunde gegen den jeweiligen Eigentümer zulässig ist“.

7. Zweckbestimmungserklärung

Der – nach der gesetzlichen Konzeption nicht vorhandene – rechtliche Zusammenhang von Grundschuld und zu sichernder Forderung wird schuldrechtlich durch die sogenannte Zweckbestimmungserklärung erreicht. Diese Zweckbestimmungserklärung wird auch Sicherungsabrede genannt und ist in Praxis ein Bestandteil des formularmäßigen Sicherungsvertrages.

Wesentlicher Inhalt ist die **Festlegung der Forderungen**, die durch die Grundschuld abgesichert werden sollen. Möglich ist hier die Sicherung bestimmter Forderungen („enger Sicherungszweck") oder einer Vielzahl von Forderungen („weiter Sicherungszweck"; z. B. „zur Sicherung aller bestehenden und künftigen – auch bedingten oder befristeten – Ansprüche aus der Geschäftsverbindung")

Weiter wird festgelegt, welche **Ansprüche dem Eigentümer gegen den Inhaber der Grundschuld** zustehen, wenn keine zu sichernden Forderungen mehr bestehen. Üblich ist die Formulierung, daß der Eigentümer die Umschreibung oder Löschung erst verlangen kann, wenn alle gesicherten Forderung erloschen sind und außerdem feststeht, daß neue Ansprüche nicht mehr entstehen können.

In der Zweckbestimmungserklärung wird auch festgelegt, daß die Grundschuld nur geltend gemacht werden kann, wenn und soweit die gesicherte Forderung besteht und fällig ist, und daß der Gläubiger die Grundschuld nur zusammen mit der Forderung abtreten darf.

Vertragliche Struktur der Sicherungsgrundschuld

8. Haftungsumfang

Primärer Haftungsgegenstand des Grundpfandrechts ist das Grundstück selbst. Gemäß § 1120 BGB erstrecken sich die Grundpfandrechte außerdem auf die vom Grundstück getrennten Erzeugnisse und sonstigen Bestandteile, soweit sie nicht mit der Trennung in das Eigentum eines anderen als des Eigentümers oder Eigenbesitzers des Grundstücks gelangt sind, sowie auf das Grundstückszubehör mit Ausnahme derjenigen Zubehörstücke, die nicht Eigentum des Grundstückseigentümers geworden sind.

Wesentliche Bestandteile eines Grundstücks sind gem. § 94 BGB die auf diesem errichteten Gebäude, einschließlich der zu deren Herstellung eingefügten Sachen (z. B. Fahrstuhlanlagen, Öltanks), sonstige mit Grund und Boden fest verbundene Sachen (z.B. Generatoren eines Kraftwerks) sowie die noch mit dem Boden zusammenhängenden Erzeugnisse.

Zubehör sind bewegliche Sachen, die, ohne Bestandteile der Hauptsache zu sein, deren wirtschaftlichem Zweck zu dienen bestimmt sind und zu ihr in einem dieser Bestimmung entsprechenden räumlichen Verhältnis stehen (§ 97 I BGB). Entscheidend ist, daß zur Bestimmung der Zubehöreigenschaft nach der Verkehrsanschauung die Unterordnung unter den jeweiligen Zweck der Hauptsache, d.h. hier des Grundstücks bzw. des Gebäudes, zu bestimmen ist. So ist etwa die aus serienmäßigen Einzelteilen hergestellte Kücheneinrichtung Bestandteil eines Wohnhauses[20], da eine Küche nach der Verkehrsanschauung dem Zweck des Wohnens dient.

Erzeugnisse, Bestandteile oder Zubehörstücke, die **veräußert oder vom Grundstück entfernt** werden, werden von der grundpfandrechtlichen Haftung frei (§ 1121 BGB). Ist das Grundstück **vermietet oder verpachtet**, erstreckt sich die Haftung auch auf die Miet- bzw. Pachtzinsforderungen (§ 1123 BGB). Entsprechendes gilt für Ansprüche auf **wiederkehrende Leistungen** (§ 1126 BGB) und **Forderungen gegen Versicherer** (§ 1127ff. BGB).

9. Tilgung

Bei der Tilgung einer Grundschuld ist grundsätzlich zu unterscheiden, ob der Grundstückseigentümer identisch mit dem persönlichen Schuldner ist und ob auf die Grundschuld oder die Forderung gezahlt wird.

Bei der **Identität von Schuldner- und Eigentümer** kommt es darauf an, worauf sich die Zahlung richtet, d.h. auf die Tilgungsbestimmung.

– Bei **Zahlung auf die Grundschuld** geht diese als Eigentümergrundschuld auf den Eigentümer über. Das Ergebnis ist hier unstrittig, die Begründung jedoch unterschiedlich. So wird dieser Übergang sowohl durch eine entsprechende Anwendung des § 1163 I S. 2 BGB, der §§ 1142, 1143 BGB oder der §§ 1168, 1170, 1171 BGB begründet[21]. Nach dem Zweck der Sicherungsabrede erlischt bei Zahlungen auf die Grundschuld auch grundsätzlich die gesicherte Forderung, sofern Eigentümer und persönlicher Schuldner identisch sind.

– Die **Zahlung auf die Forderung** führt zu deren Erlöschen (§ 362 BGB). Die Grundschuld jedoch erlöscht nicht. Auch geht sie nicht kraft Gesetzes auf den Eigentümer über. Sie bleibt als Fremdgrundschuld beim bisherigen Gläubiger. Aus der Sicherungsabrede entstehen jedoch schuldrechtliche Rückübertragungsansprüche. Rechtsgrundlage ist der Sicherungsvertrag, d.h. konkret die Zweckbestimmungserklärung im Sicherungsvertrag oder § 812 I BGB. Dieser Rückgewährsanspruch kann nach Wahl des Sicherungsgebers im **Verzicht** des bisherigen Gläubigers auf die Grundschuld, in deren **Abtretung** an den Sicherungsgeber oder einen von ihm benannten Dritten oder in der **Löschung** der Grundschuld im Grundbuch bestehen.

---

20 BGH, NJW-RR 1990, 586

21 vgl. zu diesem Streit Weber, Kreditsicherheiten, § 13 IV; BGHZ 97, 280

– In Grundschuldbestellungsurkunden ist regelmäßig vereinbart, daß Zahlungen stets auf die Forderung verrechnet werden sollen, da Banken das Entstehen einer Eigentümergrundschuld durch Zahlung auf die Grundschuld vermeiden wollen.

Bei einem **Auseinanderfallen von Eigentümer und persönlichem Schuldner** ist ebenfalls nach der Tilgungsbestimmung zu differenzieren.

– Bei **Zahlung auf die Grundschuld** bleibt die Forderung bestehen, wenn der mit dem Schuldner nicht identische Eigentümer zahlt[22]. Ein gesetzlicher Forderungsübergang findet nicht statt. Der zahlende Eigentümer kann jedoch vom Gläubiger aufgrund des Sicherungsvertrags die Abtretung der gegen den Schuldner gerichteten Forderung verlangen. Der Gläubiger handelt treuwidrig, wenn er die Forderung geltend macht, obwohl er den Betrag bereits aus der Grundschuld erhalten hat[23].

– Wird **auf die Forderung gezahlt**, erlischt diese (§ 362 I BGB). Die Grundschuld dagegen bleibt als (Fremd-)Grundschuld beim Gläubiger bestehen.

Tilgung der Grundschuld

Eigentümer gleich persönlichem Schuldner	
Zahlung auf Grundschuld	**Zahlung auf Forderung**
Grundschuld wird Eigentümergrundschuld	Grundschuld bleibt bestehen Rückübertragungsanspruch
Forderung erlischt	Forderung erlischt

Eigentümer nicht persönlicher Schuldner	
Zahlung auf Grundschuld	**Zahlung auf Forderung**
Grundschuld wird Eigentümergrundschuld	Grundschuld bleibt bestehen (Fremdgrundschuld)
Forderung bleibt bestehen (Übertragungsanspruch, Geltendmachung treuwidrig)	Forderung erlischt

Vertiefungsliteratur

Obige Ausführungen sollen als ein erster Einstieg in das Recht der Kreditsicherheiten verstanden werden. Bestimmte Problembereiche wurden bewußt aus-

22 BGH NJW 1987, 838
23 BGHZ 105, 154, 157

gelassen, so beispielsweise Fragen der Kollision von Sicherungsrechten sowie auch Fragen des gutgläubigen Erwerbs von Sicherungsrechten. Zur Vertiefung sämtlicher Fragen seien folgende Lehrbücher empfohlen:

Lwowski, Das Recht der Kreditsicherung, 8. Auflage 2000
Weber, Kreditsicherheiten, Recht der Sicherungsgeschäfte, 6. Aufl. 1998
Wolf, Sachenrecht, 15. Aufl. 1999

Irmgard Küfner-Schmitt

Spielregeln für die Arbeitswelt: Arbeitsrecht

A. Einführung

I. Begriff

Unser heutiges Arbeitsrecht hat sich historisch entwickelt zum Schutz der Arbeitnehmer im abhängigen Arbeitsverhältnis. Auslösender Faktor für die Entwicklung des Arbeitsrechts war die im 19. Jahrhundert einsetzende Industrialisierung und die damit verbundenen sozialen Verhältnisse[1]. Das Arbeitsrecht wird deshalb definiert als das

Sonderrecht der unselbständigen Arbeitnehmer.

Es regelt die Rechtsbeziehungen zwischen Arbeitnehmern und Arbeitgebern, das Recht der Organisationen (Koalitionen) der Arbeitnehmer und Arbeitgeber und deren Verhältnis zueinander, staatlichen Schutz der Arbeitnehmer vor Gefahren am Arbeitsplatz sowie das Recht des arbeitsgerichtlichen Verfahrens.

Individualarbeitsrecht	**Kollektivarbeitsrecht**	**Arbeitsschutzrecht**	**Arbeitsgerichtsbarkeit**
Arbeitsvertragsrecht	– Arbeitskampfrecht – Tarifvertragsrecht – Betriebsverfassungsrecht – Recht des Sprecherausschusses	– technischer Arbeitsschutz – sozialer Arbeitsschutz	– Arbeitsgerichte – Landesarbeitsgerichte – Bundesarbeitsgericht
– § 611 ff. BGB – zahlreiche Schutzgesetze (z. B. NachWG, BUrlG, EFZG, ArbZG, KSchG)	– Art. 9 GG – TVG – BetrVG – SprAuG	– zahlreiche Schutzgesetze (z. B. JArbSchG, MuSchG, ArbSiG)	– ArbGG – ZPO

[1] Vgl. zur Geschichte des Arbeitsrechts Zöllner/Loritz, a.a.O., § 3.

II. Rechtsquellen

Das Arbeitsrecht ist ein Rechtsgebiet, das sich nicht auf eine einheitliche Kodifikation[2] beschränkt (wie z. B. das Sozialrecht auf das Sozialgesetzbuch). Das Arbeitsrecht ist vielmehr verstreut auf eine Vielzahl von Rechtsquellen. Dabei gilt grundsätzlich das Rangprinzip, d. h. die ranghöhere Rechtsquelle geht der rangniedrigeren Rechtsquelle vor.

Internationales und supranationales Recht
Grundgesetz
Bundes- und Landesgesetze
Verordnungen
Tarifverträge
Betriebsvereinbarungen
Arbeitsverträge
Gesamtzusage, betriebliche Übung
Weisungsrecht

1. Internationales und supranationales Recht

Beim internationalen Recht handelt es sich um Kollisionsnormen zur Ermittlung des einschlägigen nationalen Rechts, sofern ein arbeitsrechtlicher Sachverhalt Bezug zu mehreren Staaten hat[3].

Zum supranationalen Recht gehören neben dem Europarecht allgemeine völkerrechtliche Verträge, wie die Europäische Sozialcharta und die Europäische Menschenrechtskonvention sowie die Übereinkommen der International Labour Organisation (ILO)[4].

Das Europarecht hat den größten und vielfältigsten Einfluß auf unser nationales Arbeitsrecht. Neben dem primären Gemeinschaftsrecht (Gemeinschaftsverträge) wirkt das europäische Recht insbesondere über das sekundäre Gemeinschaftsrecht, die Verordnungen und Richtlinien, auf das deutsche Arbeitsrecht ein.

Der EG-Vertrag selbst enthält kaum materiell-rechtliche Regelungen arbeitsrechtlichen Inhalts. Zu nennen sind allerdings die Art. 39ff. (Freizügigkeit) und Art. 141 (Lohngleichheit von Männern und Frauen).

---

2 Es liegen allerdings Gesetzesentwürfe für ein einheitliches Arbeitsvertragsrecht vor, so der Entwurf des Freistaats Sachsen, BR-Drucks. 293/95 und des Landes Brandenburg, BR-Drucks. 671/96.

3 Vgl. zum Internationalen Arbeitsrecht u. a. Zöllner/Loritz, a.a.O. § 9 III.

4 Die ILO erarbeitet Übereinkommen, die von den einzelnen Mitgliedstaaten noch ratifiziert werden müssen und die Schaffung von menschengerechten Arbeitsbedingungen zum Ziel haben. Deutschland ist seit 1951 Mitglied der ILO.

Größeren Einfluß auf das deutsche Arbeitsrecht haben bereits die unmittelbar geltenden Verordnungen[5] und insbesondere die Richtlinien, die kein unmittelbar in den einzelnen Nationalstaaten geltendes Recht sind, sondern nur hinsichtlich ihrer Ziele verbindlich sind und erst noch der Umsetzung bedürfen[6]. Es sind eine Vielzahl von Richtlinien arbeitsrechtlichen Inhalts erlassen worden, die größtenteils umgesetzt wurden, teilweise allerdings noch umgesetzt werden müssen.

Die Auslegung der Richtlinien und ihre fristgerechte und zielgerechte Umsetzung sind immer wieder Gegenstand der Rechtsprechung des Europäischen Gerichtshofs (EuGH)[7]. Meist wird der EuGH im Wege eines sogn. Vorabentscheidungsverfahrens von den nationalen Gerichten angerufen, wenn diese Zweifel hinsichtlich der Auslegung des Gemeinschaftsrechts haben (Art. 234 EGV). An die Interpretation des EuGH sind die nationalen Gerichte dann gebunden.

2. Grundgesetz

Das Grundgesetz geht allen anderen nationalen Rechtsquellen vor. Verstößt eine rangniedrigere Rechtsquelle gegen das Grundgesetz, so ist sie nichtig. In dieser Hinsicht besteht keine arbeitsrechtliche Besonderheit gegenüber dem sonstigen Recht.

Normen arbeitsrechtlichen Inhalts findet man auf den ersten Blick nur wenige[8], so etwa das Sozialstaatsprinzip (Art. 20, 28 GG) oder die Kompetenznormen (Art. 74 Nr. 12, Art. 73 Nr. 8 GG) und natürlich Art. 9 Abs. 3 GG, der die Koalitionsfreiheit gewährt und Basis der gesamten Rechtsprechung zum Arbeitskampf-

---

5 Z. B. die Verordnung 1612/68/EWG über die Freizügigkeit der Arbeitnehmer (Abl. Nr. L 257/2).

6 Bei nicht fristgerechter Umsetzung sollen die Richtlinien nach der Rechtsprechung des EuGH ausnahmsweise dann unmittelbare Wirkung für einzelne Bürger gegenüber dem Staat (Über- Unterordnungsverhältnis) entfalten, wenn die in der Richtlinie enthaltene Verpflichtung eindeutig und unbedingt ist und es zu ihrer Anwendung keines Ausführungsaktes mehr bedarf. Dies gilt auch für die Arbeitsverhältnisse im öffentlichen Dienst, da hier der Staat Vertragspartei ist, jedoch nicht für das horizontale Verhältnis des privaten Arbeitgebers zu seinem Arbeitnehmer.

7 Eine Reihe von Vorabentscheidungsverfahren sind z. B. zu der Richtlinie 77/187/EWG (Abl. Nr. L 61/26) betreffend der Wahrung der Ansprüche der Arbeitnehmer beim Übergang von Unternehmen, Betrieben und Betriebsteilen ergangen. Diese Richtlinie wurde durch § 613 a BGB umgesetzt, wobei lange fraglich war, wann ein Betriebsübergang vorliegt.

Eine gewisse Berühmtheit hat auch die Richtlinie 76/207/EWG (Abl. Nr. L 39/40) zur Verwirklichung des Grundsatzes der Gleichberechtigung von Männern und Frauen hinsichtlich des Zugangs zu Beschäftigung, zur Berufsbildung, zum beruflichen Aufstieg, sowie in Bezug auf die Arbeitsbedingungen erlangt. Diese Richtlinie ist durch § 611 a BGB umgesetzt worden. Der in § 611 a BGB enthaltene Schadensersatzanspruch mußte auf Grund der Rechtsprechung des EuGH jedoch mehrfach nachgebessert werden, zuletzt EuGH „Draehmpahl" AP Nr. 13 zu § 611 a BGB.

8 Im Gegensatz zur Weimarer Verfassung, die einen eigenen Abschnitt über die Arbeits- und Wirtschaftsverfassung enthielt.

recht ist. Darüber hinaus wirken die weiteren Grundrechte auch auf das Arbeitsrecht ein. Umstritten war jedoch lange Zeit, wie die Grundrechte im Arbeitsrecht wirken, denn historisch gesehen waren die Grundrechte Abwehrrechte des Bürgers gegenüber dem Staat. Vertreten wurde die Lehre von der „unmittelbaren Drittwirkung“ der Grundrechte und von der „mittelbaren Drittwirkung“.

Das BAG war früher von einer unmittelbaren Geltung der Grundrechte ausgegangen[9], mit der Folge, daß die Grundrechte als Verbotsgesetze i.S.d. § 134 BGB anzusehen waren. Demgegenüber hatte das BVerfG[10] und die h.M. nur eine mittelbare Geltung der Grundrechte über die Generalklauseln des Zivilrechts angenommen. Das BAG ist von seiner Ansicht zwar nicht ausdrücklich abgewichen, neuere Entscheidungen lassen jedoch erkennen, daß auch das BAG nunmehr die Grundrechte nur mittelbar anwendet[11], d. h. zur Interpretation und Auslegung der Generalklauseln des Zivilrechts (§§ 138, 242, 315 BGB) heranzieht. So sind z. B. die sogn. „Zölibatsklauseln“, die dem Arbeitgeber bei Eheschließung die Beendigung des Arbeitsverhältnisses ermöglichen sollen gem. § 138 BGB sittenwidrig, wobei zur Feststellung der Sittenwidrigkeit Art. 6 GG herangezogen wird, der Ehe und Familie unter besonderen Schutz stellt[12].

Art. 9 Abs. 3 GG kommt allerdings unmittelbare Bedeutung zu, mit der Folge, daß Abreden, die die Koalitionsfreiheit beschränken, nichtig sind. Dies ergibt sich aber aus der Norm selbst.

3. Bundes- und Landesgesetze

Das Arbeitsrecht ist gem. Art. 74 Nr. 12 GG Gegenstand der konkurrierenden Gesetzgebung, d. h. der Bund hat in diesem Bereich das Gesetzgebungsrecht, „wenn und soweit die Herstellung gleichwertiger Lebensverhältnisse im Bundesgebiet oder die Wahrung der Rechts- und Wirtschaftseinheit im gesamtstaatlichen Interesse eine bundesgesetzliche Regelung erforderlich macht“ (Art. 72 Abs. 2 GG). Da im Arbeitsrecht fast immer ein solches Bedürfnis nach einer bundeseinheitlichen Regelung besteht, ist das Arbeitsrecht fast ausschließlich Bundesrecht. Landesrechtliche Regelungen mit arbeitsrechtlicher Bedeutung sind die jeweiligen Feiertagsregelungen, da Arbeitnehmer gem. § 2 EFZG Anspruch auf Feiertagsentgelt haben. Daneben gibt es länderunterschiedliche Bildungsurlaubsgesetze.

Hinsichtlich des Gesetzesrechts ist zwischen zwingenden Normen, tarifdispositiven Normen und parteidispositiven Normen zu unterscheiden. Ob eine Norm zwingenden Charakter hat, ist vielfach gesetzlich geregelt (z. B. § 13 Abs. 1 BUrlG) bzw. läßt sich durch Auslegung ermitteln, wobei stets der Schutzgedanke der Norm herangezogen wird (z. B. § 5 JArbSchG). Arbeitsrechtliche Normen

---

9 BAG AP Nr. 2 zu § 13 KSchG

10 BVerfGE 7,198

11 Vgl. BAG AP Nr. 14 zu § 611 BGB Beschäftigungspflicht.

12 Weitere Beispiele zur Rolle der einzelnen Grundrechte im Arbeitsverhältnis finden sich u. a. bei Preis, a.a.O. § 15 III und bei Zöllner/Loritz a.a.O. § 7 II.

legen Mindeststandards fest, so daß grundsätzlich nur zugunsten der Arbeitnehmer abgewichen werden kann. Ein Abweichen zu Lasten der Arbeitnehmer ist einzelvertraglich nur dann möglich, wenn die Norm der freien Vertragsgestaltung der Parteien unterliegt (z. B. §§ 612, 613 BGB). Einige Normen sehen allerdings vor, daß durch Tarifverträge auch zu Lasten der Arbeitnehmer abgewichen werden kann (z. B. § 622 Abs. BGB), da bei Tarifverhandlungen das Gleichgewicht der Verhandlungspartner gewährleistet ist.

4. *Verordnungen*

Verordnungen werden auf Grund einer gesetzlichen Ermächtigung erlassen (Art. 80 GG) und stehen in der Rechtsquellenhierarchie unterhalb der Gesetzesebene. Verordnungen sind im Arbeitsrecht von eher untergeordneter Bedeutung, mit Ausnahme der Wahlordnung zum Betriebsverfassungsgesetz[13].

5. *Tarifverträge*

a) Allgemeines

Tarifverträge haben als Rechtsquellen für das Arbeitsrecht große Bedeutung. Das Tarifvertragsrecht wird vom Tarifvertragsgesetz (TVG) von 1969 geregelt.

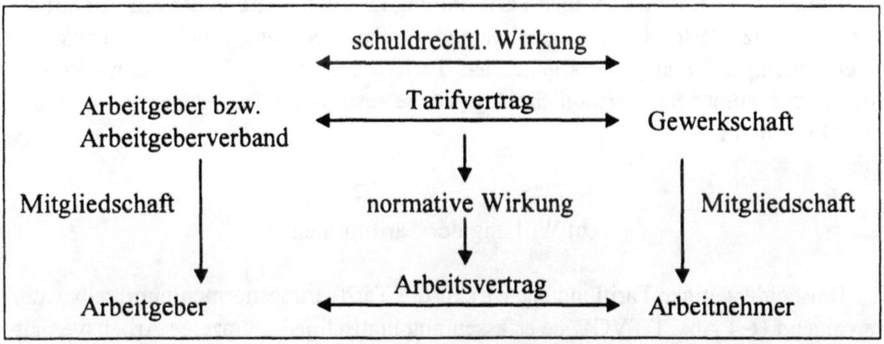

Grundsätzlich ist ein Tarifvertrag ein bürgerlichrechtlicher Vertrag, der dem allgemeinen Vertragsrecht des BGB unterliegt (§§ 145 ff. BGB). Er entfaltet Rechtswirkungen zwischen den vertragsschließenden Parteien (sogn. schuldrechtlicher Teil) und enthält Rechtsnormen, die den Inhalt[14], den Abschluß[15] und die

13 Erste Verordnung zur Durchführung des Betriebsverfassungsgesetzes vom 16.1.1972, BGBl. I S. 49

14 Inhaltsnormen können u. a. sein: Lohnhöhe, Zulagen, Urlaub, Wettbewerbsabreden, etc.

15 Abschlußnormen regeln das Zustandekommen neuer Arbeitsverhältnisse, die Wiederaufnahme alter oder die Fortsetzung unterbrochener Arbeitsverhältnisse, hierzu gehören Formerfordernisse, Abschlußgebote und Abschlußverbote.

Beendigung[16] von Arbeitsverhältnissen sowie betriebliche[17] oder betriebsverfassungsrechtliche[18] Fragen ordnen können (sogn. normativer Teil).

Abgeschlossen wird der Tarifvertrag zwischen einem Arbeitgeber bzw. Arbeitgeberverband auf der einen und Gewerkschaft auf der anderen Seite. Man unterscheidet insoweit Firmentarifverträge und Verbandstarifverträge.

b) Inhalt des Tarifvertrages

Der schuldrechtliche Teil regelt die Rechte und Pflichten der Tarifvertragsparteien, hierzu gehören insbesondere die Friedenspflicht und die Durchführungs- und Einwirkungspflicht.

Für den einzelnen Arbeitnehmer von Relevanz ist dagegen der normative Teil des Tarifvertrages, dieser gilt unmittelbar und zwingend zwischen dem tarifgebundenen[19] Arbeitnehmer und dem tarifgebundenen Arbeitgeber (§ 4 Abs. 1 TVG).

Voraussetzung für die normative Wirkung ist die Tarifbindung beider Arbeitsvertragsparteien, denn nur insoweit können die Tarifvertragsparteien Recht setzen. Arbeitnehmer, die nicht Mitglied der tarifschließenden Gewerkschaft sind, können genausowenig Ansprüche aus dem Tarifvertrag geltend machen wie Gewerkschaftsmitglieder, deren Arbeitgeber nicht tarifgebunden ist. Eine Ausnahme von dem Erfordernis der beiderseitigen Tarifgebundenheit gilt nur für betriebliche und betriebsverfassungsrechtliche Normen, hier reicht die Tarifbindung des Arbeitgebers aus (§ 3 Abs. 2 TVG).

Bei Fehlen der beiderseitigen Tarifbindung möglich – und in der Praxis häufig – ist eine einzelvertragliche Einbeziehung des Tarifvertrages. Auch eine pauschale Verweisung auf den jeweils geltenden Tarifvertrag ist möglich. Hieraus können dann aber immer nur vertragliche Ansprüche resultieren, insbesondere § 4 Abs. 4 TVG gilt nicht.

c) Wirkung der Tarifnormen

Bei beiderseitiger Tarifbindung wirken die Tarifvertragsnormen unmittelbar und zwingend (§ 4 Abs. 1 TVG), sie erfassen automatisch jedes einzelne Arbeitsverhältnis, ohne daß es einer Vereinbarung bedarf. Ein Abweichen von den Tarifnormen ist nur zugunsten des Arbeitnehmers möglich („Günstigkeitsprinzip", § 4 Abs. 3 TVG).

---

16 Zu den Beendigungsnormen zählen im wesentlichen Erweiterungen des Kündigungsschutzes und Kündigungsfristen

17 Beispiele für diese „Solidarnormen" sind betriebliche Wohlfahrtseinrichtungen, Werkskindergärten, Arbeitsschutzeinrichtungen.

18 Betriebsverfassungsrechtliche Normen haben eine geringere Bedeutung, da das BetrVG durch Tarifvertrag nicht abweichend geregelt werden kann. Möglich sind z. B. Regelungen über das Abhalten von Betriebsratssprechstunden.

19 Tarifgebunden sind gem. § 3 TVG die Mitglieder der Tarifvertragsparteien bzw. der Arbeitgeber, der selbst Partei des Tarifvertrages ist.

d) Allgemeinverbindlicherklärung

Unter den Voraussetzungen des § 5 TVG besteht die Möglichkeit, einen Tarifvertrag für allgemeinverbindlich zu erklären. Hierbei handelt es sich um einen Rechtssetzungsakt, für den der Bundesminister für Arbeit und Sozialordnung zuständig ist. Die Allgemeinverbindlicherklärung führt dazu, daß der normative Teil eines Tarifvertrages auch für die nicht tarifgebundenen Arbeitnehmer und Arbeitgeber gilt.

6. Betriebsvereinbarung

Auf betrieblicher Ebene stehen sich Arbeitgeber und Betriebsrat als Verhandlungspartner gegenüber, die Vereinbarungen mit Auswirkung auf das einzelne Arbeitsverhältnis treffen. Man unterscheidet zwischen der Zustimmung des Betriebsrats zu Maßnahmen des Arbeitgebers (einseitiger Akt), der Betriebsabsprache (auch als Regelungsabrede bezeichnet) und der Betriebsvereinbarung.

Die Betriebsabsprache ist formlos wirksam, hat aber im Gegensatz zur Betriebsvereinbarung auch keine unmittelbare und zwingende Wirkung für die einzelnen Arbeitsverhältnisse, sondern gilt nur schuldrechtlich. Betriebsabsprachen müssen vom Arbeitgeber noch durch arbeitsvertragliche Gestaltung umgesetzt oder ausgeführt werden, um für die Arbeitnehmer Auswirkungen zu haben[20].

Hauptregelungsinstrument der gemeinsamen Entscheidungstätigkeit von Arbeitgeber und Betriebsrat ist die Betriebsvereinbarung.

a) Abschluß und Zustandekommen

Bei der Betriebsvereinbarung handelt es sich um einen Vertrag, dessen Abschluß sich nach den Regeln des BGB vollzieht. Kommt es zu keiner Einigung zwischen Arbeitgeber und Betriebsrat so wird in den Fällen der zwingenden Mitbestimmung ein Einigungsstellenverfahren[21] durchgeführt. Der Spruch der Einigungsstelle ersetzt dann die Einigung zwischen Arbeitgeber und Betriebsrat.

Die Betriebsvereinbarung unterliegt gem. § 77 Abs. 2 BetrVG Formvorschriften: Sie ist schriftlich[22] niederzulegen, von beiden Seiten zu unterzeichnen und vom Arbeitgeber an geeigneter Stelle im Betrieb auszulegen[23].

---

20 Praktische Bedeutung kommt der Betriebsabsprache im Zusammenhang mit vertraglichen Einheitsregelungen zu, die auch die Mitbestimmungsrechte des Betriebsrats berühren, z. B. Ruhegeldordnungen. Hier kann der Betriebsrat seine gem. § 87 Abs. 1 Nr. 10 BetrVG erforderliche Zustimmung auch formlos erteilen.

21 Bei der Einigungsstelle handelt es sich um eine betriebliche Schlichtungsstelle, die gem. § 76 BetrVG gebildet und besetzt wird.

22 Mißachtung der Schriftform führt gem. § 125 BGB zur Nichtigkeit.

23 Die Auslegungspflicht ist bloße Ordnungsvorschrift und hat keine Auswirkung auf die Wirksamkeit der Betriebsvereinbarung.

b) Geltungsbereich

Die Betriebsvereinbarung gilt räumlich nur für den Betrieb für den sie abgeschlossen wurde und in persönlicher Hinsicht für alle aktiven Arbeitnehmer des Betriebes, auch wenn sie erst nach Abschluß der Betriebsvereinbarung eingetreten sind. Die Mitgliedschaft in einer Gewerkschaft ist nicht ausschlaggebend.

c) Inhalt und Verhältnis zum Tarifvertrag

Inhaltlich können Betriebsvereinbarungen über solche Fragen abgeschlossen werden, die zum Aufgabenbereich des Betriebsrats gehören. Hier kommen insbesondere die sozialen (§§ 87 f. BetrVG) und personellen (§§ 92 ff. BetrVG) Angelegenheiten in Betracht, darüber hinaus kommen gem. § 88 BetrVG jedoch auch alle Fragen in Betracht, die den Betrieb und seine Arbeitsverhältnisse betreffen.

Dabei ist zu beachten, daß die Betriebsvereinbarung im Vergleich zum Tarifvertrag die rangniedrigere Rechtsquelle ist. Deshalb enthält § 77 Abs. 3 BetrVG eine Regelungssperre zugunsten der Tarifautonomie. Arbeitsentgelte und sonstige Arbeitsbedingungen, die durch Tarifvertrag geregelt sind oder üblicherweise[24] geregelt werden, können nicht Gegenstand einer Betriebsvereinbarung sein. Im Verhältnis Tarifvertrag – Betriebsvereinbarung gilt grundsätzlich auch kein Günstigkeitsprinzip. Eine Ausnahme von der Sperre zugunsten des Tarifvertrages besteht nur dann, wenn der Tarifvertrag selbst eine Öffnungsklausel für den Abschluß abweichender oder ergänzender Betriebsvereinbarungen enthält. Nicht der Regelungssperre gem. § 77 Abs. 3 BetrVG unterliegen kraft ausdrücklicher gesetzlicher Regelung (§ 112 Abs. 1 Stz. 4 BetrVG) Sozialplanregelungen gem. §§ 112, 112 a BetrVG und die sozialen Angelegenheiten gem. § 87 BetrVG, da der im Eingangssatz des § 87 Abs. 1 BetrVG enthaltene Tarifvorbehalt als speziellere Regelung den § 77 Abs. 3 BetrVG verdrängt[25].

d) Wirkung der Betriebsvereinbarung

Die Betriebsvereinbarung enthält – ebenso wie der Tarifvertrag – Rechtsnormen, die unmittelbar und zwingend gelten (§ 77 Abs. 4 BetrVG). Diese normative Wirkung hat zur Folge, daß entsprechende Regelungen in Einzelarbeitsverträgen verdrängt werden. Abweichende Vereinbarungen zwischen Arbeitgeber und Arbeitnehmer wird man jedoch dann zulassen, wenn diese für den Arbeitnehmer

---

[24] Tarifüblichkeit liegt vor, wenn zur Zeit zwar kein gültiger Tarifvertrag über entsprechende Arbeitsbedingungen besteht, sich eine entsprechende tarifliche Regelung aber eingebürgert hat. Vgl. zur Tarifüblichkeit auch Fitting/Kaiser/Heither/Engels, BetrVG, § 77 RdNr. 80 ff, mit weiteren Erläuterungen und Beispielen.

[25] Sogn. „Vorrangtheorie", die auch vom BAG vertreten wird, BAG AP Nr. 21 zu § 77 BetrVG. A.A. u. a. Fitting/Kaiser/Heither/Engels, BetrVG, § 77 RdNr. 96 ff. m.w.N., die die sogn. „Zwei-Schranken-Theorie" vertreten.

günstiger sind. Das Günstigkeitsprinzip gilt im Verhältnis Betriebsvereinbarung – Arbeitsvertrag, obwohl es in § 77 BetrVG nicht ausdrücklich angesprochen wird[26].

7. Arbeitsvertrag

Soweit gesetzliche Regelungen oder kollektive Vereinbarungen das Arbeitsverhältnis nicht regeln, ist der Arbeitsvertrag die entscheidende Rechtsquelle.

Der Arbeitsvertrag ist ein zivilrechtlicher Vertrag und ein Unterfall des Dienstvertrages gem. § 611 BGB. Auf den Arbeitsvertrag finden daher die Regelungen des allgemeinen Teils des BGB, die Regelungen des allgemeinen Schuldrechts und die §§ 611 ff. BGB Anwendung.

Praktisch bedeutsam ist der Arbeitsvertrag als Rechtsquelle insbesondere bei nicht tarifgebundenen Arbeitnehmern und Arbeitgebern. Hier werden die wesentlichen Essentialien[27] des Arbeitsverhältnisses im Arbeitsvertrag geregelt, bei tarifgebundenen Arbeitsverhältnissen erübrigt sich dies durch die zwingende Wirkung des Tarifvertrages.

Bei fehlender Tarifbindung einer oder beider Seiten des Arbeitsvertrages, kann eine detaillierte vertragliche Regelung durch Verweisung auf den Tarifvertrag ersetzt werden. Die Arbeitsvertragsparteien vereinbaren dann die Geltung der tariflichen Regelungen auf vertraglicher Ebene. Die Tarifnormen gelten dann nur schuldrechtlich und haben nicht die zwingende Wirkung des § 4 Abs. 1 TVG.

8. Gesamtzusage und betriebliche Übung

Gesamtzusage und betriebliche Übung sind Rechtsquellen auf der Ebene des Arbeitsvertrages, denn sie bewirken vertragliche Ansprüche aller Arbeitnehmer oder zumindest einer Arbeitnehmergruppe, ohne mit dem einzelnen ausgehandelt worden zu sein.

a) Gesamtzusage

Bei einer Gesamtzusage handelt es sich um eine förmliche Bekanntgabe des Arbeitgebers an die Belegschaft oder eine Arbeitnehmergruppe zusätzliche Leistungen zu gewähren. Die Gesamtzusage stellt dann ein Angebot zur Vertragser-

---

26 BAG GS AP Nr. 17 und 46 zu § 77 BetrVG. Im Verhältnis Betriebsvereinbarung zu sogn. betriebl. Einheitsregelungen (Gesamtzusage, betriebliche Übung), die allgemeine Sozialleistungen regeln (z. B. Weihnachtsgeld) kann es zu einem kollektiven Günstigkeitsvergleich kommen, der für den einzelnen durchaus zu einer Verschlechterung führen kann, sofern die Betriebsvereinbarung für die Gesamtbelegschaft günstiger ist, BAG AP Nr. 17 und 43 zu § 77 BetrVG; vgl. zur Problematik Fitting/Kaiser/Heither/Engels, BetrVG, § 77 RdNr. 171 ff. mit weiteren Erläuterungen und Nachweisen.

27 Arbeitsentgelt, Tätigkeit, Urlaub etc.

gänzung dar, das von den einzelnen Arbeitnehmern gem. § 151 BGB angenommen wird, ohne daß es einer ausdrücklichen Annahmeerklärung bedarf[28]. Den Arbeitnehmern erwachsen dann aus der Gesamtzusage vertragliche Ansprüche.

b) Betriebliche Übung

Eine betriebliche Übung stellt eine regelmäßige Wiederholung einer bestimmten Verhaltensweise durch den Arbeitgeber dar (z. B. Zahlung von Weihnachtsgeld), ohne daß er zu dieser Verhaltensweise gesetzlich, tariflich oder vertraglich verpflichtet wäre. Aus dieser betrieblichen Übung können den Arbeitnehmern vertragliche Ansprüche für die Zukunft erwachsen.

Begründet wird dies damit, daß in der wiederholten Übung ein konkludentes Vertragsergänzungsangebot des Arbeitgebers zu sehen ist, das von den einzelnen Arbeitnehmern konkludent angenommen wird (§ 151 BGB)[29]. Der so geschlossene Vertrag bindet dann die Arbeitsvertragsparteien für die Zukunft.

Voraussetzung für das Entstehen des Anspruchs aus der betrieblichen Übung ist, daß das wiederholte Arbeitgeberverhalten Angebotsqualität hat und ohne Vorbehalt erfolgte. Dabei ist entscheidend der Empfängerhorizont der Arbeitnehmer zu beachten und danach zu fragen, ob sie das wiederholte Verhalten als Angebot verstehen durften, der Bindungswille des Arbeitgebers ist nicht entscheidend.

Was die Dauer der Wiederholung des Arbeitgeberverhaltens anbelangt, kommt es auf die Umstände des Einzelfalls an. Der klassische Anwendungsfall der betrieblichen Übung in der Rechtsprechung ist die Gewährung von Weihnachtsgratifikationen. Hier läßt es das BAG ausreichen, daß die Weihnachtsgratifikation mindestens dreimal vorbehaltlos gewährt wurde[30].

Eine ohne Vorbehalt durchgeführte betriebliche Übung bedingt vertragliche Ansprüche der Arbeitnehmer auch für die Zukunft. Ein einseitiger Widerruf ist nicht möglich. Einmal entstandene Ansprüche können nur einvernehmlich, durch Änderungskündigung oder durch eine neue betriebliche Übung[31] beseitigt werden.

Die Bindungswirkung für die Zukunft kann durch Leistung unter entsprechendem Vorbehalt ausgeschlossen werden. Der Vorbehalt kann dabei durch Aushang, Rundschreiben oder Erklärung gegenüber den einzelnen Arbeitnehmern erfolgen.

---

28 BAG AP Nr. 17 zu § 77 BetrVG.

29 Herrschende Vertragstheorie, BAG AP Nr. 192 zu § 611 BGB Gratifikation.

30 BAG AP Nr. 47 zu § 242 BGB Betriebliche Übung.

31 BAG AP Nr. 50 zu § 242 BGB Betriebliche Übung: Gibt ein Arbeitgeber über einen Zeitraum von drei Jahren zu erkennen, daß er eine betriebliche Übung anders zu handhaben gedenkt als bisher (hier Gratifikationszahlung unter einem Freiwilligkeitsvorbehalt), so wird die betriebliche Übung einvernehmlich entsprechend geändert.

9. Weisungsrecht

Innerhalb der Grenzen der bisher genannten Rechtsquellen, insbesondere innerhalb der durch den Arbeitsvertrag gezogenen Grenzen, kann der Arbeitgeber Weisungen hinsichtlich der Art, der Zeit und des Ortes der Leistungspflicht des Arbeitnehmers erteilen (Weisungsrecht oder Direktionsrecht). Je konkreter die Tätigkeit des Arbeitnehmers im Arbeitsvertrag festgelegt ist, desto geringere Möglichkeiten hat der Arbeitgeber Weisungen zu erteilen. Soweit Weisungen möglich sind, hat der Arbeitnehmer auch Folge zu leisten.

B. Individualarbeitsrecht

Das Individualarbeitsrecht befaßt sich mit den Rechtsbeziehungen des einzelnen Arbeitnehmers zu seinem Arbeitgeber, zu Arbeitskollegen und zu Dritten. Im Mittelpunkt des Individualarbeitsrechts steht das Recht des Arbeitsverhältnisses, d. h. es befaßt sich mit den Fragen wie ein Arbeitsverhältnis begründet wird, welche Rechtsfolgen es entfaltet, wie die Haftung geregelt wird und wie es letztlich wieder beendet wird.

I. Begründung des Arbeitsverhältnisses

1. Das Anbahnungsverhältnis

a) Die Ausschreibung des Arbeitsplatzes

Die Anbahnung eines Arbeitsverhältnisses beginnt im Regelfall mit der Ausschreibung. Die Ausschreibung kann dabei betriebsintern oder extern über Zeitschriften etc. erfolgen.

Besteht in dem Betrieb ein Betriebsrat, so kann dieser gem. § 93 BetrVG verlangen, daß Ausschreibungen zunächst betriebsintern zu erfolgen haben. Unterbleibt trotz eines solchen Verlangens die betriebsinterne Ausschreibung, so kann der Betriebsrat gem. § 99 Abs. 2 Nr. 5 BetrVG die Zustimmung zur Einstellung eines auf Grund einer externen Ausschreibung ausgewählten Bewerbers verweigern[32].

Unabhängig davon, ob die Ausschreibung betriebsintern oder extern erfolgt, ist das Gebot der geschlechtsneutralen Ausschreibung gem. § 611 b BGB zu beachten. Eine geschlechtsneutrale Ausschreibung kann nur in den Fällen des § 611 a Abs. 1 Stz. 2 BGB unterbleiben, wenn das Geschlecht unverzichtbare Voraussetzung für eine bestimmte Tätigkeit ist. Das Geschlecht ist allerdings nur in seltenen Fällen unverzichtbare Voraussetzung für die Tätigkeit[33], insbesondere sind sogn.

---

32 Siehe dazu unten g); der aufgrund der externen Ausschreibung ausgewählte Bewerber dürfte nicht beschäftigt werden.

33 Z. B. Dressman, Schauspielerin.

körperlich schwere Tätigkeiten nicht dem männlichen Geschlecht vorbehalten. Rechtsfolgen für den Fall des Verstoßes gegen § 611 b BGB enthält die Norm selbst nicht. Die Tatsache, daß nicht geschlechtsneutral ausgeschrieben wurde, kann jedoch im Rahmen des § 611 a BGB beweiserheblich werden und zu einer Schadensersatzpflicht des Arbeitgebers führen[34].

b) Ersatz der Vorstellungskosten

Unabhängig von einer späteren Begründung eines Arbeitsverhältnisses, hat der Stellenbewerber Anspruch auf Ersatz der Vorstellungskosten gem. §§ 662 bis 676 BGB, wenn der Bewerber zur Vorstellung aufgefordert wurde. Ein Ausschluß ist möglich, muß dann aber eindeutig erklärt werden[35]. Zu ersetzen sind Fahrt-, Übernachtungs- und Verpflegungskosten, nicht jedoch Verdienstausfälle und eventuelle Urlaubstage.

c) Fragerecht des Arbeitgebers

Bei der Einstellung eines neuen Arbeitnehmers besteht einerseits ein Interesse des Arbeitgebers, möglichst viel über den zukünftigen Arbeitnehmer zu erfahren, andererseits besteht ein schützenswertes Interesse des Arbeitnehmers auf Wahrung der Privatsphäre. Ein Arbeitgeber darf daher bei der Einstellung eines Arbeitnehmers nur solche Fragen stellen, an deren Beantwortung er ein berechtigtes billigenswertes Interesse hat[36], er darf nur nach solchen Eigenschaften eines Arbeitnehmers fragen, die für die spezielle Tätigkeit bzw. den konkreten Arbeitsplatz von Interesse sind. Unzulässige Fragen berechtigen den Arbeitnehmer zum Schweigen bzw. zur Lüge. Soweit ein Arbeitnehmer wegen der Unzulässigkeit der Frage lügen durfte, besteht auch keine Möglichkeit der Anfechtung wegen arglistiger Täuschung[37], wohl aber wenn der Arbeitnehmer die Frage wahrheitsgemäß beantworten mußte.

Beispiele:

- Frage nach der Gewerkschaftszugehörigkeit ist nur zulässig, wenn der Arbeitgeber gleichzeitig offenlegt, daß er Mitglied eines bestimmten Arbeitgeberverbandes ist[38];
- Frage nach dem Gesundheitszustand nur beschränkt zulässig, nur bei konkretem Interesse für Betrieb, die übrigen Arbeitnehmer und für die konkrete Arbeit (ansteckende Krankheiten, Lebensmittelbereich)[39];

---

34 Siehe dazu unten d).
35 ArbG Kempten, BB 1994, 1504.
36 BAG AP Nr. 40 zu § 123 BGB.
37 BAG AP Nr. 40 zu § 123 BGB.
38 BAG AP Nr. 25 zu § 123 BGB.
39 BAG AP Nr. 20, 26 zu § 123 BGB.

- Fragen nach dem beruflichem Werdegang sind ordnungsgemäß zu beantworten[40];
- Frage nach der Schwerbehinderteneigenschaft ist auch dann zulässig, wenn die Schwerbehinderung tätigkeitsneutral ist, der Arbeitgeber muß feststellen können, inwieweit er seine Verpflichtungen nach dem SchwbG erfüllt[41];
- Frage nach Vorstrafen muß nur wahrheitsgemäß beantwortet werden, wenn sie Taten betreffen, die im Zusammenhang mit der angestrebten Tätigkeit stehen (z.B. Kassierer – Unterschlagung, Kraftfahrer – Straßenverkehrsdelikte)[42];
- Frage nach der Schwangerschaft ist generell unzulässig[43].

d) Fragebögen

Personalfragebögen dürfen die Grenzen des Fragerechts des Arbeitgebers ebenfalls nicht überschreiten. Existiert ein Betriebsrat, bedürfen die Personalfragebögen gem. § 94 Abs. 1 BetrVG dessen Zustimmung.

e) Einstellungsuntersuchung/ graphologische Tests

Der Arbeitgeber kann die Einstellung von einer ärztlichen Untersuchung abhängig machen, die die Geeignetheit des Bewerbers für den Arbeitsplatz feststellt. Die Untersuchung bedarf der Einwilligung des Bewerbers. Mit der Einwilligung wird der Arzt von seiner ansonsten voll bestehenden Schweigepflicht insoweit entbunden, als er dem Arbeitgeber die Geeignetheit des Bewerbers als Ergebnis mitteilt.

Graphologische Tests sind nur mit Einwilligung des Bewerbers zulässig. Die Einwilligung kann bereits in der Zusendung handgeschriebener Bewerbungsunterlagen liegen[44].

f) Diskriminierungsverbot

Der Arbeitgeber darf einen Arbeitnehmer bei der Begründung des Arbeitsverhältnisses wegen seines Geschlechts nicht benachteiligen. Gleiches gilt für sonstige Vereinbarungen und Maßnahmen, für den beruflichen Aufstieg, für eine Weisung und die Kündigung (§ 611 a BGB). Eine unterschiedliche Behandlung wegen

---

40 BAG AP Nr. 17 zu § 123 BGB.

41 BAG AP Nr. 40 zu § 123 BGB.

42 BAG AP Nr. 1, 7 zu § 1 KSchG verhaltensbedingte Kündigung.

43 BAG AP Nr. 8 zu § 611 a BGB; Eine Ausnahme soll dann gelten, wenn die Frage objektiv dem Schutz der Bewerberin und dem ungeborenen Kind dient, BAG AP Nr. 36 zu § 123 BGB.

44 Umstritten, aber wohl h. M.

des Geschlechts ist jedoch zulässig, soweit eine Vereinbarung oder eine Maßnahme die Art der vom Arbeitnehmer auszuübenden Tätigkeit zum Gegenstand hat und ein bestimmtes Geschlecht unverzichtbare Voraussetzung für diese Tätigkeit ist.

Wenn im Streitfall der Arbeitnehmer Tatsachen glaubhaft macht, die eine Benachteiligung wegen des Geschlechts vermuten lassen, trägt der Arbeitgeber die Beweislast, daß nicht auf das Geschlecht bezogene, sachliche Gründe eine unterschiedliche Behandlung rechtfertigen oder das Geschlecht unverzichtbare Voraussetzung für die auszuübende Tätigkeit ist. Für diese Beweislastumkehr reicht allein die nicht geschlechtsneutrale Ausschreibung (§ 611 a BGB) aus, damit wird ein Verstoß gegen § 611 b BGB insoweit auch sanktioniert.

Die Rechtsfolgen für einen Verstoß gegen das Diskriminierungsverbot ergeben sich aus § 611 a Abs. 2 – 4 BGB. Verstößt ein Arbeitgeber gegen das Diskriminierungsverbot des § 611 a Abs. 1 BGB bei der Begründung des Arbeitsverhältnisses, so kann der hierdurch benachteiligte Bewerber (= der sogn. bestqualifizierte Bewerber) eine angemessene Entschädigung in Geld verlangen, ein Anspruch auf Begründung des Arbeitsverhältnisses besteht jedoch nicht (§ 611 a Abs. 2 BGB). Wäre der Bewerber auch bei benachteiligungsfreier Auswahl nicht eingestellt worden, so hat der Arbeitgeber eine angemessene Entschädigung in Höhe von höchstens 3 Monatsverdiensten zu leisten. Dabei gilt als Monatsverdienst, was dem Bewerber bei regelmäßiger Arbeitszeit in dem Monat, in dem das Arbeitsverhältnis hätte begründet werden sollen, an Geld- und Sachbezügen zugestanden hätte (§ 611 a Abs. 3 BGB).

Ein Anspruch nach § 611 a Abs. 2 und 3 BGB muß von den einzelnen Bewerbern innerhalb einer Frist, die mit Zugang der Ablehnung der Bewerbung beginnt, schriftlich geltend gemacht werden. Die Länge der Frist bemißt sich dabei nach einer für die Geltendmachung von Schadensersatzansprüchen im angestrebten Arbeitsverhältnis vorgesehenen Ausschlußfrist; sie beträgt mindestens 2 Monate. Ist eine solche Frist für das angestrebte Arbeitsverhältnis nicht bestimmt, so beträgt sie 6 Monate (§ 611 a Abs. 4 BGB).

g) Beteiligung des Betriebsrates

Die Mitbestimmung des Betriebsrats bei personellen Einzelmaßnahmen, so auch bei der Einstellung eines Arbeitnehmers, regeln §§ 99 f. BetrVG. Danach hat der Arbeitgeber in Betrieben mit in der Regel mehr als zwanzig wahlberechtigten Arbeitnehmern den Betriebsrat vor jeder Einstellung zu unterrichten, ihm die erforderlichen Bewerbungsunterlagen vorzulegen und Auskunft über die Person der Beteiligten zu geben[45]. Der Arbeitgeber hat den Betriebsrat auch über den vorgesehenen Arbeitsplatz und die Eingruppierung sowie über die sonstigen Auswir-

[45] Es sind alle Personalien, auch der nicht zur Einstellung vorgesehenen Bewerber mitzuteilen, BAG AP Nr. 1, 7 zu § 99 BetrVG und deren Bewerbungsunterlagen vorzulegen, BAG AP Nr. 29 zu § 99 BetrVG.

kungen der geplanten Maßnahme zu informieren, er muß dem Betriebsrat mitteilen, ob die Einstellung befristet oder unbefristet erfolgen soll. Die Einzelheiten des Arbeitsvertrages muß der Arbeitgeber jedoch nicht darlegen. Der Arbeitgeber bedarf zur Einstellung der Zustimmung des Betriebsrats. Der Betriebsrat kann seine Zustimmung jedoch nicht nach freiem Ermessen, sondern nur aus bestimmten, in § 99 Abs. 2 BetrVG genannten Gründen verweigern (eingeschränkte Mitbestimmung).

Der Betriebsrat muß gem. § 99 Abs. 3 BetrVG seine Verweigerung der Zustimmung innerhalb einer Woche nach Unterrichtung durch den Arbeitgeber schriftlich unter Angaben von Gründen mitteilen. Teilt der Betriebsrat seine Zustimmungsverweigerung nicht innerhalb der Frist schriftlich mit, so gilt die Zustimmung gem. § 99 Abs. 3 BetrVG als erteilt.

Beteiligung des Betriebsrats gem. § 99 BetrVG – Übersicht

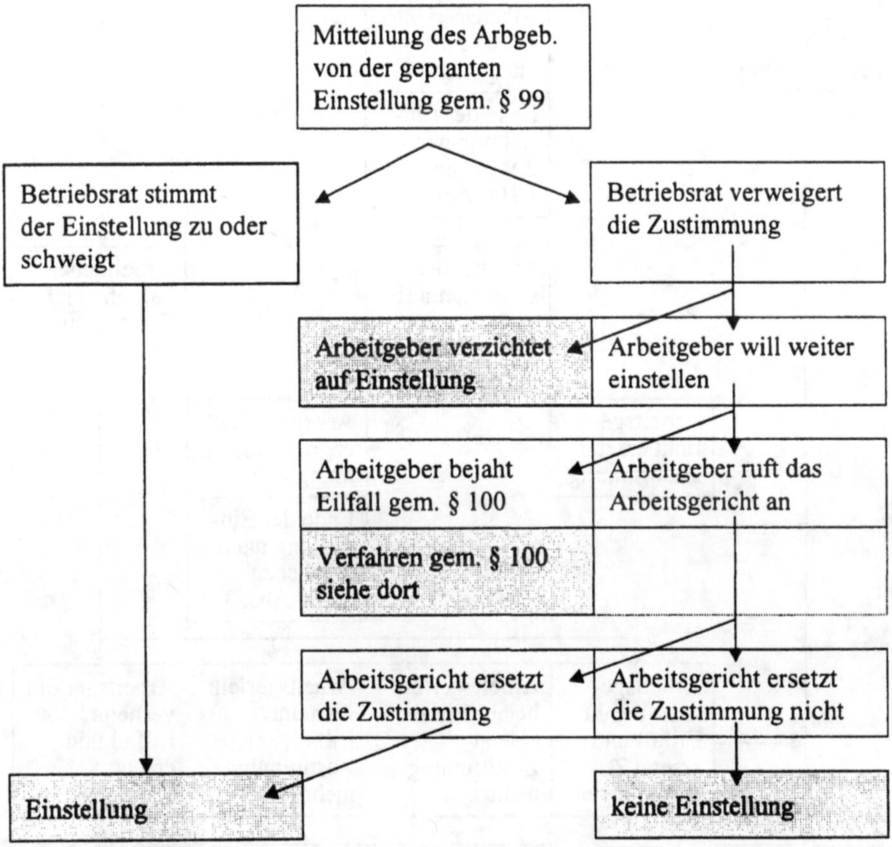

Verweigert der Betriebsrat seine Zustimmung, so hat der Arbeitgeber gem. § 99 Abs. 4 BetrVG die Möglichkeit, das Arbeitsgericht anzurufen und sich die Zustimmung ersetzen zu lassen oder aber, der Arbeitgeber kann die Einstellung als vorläufige Maßnahme gem. § 100 BetrVG durchführen.

Wenn es aus sachlichen Gründen dringend erforderlich ist, kann der Arbeitgeber gem. § 100 BetrVG die Einstellung als vorläufige Maßnahme, als Eilfall durchführen, bevor der Betriebsrat sich geäußert hat bzw. wenn der Betriebsrat die Zustimmung verweigert hat.

Vorläufige personelle Maßnahme gem. § 100 BetrVG – Übersicht

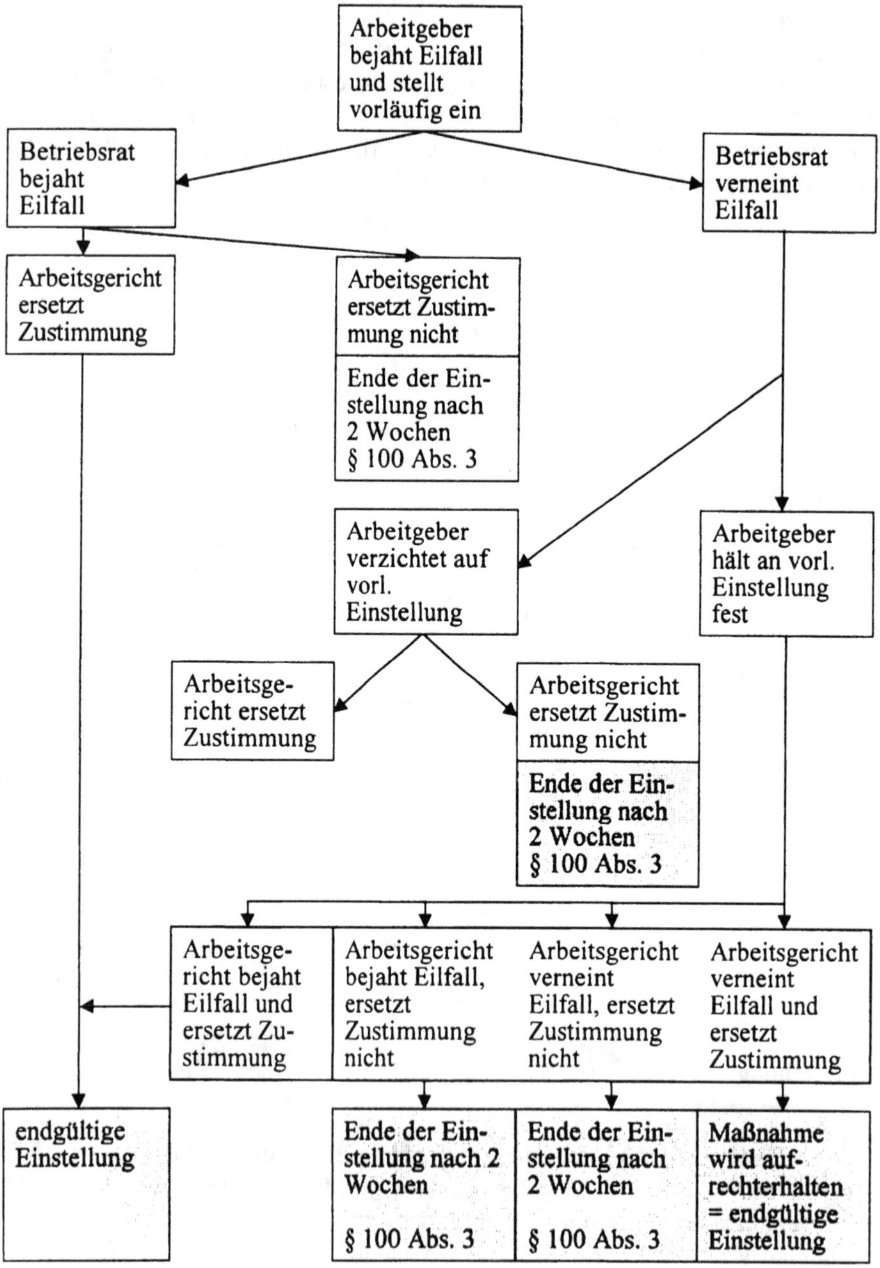

Stellt der Arbeitgeber vorläufig ein, so hat er dies gem. § 100 Abs. 2 BetrVG dem Betriebsrat unverzüglich mitzuteilen. Der Betriebsrat kann daraufhin den Eilfall bestreiten. Tut er das, muß er dies dem Arbeitgeber ebenfalls unverzüglich mitteilen. In diesem Fall darf der Arbeitgeber die vorläufige Einstellung nur aufrechterhalten, wenn er innerhalb von drei Tagen das Arbeitsgericht anruft, § 100 Abs. 2 BetrVG. In dem sich anschließenden Verfahren vor dem Arbeitsgericht geht es sowohl um die Ersetzung der Zustimmung des Betriebsrats als auch um die Feststellung, daß ein Eilfall vorlag.

Ersetzt das Arbeitsgericht die Zustimmung des Betriebsrats nicht oder stellt es fest, daß kein Eilfall vorlag, so endet die vorläufige Einstellung gem. § 100 Abs. 3 BetrVG mit Ablauf von zwei Wochen ab Rechtskraft. Ein vorläufig eingestellter Arbeitnehmer darf nicht mehr beschäftigt werden.

Stellt der Arbeitgeber ohne Zustimmung des Betriebsrats ein oder hält er eine vorläufige Einstellung entgegen § 100 Abs. 2 Satz 3 oder Abs. 3 BetrVG aufrecht, so kann der Betriebsrat beim Arbeitsgericht gem. § 101 BetrVG beantragen, dem Arbeitgeber aufzugeben, die Maßnahme aufzuheben. Hält er sich erneut nicht an eine entsprechende Entscheidung, kann Zwangsgeld erhoben werden, das für jeden Tag der Zuwiderhandlung 500 DM betragen kann.

2. *Vertragsschluß*

Der Arbeitsvertrag ist ein zivilrechtlicher Vertrag und kommt genau wie jeder andere Vertrag durch zwei übereinstimmende Willenserklärungen (Angebot und Annahme) gem. § 145 ff. BGB zustande. Die Parteien müssen sich grundsätzlich über die essentialia des Arbeitsvertrages geeinigt haben[46].

Besonderheiten hinsichtlich des Vertragsschlusses bestehen bei der Beteiligung Minderjähriger. Hier enthalten die §§ 112 f. BGB Sonderregelungen hinsichtlich der Geschäftsfähigkeit minderjähriger Arbeitgeber (§ 112 BGB) bzw. Arbeitnehmer (§ 113 BGB). Von praktischer Bedeutung ist insbesondere der § 113 BGB. Ermächtigt der gesetzliche Vertreter einen Minderjährigen in Arbeit zu treten, so ist er für solche Geschäfte unbeschränkt geschäftsfähig, welche die Eingehung oder Aufhebung eines Dienst- oder Arbeitsverhältnisses betreffen[47].

a) Vertragsfreiheit

Auch im Arbeitsrecht gilt der Grundsatz der Vertragsfreiheit, die Parteien können frei bestimmen, ob (Abschlußfreiheit) und mit wem (Freiheit der Partnerwahl) sie einen Arbeitsvertrag abschließen.

46 Es reicht allerdings bei einfachen Arbeitsverhältnissen auch aus, daß sich die Parteien grundsätzlich über den entgeltlichen Einsatz im Betrieb einig waren. Die Vergütung ergibt sich dann aus § 612 BGB, die Arbeitspflicht kann durch das Weisungsrecht konkretisiert werden.

47 So kann der Minderjährige selbst über den Gewerkschaftsbeitritt entscheiden und damit über die Tarifbindung.

Auf Arbeitnehmerseite wird diese Abschlußfreiheit allerdings oft durch wirtschaftliche Zwänge beschränkt. Auf Arbeitgeberseite kann die Abschlußfreiheit durch Einstellungspflichten beeinträchtigt werden. Solche Einstellungspflichten können sich aus Gesetz[48], Kollektivverträgen[49] oder allgemeinen Rechtsgrundsätzen[50] ergeben. Die Freiheit der Partnerwahl besteht für Arbeitnehmer im wesentlichen uneingeschränkt. Für Arbeitgeber besteht durch die Regelungen des BetrVG (§ 99f. BetrVG)[51] nur die negative Wahlfreiheit. Der Betriebsrat kann zwar nicht die Einstellung einer bestimmten Person erzwingen, er kann jedoch die Einstellung bestimmter Personen verhindern.

b) Formvorschriften

Grundsätzlich unterliegt der Arbeitsvertrag keinen Formerfordernissen, d.h. er kann wirksam mündlich, schriftlich oder durch schlüssiges Verhalten abgeschlossen werden.

Aufgrund der EG-Richtlinie 91/533 ÈWG[52], der sogenannten „Nachweisrichtlinie", erging 1995 das sogenannte „Nachweisgesetz". Gem. § 2 Abs. 1 NachwG hat der Arbeitgeber spätestens einen Monat nach dem vereinbarten Beginn des Arbeitsverhältnisses die wesentlichen Vertragsbedingungen schriftlich niederzulegen, die Niederschrift zu unterzeichnen und dem Arbeitnehmer auszuhändigen. Diese Niederschrift muß mindestens die in § 2 Abs. 1 NachwG aufgeführten Punkte enthalten. Für Änderungen der Arbeitsbedingungen gilt gem. § 3 NachwG das Gleiche.

Die Niederschrift nach dem NachwG hat jedoch nur deklaratorische Bedeutung, d.h. kommt der Arbeitgeber seinen Verpflichtungen aus dem NachwG nicht nach, ist der Arbeitsvertrag gleichwohl wirksam. Das Gesetz sieht für diesen Fall nicht einmal eine Sanktion vor, insbesondere kommt es nicht zu einer Beweislastumkehr[53].

Auch Kollektivverträge können Schriftformklauseln enthalten. Hier ist durch Auslegung zu ermitteln, ob eine konstitutive[54] oder deklaratorische Bedeutung

---

48 Z.B. die Übernahme eines Jugendvertreters gem. § 78 a Abs. 2 BetrVG oder die gesetzl. Fiktion eines Arbeitsverhältnisses gem. § 10 AÜG.

49 Insbesondere Tarifverträge enthalten oft Abschlußgebote nach Arbeitskämpfen mit lösender Wirkung.

50 Hierhin gehört der Wiedereinstellungsanspruch nach einer an sich rechtmäßigen Entlassung, wenn sich nach Ausspruch der Kündigung die Verhältnisse geändert haben; vgl. zum Wiedereinstellungsanspruch Meinel/Bauer, Der Wiedereinstellungsanspruch, NZA 1999, S. 575 und Boewer, Der Wiedereinstellungsanspruch, Teil 1 und Teil 2, NZA 1999, S. 1121 und S. 1177.

51 Vgl. dazu oben 1. g)

52 Abl. 1991 L Nr. 288, S. 32

53 Deshalb wird u.a. daran gezweifelt, ob das Nachweisgesetz die europäische Richtlinie ausreichend umsetzt. Das LAG Hamm hat diesbezüglich in einem Vorabentscheidungsverfahren den EuGH angerufen, LAG Hamm NZA 1997, 30. Man wird bei fehlendem Nachweis aber von einer Erleichterung der Beweislast des Arbeitnehmers ausgehen können, Preis, Das Nachweisgesetz – lästige Förmelei oder arbeitsrechtl. Zeitbombe, NZA 1997, S. 10.

54 Bei konstitutiver Bedeutung führt ein Verstoß gem. § 125 BGB zur Nichtigkeit des Vertrages.

gewollt war. In der Regel ist anzunehmen, daß die Schriftform nur Beweiszwecken dienen soll und damit lediglich deklaratorisch ist[55]. Die sogn. gewillkürte Schriftform (Schriftformklauseln in Verträgen) kann ebenfalls konstitutiv oder deklaratorisch sein. Was gewollt war, ist im Wege der Vertragsauslegung zu ermitteln. Dabei können die Parteien das Schriftformerfordernis jedoch jederzeit einvernehmlich, auch konkludent wieder ändern, so daß selbst eine konstitutive Schriftform mündlich aufgehoben werden kann[56].

c) Abschlußmängel

aa) Anfechtbarkeit des Arbeitsvertrages

Arbeitsverträge sind gem. §§ 119ff. BGB wegen Irrtums oder arglistiger Täuschung anfechtbar. Die Möglichkeit der Kündigung des Arbeitsverhältnisses schließt die Anfechtung nicht aus. Das Anfechtungsrecht ist ein anderes Gestaltungsrecht mit anderen Wirkungen und Voraussetzungen als die Kündigung[57] und darf deshalb den Arbeitsvertragsparteien nicht entzogen werden[58].

Die Voraussetzungen der Anfechtung regeln auch im Arbeitsverhältnis die §§ 119ff. BGB. Es bestehen jedoch einige Besonderheiten.

Die Anfechtung wegen Irrtums über eine verkehrswesentliche Eigenschaft ist nur möglich, wenn es sich um verborgen gebliebene Eigenschaften eines Arbeitnehmers handelt, die nach den objektivierten Anschauungen des Rechtsverkehrs diesen speziellen Arbeitnehmer für die konkret für ihn vorgesehene Stelle als ungeeignet erscheinen lassen. Das sind im wesentlichen die Eigenschaften, nach denen im Einstellungsgespräch auch gefragt werden darf. Nicht als verkehrswesentliche Eigenschaft im Sinne des § 119 Abs. 2 BGB ist die Leistungsfähigkeit eines Arbeitnehmers zu sehen. Eine geringe Leistungsfähigkeit berechtigt nur zur Kündigung.

Die Anfechtung nach § 119 BGB ist gem. § 121 BGB ohne schuldhaftes Zögern zu erklären. Diese Anfechtungsfrist wird durch § 626 Abs. 2 BGB dahin konkretisiert, daß die Anfechtung nur dann unverzüglich erfolgt ist, wenn sie innerhalb von 2 Wochen nach Kenntnis der zur Anfechtung berechtigenden Tatsachen erklärt wurde[59].

Die Anfechtung wegen arglistiger Täuschung gem. § 123 BGB ist nur möglich, wenn die Täuschung rechtswidrig war. Die Rechtswidrigkeit entfällt aber immer dann, wenn der Arbeitgeber die Täuschung durch eine unzulässige Frage heraufbeschworen hat. Nur eine falsche Antwort auf eine zulässig gestellte Frage berechtigt zur Anfechtung gem. § 123 BGB[60].

Bei der arglistigen Täuschung beträgt die Anfechtungsfrist gem. § 124 BGB ein Jahr.

---

55 BAG AP Nr. 5 zu § 1 BeschFG 1985).
56 BAG AP Nr. 57 zu § 74 HGB.
57 Z. B. Kündigungsfristen, Anhörung des Betriebsrats etc.
58 BAG AP Nr. 3 zu § 119 BGB.
59 BAG AP Nr. 4 zu § 119 BGB.
60 BAG AP Nr. 35 zu § 123 BGB.

bb) Nichtigkeit des Arbeitsvertrages

Abgesehen von der Anfechtbarkeit kann ein Arbeitsvertrag aus verschiedenen Gründen nichtig sein. Denkbar sind Mängel der Geschäftsfähigkeit (§§ 105, 107 BGB), Verstöße gegen die guten Sitten (§ 138 BGB) und Gesetzesverstöße (§ 134 BGB). Hinsichtlich der Voraussetzungen bestehen keine arbeitsvertraglichen Besonderheiten, es kann auf das allgemeine Zivilrecht verwiesen werden.

cc) Rechtsfolge der Anfechtung und der Nichtigkeit

Problematisch aus arbeitsrechtlicher Sicht ist jedoch die für die Anfechtung (§ 142 BGB) bzw. die sonstigen Nichtigkeitsgründe angeordnete Nichtigkeit ex tunc.

Wird die Nichtigkeit bekannt, bevor es zu einem Leistungsaustausch (Arbeitsleistung, Lohn) gekommen ist, so bereitete die Nichtigkeit ex tunc (von Anfang an) im Arbeitsleben keine Schwierigkeiten. Der Arbeitsvertrag wird als null und nichtig angesehen und entfaltet keine Rechtswirkungen.

Ist es jedoch bereits zu einem Leistungsaustausch gekommen, so ist nach dem allgemeinen Zivilrecht der Leistungsaustausch durch das Bereicherungsrecht gem. §§ 812ff. BGB rückabzuwickeln. Dies ist bei der erbrachten Arbeitsleistung nicht möglich. Das Bereicherungsrecht sieht zwar in solchen Fällen gem. § 818 Abs. 2 BGB einen Wertersatz vor, was jedoch im Falle des Arbeitsvertrages zu unbilligen Ergebnissen führen kann. Der Arbeitgeber könnte einem solchen Wertersatz z. B. entgegenhalten, daß die erbrachte Arbeitsleistung während der Einarbeitungsphase ohne Wert war. Daneben bestehen praktische Bewertungsschwierigkeiten; wie bewertet man z. B. Kantinenessen, Sportplatzbenutzung, hatten freiwillige Arbeitgeberleistungen Lohnfunktion oder sollten sie einen Anreiz zum Bleiben haben?

Um den Schutzbedürfnissen des Arbeitslebens in dieser Situation gerecht zu werden, hat man die „Lehre vom faktischen Arbeitsverhältnis“ entwickelt. Sie besagt, daß ein Vertrag, der in Vollzug gesetzt ist, für die Vergangenheit als wirksam behandelt wird. Jeder Vertragspartner kann sich jedoch, wenn der Vertrag nach allgemeinen Regeln nichtig ist, durch einfache Erklärung mit Wirkung für die Zukunft (ex nunc) von dem faktischen Arbeitsverhältnis lösen[61].

Die Rechtsfolge des faktischen Arbeitsverhältnisses gilt uneingeschränkt auch für die Irrtumsanfechtung, sofern das Arbeitsverhältnis bereits in Vollzug gesetzt wurde. Für den Fall der Täuschungsanfechtung besteht nach neuerer Rechtsprechung allerdings kein Grund von der gesetzlichen Regelfolge rückwirkender Anfechtung (§ 142 BGB) abzuweichen, da im Fall der Täuschung das Schutzbedürfnis des Arbeitnehmers entfällt[62].

---

61 BAG AP Nr. 2 zu § 125 BGB.

62 BAG AP Nr. 49 zu § 123 BGB.

dd) Teilnichtigkeit

Ist nicht der gesamte Vertrag nichtig, sondern nur eine oder mehrere seiner Klauseln, so liegt Teilnichtigkeit vor. Nach allgemeinen zivilrechtlichen Regeln wäre in diesen Fällen im Zweifel der ganze Vertrag als nichtig anzusehen (§ 139 BGB).

Diese Rechtsfolge des § 139 BGB entspricht wiederum nicht den Bedürfnissen des Arbeitslebens. Würde man § 139 BGB konsequent anwenden, so würde dies letztlich dazu führen, daß die zum Schutz der Arbeitnehmer geschaffenen Gesetze ins Gegenteil gekehrt würden[63], denn durch die Nichtigkeitsregel würde der betroffene Arbeitnehmer im Ergebnis seinen Arbeitsplatz verlieren. Der Arbeitgeber könnte sich jederzeit durch einfache Erklärung von dem dann nur faktischen Arbeitsverhältnis lösen. Um dem entgegenzuwirken, wendet man die allgemeine Regelung der Teilnichtigkeit des § 139 BGB im Arbeitsrecht nicht an. Im Gegenteil, der Arbeitsvertrag wird als voll wirksam angesehen, die nichtige Klausel wird durch die entsprechende gesetzliche oder tarifliche Regelung ersetzt. Dies gilt immer, auch dann, wenn der Arbeitsvertrag noch nicht in Vollzug gesetzt wurde.

II. Inhalt des Arbeitsverhältnisses

Der Arbeitsvertrag ist ein gegenseitiger Vertrag, der auf den Austausch von Leistungen, Arbeit gegen Entgelt, gerichtet ist. Abgesehen von diesen im Gegenseitigkeitsverhältnis stehenden Hauptpflichten der Vertragspartner entfaltet der Arbeitsvertrag zudem eine Fülle von Nebenpflichten, die auf dem Grundsatz von Treu und Glauben beruhen.

1. Pflichten des Arbeitnehmers

a) Hauptpflichten

Die Hauptpflicht des Arbeitnehmers ist gem. § 611 BGB die Verpflichtung zur Arbeitsleistung. Hierbei handelt es sich im Zweifel[64] gem. § 613 Stz. 1 BGB um eine persönliche Verpflichtung, der Arbeitnehmer ist nicht berechtigt die Arbeitsleistung durch einen Vertreter oder einen Gehilfen erbringen zu lassen[65].

Gläubiger der Verpflichtung zur Arbeitsleistung ist der Arbeitgeber. Gem. § 613 Stz. 2 BGB kann dieser seinen Anspruch im Zweifel nicht übertragen und auch nicht gem. § 400 BGB abtreten. Gesetzliche Ausnahmen zu § 613 Stz. 2

---

63 Z. B. wenn in einem Arbeitsvertrag vereinbart wird, daß der Arbeitnehmer keinen Urlaubsanspruch hat (Verstoß gegen § 1 BUrlG) oder keinen Anspruch auf Entgeltfortzahlung im Krankheitsfall (Verstoß gegen § 3 EFZG).

64 „Im Zweifel" bedeutet, daß es sich um eine Auslegungsregel handelt, von der abgewichen werden kann.

65 Eine gesetzl. Ausnahme hierzu stellt § 5 BeschFG dar, der die Möglichkeiten der Arbeitsplatzteilung (job-sharing) regelt.

BGB ergeben sich im Rahmen der Arbeitnehmerüberlassung[66] und im Falle eines Betriebsübergangs gem. § 613 a BGB[67].

Der konkrete Inhalt der Arbeitsverpflichtung ergibt sich im wesentlichen aus dem Arbeitsvertrag, ergänzt durch das Weisungsrecht.

b) Nebenpflichten

Wie bei jedem Vertrag ergeben sich auch beim Arbeitsvertrag eine Reihe von Nebenpflichten, die sich aus dem Grundsatz von Treu und Glauben ableiten. Im Arbeitsverhältnis bezeichnet man die Nebenpflichten des Arbeitnehmers auch als sogn. „Treuepflichten“. Relevanz erhalten die Nebenpflichten im Arbeitsverhältnis insbesondere hinsichtlich der Haftung des Arbeitnehmers – bei schuldhafter Nebenpflichtverletzung kommen Ansprüche aus pVV oder cic in Betracht – und im Kündigungsrecht, da Nebenpflichtverletzungen u. U. eine verhaltensbedingte Kündigung nach sich ziehen können[68].

Jedem Arbeitsvertrag wohnen eine Fülle von Nebenpflichten inne, die sich im Einzelfall aus dem konkreten Vertragsverhältnis ergeben. Es gibt jedoch auch einige typische Nebenpflichten, die im einzelnen in den einschlägigen Lehrbüchern nachgelesen werden können. Hierzu gehört die Verschwiegenheitspflicht des Arbeitnehmers, die Unterlassung ruf- und kreditschädigender Mitteilungen, das Verbot der Annahme von Schmiergeldern, die eingeschränkte politische Betätigung im Betrieb, die Pflicht zur Unterlassung einer Nebentätigkeit, die Unterlassung von Wettbewerb gegenüber dem Arbeitgeber und die Pflicht zur Anzeige drohender Schäden[69].

2. Pflichten des Arbeitgebers

a) Hauptpflicht

Die Hauptpflicht des Arbeitgebers besteht darin, als Gegenleistung für die geleisteten Dienste eine Arbeitsvergütung zu zahlen.

Die Höhe der Arbeitsvergütung ergibt sich in der Regel aus dem Arbeitsvertrag, bei bestehender Tarifbindung darf die arbeitsvertraglich vereinbarte Vergütung die

---

66 Geregelt im AÜG, danach ist es möglich, Arbeitnehmer gewerbsmäßig anderen Arbeitgebern zu überlassen. Die Arbeitnehmerüberlassung bedarf einer Erlaubnis und unterliegt den Beschränkungen des AÜG.

67 Gem. § 613 a BGB gehen mit dem Betrieb die Arbeitsverhältnisse auf den Betriebserwerber über, den Arbeitnehmern wird insoweit Bestandsschutz gewährt. Den Arbeitnehmern steht nach der Rspr. des BAG jedoch ein Widerspruchsrecht zu, das den Übergang ihres Arbeitsverhältnisses verhindert und danit dem Prinzip des § 613 Stz. 2 BGB Rechnung trägt, BAG AP Nr. 103 zu § 613 a BGB.

68 Siehe bei Haftung bzw. Kündigung.

69 Vgl. zu diesen Nebenpflichten jeweils die arbeitsrechtliche Lehrbuchliteratur.

tarifliche Vergütung allerdings nicht unterschreiten (§ 4 Abs. 3 TVG). Sollte ausnahmsweise keine Vergütung vereinbart sein, ist die Höhe der Vergütung gem. § 612 BGB zu bemessen.

In der Regel wird die Vergütung nach Monaten, Wochen oder Stunden bemessen. Von Überstunden spricht man dann, wenn die regelmäßige betriebliche – nicht persönliche – Arbeitszeit überschritten wird. Ob und in welchem Umfang der Arbeitnehmer überhaupt zur Leistung von Überstunden verpflichtet ist, ergibt sich aus dem Arbeitsvertrag oder Tarifvertrag. Ohne eine entsprechende Regelung ist ein Arbeitnehmer nur verpflichtet Überstunden zu leisten, wenn ein dringendes betriebliches Erfordernis besteht. Sind Überstunden zu leisten, so richtet sich die Frage der Vergütung dieser ebenfalls nach dem Arbeitsvertrag oder Tarifvertrag. Bei Stundenlohn oder Akkordlohn wird man in der Regel von einer Vergütungspflicht ausgehen. Die Vergütung für Überstunden ist dann aber nicht automatisch höher als die Normalvergütung, Überstundenzuschläge müssen ebenfalls vertraglich oder tariflich geregelt sein.

Für den Zahlungszeitraum gilt mangels einer Vereinbarung § 614 BGB. Danach hat die Zahlung der Vergütung erst nach Leistung der Arbeit zu erfolgen. Tarifverträge und Arbeitsverträge sehen jedoch meist einen anderen Zahlungszeitpunkt (Monatsbeginn, Monatsmitte) vor.

Der Anspruch auf Arbeitsvergütung verjährt gem. § 196 Abs. Nr. 8, 9 BGB in zwei Jahren. Nach § 201 BGB beginnt die Verjährung mit dem Schluß des Jahres in dem der Anspruch entstanden ist. Die Verjährung ist allerdings nur eine Einrede in Gestalt eines Leistungsverweigerungsrechts. Insoweit muß sie sauber unterschieden werden von tariflichen oder einzelvertraglichen Ausschlußfristen, die zu einem Untergang des Anspruchs führen.

Die Arbeitsvergütung eines Arbeitnehmers bildet im Regelfall auch dessen wirtschaftliche Existenzgrundlage, deshalb unterliegt Arbeitseinkommen Pfändungsbeschränkungen. Arbeitseinkommen kann nur teilweise gepfändet werden, dem Arbeitnehmer muß das verbleiben, was er für sich und seine Familie zum Leben braucht. Die entsprechenden Regelungen finden sich in den §§ 850ff. ZPO. Danach richtet sich der pfändbare Teil des Arbeitseinkommens eines Arbeitnehmers nach der Höhe seines Einkommens und der Zahl der Personen, denen er Unterhalt schuldet.

Die Pfändungsbeschränkungen werden ergänzt durch einen Auszahlungsschutz. Die Aufrechnung des Arbeitseinkommens mit dem unpfändbaren Teil der Vergütung ist gem. § 394 BGB nichtig. Darüber hinaus kann der Arbeitnehmer auch selbst nicht über sein Arbeitseinkommen durch Abtretung verfügen, soweit dieses unpfändbar ist (§§ 394, 400 BGB).

b) Nebenpflichten

Auch dem Arbeitgeber erwachsen aus dem Arbeitsvertrag Nebenpflichten, die im Rahmen von Schadensersatzpflichten relevant werden können. Beim Arbeitgeber faßt man die Nebenpflichten unter dem Bergriff der „Fürsorgepflichten" zusammen.

Welche Nebenpflichten einen Arbeitgeber treffen, kommt wiederum auf die Umstände des konkreten Einzelfalls an. Einige typische Nebenpflichten werden allerdings auch hier in der Lehrbuchliteratur abgehandelt, darunter fällt die Beschäftigungspflicht[70], die Pflicht einer menschengerechten Arbeitsplatzgestaltung, die Pflicht den Arbeitnehmer vor Gefahren für Leben und Gesundheit zu schützen[71] und der Schutz der vom Arbeitnehmer notwendigerweise in den Betrieb eingebrachten Privatsachen[72].

III. Besondere Arbeitsverhältnisse

Die hier vorgestellte Kurzdarstellung des Arbeitsrechts orientiert sich am „Normalarbeitsverhältnis", d. h. am auf Dauer angelegten Vollzeitarbeitsverhältnis. In der Praxis werden aber häufig besonders ausgestaltete Arbeitsverhältnisse abgeschlossen, bei denen die Regelungen des „Normalarbeitsverhältnisses" durch spezielle Normen ergänzt bzw. modifiziert werden. Zu den in der Praxis häufig vorkommenden „besonderen Arbeitsverhältnissen" zählen das befristete Arbeitsverhältnis und das Teilzeitarbeitsverhältnis. Unterfälle davon sind das Probearbeitsverhältnis[73] und das Aushilfsarbeitsverhältnis[74].

1. Befristetes Arbeitsverhältnis

Der Gesetzgeber geht im Normalfall vom unbefristeten Arbeitsverhältnis aus. § 620 BGB und die Vertragsfreiheit gebieten aber, daß auch das befristete Arbeitsverhältnis grundsätzlich zulässig sein muß.

Das befristete Arbeitsverhältnis endet gem. § 620 BGB mit Ablauf der Frist, für die es eingegangen wurde oder mit Erreichung des Vertragszwecks, es bedarf keiner Kündigung, die ordentliche Kündigung ist im befristeten Arbeitsverhältnis normalerweise sogar ausgeschlossen[75]. § 620 BGB, der seit Inkrafttreten des BGB unverändert blieb, geht dabei allerdings von einer uneingeschränkten Zulässigkeit der Befristung aus und trägt den heutigen Vorstellungen des Arbeitnehmerschutzes nicht mehr Rechnung. Befristete Arbeitsverhältnisse bergen die Gefahr der Umge-

70 Die grundlegende BAG-Entscheidung stammt aus dem Jahre 1955, AP Nr. 2 zu § 611 Beschäftigungspflicht.

71 Vgl. § 618 BGB.

72 Vgl. dazu die Ausführungen in der einschlägigen Lehrbuchliteratur.

73 Zumindest das befristete Probearbeitsverhältnis kann als Unterfall des befristeten Arbeitsverhältnisses gesehen werden, für das unbefristete Probearbeitsverhältnis mit erleichterter Kündigungsmöglichkeit gem. § 622 Abs. 3 BGB gilt dies nicht, vgl. hierzu die Lehrbuch und Kommentarliteratur.

74 Die Darstellung hier beschränkt sich auf die Grundzüge des befristeten Arbeitsverhältnisses und des Teilzeitarbeitsverhältnisses, im Übrigen wird auf die tiefergehende Lehrbuchliteratur verwiesen.

75 Die ordentliche Kündigung kann jedoch auch im befristeten Arbeitsverhältnis vereinbart werden. Die Möglichkeit der außerordentlichen Kündigung ist immer gegeben.

hung von Kündigungsschutzbestimmungen in sich, denn wenn die Kündigung entfällt, muß kein Kündigungsschutz beachtet werden.

a) Grundsatz

Befristete Arbeitsverhältnisse sind uneingeschränkt zulässig, wenn eine Umgehung des Kündigungsschutzes nicht möglich ist. Dies gilt für Kleinbetriebe mit fünf oder weniger Arbeitnehmern, die gem. § 23 KSchG nicht dem Kündigungsschutz unterliegen und für Befristungen von bis zu 6 Monaten, da erst nach 6monatiger Beschäftigungsdauer der Kündigungsschutz gem. § 1 Abs. 1 KSchG greift. Eine Ausnahme besteht allerdings dann, wenn Sonderkündigungsschutznormen eingreifen könnten, wie der Kündigungsschutz für werdende Mütter oder Schwerbehinderte, dann wird auch außerhalb des Geltungsbereiches des Kündigungsschutzes die Zulässigkeit der Befristung eingeschränkt[76].

b) Sachlicher Grund

Ist eine Umgehung des Kündigungsschutzes denkbar, dann ist die Zulässigkeit der Befristung nicht schlechthin abzulehnen, sondern wird vom Vorliegen eines sachlichen Grundes abhängig gemacht[77]. Als sachliche Gründe kommen z.B. in Betracht: Aushilfssituationen wegen vorübergehenden Mehrbedarfs, Saisonarbeit, Vertretungen für Krankheit, Urlaub, Mutterschutz etc., Probezeit, Wunsch des Arbeitnehmers[78]. Fehlt es an einem sachlichen Grund, dann ist ein unbefristetes Dauerarbeitsverhältnis entstanden. Maßgeblicher Zeitpunkt für das Vorliegen des sachlichen Grundes ist dabei allein der Zeitpunkt des Vertragsabschlusses, später entstandene Gründe sind nicht zu berücksichtigen[79].

c) Zeitbefristung und Zweckbefristung

Die Befristung kann zeitlich (§ 620 Abs. 1 BGB) sein oder vom Erreichen eines bestimmten Zweckes abhängen (§ 620 Abs. 2 BGB). Bei der Zeitbefristung ist bei Vertragsschluß die Dauer des Arbeitsverhältnisses anzugeben, der Arbeitnehmer muß wissen, wann er sich um ein Anschlußarbeitsverhältnis kümmern muß. Bei der Zweckbefristung steht bei Vertragsschluß in der Regel noch nicht fest, wie lange das Beschäftigungsbedürfnis besteht, z.B. bei einer Krankheitsvertretung. Um den Arbeitnehmer hier nicht in eine Situation zu bringen, die einer fristlosen Kündigung gleich kommt, muß – für den Fall, daß die Zweckerreichung für den

---

[76] LAG Bremen AP Nr. 175 zu § 620 BGB Befristeter Arbeitsvertrag.

[77] BAG AP Nr. 16 zu § 620 BGB Befristeter Arbeitsvertrag.

[78] Vgl. im Übrigen die Lehrbuch- und Kommentarliteratur.

[79] BAG AP Nr. 97 zu § 620 BGB Befristeter Arbeitsvertrag.

Arbeitnehmer nicht frühzeitig erkennbar ist – eine Auslauffrist eingehalten werden, die der gesetzlichen Mindestkündigungsfrist entspricht.

d) Mehrfachbefristung

Werden zwischen den selben Vertragsparteien mehrfach hintereinander befristete Arbeitsverträge abgeschlossen, so spricht man von sogenannten Kettenarbeitsverträgen. Bei Kettenarbeitsverträgen ist die Gefahr der Umgehung von Kündigungsbestimmungen besonders groß, deshalb ist hier der sachliche Grund besonders sorgfältig zu prüfen. Nach der Rechtsprechung des BAG genügt es allerdings, daß der letzte Arbeitsvertrag der Kette sachlich begründet befristet wurde. Begründet wird dies damit, daß selbst dann, wenn vorher ein nicht sachlich begründeter befristeter Arbeitsvertrag abgeschlossen worden sei, mit der Folge eines unbefristeten Arbeitsverhältnisses, durch erneuten Abschluß eines befristeten Arbeitsvertrages, der bisherige unbefristete Vertrag von den Vertragsparteien konkludent aufgehoben worden sei[80].

e) Befristung nach dem Beschäftigungsförderungsgesetz

§ 1 BeschFG in der seit 1.10.1996 geltenden Fassung erleichtert die Zulässigkeit der Befristung erheblich. Sofern das BeschFG eingreift, muß der sachliche Grund nicht geprüft werden. Zulässig sind gem. § 1 BeschFG Befristungen eines Arbeitsvertrages bis zur Gesamtdauer von zwei Jahren. Innerhalb dieser Höchstbefristungsdauer kann ein befristeter Arbeitsvertrag bis zu dreimal verlängert werden. Einzige Voraussetzung ist, daß kein enger sachlicher Zusammenhang zu einem vorherigen unbefristeten Arbeitsvertrag oder zu einem vorherigen befristeten Arbeitsvertrag nach dem BeschFG besteht. Das Gesetz vermutet gem. § 1 Abs. 3 BeschFG einen solchen engen sachlichen Zusammenhang, wenn zwischen den Verträgen weniger als 4 Monate liegen.

Mit älteren Arbeitnehmern, die bei Beginn des befristeten Arbeitsverhältnisses das 60. Lebensjahr vollendet haben, kann die Befristungsdauer von 24 Monaten überschritten werden und der Vertrag kann mehr als dreimal verlängert werden.

f) Form der Befristung

Mit Wirkung ab 1.5.2000 bedarf die Befristung gem. § 623 BGB der Schriftform. Die Nichtbeachtung der Schriftform führt zur Nichtigkeit der Befristung.[81]

---

80 BAG AP Nr. 97 zu § 620 BGB Befristeter Arbeitsvertrag

81 Arbeitsgerichtsbeschleunigungsgesetz vom 30.3.2000, BGBl. I S. 333.

g) Geltendmachung der Unwirksamkeit einer Befristung

Will ein Arbeitnehmer geltend machen, daß die Befristung rechtsunwirksam ist, so muß er gem. § 1 Abs. 5 BeschFG innerhalb von 3 Wochen nach dem vereinbarten Ende des befristeten Arbeitsvertrages Klage beim Arbeitsgericht erheben. Wird die Frist versäumt, so gilt das Arbeitsverhältnis als von Anfang an ordnungsgemäß befristet. § 1 Abs. 5 BeschFG gilt sowohl für die sachlich begründete Befristung als auch für die Befristung nach dem BeschFG.

2. Teilzeitarbeitsverhältnis

Teilzeitbeschäftigt sind die Arbeitnehmer, deren regelmäßige Wochenarbeitszeit kürzer ist als die Wochenarbeitszeit vergleichbarer Vollzeitarbeitnehmer des Betriebes (§ 2 Abs. 2 BeschFG). Das Teilzeitarbeitsverhältnis unterscheidet sich somit vom Vollzeitarbeitsverhältnis nur durch die Wochenarbeitszeit, Arbeitsrecht ist grundsätzlich ebenso anzuwenden. Der Arbeitgeber darf einen teilzeitbeschäftigten Arbeitnehmer nicht wegen der Teilzeit anders behandeln, als die Vollzeitarbeitnehmer (Verbot der Ungleichbehandlung gem. § 2 Abs. 1 BeschFG), es sei denn die Ungleichbehandlung ist durch sachliche Gründe gerechtfertigt[82]. Teilzeitarbeitnehmer haben daher Anspruch auf Entgeltfortzahlung im Krankheitsfall, auf Urlaub, Feiertagsentgelt[83] und haben das aktive und passive Wahlrecht im Rahmen der Betriebsverfassung etc.

Herkömmliche Teilzeit erbringen die Arbeitnehmer, die ihre tägliche Arbeitszeit verkürzt haben oder nur an bestimmten Tagen in der Woche oder des Monats Arbeit leisten. Neben dieser herkömmlichen Form gibt es bestimmte Teilzeitmodelle, die der Gesetzgeber im Beschäftigungsförderungsgesetz unter einen gewissen Mindestschutz gestellt hat.

a) Abrufarbeit

Abrufarbeit oder auch „kapazitätsorientierte variable Arbeitszeit" (KAPOVAZ) sieht die Anpassung der Arbeit an den Arbeitsanfall vor und wird von § 4 BeschFG geregelt. Wird KAPOVAZ vereinbart, so ist gem. § 4 Abs. 1 zugleich eine bestimmte Dauer der Arbeitszeit festzulegen[84]. Unterbleibt dies, so geht das Gesetz von einer wöchentlichen Arbeitszeit von 10 Stunden aus. Diese 10 Stunden müssen dann auch abgerufen und bezahlt werden. Werden weniger Stunden abge-

[82] Zu beachten ist, daß in einer an sich nach § 2 Abs. 1 BeSchFG zulässigen Ungleichbehandlung eine mittelbare Diskriminierung von Frauen liegen kann, denn Teilzeitarbeitsplätze werden vorwiegend von Frauen besetzt. Zur mittelbaren Diskriminierung sind insbesondere eine Vielzahl von EuGH-Entscheidungen ergangen.

[83] Allerdings nur wenn die Arbeit auf Grund des Feiertags ausfällt, § 2 EFZG, d. h. der Teilzeitarbeitnehmer dienstplanmäßig am Feiertag gearbeitet hätte.

[84] Die vertragliche Vereinbarung kann auch weniger als 10 Stunden vorsehen.

rufen, gerät der Arbeitgeber in Annahmeverzug und hat gem. § 615 BGB für die nicht abgerufenen Stunden Arbeitsentgelt zu zahlen. Gem. § 4 Abs. 2 BeschFG ist der Arbeitnehmer nur zur Leistung verpflichtet, wenn ihm die Lage seiner Arbeitszeit mindestens 4 Tage im voraus mitgeteilt wurde. Ist im Arbeitsvertrag die tägliche Dauer des Arbeitseinsatzes nicht festgelegt, so geht das Gesetz von drei aufeinanderfolgenden Stunden aus, die auch zu vergüten sind, gegebenenfalls nach § 615 BGB, wenn der Arbeitseinsatz kürzer ausfallen sollte.

b) Job-Sharing und Turnusarbeit

Job-Sharing oder auch Arbeitsplatzteilung regelt § 5 Abs. 1 BeschFG. Nach der dort gegebenen Legaldefinition liegt Arbeitsplatzteilung vor, wenn ein Arbeitgeber mit zwei oder mehr Arbeitnehmern vereinbart, sich die Arbeitszeit an einem Arbeitsplatz zu teilen. § 5 Abs. 1 BeschFG stellt zum Schutz der Job-Sharer klar, daß sie nicht zur gegenseitigen Vertretung verpflichtet sind – z. B. für den Fall der Krankheit –, es sei denn es wurde eine Vertretungsvereinbarung getroffen. Selbst dann kann der zur Vertretung Verpflichtete den konkreten Einsatz wegen Unzumutbarkeit im Einzelfall ablehnen (z. B. wenn keine Aufsichtsperson für ein krankes Kind gefunden werden kann).

§ 5 Abs. 2 BeschFG entlastet die Job-Sharingpartner von dem Risiko der partnerbedingten Kündigung, fällt ein Partner weg, ist der Arbeitgeber grundsätzlich verpflichtet einen neuen Partner zu suchen.

Bei Turnusarbeit wechseln sich Gruppen von Arbeitnehmern auf bestimmten Arbeitsplätzen in festgelegten Zeitabständen ab. Nach § 5 Abs. 3 BeschFG gelten die Regelungen für Job-Sharing entsprechend.

IV. Nichtleistung des Arbeitnehmers und Entgeltzahlung

Eine der in der Praxis wichtigsten Fragen ist die, welche Rechtsfolgen eintreten, wenn der Arbeitnehmer seiner Hauptpflicht, der Pflicht zur Arbeitsleistung nicht nachkommt. Insbesondere stellt sich dabei die Frage nach der Gegenleistung, der Arbeitsvergütung. Hier greifen grundsätzliche BGB-Regelungen und eine Vielzahl von arbeitsrechtlichen Sondervorschriften ineinander.

1. Grundsätzliches

Erbringt ein Schuldner aus einem gegenseitigen schuldrechtlichen Vertrag seine Hauptpflicht nicht, so hängen die Rechtsfolgen in der Regel davon ab, ob der Schuldner mit seiner Leistung in Verzug ist (verspätete Leistung) oder ob ihm die Leistung unmöglich ist. Dementsprechend muß auch bei der Nichterfüllung der Hauptleistungspflicht des Arbeitnehmers zunächst festgestellt werden, ob (juristisch) Unmöglichkeit oder Verzug gegeben ist.

a) Unmöglichkeit

Grundsätzlich könnte man davon ausgehen, daß ein Arbeitnehmer ausgefallene Arbeitszeit nacharbeiten kann, daß also nur Verzug gegeben ist. In aller Regel ist dies jedoch nicht so, denn die meisten Arbeiten sind zeit- oder teamgebunden; einmal ausgefallene Arbeitszeit kann nicht mehr nachgeholt werden, man spricht insoweit vom „Fixschuldcharakter" der Arbeit.

Die Nichtleistung des Arbeitnehmers führt damit juristisch zur „Unmöglichkeit", die Rechtsfolgen können folglich den §§ 323 ff. BGB entnommen werden, die die Unmöglichkeit bei gegenseitigen schuldrechtlichen Verträgen regeln, soweit keine Spezialregelungen eingreifen.

Die §§ 323 ff. BGB differenzieren hinsichtlich der Rechtsfolgen danach, welche der Vertragsparteien die Unmöglichkeit der Arbeitsleistung zu vertreten hat. Es bestehen drei Möglichkeiten:

Ist die Unmöglichkeit der Arbeitsleistung weder vom Arbeitnehmer, noch vom Arbeitgeber zu vertreten, so wird der Arbeitnehmer gem. § 275 Abs. 1 BGB von seiner Verpflichtung zur Arbeitsleistung frei, verliert aber auch den Anspruch auf die Gegenleistung (Lohn) gem. § 323 Abs. 1 BGB[85].

Hat der Arbeitgeber die Unmöglichkeit der Arbeitsleistung zu vertreten, wird der Arbeitnehmer gem. § 275 Abs. 1 BGB von seiner Verpflichtung zur Leistung frei behält aber gem. § 324 Abs. 1 BGB den Anspruch auf die Gegenleistung, also den Lohnanspruch[86]. Er muß sich jedoch auf den Lohnanspruch dasjenige anrechnen lassen, was er infolge der Befreiung von der Leistung erspart, durch anderweitige Verwendung seiner Arbeitskraft erwirbt oder böswillig zu erwerben unterläßt. Derartige Anrechnungen sind allerdings selten. Meistens behält der Arbeitnehmer seinen vollen Lohnanspruch.

Hat der Arbeitnehmer die Unmöglichkeit der Arbeitsleistung zu vertreten, so ergeben sich die Rechtsfolgen aus § 325 BGB, d. h. der Arbeitgeber wird von seiner Pflicht zur Lohnzahlung frei. Darüber hinaus kann ihm ein Schadensersatzanspruch gegen den Arbeitnehmer zustehen. Voraussetzung hierfür ist allerdings, daß ein über den Arbeitsausfall hinausgehender Schaden entstanden ist, denn der Arbeitsausfall selbst wird durch den Wegfall der Lohnzahlungspflicht ausgeglichen[87].

Das Rücktrittsrecht des § 325 BGB ist im Arbeitsrecht ausgeschlossen, da die Kündigungsvorschriften die spezielleren Regelungen sind.

---

85 Beispiel: An einem besonders frostigen Wintermorgen legt Glatteis den gesamten Verkehr lahm. Ein Arbeitnehmer erscheint deshalb nicht zur Arbeit. Das Glatteis hat weder der Arbeitnehmer noch der Arbeitgeber zu vertreten, für die ausgefallene Arbeitszeit besteht kein Vergütungsanspruch.

86 Beispiel: Ein Arbeitnehmer benötigt bestimmte Arbeitsgeräte für seine Arbeitsleistung, die Arbeitsgeräte werden durch Verschulden des Arbeitgebers zerstört.

87 Beispiel: Ein Arbeitnehmer macht „blau", der Arbeitgeber muß eine teuere Ersatzkraft einstellen, um seinen Verpflichtungen nachkommen zu können.

b) Annahmeverzug des Arbeitgebers

Ist dem Arbeitnehmer die Arbeitsleistung grundsätzlich möglich, wird diese jedoch vom Arbeitgeber nicht angenommen, so werden die Rechtsfolgen von § 615 BGB geregelt. Der Arbeitnehmer kann danach Lohn verlangen, ohne zur Nachleistung verpflichtet zu sein. Wie bei § 324 BGB muß sich der Arbeitnehmer jedoch dasjenige anrechnen lassen, was er infolge des Unterbleibens der Arbeitsleistung erspart, durch anderweitige Verwendung seiner Dienste erwirbt, oder böswillig zu erwerben unterläßt.

Voraussetzung für die Anwendung des § 615 BGB ist, daß der Arbeitnehmer dem Arbeitgeber die Arbeitsleistung angeboten hat. Grundsätzlich ist hier ein tatsächliches Angebot notwendig (§ 294 BGB), d. h. der Arbeitnehmer muß sich zur rechten Zeit an den vereinbarten Arbeitsort begeben und versuchen, die nach dem Vertrag geschuldete Arbeit zu verrichten.

Ein wörtliches Angebot ist gem. § 295 BGB dann ausreichend, wenn der Arbeitgeber erklärt hat, er werde die Arbeitsleistung nicht annehmen. Eine solche Ablehnung ist z. B. auch in der Kündigung für die Zeit nach Ablauf der Kündigungsfrist enthalten[88].

Im Falle einer unberechtigten fristlosen Kündigung gerät der Arbeitgeber sogar ohne wörtliches Angebot in Annahmeverzug. Begründet wird dies mit § 296 BGB. Es bedürfe einer Mitwirkungshandlung des Arbeitgebers, deren Zeit nach dem Kalender bestimmt ist, nämlich der Einrichtung eines funktionsfähigen Arbeitsplatzes und der Zuweisung der Arbeit, damit der Arbeitnehmer die geschuldete Arbeitsleistung erbringen könne[89].

Ein Verschulden des Arbeitgebers ist dagegen nicht notwendig, um für den Arbeitnehmer einen Anspruch aus §§ 611, 615 BGB zu begründen. Deshalb umfaßt § 615 BGB auch die Fälle der sog Betriebsstörung[90].

2. Lohn ohne Arbeit

Abgesehen von § 615 BGB, gibt es noch weitere Normen, die dem Arbeitnehmer seinen ursprünglichen Entgeltanspruch aufrechterhalten bzw. einen eigenen Entgeltanspruch gewähren, ohne daß der Arbeitnehmer hierfür Arbeit leisten muß.

---

88 BAG AP Nr. 18, 22 zu § 615 BGB; nach ständiger Rechtsprechung des BAG kann in einem solchen Fall das Angebot zur Arbeitsleistung auch in der Erhebung der Kündigungsschutzklage liegen, BAG Nr. 18, 22, 23, 26, 31 zu § 615 BGB.

89 BAG AP Nr. 34 zu § 615 BGB.

90 Stromausfälle, Heizungsausfall, Fehlen von Arbeitsmaterial, Brand, Explosion, Wetterstörungen oder behördliche Anordnungen.

a) Verhinderung aus persönlichen Gründen

Der Entgeltanspruch eines Arbeitnehmers bleibt gem. § 616 BGB bestehen, wenn er durch einen in seiner Person liegenden Grund[91] für eine verhältnismäßig nicht erhebliche Zeit[92] ohne sein Verschulden an der Arbeitsleistung gehindert ist. Hierunter fallen z. B. Todesfälle in der Familie, Geburten, Hochzeiten oder schwere Krankheitsfälle.

Die Regelung des § 616 BGB ist durch Tarifvertrag oder Einzelarbeitsvertrag abdingbar. Tarifverträge enthalten normalerweise genaue Regelungen wie lange ein Arbeitnehmer für bestimmte Ereignisse Entgelt ohne Arbeit erhält.

b) Urlaub

Einen eigenständigen Anspruch auf Entgelt ohne Arbeit enthält das BUrlG. Gem. § 1 BUrlG hat jeder Arbeitnehmer in jedem Kalenderjahr einen Anspruch auf bezahlten Erholungsurlaub. Die gesetzliche Mindestdauer beträgt gem. § 3 BUrlG 24 Werktage[93], Tarifverträge oder Arbeitsverträge sehen allerdings oft längere Urlaubszeiten vor und orientieren sich an Arbeitstagen. Der Urlaubsanspruch entsteht jeweils für ein Kalenderjahr, im ersten Beschäftigungsjahr muß gem. § 4 BUrlG eine Wartezeit von 6 Monaten eingehalten werden.

Während des Urlaubs enthält der Arbeitnehmer ein Urlaubsentgelt, das sich gem. § 11 BUrlG nach dem durchschnittlichen Arbeitsentgelt bemißt, das der Arbeitnehmer in den letzten dreizehn Wochen (= 3 Monate) vor dem Beginn des Urlaubs erhalten hat. Überstundenentgelte werden dabei allerdings nicht mitgerechnet[94].

c) Feiertagsvergütung

Fällt Arbeitszeit infolge eines gesetzlichen Feiertages aus, so hat der Arbeitnehmer Anspruch in Höhe des regelmäßigen Arbeitsverdienstes gem. § 2 EFZG. Welche Tage gesetzliche Feiertage sind, ergibt sich aus den landesrechtlichen Vorschriften. Voraussetzung für den Anspruch ist, daß die Arbeitsleistung wegen des Feiertags entfällt, dies kann insbesondere bei Teilzeitbeschäftigten fraglich sein. Der Anspruch entfällt gem. § 2 Abs. 3 EFZG, wenn der Arbeitnehmer vor oder nach dem Feiertag der Arbeit fernbleibt.

---

91 Der Hinderungsgrund muß in der Person des Arbeitnehmers liegen und darf nicht allgemeiner Art sein. Keinen Anspruch begründet z. B. eine Fehlen aufgrund Streiks im Personennahverkehr, Glatteis, Smokalarm etc.

92 Dabei kommt es auf das Verhältnis der Verhinderungsdauer zur Gesamtdauer des Arbeitsverhältnisses unter Berücksichtigung der Umstände des Einzelfalles an.

93 Werktage sind auch Samstage, d. h. der gesetzliche Mindesturlaub beträgt 4 Wochen.

94 Zu konkreten Fragen des Urlaubsrechts, z. B. Teilurlaub, Übertragbarkeit, Abgeltung etc. vgl. jeweils die Regelungen des BUrlG und die einschlägige Literatur.

d) Entgeltfortzahlung im Krankheitsfall

Gem. § 3 Abs. 1 EFZG hat ein Arbeitnehmer gegen seinen Arbeitgeber Anspruch auf Entgeltfortzahlung im Krankheitsfall für die Dauer von 6 Wochen. Voraussetzungen für diesen Anspruch sind, daß

- der Arbeitnehmer die vierwöchige Wartezeit gem. § 3 Abs. 3 EFZG erfüllt hat,
- der Arbeitnehmer arbeitsunfähig in Folge Krankheit ist und
- den Arbeitnehmer kein Verschulden trifft.

Der Anspruch auf Entgeltfortzahlung entsteht erst nach vierwöchiger ununterbrochener Dauer des Arbeitsverhältnisses (Wartezeit).

Weitere Voraussetzung ist das Vorliegen einer Krankheit. Unter einer Krankheit versteht man einen regelwidrigen Körper- oder Geisteszustand, auf die Ursache der Erkrankung kommt es dabei nicht an. Krankheit kann z.B. auch auf Sport- oder Freizeitunfällen beruhen.

Die Krankheit muß Arbeitsunfähigkeit zur Folge haben, d.h. es ist erforderlich, daß der Arbeitnehmer wegen der Schwere seiner Erkrankung seiner Tätigkeit nicht oder nur auf die Gefahr hin nachgehen kann, daß sich sein Gesundheitszustand verschlechtert. Dabei ist die Arbeitsunfähigkeit arbeitsplatzbezogen zu beurteilen. Nicht jede Krankheit hat zwangsläufig Arbeitsunfähigkeit zur Folge[95]. Die krankheitsbedingte Arbeitsunfähigkeit muß zudem die alleinige Ursache der Verhinderung sein, hätte der Arbeitnehmer auch ohne die Erkrankung nicht gearbeitet, besteht kein Anspruch auf Entgeltfortzahlung.

Den Arbeitnehmer darf kein Verschulden am Eintreten der Arbeitsunfähigkeit treffen. Verschulden i.S.d. Entgeltfortzahlung meint dabei nicht Verschulden i.S.d. § 276 BGB, sondern es muß sich um einen gröblichen Verstoß gegen das von einem verständigen Menschen im eigenen Interesse zu erwartende Verhalten handeln[96]. Unverschuldet in diesem Sinne sind in der Regel Sportunfälle[97], verschuldet dagegen beispielsweise Autofahren ohne Sicherheitsgurt[98] und Autofahren unter Alkoholeinfluß[99].

In formeller Hinsicht hat der Arbeitnehmer gem. § 5 EFZG die Arbeitsunfähigkeit und deren voraussichtliche Dauer unverzüglich mitzuteilen. Unabhängig von dieser Mitteilungspflicht muß eine ärztliche Bescheinigung vorgelegt werden, wenn die Arbeitsunfähigkeit länger als 3 Tage dauert[100]. Die Mitteilungs- und die Nachweis-

---

95 Z.B. beeinträchtigt ein verstauchtes Handgelenk nicht die Tätigkeit eines Pförtners.

96 BAG AP Nr. 8, 25, 26 zu § 1 LFZG; Schmitt, EFZG, § 3 RdNr. 84ff. m.w.N. und Erläuterungen.

97 Vgl. Schmitt, EFZG, § 3 RdNr. 106ff. mit einer Vielzahl von Beispielen. Eine Ausnahme soll bei besonders gefährlichen Sportarten bestehen; als gefährliche Sportart wurde bislang lediglich Kickboxen vom ArbG Hagen angesehen, NZA 1990, S. 311. Als gefährlich wird man auch das Bungee-Springen einordnen müssen, vgl. Gerauer, Keine Vergütungsfortzahlung bei Verletzungsfolgen beim Bungee-Springen, NZA 1994, S. 596.

98 BAG AP Nr. 46 zu § 1 LFZG.

99 BAG AP Nr. 71 und 77 zu § 1 LFZG.

100 Gem. § 5 EFZG ist der Arbeitgeber berechtigt die Vorlage der ärztlichen Bescheinigung früher zu verlangen. Sinnvoll ist dies z.B. beim Verdacht einer vorgetäuschten Arbeitsunfähigkeit oder bei Arbeitnehmern, die durch häufige Kurzerkrankungen auffallen.

pflicht bestehen unabhängig voneinander. Kommt ein Arbeitnehmer seinen Mitteilungspflichten nicht nach, erlangt der Arbeitgeber u.U. einen Schadensersatzanspruch wegen pVV. Denkbar ist bei wiederholter Verletzung der Mitteilungspflicht und entsprechender Abmahnung auch eine ordentliche verhaltensbedingte Kündigung. Bei Verletzung der Nachweispflicht hat der Arbeitgeber gem. § 7 Abs. 1 Nr. 1 EFZG ein vorübergehendes Leistungsverweigerungsrecht. Daneben besteht auch hier im Wiederholungsfalle nach Abmahnung das Recht zur Kündigung. Im Fall einer vorgetäuschten Arbeitsunfähigkeit bestehen Schadensersatzansprüche und die Möglichkeit der außerordentlichen Kündigung auch ohne Abmahnung[101].

Die Berechnung der Entgeltfortzahlung erfolgt nach dem sogn. Entgeltausfallprinzip, das bedeutet, der Arbeitnehmer ist fiktiv so zu stellen, als hätte er gearbeitet. Es ist grundsätzlich das Entgelt zu ermitteln und fortzuzahlen, das während der Arbeitsunfähigkeit sonst an den Arbeitnehmer zu zahlen gewesen wäre, Überstunden sind dabei allerdings nicht zu berücksichtigen, § 4 Abs. 1a EFZG.

Die Dauer der Entgeltfortzahlung beträgt für jeden einzelnen Krankheitsfall maximal 6 Wochen, fortgesetzte Erkrankungen regelt § 3 Abs. 1 Stz. 2 EFZG. Solange der Arbeitgeber Entgeltfortzahlung zu leisten hat, ruht ein eventueller Anspruch auf Krankengeld gegen die Krankenversicherung bzw. Verletztengeld gegen die Unfallversicherung.

V. Schlechtleistung des Arbeitnehmers und Haftung

1. Schlechtleistung des Arbeitnehmers

Die mangelhafte Erfüllung der Arbeitspflicht durch den Arbeitnehmer bezeichnet man als Schlechtleistung. Anders als sonst im Schuldrecht, kennt das Arbeitsvertragsrecht jedoch keine Gewährleistungsansprüche. Die Schlechtleistung berechtigt den Arbeitgeber daher nicht zur Minderung des Entgeltanspruchs[102]. Denkbar ist jedoch ein aufrechenbarer Gegenanspruch aus pVV, wenn der Arbeitnehmer die Schlechtleistung zu vertreten hat. In Betracht kommen auch Betriebsbußen und Abmahnungen mit der Folge der verhaltensbedingten Kündigung.

2. Haftung

Bei der Haftung im Arbeitsverhältnis muß in mehrfacher Hinsicht differenziert werden. Zum einen ist zu unterscheiden zwischen der Haftung des Arbeitnehmers und der des Arbeitgebers, zum anderen zwischen Sach- und Personenschaden und schließlich kommt es noch darauf an, bei wem der Schaden eingetreten ist, ob beim Arbeitnehmer, beim Arbeitgeber, einem Kollegen des Arbeitnehmers oder bei einem betriebsfremden Dritten. Hinsichtlich der anwendbaren Rechtsgrundla-

101 BAG AP Nr. 4 Zu § 626 BGB Krankheit.

102 BAG AP Nr. 3 zu § 11 MuSchG.

gen greifen allgemeine zivilrechtliche Regelungen, Unfallversicherungsrecht und insbesondere die Rechtsprechung des Bundesarbeitsgerichts ineinander.

a) Haftung des Arbeitnehmers für Sachschäden

aa) Sachschäden des Arbeitgebers

Für Sachschäden, die ein Arbeitnehmer bei der Verrichtung seiner Arbeit seinem Arbeitgeber zufügt, gelten grundsätzlich die zivilrechtlichen Schadensregelungen, d. h. der Arbeitnehmer haftet aus Delikt (§ 823 BGB) oder Vertrag (pVV) bei schuldhafter Verursachung.

Bei konsequenter Anwendung der zivilrechtlichen Regeln würde selbst das geringste Arbeitnehmerverschulden zu einem vollen Schadensersatzanspruch des Arbeitgebers führen. Dabei wird nicht berücksichtigt, daß selbst einem gewissenhaften Arbeitnehmer während seines Arbeitslebens gelegentlich ein Fehler unterlaufen kann, mit mitunter hohen Schäden. Ferner muß ein Arbeitnehmer seine Arbeitsleistung innerhalb einer fremdbestimmten Organisation erbringen, auf die er keinen Einfluß hat. Der Arbeitgeber ist vielmehr in der Lage auf die Arbeitsbedingungen Einfluß zu nehmen, entsprechende Rücklagen zu bilden oder Versicherungen abzuschließen. Fehler, die zwar grundsätzlich vermeidbar sind, die im Laufe der Zeit aber doch einmal geschehen, gehören deshalb zur Risikospähre des Arbeitgebers, genau wie ein Stromausfall.

Die Rechtsprechung geht deshalb seit langem davon aus, daß die Haftung des Arbeitnehmers für Sachschäden begrenzt werden muß, daß es zu einem innerbetrieblichen Schadensausgleich kommen muß. Lange Zeit war dieser Schadensausgleich auf die Fälle der sogn. „gefahrgeneigten" oder „schadensgeneigten" Arbeit beschränkt[103]. Diese Rechtsprechung war heftig kritisiert worden, zum einen wegen der Beschränkung auf „gefahrgeneigte Tätigkeiten" und zum anderen wegen der Probleme bei der Feststellung der „Gefahrneigung". Nunmehr ist seit einer Entscheidung des Großen Senats des BAG aus dem Jahre 1992[104] der innerbetriebliche Schadensausgleich nicht mehr auf gefahrgeneigte Tätigkeiten begrenzt. Ein Schadensausgleich findet jetzt bei allen betrieblich veranlaßten Tätigkeiten statt[105].

Betrieblich veranlaßt sind dabei solche Tätigkeiten des Arbeitnehmers, die ihm für den Betrieb übertragen worden sind oder die er im Interesse des Betriebes ausführt. Durch die Voraussetzung der betrieblich veranlaßten Tätigkeit, soll vermieden werden, daß Arbeitgeber mit dem Lebensrisiko ihrer Arbeitnehmer belastet werden.

Der Schadensausgleich bei betrieblich veranlaßter Tätigkeit hängt dann ab vom Grad des Verschuldens, den man dem Arbeitnehmer zu Last legt[106]:

---

103 BAG AP Nr. 4 zu §§ 898, 899 RVO.
104 BAG GS AP Nr. 101 zu § 611 BGB Haftung des Arbeitnehmers.
105 BAG AP Nr. 103 zu § 611 BGB Haftung des Arbeitnehmers.
106 BAG AP Nr. 106 zu § 611 BGB Haftung des Arbeitnehmers.

– Hat der Arbeitnehmer den Schaden nur infolge „leichtester“ Fahrlässigkeit verursacht, soll seine Haftung gegenüber dem Arbeitgeber ganz entfallen.

– Handelt der Arbeitnehmer „mittel-“ bzw. „normal-“ fahrlässig, so wird der Schaden zwischen ihm und dem Arbeitgeber geteilt. Bei der Schadensaufteilung sind dabei alle Umstände des Einzelfalles zu berücksichtigen, insbesondere auch inwieweit sich der Arbeitgeber gegen entsprechende Schäden versichern könnte, die Größe der Gefahr nach Häufigkeit und Umfang, Vorausschaubarkeit, Unternehmerrisiko, Monotonie der Arbeitsleistung, Dauer der Betriebszugehörigkeit, Lebensalter des Arbeitnehmers, Stellung im Betrieb und Höhe des Arbeitsentgelts. Hat es der Arbeitgeber versäumt, sich gegen den Schadenseintritt zu versichern (z. B. durch eine Kfz-Kaskoversicherung), haftet der Arbeitnehmer nur in Höhe der Selbstbeteiligung.

– Bei grober Fahrlässigkeit und Vorsatz haftet der Arbeitnehmer grundsätzlich auf vollen Schadensersatz. Bei grober Fahrlässigkeit kann die Haftung allerdings ausnahmsweise begrenzt werden, wenn zwischen dem Verdienst des Arbeitnehmers und dem Schadensrisiko ein deutliches Mißverhältnis besteht[107].

bb) Sachschäden von Kollegen/Dritten

Sachschäden, die ein Arbeitnehmer einem Arbeitskollegen oder einem am Arbeitsverhältnis unbeteiligten Dritten zufügt, sind nach den Grundsätzen des § 823 BGB voll zu ersetzen. Dem Kollegen/Dritten gegenüber läßt sich eine Haftungsminderung nicht rechtfertigen[108]. Ist der Schaden jedoch bei einer betrieblich veranlaßten Tätigkeit entstanden, erhält der Arbeitnehmer zum Ausgleich gegen seinen Arbeitgeber einen Anspruch auf Freistellung von der Schadensersatzverpflichtung in der Höhe, in der der Arbeitnehmer gegenüber dem Arbeitgeber nicht haften würde, wenn der Schaden bei diesem entstanden wäre[109].

b) Haftung des Arbeitgebers für Sachschäden

aa) Eigenschäden des Arbeitnehmers

Eigenschäden des Arbeitnehmers sind Schäden, die durch die Arbeitsleistung beim Arbeitnehmer selbst auftreten. Hinsichtlich der Haftung des Arbeitgebers für Eigenschäden von Arbeitnehmern hat sich ein Wandel der Rechtsprechung vollzogen. Nach neuerer Rechtsprechung ist eine Verpflichtung des Arbeitgebers zum Ersatz von Eigenschäden eines Arbeitnehmers denkbar[110]. Es handelt sich um eine

---

107 BAG AP Nr. 97 zu § 611 BGB Haftung des Arbeitnehmers.
108 BGH AP Nr. 99 zu § 611 BGB Haftung des Arbeitnehmers.
109 BAG AP Nr. 4 zu § 898,899 RVO.
110 BAG AP Nr. 12 zu § 611 BGB Gefährdungshaftung des Arbeitgebers.

verschuldensunabhängige Risikohaftung. Die Anspruchsvoraussetzungen sind im einzelnen:

(1) Es muß sich auch hier um einen betrieblich veranlaßten Schaden handeln, der Schaden muß mit der betrieblichen Tätigkeit zusammenhängen und nicht nur gelegentlich der betrieblichen Tätigkeit eingetreten sein. Eine besondere Gefährlichkeit der betrieblichen Tätigkeit ist nicht notwendig.

(2) Es muß sich um einen Sonderschaden handeln und nicht um einen Schaden aufgrund des allgemeinen Lebensrisikos der Mitarbeiter. Ersatzfähig sind nur solche Schäden, mit denen der Arbeitnehmer nicht ohne weiteres zu rechnen braucht, weil sie nicht zu den üblichen Begleiterscheinungen der Berufsausübung zählen[111].

(3) Der Sonderschaden muß nur dann ersetzt werden, wenn dieses Risiko nicht durch eine besondere Vergütung abgegolten ist[112].

(4) Letztlich ist ein Mitverschulden des Arbeitnehmers gem. § 254 BGB zu berücksichtigen. Hier gelten im Prinzip die oben dargestellten Grundsätze des innerbetrieblichen Schadensausgleichs. Bei leichtester Fahrlässigkeit muß der Arbeitgeber den Schaden voll übernehmen, bei normaler Fahrlässigkeit anteilig und bei grober Fahrlässigkeit entfällt ein Ersatzanspruch des Arbeitnehmers.

bb) Vom Arbeitgeber verursachte Sachschäden

Für Sachschäden des Arbeitnehmers, die vom Arbeitgeber schuldhaft verursacht werden, bestehen keine arbeitsrechtlichen Besonderheiten. Der Arbeitgeber haftet aus Vertrag oder Delikt, wenn er schuldhaft gehandelt hat, auf vollen Schadensersatz.

c) Haftung des Arbeitgebers für Personenschäden

aa) Eigenschäden des Arbeitnehmers

Personenschäden, die ein Arbeitnehmer bei der Verrichtung der Arbeit erleidet, sind Arbeitsunfälle gem. § 8 SGB VII. Bei Arbeitsunfällen leistet die gesetzliche Unfallversicherung, insbesondere Heilbehandlung, Verletztengeld und Verletztenrente nach den Vorschriften des Sozialgesetzbuches VII.

---

[111] Dem allgemeinen Lebensrisiko sind z. B. verschmutzte Kleidung oder Laufmaschen zuzurechnen.

[112] Relevant wird dies insbesondere bei der beruflichen Nutzung privater PKWs, BAG AP Nr. 6, 11, 13 zu § 611 BGB Gefährdungshaftung des Arbeitgebers.

bb) Vom Arbeitgeber verursachte Personenschäden

Ist der Arbeitgeber Verursacher eines Arbeitsunfalles, für den er nach den Grundsätzen der positiven Vertragsverletzung oder unerlaubten Handlung haften müßte, so gilt § 104 SGB VII. Danach haftet der Arbeitgeber für Personenschäden des Arbeitnehmers, die durch einen Arbeitsunfall verursacht wurden, nur, wenn er den Arbeitsunfall vorsätzlich herbeigeführt hat oder wenn der Arbeitsunfall auf einem nach § 8 Abs. 2 Nr. 1 – 4 SGB VII versicherten Weg (Wegeunfall, nicht betrieblich bedingter Weg) eingetreten ist, d. h. in der Regel wird der Arbeitgeber von der Haftung freigestellt sein.

Da die gesetzliche Unfallversicherung grundsätzlich nur für Personenschäden aufkommt, gilt auch nur für diese das Haftungsprivileg des § 104 SGB VII. Eine Ausnahme besteht jedoch für den Schmerzensgeldanspruch gem. § 847 BGB. Dieser wird unter den Voraussetzungen des § 104 SGB VII ebenfalls ausgeschlossen (d. h. der Arbeitnehmer hat gegen seinen Arbeitgeber keinen Schmerzensgeldanspruch), obwohl die gesetzliche Unfallversicherung keine entsprechende Leistung vorsieht[113].

d) Haftung des Arbeitnehmers für Personenschäden

aa) Personenschäden Dritter

Für Personenschäden, die der Arbeitnehmer bei der Ausübung seiner Tätigkeit betriebsfremden dritten Personen zufügt, gelten dieselben Regelungen wie bei Sachschäden. Grundsätzlich haftet der Arbeitnehmer voll nach allgemeinen zivilrechtlichen Regelungen (Vertrag, Delikt). Geschieht die Schadensverursachung jedoch bei Ausübung einer betrieblich veranlaßten Tätigkeit und ist dem Arbeitnehmer nur leichte oder normale Fahrlässigkeit zur Last zu legen, so erhält der Arbeitnehmer einen Freistellungsanspruch gegen den Arbeitgeber.

bb) Personenschäden von Arbeitskollegen oder des Arbeitgebers

Fügt ein Arbeitnehmer bei der Verrichtung seiner Tätigkeit einem Arbeitskollegen einen Personenschaden zu, so sind die Grundsätze der schadensgeneigten Arbeit nicht heranzuziehen. Für den Kollegen handelt es sich dann in aller Regel um einen Arbeitsunfall gem. § 8 SGB VII und er bekommt die Leistungen der gesetzlichen Unfallversicherung.

Deshalb enthält § 105 SGB VII eine dem § 104 SGB VII entsprechende Regelung. Verursacht ein Arbeitnehmer durch eine betriebliche Tätigkeit den Arbeitsunfall eines anderen versicherten Arbeitnehmers desselben Betriebes oder des versicherten Arbeitgebers, muß der Verursacher für den Personenschaden nur

---

113 Vgl. dazu BVerfG AP Nr. 6 zu § 636 RVO;

haften, wenn der Arbeitsunfall vorsätzlich oder auf einem nach § 8 Abs. 2 Nr. – 4 SGB VII versicherten Weg herbeigeführt wurde.

Seit der Neuregelung der gesetzlichen Unfallversicherung durch das SGB VII gilt das Haftungsprivileg des § 105 Abs. 1 SGB VII auch, wenn der Geschädigte der nichtversicherte Arbeitgeber des Betriebes ist. Die nicht versicherten Arbeitgeber erhalten in diesem Fall Leistungen durch die gesetzliche Unfallversicherung, § 105 Abs. 2 SGB VII.

V. Beendigung des Arbeitsverhältnisses

Das Ende des Arbeitsverhältnisses setzt das Erfüllen eines Beendigungstatbestandes voraus. Es ist zu unterscheiden zwischen einvernehmlich herbeigeführten Beendigungstatbeständen, wie dem Aufhebungsvertrag, der Vereinbarung einer Befristung oder Bedingung und einseitigen Beendigungstatbeständen, hierzu gehört insbesondere die Kündigung, die Anfechtung und die Lösungserklärung beim faktischen Arbeitsverhältnis. Darüber hinaus führt der Tod des Arbeitnehmers (nicht der Tod des Arbeitgebers) und die gerichtliche Auflösung gem. §§ 9, 10 KSchG zur Beendigung des Arbeitsverhältnisses. Nicht zur Beendigung führt dagegen der Betriebsübergang (§ 613 a BGB) und die Insolvenz des Arbeitgebers.

Hauptfall der Beendigung ist in der Praxis die Kündigung des Arbeitsverhältnisses. Insoweit ist zu unterscheiden zwischen der ordentlichen (oder auch fristgemäßen) Kündigung und der außerordentlichen (oder auch fristlosen) Kündigung.

1. Allgemeines zur Kündigung

Die Kündigung ist eine einseitige, empfangsbedürftige Willenserklärung, die gem. § 130 BGB mit Zugang wirksam wird. Daß es sich um ein einseitiges Rechtsgeschäft handelt, ist praktisch bedeutsam für die Vorschrift des § 174 BGB. Danach ist die von einem Bevollmächtigten vorgenommene Kündigung unwirksam, wenn dieser keine Vollmachtsurkunde vorlegt und die Kündigung aus diesem Grunde vom Kündigungsempfänger unverzüglich zurückgewiesen wird[114]. Der Zugangszeitpunkt ist bedeutsam, da hierdurch bestimmte Fristen in Gang gesetzt werden (z. B. Kündigungsfrist gem. § 622 BGB, Klagefrist gem. § 4 KSchG).

Die Kündigung muß hinreichend bestimmt und deutlich sein. Dem Kündigungsempfänger muß erkennbar sein, daß die Beendigung des Vertragsverhältnisses gewollt ist. Die Begründung der Kündigung ist keine Wirksamkeitsvoraussetzung.

Seit dem 1.5.2000 bedarf die Kündigung gem. § 623 BGB der Schriftform[115]. Wird die Schriftform nicht eingehalten, gilt § 125 BGB.

---

[114] Dies gilt wegen § 15 Abs. 2 HGB nicht bei Prokuristen und auch nicht bei Personalleitern, BAG AP Nr. 10 zu § 174 BGB.

[115] Arbeitsgerichtsbeschleunigungsgesetz vom 30.3.2000, BGBl. I S. 333.

Die Kündigung unterliegt den allgemeinen zivilrechtlichen Maßstäben gem. §§ 138, 242 BGB. Sittenwidrig ist eine Kündigung danach z. B. wenn sie auf einem verwerflichen Motiv des Kündigenden beruht oder in krasser Form gegen die Grundrechte verstößt[116]. Eine besonders ausgestaltete Form der Sittenwidrigkeit ist die Maßregelung wegen in zulässiger Weise ausgeübter Arbeitnehmerrechte. Diesen Fall regelt § 612 a BGB.

2. Kündigungsbeschränkungen

Eine Reihe gesetzlicher Spezialnormen enthält generelle Kündigungsverbote (z. B. § 9 MuSchG, § 18 BErzGG), verbietet die Kündigung aus speziellem Anlaß (z. B. § 613 a Abs. 4 BGB für den Betriebsübergang), beschränkt die Kündigungsmöglichkeit auf die außerordentliche Kündigung (z. B. § 15 KSchG für betriebsverfassungsrechtliche Funktionsträger) oder macht die Kündigung von Anzeigen (z. B. § 17 KSchG für die Massenentlassung) oder Zustimmungen (z. B. § 12 SchwbG) abhängig. Diese Kündigungsbeschränkungen außerhalb des Kündigungsschutzgesetzes werden in manchen Lehrbüchern auch unter dem Begriff „besonderer Kündigungsschutz" zusammengefaßt, da sie an einem besonderen Status des Arbeitnehmers oder einem besonderen Sachverhalt anknüpfen.

3. Beteiligung des Betriebsrats

Existiert ein Betriebsrat, so ist dieser vor jeder Kündigung gem. § 102 BetrVG anzuhören. Die Einhaltung des Anhörungsverfahrens ist Wirksamkeitsvoraussetzung für die Kündigung. Die fehlende oder fehlerhafte Anhörung führt zur unheilbaren Unwirksamkeit der Kündigung, das Anhörungsverfahren kann nicht nachgeholt werden. Wird dagegen die Anhörung ordnungsgemäß durchgeführt, ist der Arbeitgeber in seiner Kündigungsmöglichkeit frei, unabhängig davon, wie der Betriebsrat reagiert hat.

Für die Anhörung hat der Arbeitgeber dem Betriebsrat die notwendigen Informationen zu geben, dazu gehören: die näheren Informationen über die Person des betroffenen Arbeitnehmers, die Art und der Zeitpunkt der Kündigung, der maßgebliche Sachverhalt, der den Kündigungsentschluß bedingt (keine schlagwortartige Umschreibung). Der Betriebsrat muß ohne eigene Nachforschungen in die Situation versetzt werden die Stichhaltigkeit der Kündigungsgründe zu prüfen und eine Stellungnahme abzugeben.

Hat der Betriebsrat die nötigen Informationen, so hat er die Möglichkeit

- der Kündigung zuzustimmen,
- zu schweigen [117],

---

[116] Durch die allgemeinen zivilrechtlichen Maßstäbe darf allerdings nicht der Kündigungsschutz auf Fälle ausgedehnt werden, die nicht dem KSchG unterliegen, BAG AP Nr. 46 zu § 138 BGB.

[117] gilt gem. § 102 Abs. 2 BetrVG als Zustimmung

- Bedenken allgemeiner Art zu äußern oder
- gem. § 102 Abs. 3 BetrVG aus den dort genannten Gründen zu widersprechen[118].

Will sich der Betriebsrat zur Kündigung äußern, so hat er dies bei einer ordentlichen Kündigung innerhalb einer Woche, bei einer außerordentlichen Kündigung unverzüglich, spätestens innerhalb von drei Tagen schriftlich zu tun.

4. Die ordentliche Kündigung

Charakteristisch für die ordentliche Kündigung ist, daß sie das Arbeitsverhältnis nicht sofort beendet, sondern erst nach Ablauf der Kündigungsfrist und daß sie – zumindest in ihrer „reinen Form“ gem. § 622 BGB – nicht vom Vorliegen eines sachlichen Grundes abhängig ist. Für die Arbeitgeberkündigung gibt es hiervon allerdings Ausnahmen, die unter dem Oberbegriff „Kündigungsschutz“ abzuhandeln sind.

Die ordentliche Kündigung kann gesetzlich[119], tarifvertraglich oder einzelvertraglich[120] ausgeschlossen sein.

Die Kündigungsfristen werden von § 622 BGB geregelt. Abweichungen von diesen gesetzlichen Fristen können in Tarifverträgen oder Arbeitsverträgen enthalten sein. Tarifverträge ermöglichen gem. § 622 Abs. 4 BGB auch ein Abweichen zu Lasten der Arbeitnehmer, Arbeitsverträge können grundsätzlich nur zu Gunsten des Arbeitnehmers abweichen[121].

Die Nichteinhaltung der Kündigungsfrist betrifft in der Regel nur das Wirksamwerden, nicht die Wirksamkeit. Geht eine ohne Vorbehalt erklärte Kündigung verspätet zu, so kann sie in eine Kündigung zum nächsten Termin umgedeutet werden.

5. Allgemeiner Kündigungsschutz

Um dem sozial schwächeren Arbeitnehmer soweit möglich das Arbeitsverhältnis aufrecht zu erhalten, wird die Arbeitgeberkündigung nach dem Kündigungsschutzgesetz von bestimmten Voraussetzungen abhängig gemacht.

---

[118] Ändert nichts am Kündigungsrecht des Arbeitgebers, kann aber für den Weiterbeschäftigungsanspruch gem. § 102 Abs. 5 BetrVG relevant werden.

[119] Siehe oben 2. Kündigungsbeschränkungen

[120] Im befristeten Arbeitsverhältnis ist die ordentliche Kündigung grundsätzlich ausgeschlossen, es sei denn sie wurde ausdrücklich vereinbart.

[121] Eine Ausnahme besteht gem. § 622 Abs. 4 BGB, wenn bei fehlender Tarifbindung innerhalb des Geltungsbereichs eines Tarifvertrag einzelvertraglich auf kürzere tarifliche Fristen verwiesen wird, bzw. gem. § 622 Abs. 5 für Aushilfsarbeitsverhältnisse und Kleinunternehmen.

a) Anwendungsbereich

Der allgemeine Kündigungsschutz (§§ 1 – 14 KSchG) gilt
- nur für ordentliche Kündigungen[122], die der Arbeitgeber ausspricht[123].
- nicht für Kleinstbetriebe[124]. Der Betrieb muß gem. § 23 KSchG in der Regel mehr als fünf Arbeitnehmer beschäftigen. Die Auszubildenden zählen dabei nicht mit, Teilzeitbeschäftigte werden anteilig berücksichtigt.
- nur für Arbeitnehmer, die länger als 6 Monate in dem Betrieb oder Unternehmen beschäftigt sind (§ 1 Abs. 1 KSchG)[125].

Die Darlegungs- und Beweislast für die Anwendbarkeit des KSchG trifft den Arbeitnehmer.

b) Inhalt des Kündigungsschutzes

Nach § 1 Abs. 1 KSchG ist eine vom Arbeitgeber ausgesprochene Kündigung rechtsunwirksam, wenn sie sozial ungerechtfertigt ist. § 1 Abs. 2 KSchG nennt Gründe, die eine Kündigung normalerweise sozial rechtfertigen. Dies sind
- Gründe in der Person des Arbeitnehmers,
- Gründe im Verhalten des Arbeitnehmers und
- dringende betriebliche Erfordernisse.

Sozial ungerechtfertigt ist die Kündigung darüber hinaus, wenn einer der Gründe des § 1 Abs. 2 Stz. 2 KSchG vorliegt (Verstoß gegen eine Auswahlrichtlinie, Weiterbeschäftigungsmöglichkeit an einem anderen Arbeitsplatz, Weiterbeschäftigung nach Umschulung) und der Betriebsrat aus diesem Grund der Kündigung widersprochen hat.

Allen Kündigungsgründen gemeinsam ist das Prognoseprinzip, das Ultima-ratio-Prinzip und das Prinzip der Interessenabwägung. Prognoseprinzip bedeutet, daß die Kündigungsgründe zukunftsbezogen sind, es muß die Weiterbeschäftigungsmöglichkeit zukünftig entfallen. Maßgeblicher Zeitpunkt für die Rechtmäßigkeit der Kündigung ist der Zeitpunkt des Zugangs der Kündigungserklärung[126]. Fällt der Kündigungsgrund nach dem Zugang der Kündigung wider Erwarten weg, bleibt die Kündigung trotzdem wirksam[127]. Ultima-ratio-Prinzip meint, daß die Kündigung nur das letzte Mittel des Arbeitgebers sein soll, um einen bestimmten Sachverhalt zu lösen. Stehen dem Arbeitgeber mögliche mildere Mittel zur Verfügung, so hat er zunächst diese einzusetzen. Hierunter fällt z. B. die Weiterbeschäf-

---

[122] Die außerordentliche Künndigung unterliegt nicht dem KSchG, § 13 KSchG erklärt nur die §§ 4, 7 KSchG auch für die außerordentliche Kündigung anwendbar.

[123] Kündigt der Arbeitnehmer, muß er lediglich die Kündigungsfristen einhalten.

[124] In Kleinstbetrieben bleibt es bei der „freien BGB-Kündigung".

[125] In den ersten 6 Monaten muß lediglich die Kündigungsfrist eingehalten werden, der Arbeitgeber braucht keinen vom KSchG anerkannten Kündigungsgrund.

[126] BAG AP Nr. 16 zu § 1 KSchG Krankheit.

[127] BAG AP Nr. 1 zu § 1 KschG Wiedereinstellung. Gegebenenfalls kommt ein Wiedereinstellungsanspruch in Betracht.

tigungsmöglichkeit an einem anderen Arbeitsplatz des Unternehmens[128] bzw. die Möglichkeit vor der Beendigungskündigung eine Abmahnung auszusprechen. Eine umfassende Abwägung der Interessen des Arbeitnehmers am Bestand seines Arbeitsverhältnisses gegen die Interessen des Arbeitgebers an dessen Beendigung hat ebenfalls bei der Prüfung der sozialen Rechtfertigung stattzufinden[129]. Die Kündigung ist dann gerechtfertigt, wenn Umstände vorliegen, die sie bei verständiger Würdigung der Interessen der Vertragspartner und des Betriebes als angemessen und billigenswert erscheinen lassen[130].

Daraus ergibt sich folgende Prüfungsreihenfolge:

- Liegt ein Grund i.S.d. KSchG vor, der an sich geeignet ist die Kündigung sozial zu rechtfertigen?
- Liegt die Störung des Vertragsverhältnisses auch in der Zukunft vor?
- Gibt es ein milderes Mittel als die Kündigung?
- Führt die Interessenabwägung zu Kündigung?

c) Kündigungsgründe

Das Gesetz teilt die Kündigungsgründe in drei Gruppen ein. Die personen- und verhaltensbedingte Kündigung beruhen auf einer Störung aus der Sphäre des Arbeitnehmers, die betriebsbedingte Kündigung kommt aus der Sphäre des Arbeitgebers.

Die personen- und verhaltensbedingte Kündigung sind teilweise schwer voneinander abzugrenzen. Personenbedingte Gründe beruhen auf einem dem Arbeitnehmer nicht vorwerfbaren Verhalten, fehlenden Fähigkeiten oder persönlichen Eigenschaften, verhaltensbedingte Gründe beruhen auf vorwerfbarem Arbeitnehmerverhalten.

Personenbedingte Kündigung: Bei der personenbedingten Kündigung ist der Arbeitnehmer aus persönlichen Gründen nicht in der Lage, seine arbeitsvertraglichen Verpflichtungen ordnungsgemäß zu erfüllen. Bei personenbedingten Gründen ist ein besonders hoher Maßstab an die Interessenabwägung zu stellen, da bei dieser Kündigungsart oftmals ein erhöhtes soziales Schutzbedürfnis des Arbeitnehmers besteht. Einzelne personenbedingte Kündigungsgründe sind Krankheit, auch Suchterkrankungen, Alter, fehlende Eignung.

Verhaltensbedingte Kündigung: Bei der verhaltensbedingten Kündigung liegt eine dem Arbeitnehmer vorwerfbare Störung des Arbeitsverhältnisses vor, in der Regel durch Verletzung arbeitsvertraglicher Haupt- oder Nebenpflichten. Die Störung muß so massiv sein, daß auch ein ruhig und verständig urteilender Arbeitgeber eine Kündigung aussprechen würde[131], Bagatellen reichen nicht aus. Bei der verhaltensbedingten Kündigung ist als Konsequenz aus dem ultima-ratio-Prinzip

[128] BAG AP Nr. 2 zu § 1 KSchG, Nr. 70 zu § 626 BGB.
[129] BAG AP Nr. 5, 6 KSchG.
[130] BAG AP Nr. 5,6, 21, 50 zu § 1 KSchG.
[131] BAG AP Nr. 3 zu § 1 KSchG verhaltensbedingte Kündigung.

zunächst zu prüfen, ob nicht eine Abmahnung[132] genügt, um den Arbeitnehmer in Zukunft zu einer ordnungsgemäßen Vertragserfüllung anzuhalten. Bei Störungen im Leistungsbereich wird man normalerweise eine Abmahnung erwarten, bei Störungen im Vertrauensbereich kann die Abmahnung entbehrlich sein, es sei denn, der Arbeitnehmer durfte annehmen, daß sein Fehlverhalten gebilligt wird[133]. Verhaltensbedingte Kündigungsgründe sind z.B. Störungen im Vertrauensbereich, strafbare Handlungen, Verletzung von Nebenpflichten, Verletzung der Anzeigepflichten im Krankheitsfall, Verstöße gegen die betriebliche Ordnung, Schlecht- oder Fehlleistungen.

Betriebsbedingte Kündigung: Betriebliche Gründe, die eine Kündigung rechtfertigen, können sowohl auf innerbetrieblichen als auch auf außerbetrieblichen Umständen beruhen. Als innerbetriebliche Umstände kommen z.B. in Betracht: Rationalisierungsmaßnahmen, Umstellung oder Einstellung der Produktion; als außerbetriebliche Umstände kommen in Betracht: Auftragsmangel, Umsatzrückgang, Gewinnverfall und Unrentabilität. Die betrieblichen Gründe müssen dann zu einer Unternehmerentscheidung führen, deren Umsetzung den Arbeitsplatz entfallen läßt. Dabei ist die unternehmerische Entscheidungsfreiheit grundrechtlich geschützt und nur eingeschränkter gerichtlicher Kontrolle unterworfen. Sie unterliegt nur der Mißbrauchskontrolle dahingehend, ob sie offensichtlich unsachlich, unvernünftig oder willkürlich ist[134]. Voll nachprüfbar ist dagegen, ob die behaupteten inner- oder außerbetrieblichen Gründe vorliegen und die Auswirkung auf die Arbeitsplätze.

Sozialauswahl: Bei der betriebsbedingten Kündigung reicht allein das Vorliegen betrieblicher Gründe für die soziale Rechtfertigung nicht aus, es ist in einer zweiten Stufe zu prüfen, ob eine hinreichende Sozialauswahl stattgefunden hat (§ 1 Abs. 3 KSchG). Die Sozialauswahl dient der Konkretisierung der zu kündigenden Arbeitnehmer. Grundsatz ist, daß der sozial schwächere seinen Arbeitsplatz behalten soll. Die Sozialauswahl erfolgt in 3 Stufen:

- Als erstes ist der Kreis der in die Sozialauswahl einzubeziehenden Arbeitnehmer festzustellen. Die Sozialauswahl erstreckt sich dabei räumlich auf den Betrieb, innerhalb des Betriebes auf Arbeitnehmer die hierarchisch miteinander vergleichbar sind und innerhalb der hierarchischen Ebene nach Berufsgruppen, dem Ausbildungsberuf und u. U. nach Qualifikationsunterschieden.
- Auf der zweiten Stufe erfolgt die eigentliche Sozialauswahl innerhalb des einzubeziehenden Personenkreises. Dabei sind alle sozialen Gesichtspunkte ausreichend zu würdigen. Zu den wichtigsten sozialen Gesichtspunkten zählen die Dauer der Betriebszugehörigkeit, das Alter und die Unterhaltsverpflichtungen des Arbeitnehmers. Daneben kommt aber auch die Berücksichtigung der Arbeits-

132 In der Abmahnung muß das mißbilligte Verhalten beschrieben werden, der Arbeitnehmer muß aufgefordert werden, in Zukunft dieses Verhalten zu ändern und es muß die Kündigung für den Fall der Wiederholung angedroht werden.

133 BAG AP Nr. 114 zu § 626 BGB. In der Literatur wird allerdings überwiegend in allen Fällen der verhaltensbedingten Kündigung eine Abmahnung gefordert, vgl. Hromadka/Maschmann, a.a.O., § 10 RdNr. 181 m.w.N.

134 BAG AP Nr. 6, 22 zu § 1 KSchG Betriebsbedingte Kündigung.

marktchancen, Berufskrankheiten und unverschuldeter Arbeitsunfälle in Betracht. Die Sozialauswahl muß stets auf einer Einzelfallbetrachtung beruhen und darf sich nicht allein an sogn. „Punktetabellen" orientieren.

- Auf der dritten Stufe können schließlich einzelne Arbeitnehmer aus der Sozialauswahl wieder herausgenommen werden, wenn ein berechtigtes betriebliches Bedürfnis an deren Weiterbeschäftigung besteht. Hierzu zählen z. B. Leistungsunterschiede oder auch die Sicherung einer angemessenen Altersstruktur. Ein berechtigtes betriebliches Bedürfnis liegt nicht schon dann vor, wenn die Weiterbeschäftigung nützlich ist, die Weiterbeschäftigung muß vielmehr für einen geordneten Betriebsablauf oder zur Erhaltung der Leistungsfähigkeit notwendig sein[135].

d) Geltendmachung der Sozialwidrigkeit

Will der Arbeitnehmer die Sozialwidrigkeit der Kündigung i.S.d. KSchG geltend machen und unterliegt das Arbeitsverhältnis dem KSchG, so muß er gem. § 4 KSchG innerhalb einer Ausschlußfrist von drei Wochen seit Zugang der Kündigung Kündigungsschutzklage erheben. Andernfalls gilt die Kündigung gem. § 7 KSchG als sozial gerechtfertigt und die Klage ist als unbegründet abzuweisen. Die Fiktion des § 7 KschG überwindet allerdings nur die fehlende soziale Rechtfertigung i.S.d. KSchG, andere Unwirksamkeitsgründe – z. B. fehlende Betriebsratsanhörung – können auch noch nach Fristablauf geltendgemacht werden.

6. Die außerordentliche Kündigung

Die außerordentliche Kündigung regelt § 626 BGB. Sie führt normalerweise zur sofortigen Beendigung des Arbeitsverhältnisses. Die Außerordentlich Kündigung kann weder tariflich noch einzelvertraglich ausgeschlossen werden. Voraussetzung für eine außerordentliche Kündigung ist, daß ein wichtiger Grund i.S.d. § 626 Abs. 1 BGB vorliegt und daß die Kündigung innerhalb der Kündigungserklärungsfrist des § 626 Abs. 2 BGB ausgesprochen wurde.

a) Wichtiger Grund

Ein wichtiger Grund ist dann gegeben, wenn Tatsachen vorliegen auf Grund derer dem Kündigenden unter Berücksichtigung aller Umstände des Einzelfalls und unter Abwägung der Interessen beider Vertragsteile die Fortsetzung des Arbeitsverhältnisses bis zum Ablauf der Kündigungsfrist oder bis zu der vereinbarten Beendigung des Arbeitsverhältnisses (bei der Befristung) nicht zugemutet werden kann. Bei der Prüfung des wichtigen Grundes ist zweistufig vorzugehen[136].

---

[135] BAG AP Nr. 12 zu § 1 KSchG Betriebsbedingte Kündigung.

[136] BAG AP Nr. 87 zu § 626 BGB.

- Zunächst ist zu prüfen, ob die vorliegenden Tatsachen an sich geeignet sind, einen wichtigen Grund zu bilden (objektiver Tatbestand).
- Sodann muß festgestellt werden, ob im Rahmen der Zumutbarkeit alle Umstände des Einzelfalls bei der Interessenabwägung berücksichtigt und widerspruchsfrei gewürdigt wurden (subjektiver Tatbestand).

Wichtige Gründe i.d.S. können sein: dauernde und anhaltende Arbeitsunfähigkeit, Arbeitsverweigerung, Arbeitsvertragsbruch, grobe Treuepflichtverletzungen, Verstöße gegen das Wettbewerbsverbot. Auch wiederholte kleinere Pflichtverletzungen (z. B. Zuspätkommen) können zusammengenommen einen wichtigen Grund bilden. In diesen Fällen ist allerdings eine Abmahnung erforderlich.

Ein wichtiger Grund ist immer gegeben, bei strafbaren Handlungen in Zusammenhang mit dem Arbeitsverhältnis. Der bloße Verdacht einer strafbaren Handlung reicht in der Regel nicht aus, es sei denn der Arbeitnehmer hat eine Vertrauensstellung inne[137].

b) Kündigungserklärungsfrist

Das Recht zur außerordentlichen Kündigung besteht nur im Rahmen der Kündigungserklärungsfrist des § 626 Abs. 2 BGB. Der zu Kündigung Berechtigte hat zwei Wochen ab Kenntnis des wichtigen Grundes Zeit, die Kündigung auszusprechen. Nach Ablauf dieser zwei Wochen wird unwiderlegbar angenommen, daß dem Kündigenden die Fortsetzung des Arbeitsverhältnisses zumutbar ist, der zu Kündigende kann davon ausgehen, daß sein Verhalten folgenlos blieb. Problematisch ist diese Frist bei zeitlich nicht sauber abgrenzbaren Kündigungsgründen wie mehreren kleineren Pflichtverletzungen (z. B. häufiges Zuspätkommen). Hier beginnt die Frist mit jeder neuen Pflichtverletzung erneut zu laufen[138]. Die gleiche Sachlage ergibt sich bei Verdachtskündigungen, um dem Arbeitgeber Zeit zur Aufklärung des Sachverhalts zu geben, läuft die Frist erst an, wenn die Aufklärungsversuche beendet sind[139].

c) Gerichtliche Geltendmachung

Unter den Voraussetzungen der Geltung des Kündigungsschutzgesetzes kann die Unwirksamkeit der Kündigung wegen Fehlens eines wichtigen Grundes nur nach Maßgabe der §§ 13, 4, 7 KSchG innerhalb einer Frist von drei Wochen nach Zugang der Kündigung geltend gemacht werden. Nach Ablauf der Frist wird das Vorliegen eines wichtigen Grundes fingiert.

---

137 In solchen Fällen muß der Arbeitgeber zudem vor der Kündigung alles getan haben, um den Verdacht aufzuklären und der Arbeitnehmer muß Gelegenheit zur Stellungnahme gehabt haben.

138 BAG AP Nr. 4, 7 zu § 626 BGB Ausschlußfrist.

139 BAG AP Nr. 2 zu § 626 BGB Ausschlußfrist.

Übersicht und Prüfungsschema Kündigung

ordentliche Kündigung	außerordentliche Kündigung
1. Eindeutige, hinreichend bestimmte Kündigungserklärung	
2. Zugang	
3. Eventuell Schriftformerfordernis beachten	
4. Sittenwidrigkeit	
5. Kein Ausschluß der ordentl. Kdg. durch Gesetz (z. B. § 15 KschG) – durch Tarifvertrag – durch Arbeitsvertrag – durch Befristung des Vertrages	5. Kein Ausschluß der ao. Kdg. (z. B. § 9 MuSchG)
6. Zustimmungs- und Anzeigepflichten, z. B. § 15 SchwbG	6. Zustimmungs- und Anzeigepflichten, z. B. § 15 KschG i.V.m. § 103 BetrVG
7. Anwendungsbereich des KSchG – ordentl. Arbeitgeberkdg. – länger als 6 Monate, § 1 Abs. 1 – mehr als 5 Arbeitnehmer, § 23	7. Fristgemäße Klageerhebung, sonst Fiktion des wichtigen Grundes, wenn Arbverh. unter das KschG fällt, §§ 13, 4 KschG
8. Fristgemäße Klageerhebung, sonst Fiktion der sozialen Rechtfertigung §§ 4, 7 KSchG	8. Wichtiger Grund gem. § 626 Abs. 1 BGB
Kündigungsgrund i.S.d. KSchG – personenbedingt – verhaltensbedingt – betriebsbedingt + Sozialauswahl	9. Kündigungserklärungsfrist gem. § 626 Abs. 2 BGB
9. Ordnungsgemäße Anhörung des Betriebsrats	

Vertiefungsliteratur

Fitting/Kaiser/Heither/Engels, Betriebsverfassungsgesetz, Handkomm., 18. Aufl. 1996
Gitter, Arbeitsrecht, 4. Aufl., 1997
Hromadka/Maschmann, Arbeitsrecht Band 1 – Individualarbeitsrecht, 1999
Löwisch, Arbeitsrecht, 4. Aufl., 1996
Preis, Arbeitsrecht, 1999
Schmitt, Entgeltfortzahlungsgesetz, 4. Aufl. 1999.
Wollenschläger, Arbeitsrecht, 1999
Zöllner-Loritz, Arbeitsrecht, 5. Aufl., 1998

Stephan Dietrich

Vom Verein bis zum Weltkonzern: Gesellschaftsrecht

A. Begriff und Bedeutung des Gesellschaftsrechts

Das Gesellschaftsrecht ist das Recht von Personenvereinigungen des Privatrechts, die zur Erreichung eines bestimmten gemeinsamen Zwecks durch Rechtsgeschäft begründet werden.[1] Das Recht der privaten Zweckverbände umfaßt die Rechtsnormen zur Regelung der Gesellschaften im weiteren Sinne (z. B. Verein, GmbH und Aktiengesellschaft als körperschaftlich organisierte Personenvereinigungen) sowie die Personengesellschaften als Gesellschaften im engeren Sinne.

Nicht dem Gesellschaftsrecht unterliegen daher

(1) die **Organisationen des öffentlichen Rechts** (Körperschaften, Anstalten und Stiftungen des öffentlichen Rechts), die ihre Grundlage nicht in der Privatrechtsordnung finden;

(2) die **Miterbengemeinschaft** mangels freiwilligem Zusammenschluß;

(3) die **schlichte Rechtsgemeinschaft** gemäß §§ 741 ff. BGB und die **durch Austauschverträge geschaffenen Schuldverhältnisse**, da es insoweit an der Verfolgung eines gemeinsamen Zwecks fehlt;

(4) die **familienrechtlichen Gemeinschaften**, die sich nicht auf bestimmte Einzelzwecke begrenzen lassen.[2]

Die besondere wirtschaftliche Bedeutung des Gesellschaftsrechts beruht nicht zuletzt auf den vielfachen Gestaltungsmöglichkeiten, die es dem jeweiligen Unternehmen eröffnet. Als Organisationsrecht der Korporationen bietet das Gesellschaftsrecht im Innenverhältnis sehr differenzierende Gestaltungen der Rechtsbeziehungen der Gesellschafter zueinander (z. B. bezüglich Gewinn- und Verlustanteil, Entscheidungskompetenzen, Eintritt und Ausscheiden von Gesellschaftern etc.). Im Verhältnis der Gesellschaft zu Dritten (Außenverhältnis) sind die Auswirkungen der verschiedenen Rechtsformen auf die Haftung der Beteiligten für die im Rahmen des gesellschaftlichen Geschäftsbetriebs begründeten Verbindlichkei-

---

1 Zu den Schwächen dieser herkömmlichen Definition: Kübler, Gesellschaftsrecht, 5. Aufl. (1998), § 1 II.

2 In Ausnahmefällen kann aber eine echte Ehegattengesellschaft vorliegen: vgl. BGH NJW 1974, 2045; BGH FamRZ 1975, 35.

ten und die je nach Rechtsform unterschiedlichen steuerlichen Belastungen von besonderer Bedeutung. Für den unternehmerischen Erfolg ist es mitentscheidend, daß unter Berücksichtigung der betriebswirtschaftlichen, handels- und gesellschaftsrechtlichen sowie steuerlichen Gegebenheiten der geeignete Gesellschaftstyp ausgewählt und inhaltlich ausgestaltet wird.[3]

B. Einteilung der Gesellschaften

Grundlegend für die Einteilung der Gesellschaften ist die Unterscheidung zwischen Personengesellschaften und Körperschaften:

Gesellschaftsformen[4]

Personengesellschaften	**Körperschaften**
Gesellschaft bürgerlichen Rechts (§§ 705 – 740 BGB)	**Rechtsfähiger Verein** (§§ 21 – 53, 55 – 79 BGB)
Offene Handelsgesellschaft (§§ 105 – 160 HGB)	**Gesellschaft mit beschränkter Haftung** (§§ 1 ff. GmbHG)
Kommanditgesellschaft (§§ 161 – 177a HGB)	**Aktiengesellschaft** (§§ 1 ff. AktG)
Stille Gesellschaft (§§ 230 – 237 HGB)	**Kommanditgesellschaft auf Aktien** (§§ 278 – 290 AktG)
Partnerschaftsgesellschaft (§§ 1 ff. PartGG)	**Eingetragene Genossenschaft** (§§ 1 ff. GenG)
Europäische wirtschaftliche Interessensvereinigung (§§ 1 ff. EWIVG)	

I. Personengesellschaften

Die Personengesellschaften sind dadurch gekennzeichnet, daß die Mitgliedschaft auf die Person des einzelnen Gesellschafters zugeschnitten ist. Typische Strukturmerkmale sind entsprechend die persönliche Haftung der Gesellschafter für die Verbindlichkeiten der Gesellschaft, ihre persönliche Mitarbeit, das Fehlen besonderer „Organe", die für die Gesellschaft im Rechtsverkehr auftreten (Prinzip der Selbstorganschaft), die Bindung der Übertragbarkeit und Vererblichkeit der

[3] Auch nach der Gründung kommt eine Korrektur der Rechtsform durch Umwandlung in Betracht, vgl. § 1 I Nr. 4 UmwG.

[4] Auf eine Erörterung der jeweils auf einen speziellen Wirtschaftszweig beschränkten Gesellschaften (**Versicherungsverein auf Gegenseitigkeit**, **Bergrechtliche Gesellschaft** und die zum Seehandelsrecht gehörende **Reederei**) wird wegen der geringen praktischen Bedeutung verzichtet.

Mitgliedschaft an die Zustimmung der anderen Gesellschafter und ihre fehlende (volle) Rechtsfähigkeit.[5] Besteuert werden nur die Einkünfte der Gesellschafter (nicht die der Gesellschaft) im Rahmen der Einkommensteuer.[6]

I. Die Gesellschaft bürgerlichen Rechts

Die Gesellschaft bürgerlichen Rechts (GbR) ist eine auf Vertrag beruhende Personenvereinigung zur Förderung eines von den Gesellschaftern verfolgten, beliebigen Zwecks (§§ 705 ff. BGB). Sie ist damit der **Grundtyp der Personengesellschaften.**

Die GbR wird durch die **spezielleren Personenhandelsgesellschaften** (OHG, KG) verdrängt, wenn der Gesellschaftszweck auf den Betrieb eines in kaufmännischer Weise eingerichteten Geschäftsbetriebes gerichtet ist (§§ 105 I, 1 II HGB). Wird gemeinschaftlich ein **Kleingewerbe** betrieben oder verwaltet die Gesellschaft nur eigenes Vermögen, so entsteht grundsätzlich eine GbR. Diese kann sich aber gemäß § 105 II HGB als OHG oder KG in das Handelsregister eintragen lassen. [7]

Beispiel: Die Studenten A, B und C betreiben neben ihrem Studium gemeinschaftlich einen kleinen Fahrradhandel unter dem Namen „Pedalpower“. Welche Gesellschaftsform liegt vor?

In Betracht kommt eine GbR oder OHG. Die allgemeine Rechtsform der GbR könnte vorliegend durch das Bestehen einer OHG verdrängt sein, sofern A, B und C ein **Handelsgewerbe gem. § 105 I HGB** betreiben. Gemäß ihres Gesellschaftszweckes betreiben A, B und C gemeinschaftlich ein **Gewerbe**. Hierunter fällt jede selbständige, planmäßige, auf gewisse Dauer angelegte und offen ausgeübte wirtschaftliche Geschäftstätigkeit zum Zwecke der Gewinnerzielung mit Ausnahme der freiberuflichen[8], wissenschaftlichen oder künstlerischen Tätigkeit. Ein Handelsgewerbe im Sinne des HGB ist grundsätzlich jeder Gewerbebetrieb, es sei denn, daß das Unternehmen nach Art oder Umfang einen in kaufmännischer Weise eingerichteten Geschäftsbetrieb nicht erfordert (§ 1 II HGB). Aufgrund des geringen Umfanges und des nur als Nebentätigkeit durchgeführten Handels mit Fahrrädern ist „Pedalpower“ somit eine GbR, bestehend aus A, B und C. Durch freiwillige Eintragung in das Handelsregister besteht die Möglichkeit, „Pedalpower“ in eine OHG umzuwandeln, § 105 II HGB. Die **Umwandlung** von einer GbR in eine OHG vollzieht sich kraft Gesetzes (§ 105 I HGB), wenn der Fahrradhandel so floriert, daß eine kaufmännische Einrichtung nunmehr erforderlich wird.[9]

---

5 Die OHG und KG sind jedoch teilrechtsfähig vgl. § 124 HGB (i.V.m. § 161 Abs. 2 HGB); zur umstrittenen Frage der (Teil-)Rechtsfähigkeit der GbR siehe unten F.I.

6 Vgl. § 15 Abs. 3 EStG, § 18 Abs. 4 Satz. 2 EStG.

7 Auch Kleingewerbetreibenden steht damit der Weg zur Gründung einer unter haftungs- und steuerlichen Gesichtspunkten interessanten GmbH & Co. KG offen.

8 Vgl. die Aufzählung in § 1 II PartGG.

9 Die Eintragung in das Handelsregister hat somit für einen vollkaufmännischen Gewerbebetrieb nur deklaratorischen Charakter, während sie bei Kleingewerbetreibenden konstitutiv wirkt. Zur Eintragungspflicht der Kaufleute und Handelsgesellschaften vgl. aber §§ 29, 6 HGB.

Der GbR kommt im Wirtschaftsleben eine nicht zu unterschätzende Bedeutung zu. Sie bietet einen rechtlichen Rahmen für die Zusammenschlüsse von Personen, die einen freien Beruf ausüben oder ein nicht im Handelsregister eingetragenes Kleingewerbe betreiben. Auch die zur Verwirklichung großer Bauvorhaben eingegangenen Arbeitsgemeinschaften, Bauherrengemeinschaften oder Konsortien des Bankgeschäftes stellen Erscheinungsformen der GbR dar, ebenso wie Fahr- oder Bestellergemeinschaften. Als äußerst flexibel und universell einsetzbare Rechtsform finden sich immer wieder neue Sachverhalte, die mit Hilfe einer GbR angemessen und interessengerecht gestaltet werden können.

2. Die Offene Handelsgesellschaft und Kommanditgesellschaft

Sowohl die OHG als auch die KG sind **Sonderformen der GbR**. Gemeinsamer Zweck einer OHG oder einer KG muß grundsätzlich der **Betrieb eines Handelsgewerbes** unter gemeinschaftlicher Firma sein (§§ 105 I, 161 I HGB). Für die OHG und die KG ist jeweils subsidiär das Recht der GbR anwendbar (§§ 105 III, 161 II HGB).

Die KG ist somit ebenfalls eine handelsrechtliche Personengesellschaft, die sich von der OHG allein dadurch unterscheidet, daß bei einem Teil der Gesellschafter die Haftung gegenüber den Gesellschaftsgläubigern auf einen bestimmten Betrag begrenzt ist (**Kommanditisten**), während die übrigen Gesellschafter unbeschränkt haften (**Komplementäre**).

Die Beschränkung der Haftung der Kommanditisten auf eine bestimmte, gemäß § 162 I HGB im Handelsregister einzutragende, Haftsumme macht die KG als Beteiligungsform für Anleger interessant, zumal die Haftung ausgeschlossen ist, wenn die Einlage geleistet worden ist (§ 171 HGB).

Ihrer Stellung als Anleger entsprechend sind die Kommanditisten immer von der Vertretung der KG (§ 170 HGB) und in der Regel von der Geschäftsführung (§ 164 HGB) ausgeschlossen.

Typische Erscheinungsformen einer KG sind die „**Familiengesellschaft**" oder die „**Publikums-KG**". Die wirtschaftliche Bedeutung der KG hat die der OHG weit übertroffen. Es gibt auch kaum einen guten Grund dafür, daß sich alle Gesellschafter freiwillig einem unbeschränkten persönlichen Haftungsrisiko aussetzen.

OHG/KG und GbR

<table>
<tr><th>Vollkaufmännisches Handelsgewerbe</th><th>Kleingewerbe</th><th>Verwaltung eigenen Vermögens</th><th>Sonstige Zwecke</th></tr>
<tr><td>OHG / KG</td><td colspan="2">Grundsätzlich GbR

Wird von der Eintragungsmöglichkeit nach §§ 105 II HGB Gebrauch gemacht, besteht eine OHG bzw. KG.</td><td>GbR</td></tr>
</table>

3. Die Stille Gesellschaft

Die stille Gesellschaft ist gemäß §§ 230 ff. HGB eine Gesellschaft, bei der sich eine Person (stiller Gesellschafter) an dem Handelsgewerbe eines Kaufmanns (Geschäftsinhaber) gegen einen Anteil am Gewinn mit einer Einlage beteiligt, die in das Vermögen des Geschäftsinhabers übergeht. Sie ist keine Handelsgesellschaft, da die Gesellschaft selbst kein Handelsgewerbe betreibt. Aus den im Handelsbetrieb geschlossenen Geschäften wird allein der Gesellschafter berechtigt und verpflichtet, § 230 II HGB. Der stille Gesellschafter haftet somit nicht für die Gesellschaftsschulden. Als reine Innengesellschaft tritt die stille Gesellschaft nicht nach außen in Erscheinung.[10]

Die stille Gesellschaft bietet die Möglichkeiten einer diskreten[11] und risikoarmen[12] Unternehmensbeteiligung. Sie eignet sich für Anleger oder für Mitarbeiter des Unternehmens, die am Gewinn beteiligt werden sollen. Die das Innenverhältnis betreffenden Vorschriften sind bis auf § 231 II HGB dispositiv, so daß typische oder atypische Gestaltungen möglich sind. In der typisch stillen Gesellschaft ist der stille Gesellschafter am Gewinn, ggf. auch am Verlust beteiligt, nicht jedoch am Gesellschaftsvermögen (einschließlich der stillen Reserven). Die Einkünfte des stillen Gesellschafters sind im Regelfall somit Einkünfte aus Kapitalvermögen (§ 20 I Nr. 4 EStG). In der atypisch stillen Gesellschaft nimmt dagegen der stille Gesellschafter aufgrund entsprechender atypischer Gestaltung des Gesellschaftsvertrages (Beteiligung an stillen Reserven, Beteiligung an Geschäftsführung und am Geschäftswert) die Stellung eines Mitunternehmers ein und erzielt somit Einkünfte aus Gewerbebetrieb gemäß § 15 I Nr. 2 EStG.[13]

4. Die Partnerschaft

Die Partnerschaft ist eine Gesellschaft, zu der sich nur Angehörige freier Berufe (z. B. Ärzte, Rechtsanwälte, Wirtschaftsprüfer, Steuerberater, beratende Volks- und Betriebswirte etc.) zusammenschließen können. Obwohl sie kein Handelsgewerbe ausübt (§ 1 I 2 PartGG), trägt sie wie die OHG einen Namen (§ 2 PartGG) und kann hierunter Rechte erwerben und Verbindlichkeiten eingehen, klagen und verklagt werden (§ 7 II PartGG i.V.m. § 124 HGB). Die Partnerschaft ist weitgehend der OHG angenähert. Mitglieder dieser erst seit 1994 bestehenden Gesellschaftsform können jedoch nur natürliche Personen sein.

---

10 Oftmals ist es in der Praxis schwierig, die stille Gesellschaft von einem Darlehen mit Gewinnbeteiligung (sog. **partiarisches Darlehen**) abzugrenzen: vgl. BGH NJW 1992, 2696 ff.

11 Die stille Gesellschaft wird nicht im Handelsregister eingetragen, da sie als reine Innengesellschaft nicht Handelsgesellschaft sein kann.

12 Auch eine Beteiligung an den Verlusten der Gesellschaft verpflichtet den stillen Gesellschafter nicht zu Nachschüssen.

13 BFHE 145, 408.

5. Die Europäische wirtschaftliche Interessensvereinigung

Für grenzüberschreitende Zusammenschlüsse innerhalb der EU besteht die Möglichkeit der Gründung einer europäischen wirtschaftlichen Interessensvereinigung (EWIV). Der EWIV kommt als Rechtsform nur eine eingeschränkte Bedeutung zu, da diese nur zur wirtschaftlichen Förderung ihrer Mitglieder und nicht zum Zwecke eigener Gewinnerzielung gegründet werden kann. Mindestens zwei Mitglieder müssen verschiedenen Mitgliedstaaten der EU angehören.

II. Körperschaften

Zu den Körperschaften gehören vornehmlich der Verein, die Genossenschaft und die Kapitalgesellschaften. Kennzeichnend ist insbesondere die strikte Trennung zwischen den Angelegenheiten der Körperschaft und ihren Mitgliedern. Anders als bei den Personengesellschaften wird ihr Bestand grundsätzlich nicht vom Tod, Insolvenz, Ein- und Austritt ihrer Mitglieder oder der Übertragung der Mitgliedschaft berührt.

Im Bereich der Erwerbsgesellschaften bilden die Kapitalgesellschaften als besondere Form der Körperschaften den Gegensatz zu den Personengesellschaften. Bei Kapitalgesellschaften ist die Mitgliedschaft auf die reine Kapital(geld)beteiligung und nicht auf die persönliche Mitarbeit der Gesellschafter zugeschnitten. Zu den Strukturmerkmalen der Kapitalgesellschaften gehört, daß die Gesellschafter nicht persönlich für die Verbindlichkeiten der Gesellschaft haften und ihre persönliche Mitarbeit bei der Geschäftsführung nicht notwendig ist (Prinzip der „Drittorganschaft"). Die Anteile können grundsätzlich frei veräußert und vererbt werden. Im Gegensatz zu den Personengesellschaften verfügen Körperschaften als juristische Personen über eine eigene Rechtspersönlichkeit und sind damit voll rechtsfähig.[14] Die Kapitalgesellschaft und die sonstigen Körperschaften unterliegen als selbständiges Steuersubjekt der Körperschaftssteuer.

1. Der Verein

Der Grundtyp der Körperschaften ist der Verein (§§ 21 ff. BGB). Der im Vereinsregister eingetragene Verein (e. V.) ist eine zur Erreichung eines gemeinsamen Zwecks privatautonom gegründete, körperschaftlich verfaßte und rechtsfähige Personenvereinigung. Als juristische Person haftet den Gläubigern des e. V. nur das Vereinsvermögen und nicht die Mitglieder des Vereins. Terminologisch wird zwischen dem Idealverein und dem Wirtschaftsverein unterschieden: Der Idealverein dient im Gegensatz zum Wirtschaftsverein nicht erwerbswirtschaftlichen

---

[14] § 1 I AktG, § 13 I GmbHG; eine Ausnahme bildet der nichtrechtsfähige Verein, § 54 BGB.

Zielen. Aufgrund der Regelung des § 22 BGB kommt allerdings dem Wirtschaftsverein nur sehr geringe praktische Bedeutung zu.

Seine größte Bedeutung hat der e. V. im Bereich von Kultur (z. B.: Fördervereine für Museen, Musikvereine, Volksbühnenvereine) und Sport (Deutscher Fußballbund und Deutscher Sportbund). Der e. V. ist auch eine wichtige Rechtsform für wissenschaftliche Organisationen und karitative Einrichtungen. Auch wirtschafts- oder gesellschaftspolitische Verbände machen von dieser Rechtsform Gebrauch (z. B. der Bundesverband der Deutschen Industrie).

Der nicht eingetragene Verein (z. B. Gewerkschaft) unterscheidet sich vom e. V. nur durch seine fehlende Rechtsfähigkeit. § 54 S. 1 BGB ordnet an, daß auf den nicht eingetragenen Verein an sich die Vorschriften der Gesellschaft (§§ 705 ff. BGB) anzuwenden sind. Die haftungsrechtlichen Konsequenzen für die Mitglieder sollten insbesondere Gewerkschaften und politische Parteien dazu anhalten, sich als e. V. einem staatlichen Genehmigungsverfahren zu unterwerfen. Als frühe Form der richterlichen Gesetzeskorrektur hat sich jedoch die weitgehende Gleichstellung von eingetragenem und nicht eingetragenem Verein durchgesetzt. Rechtsprechung und Literatur wenden auf den nicht rechtsfähigen Idealverein entgegen § 54 Satz 1 BGB nicht die Vorschriften über die GbR, sondern §§ 21 ff. BGB an.[15] Nur bei dem (seltenen) Wirtschaftsverein bleibt es bei der Verweisung auf das Gesellschaftsrecht.

2. Die Gesellschaft mit beschränkter Haftung

Unter den Erwerbsgesellschaften kommt – neben der Aktiengesellschaft – der Gesellschaft mit beschränkter Haftung (GmbH) entscheidende Bedeutung zu. Als „Zwischenform“ zwischen Aktiengesellschaft und Personengesellschaft eröffnet die GmbH gerade kleinen und mittleren Unternehmen eine vielseitig gestaltbare, weniger komplizierte und kostengünstige Unternehmensform ohne Haftungsrisiko der Gesellschafter.

Die GmbH ist juristische Person, für deren Verbindlichkeiten grundsätzlich nur das Gesellschaftsvermögen haftet (§ 13 I, II GmbHG). Sie kann – wie auch die AG – zu jedem gesetzlich zulässigen Zweck durch eine oder mehrere Personen errichtet werden (§ 1 GmbHG) und ist ohne Rücksicht auf den Gesellschaftszweck eine Handelsgesellschaft im Sinne des Handelsgesetzbuches (§ 13 III GmbH).[16] Die GmbH ist wie die AG eine Kapitalgesellschaft mit einem von den Gründungsgesellschaftern aufzubringenden Stammkapital in Höhe von (mindestens) 25.000,00 Euro. Zwingende Organe der GmbH sind zumindest ein Geschäftsführer und die Gesellschafterversammlung (Gesamtheit der Gesellschafter). Fakultativ ist dage-

---

15 BGHZ 50, 328; Konsequenzen der Behandlung des nicht rechtsfähigen Vereins als Körperschaft: keine persönliche Haftung der Vereinsmitglieder (mit Ausnahme der Handelndenhaftung nach § 54 Satz 2 BGB); Namensrecht, Klagebefugnis, passive Partei- und Vollstreckungsfähigkeit jeweils wie beim e. V.

16 Formkaufmann i.S.d. § 6 HGB.

gen die Einrichtung eines Aufsichtsrats (§ 52 GmbHG), sofern nicht die Gesellschaft der Mitbestimmung unterliegt.[17]

Das im GmbHG verankerte Prinzip der Satzungsfreiheit (§ 45 II GmbHG) läßt sowohl eine personalistische oder eine (eher dem gesetzlichen Regelfall entsprechende) kapitalistische Gestaltung der Gesellschaft zu. Im Gegensatz zur AG unterliegen die Geschäftsführer einem umfassenden Weisungsrecht durch die Gesellschafterversammlung (§ 37 I GmbHG).

3. *Die Aktiengesellschaft*

Die Aktiengesellschaft ist eine juristische Person, bei der die Haftung für Verbindlichkeiten auf das Gesellschaftsvermögen beschränkt ist und deren Gesellschafter mit Einlagen an dem in Aktien zerlegten Grundkapital beteiligt sind (§ 1 AktG). Auch die Aktiengesellschaft kann zu jedem gesetzlich zulässigen Zweck durch eine oder mehrere Personen errichtet werden (§§ 1, 2 AktG) und ist stets Handelsgesellschaft (§ 3 AktG). Das Grundkapital der AG muß mindestens 50.000,00 Euro betragen (§§ 6, 7 AktG); hiermit wird der Kapitalbetrag bezeichnet, der bei der Gründung der AG mindestens aufzubringen ist (§§ 29, 36 II AktG).[18] Die Organe der Aktiengesellschaft sind die Hauptversammlung, der Aufsichtsrat und der Vorstand. Die Hauptversammlung ist das Organ, in dem die Aktionäre ihre Rechte ausüben. Ihre Kompetenzen umfassen die sog. Grundlagenzuständigkeiten[19] einschließlich Satzungsänderungen und die Entscheidung über die Gewinnverwendung. Die Hauptversammlung wählt den Aufsichtsrat, und dieser ernennt (und überwacht) seinerseits den Vorstand.

Kennzeichnend für die Aktiengesellschaft sind die Verselbständigung der Unternehmensleitung (Vorstand) gegenüber den Aktionären (vgl. §§ 76 I, 111 IV, 119 II AktG) sowie eine sehr starre Struktur. Von der GmbH unterscheidet sie sich durch den Grundsatz der Satzungsstrenge: eine Abweichung von den Vorschriften des AktG ist nur möglich, wenn das Gesetz dies ausdrücklich zuläßt. Entsprechend gering ist der verbleibende Gestaltungsspielraum.

Die besondere wirtschaftliche Bedeutung der AG liegt in der Aufbringung und langfristigen Bindung von Kapital. Betriebswirtschaftlich betrachtet leistet die AG die Transformation von kurzfristigen Geldanlagen der Aktionäre in langfristig gebundenes Unternehmenskapital. Der Aktionär kann die Aktie jederzeit verkaufen, ohne daß der Aktiengesellschaft ihre flüssigen Mittel entzogen werden. Die Aktie in ihrer Eigenschaft als Wertpapier ermöglicht die rasche und einfache Übertragung an Dritte.[20]

---

17 Siehe: § 129 BetrVerfG 1972, § 77 I BetrVerfG 1952, § 3 MontanMitbestG 1951, § 3 MitbestErG 1956, §§ 1 I, 6 MitbestG 1976.

18 Das Grundkapital ist somit in erster Linie eine Kapitalziffer und nicht mit dem Gesellschaftsvermögen identisch.

19 Vgl. insbesondere § 119 I AktG.

20 Inhaberaktien werden wie bewegliche Sachen gemäß § 929 BGB durch Einigung und Übergabe übertragen. Namensaktien sind dagegen Orderpapiere, die durch Indossament

Dem Begriff Aktie kommt dreifache Bedeutung zu. Erstens bedeutet Aktie einen Bruchteil des Grundkapitals (§ 1 II AktG), entweder als Nennbetragsaktie von mindestens 1,00 Euro oder als (nennwertlose) Stückaktie (§ 8 I AktG). Die Aktie verkörpert ferner die Mitgliedschaft, d. h. die Gesamtheit der Rechte und Pflichten des Aktionärs. Die Aktie ist schließlich die die Mitgliedschaft verbriefende Urkunde (Wertpapier).

Struktur der AG

Vorstand
(Leitungsorgan)

- Geschäftsführung und Vertretung

Aufsichtsrat (AR)
(Überwachungsorgan)

- Bestellung und Abberufung des Vorstandes
- 3 bis 21 Mitglieder
- Zusammensetzung durch Mitbestimmungsrecht beeinflußt

Hauptversammlung
(Beschlußfassungsorgan)

- Wahl und Abberufung des AR
- Entlastung von AR und Vorstand
- Satzungsänderung
- Gewinnverwendung
- Grundlagenzuständigkeit

4. Die Kommanditgesellschaft auf Aktien

Die Kommanditgesellschaft auf Aktien ist eine besondere Art der Aktiengesellschaft, bei der mindestens ein Gesellschafter als natürliche Person den Gesellschaftsgläubigern unbeschränkt haftet (persönlich haftender Gesellschafter oder Komplementär) und die übrigen an dem in Aktien zerlegten Grundkapital beteiligt sind, ohne persönlich für die Verbindlichkeiten der Gesellschaft zu haften (Kommanditaktionäre). Soweit es sich um die Stellung der persönlich haftenden Gesellschafter handelt, finden die Vorschriften über die Kommanditgesellschaft Anwendung (§ 278 AktG).

übertragen werden (§ 68 I AktG). An den Wertpapierbörsen werden Beteiligungen an AGen überwiegend im Wege des stückelosen Effektengiros übertragen (vgl. § 9 a I DepotG).

Diese Mischform von Aktiengesellschaft und Kommanditgesellschaft kommt aufgrund der unbeschränkten Haftung des Komplementärs selten vor. Die rechtliche Struktur ermöglicht dem persönlich haftenden Gesellschafter die umfassende Herrschaft in der Gesellschaft. Die Komplementäre haben für die Geschäftsführung und die Vertretung die gleiche Stellung wie der Vorstand einer AG (§ 382 AktG). Wichtige Beschlüsse der Hauptversammlung können nur mit ihrer Zustimmung ergehen (§ 285 II AktG).

5. Die eingetragene Genossenschaft

Die eingetragene Genossenschaft ist eine rechtsfähige, im Genossenschaftsregister einzutragende Körperschaft, die die Förderung des Erwerbes und der Wirtschaft ihrer Mitglieder mittels gemeinschaftlichen Geschäftsbetriebes bezweckt (§ 1 GenG). Die eingetragene Genossenschaft ist Kaufmann kraft ihrer Rechtsform und tritt unter ihrer Firma im rechtsgeschäftlichen Verkehr auf (§§ 3 I, 17 II GenG). Für die Verbindlichkeiten der Genossenschaft haftet den Gläubigern derselben nur das Vermögen der Genossenschaft (§ 2 GenG).

In der Praxis erlangt diese Rechtsform für Kreditgenossenschaften (z. B. Volksbanken, Raiffeisenbanken) sowie Einkaufs- und Absatzgenossenschaften erhebliche wirtschaftliche Bedeutung.

Struktur und Unterscheidung von Personen- und Kapitalgesellschaften

Merkmal	Personengesellschaft	Kapitalgesellschaft
Rechtsfähigkeit	Kein vollständig selbständiges Rechtssubjekt; Teilrechtsfähigkeit der OHG und KG: § 124 HGB (§ 171 II HGB); Teilrechtsfähigkeit der GbR ist umstritten.	Juristische Person (§ 1 I 1 AktG, § 13 I GmbHG).
Haftung der Gesellschafter	Gesellschafter haften grds. persönlich und unbeschränkt für die Verbindlichkeiten der Gesellschaft; GbR: §§ 714, 427,421 BGB; OHG/KG: § 124 HGB (§ 161 II HGB). Ausnahmen: stiller Gesellschafter (§ 230 II HGB); beschränkte Haftung des Kommanditisten (§§ 171 ff. HGB).	Keine persönliche Haftung der Gesellschafter bzw. Aktionäre (§ 13 II GmbHG, § 1 I 2 AktG; Ausnahme: Haftung des Komplementärs der KgaA (§ 278 I AktG).
Stimmrechtsverhältnisse	Einstimmigkeitsprinzip (§ 709 I BGB, § 119 I HGB).	Mehrheitsprinzip (§ 131 AktG, § 47 I GmbHG).

Merkmal	Personengesellschaft	Kapitalgesellschaft
Führung der Geschäfte	Grundsatz der Selbstorganschaft: Geschäftsführung und Vertretung durch einen oder mehrere Gesellschafter persönlich.	Grundsatz der Fremdorganschaft: Geschäftsführung und Vertretung werden von verselbständigten Organen (Geschäftsführer/Vorstand) wahrgenommen, die nicht Mitglied der Gesellschaft sein müssen.
Weisungsrechte der Gesellschafter gegenüber Geschäftsführung	Grundsätzlich unbeschränkter Einfluß auf die Geschäftsführung: GbR: §§ 709 – 713 BGB; OHG/KG: §§ 114 – 116, § 161 II HGB. Ausnahmen: Kommanditist (§ 164 HGB) sowie stiller Gesellschafter (§ 230 HGB).	AG: Einfluß der Aktionäre auf die Geschäftsführung durch den Vorstand ist weitgehend ausgeschlossen (§ 119 II AktG). GmbH: Weisungs- und Abberufungsrecht der Gesellschafter gegenüber der Geschäftsführung (§§ 37 I, 38 I GmbHG).
Übertragbarkeit der Gesellschafterstellung	Grundsätzlich nur mit Zustimmung aller Gesellschafter möglich (§§ 717, 719 I BGB).	Geschäftsanteile/Aktien sind grds. frei veräußerbar und vererbbar. (Ausnahmen: § 68 II AktG, § 15 V GmbHG)
Besteuerung	Gewinne werden als Einkünfte der Gesellschafter im Rahmen der Einkommensteuer besteuert.	Besteuerung der Einkünfte der Gesellschaft als selbständiges Steuersubjekt im Rahmen der Körperschaftsteuer; Besteuerung der Gewinnausschüttungen an die Gesellschafter als Einkünfte aus Kapitalvermögen im Rahmen der Einkommensteuer.

C. Grundbegriffe

I. Rechtsformzwang

Das deutsche Gesellschaftsrecht eröffnet nur die Möglichkeit, zwischen den gesetzlich vorgesehenen Rechtsformen zu wählen (numerus clausus der Gesellschaftsformen).[21] Dies dient der Sicherheit des Rechtsverkehrs. Entsprechend muß die Firma der Einzelkaufleute, Personenhandelsgesellschaften und Kapitalgesellschaften einen Zusatz enthalten, der auf die konkret gegebene Rechtsform hinweist (vgl. § 19 HGB, § 4 GmbHG, § 4 AktG).

21 Zur Niederlassungsfreiheit ausländischer Gesellschaften innerhalb der EU vgl. die bemerkenswerte Entscheidung des EuGH v. 09.03.1999 („Centros Ltd."), ZIP 1999, 438.

Beispiel: A und B wollen eine E-Commerce-Gesellschaft gründen. Sie meinen, daß eine OHG im Geschäftsverkehr mehr Vertrauen genießt als eine GmbH und beschließen deshalb, eine „A&B E-Commerce OHG mbH" zu gründen. Ist dies zulässig?

Die von A und B angedachte Kombination von OHG und GmbH ist unter dem Gesichtspunktes des numerus clausus der Gesellschaftsformen nicht zulässig. Die unbeschränkte Haftung der OHG-Gesellschafter für die Verbindlichkeiten der Gesellschaft ist zwingend (§ 128 S. 2 HGB).

Sofern das gesetzliche Leitbild des jeweiligen Gesellschaftstyps eingehalten wird, ist jedoch auch eine Vermischung der Gesellschaftstypen zulässig. So erfreut sich die Konstruktion der GmbH & Co. KG aus haftungs- und steuerlichen Gründen besonderer Beliebtheit.

Praktisch bedeutsam sind ferner die verschiedenen Möglichkeiten der Aufspaltung eines einheitlichen Unternehmens in ein jeweils rechtlich selbständiges Besitzunternehmen und ein Betriebsunternehmen (Betriebsaufspaltung). Das Besitzunternehmen (i.d.R. Einzelunternehmen oder Personengesellschaft) verpachtet oder vermietet z. B. sein wesentliches Anlagevermögen an das Betriebsunternehmen (i.d.R. eine Betriebs-GmbH), das Produktion und Vertrieb übernimmt. Hierdurch wird verhindert, daß im Falle der Insolvenz das verpachtete oder vermietete Anlagevermögen in die Insolvenzmasse fällt.[22] Die Betriebsaufspaltung ermöglicht ferner steuerlich vorteilhafte Gestaltungen.

II. Innen- und Außenverhältnis

Die Unterscheidung von Innen- und Außenverhältnis ist von grundlegender Bedeutung für das Verständnis des Gesellschaftsrechts. Als Innenverhältnis werden die Beziehungen der Gesellschafter untereinander, als Außenverhältnis die Beziehungen der Gesellschaft zu Dritten bezeichnet.

Beispiel: Der Gesellschafter einer OHG kauft von D einen Ferrari als „Dienstwagen". Die Frage, ob ein Kaufvertrag wirksam mit der OHG zustandegekommen ist, hängt davon ab, ob der Gesellschafter die Gesellschaft wirksam vertreten hat. Die Vertretungsmacht betrifft das Außenverhältnis. Das Innenverhältnis betrifft dagegen die Frage, ob der Gesellschafter diesen Vertrag abschließen durfte oder ob er hierzu die Zustimmung der Mitgesellschafter einholen mußte (Geschäftsführungsbefugnis).

Während die Körperschaft immer zugleich Innen- und Außengesellschaft ist, kann die Personengesellschaft dagegen als reine Innengesellschaft gegründet werden, die nach außen nicht in Erscheinung tritt. Dies ist z. B. der Fall bei der stillen Gesellschaft gemäß §§ 230–237 HGB.[23]

---

22 Unter dem Gesichtspunkt der „eigenkapitalersetzenden Nutzungsüberlassung" kann sich jedoch eine eingeschränkte Mithaftung ergeben: vgl. BGHZ 127, 1, 12 f.; zur konzernrechtlichen Durchgriffshaftung im Falle einer Unternehmensaufspaltung in einem GmbH & Co. KG-Konzern siehe: BAG NJW 1999, 2612 f.

23 Auch die GbR kann als reine Innengesellschaft ausgestaltet werden. Dies gilt häufig für Gelegenheitsgesellschaften (z. B. Lotto-Gemeinschaften).

III. Fehlerhafte Gesellschaft

Die Gründung von Gesellschaften, der Beitritt zu einer schon bestehenden Personenvereinigung sowie die einvernehmliche Auflösung der Gesellschaft oder der Austritt aus der Gesellschaft werden durch Rechtsgeschäfte vollzogen. Grundsätzlich sind daher die allgemeinen Vorschriften über Rechtsgeschäfte auf diese Sachverhalte anwendbar. Soweit jedoch eine Gesellschaft bereits in Verzug gesetzt worden ist, erweist sich die Anwendung der Bestimmungen, die zur Nichtigkeit (§§ 134, 138 BGB) oder Anfechtbarkeit (§§ 119, 123 BGB) von Rechtsgeschäften führen, regelmäßig als problematisch, da eine Rückabwicklung ohne weiteres nicht möglich ist und Dritte auf einen Bestand der Gesellschaft vertraut haben.

Beispiel: Der Gesellschaftsvertrag einer Grundstücksgesellschaft ist aufgrund der Aufnahme einer Verpflichtung zur Einbringung von Grundstücken gemäß §§ 125 S. 1, 313 BGB formnichtig. In Unkenntnis hierüber haben die Gesellschafter Büroräume angemietet, Personal eingestellt und die Verwaltung von Grundstücken aufgenommen. Eine Rückabwicklung (§§ 812ff. BGB) wäre im Hinblick auf das Vertrauen der beteiligten Dritten (Vermieter, Arbeitnehmer, Auftraggeber etc.) unangemessen. Ferner enthalten die allgemeinen Vorschriften keine passenden Regelungen für die Verteilung erwirtschafteter Gewinne oder angefallener Verluste.

Als Konsequenz hieraus hat die Rechtsprechung die Grundsätze der fehlerhaften Gesellschaft entwickelt. Danach ist eine in Vollzug gesetzte Gesellschaft (insbesondere GbR, OHG oder KG) trotz eines fehlerhaften Gesellschaftsvertrages im Innen- und Außenverhältnis solange als wirksam zu behandeln, bis die Gesellschaft mit Wirkung für die Zukunft aufgelöst worden ist. Im Außenverhältnis haften die Gesellschafter wie bei einer fehlerfrei entstandenen Gesellschaft; im Innenverhältnis richten sich Geschäftsführung, Verteilung von Gewinn und Verlust sowie die Liquidation nach den jeweiligen gesellschaftsvertraglichen Absprachen.[24]

Im Falle der (fehlerhaften) GbR (obiges Beispiel) und der stillen Gesellschaft tritt an die Stelle der Nichtigkeit bzw. Befugnis zur Anfechtung, Rücktritt oder Wandlung das Recht zur fristlosen Kündigung gemäß § 723 I BGB, so daß die Gesellschaft nach Maßgabe der §§ 730ff. BGB zu liquidieren ist.

Die außerordentliche Auflösung einer (fehlerhaften) Personenhandelsgesellschaft kann dagegen grundsätzlich nur durch Klage verlangt werden, § 133 HGB.

Bei den Kapitalgesellschaften verdrängen spezialgesetzliche Regelungen nach Eintragung der Gesellschaft weitgehend die Grundsätze der fehlerhaften Gesellschaft. Bezüglich der AG werden alle privatrechtlichen Tatbestände, die die Unwirksamkeit der Satzung zur Folge haben, durch die Regelungen der §§ 275 bis 277 AktG ausgeschlossen: die Nichtigkeitsgründe können nur innerhalb der Dreijahresfrist des § 275 III AktG durch Nichtigkeitsklage geltend gemacht werden. Mit Abweichungen gilt dies auch für die GmbH (§§ 75–77 GmbHG). Die Grund-

---

[24] Vgl. BGH NJW 92, 1501; die Grundsätze der fehlerhaften Gesellschaft gelten auch entsprechend für den (fehlerhaften) Neuabschluß eines Gesellschaftsvertrages, den Beitritt oder das Ausscheiden von Gesellschaftern.

sätze der fehlerhaften Gesellschaft sind jedoch für fehlerhafte Gründungs- oder Beitrittserklärungen auch bei den Kapitalgesellschaften bedeutsam.

Die Grundsätze der fehlerhaften Gesellschaft finden jedoch dort ihre Grenzen, in denen ausnahmsweise der Schutzzweck der allgemeinen Bestimmungen des Privatrechtes den Vorrang verdient. Sie gelten daher nicht zum Nachteil geschäftsunfähiger bzw. beschränkt geschäftsfähiger Personen. Sie finden ferner auch dann keine Anwendung, wenn der Gesellschaftsvertrag gegen übergeordnete Prinzipien der Rechtsordnung verstößt (z.B. bei gewerbsmäßigem Schmuggel oder Waffenhandel).[25]

Die fehlerhafte Gesellschaft ist von der Scheingesellschaft zu unterscheiden. Letztere liegt vor, wenn Personen nach außen hin als Gesellschaft auftreten, obwohl weder ausdrücklich noch konkludent ein (fehlerfreier oder fehlerhafter) Gesellschaftsvertrag geschlossen wurde. Auf die Scheingesellschaft finden die Rechtsscheinsvorschriften (§ 242 BGB: Verbot des venire contra factum proprium; §§ 5, 15 HGB) Anwendung: Die Scheingesellschaft entfaltet (anders als die fehlerhafte Gesellschaft) zwar keine Wirkung im Innenverhältnis; im Außenverhältnis haften aber diejenigen, die den Rechtsschein in zurechenbarer Weise veranlaßt haben, gegenüber gutgläubigen Dritten im Rahmen des erzeugten Rechtsscheins.

IV. Juristische Person und Gesamthand

Der Gesetzgeber hat die Körperschaften grundsätzlich mit eigener Rechtspersönlichkeit ausgestattet (vgl. §§ 21–23 BGB, 1 AktG, 13 GmbHG, 17 GenG).[26] Sie sind daher juristische Personen. Ohne Rücksicht auf die hinter ihnen stehenden

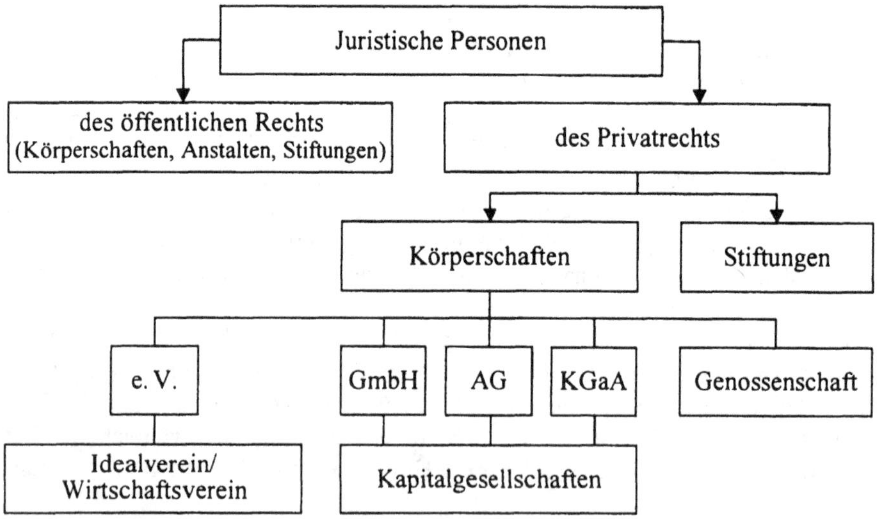

25 Vgl. BGHZ 62, 234: Verstoß des Gesellschaftsvertrages gegen Art. 1 § 1 RBerG.

26 Ausnahme: der nicht rechtsfähige Verein ist körperschaftlich organisiert, ihm fehlt jedoch die eigene Rechtssubjektivität (§§ 54 S. 1, 705 ff. BGB).

natürlichen Personen sind die juristischen Personen selbständige Träger von Rechten und Pflichten. Sie können daher selbst Eigentum an Sachen und Rechten erwerben, Verbindlichkeiten eingehen und im gerichtlichen Verfahren klagen und verklagt werden (vgl. § 13 I GmbHG).

Die Personengesellschaften sind dagegen keine juristischen Personen. Das Gesellschaftsvermögen steht vielmehr den Gesellschaftern zur gesamten Hand zu. Sie werden daher als sog. Gesamthandsgemeinschaften bezeichnet.

Wichtigste Folgen der Gesamthandsgemeinschaft gem. § 719 I BGB: Der Anteil am Gesellschaftsvermögen kann in keinem Fall ohne die Gesellschafterstellung (Mitgliedschaft) übertragen werden. Die untrennbare Verbindung der Stellung als Mitglied in der Gesellschaft und die Beteiligung am Gesamthandsvermögen sind zwingendes Recht. Ferner ist der Geschäftsanteil im Ganzen (d. h. Mitgliedschaft und Beteiligung am Gesamthandsvermögen) grundsätzlich nicht übertragbar. Im Gegensatz zum vorgenannten Abspaltungsverbot ist diese Regel jedoch dispositiv, d. h. ein Geschäftsanteil kann mit Zustimmung der übrigen Gesellschafter einem Dritten übertragen werden. § 719 I BGB bestimmt ferner, daß ein Gesellschafter nicht über seinen Anteil an den einzelnen zum Gesellschaftsvermögen gehörenden Gegenständen verfügen und auch nicht die Teilung des Gesamthandsvermögen verlangen kann. Jeder Gesellschafter hat vielmehr die Möglichkeit, durch Kündigung die Auseinandersetzung herbeizuführen. In diesem Falle steht ihm ein Anspruch auf Auszahlung seines Liquidationsanteils nach § 734 BGB zu.

Bei den Personenhandelsgesellschaften und der Partnerschaftsgesellschaft ist der Gesetzgeber einen Mittelweg gegangen. Trotz fehlender Rechtspersönlichkeit wurde diesen Gesellschaften eine Teilrechtsfähigkeit verliehen (vgl. §§ 124 I, 161 II HGB; § 7 II PartGG). Als teilrechtsfähige Gesellschaften können die OHG, die KG und die Partnerschaftsgesellschaft unter ihrer Firma Rechte erwerben und Verbindlichkeiten eingehen, Eigentum und andere dingliche Rechte an Grundstükken erwerben und vor Gericht klagen und verklagt werden.

Der dennoch verbleibende Unterschied zwischen Gesamthandsgemeinschaften und juristischen Personen zeigt sich bei der Haftung für Gesellschaftsverbindlichkeiten. Bei der OHG und KG haftet neben dem gemeinsamen Gesellschaftsvermögen grundsätzlich das jeweilige Privatvermögen der Gesellschafter (§§ 128, 161 II HGB); bei der GbR trifft dies ebenfalls meist zu. Bei der juristischen Person sind dagegen die Schulden der Gesellschaft (z.B. GmbH oder AG) nicht die Schulden des Gesellschafters oder des Aktionärs (§ 13 II GmbHG, § 1 I 2 AktG).

D. Der Gesellschaftsvertrag

Der Gesellschaftsvertrag bildet die Grundlage für die Entstehung einer Gesellschaft. Neben der Festlegung des Gesellschaftszweckes gehören zu dem typischen Inhalt eines jeden Gesellschaftsvertrages die Regelung der Rechte und Pflichten der Gesellschafter, die Willensbildung sowie Fragen der Auseinandersetzung und des Ausscheidens von Gesellschaftern.

Regelungsbereiche des Gesellschaftsvertrages

1.	Rechtsform
2.	Sitz, Firma und Gesellschaftszweck
3.	Dauer der Gesellschaft
4.	Gesellschafter
5.	Einlagen und Beteiligungsverhältnisse
6.	Geschäftsführung und Vertretung
7.	Verteilung von Gewinn und Verlust
8.	Tätigkeitsvergütungen
9.	Stimmrechte
10.	Informations- und Kontrollrechte
11.	Ausscheiden von Gesellschaftern / Kündigung
12.	Abfindungsregelungen
13.	(nachvertragliche) Wettbewerbsverbote
14.	Schriftformklausel
15.	Salvatorische Klausel (Heilung bei Teil-/Nichtigkeit)
16.	Gerichtsstand / Schiedsgerichtsklausel

Bei der Frage, welchen Gestaltungsraum die Gesellschafter bei der Fassung des Gesellschaftsvertrages haben, ist zu unterscheiden: Die das **Außenverhältnis** betreffenden gesetzlichen Bestimmungen (z. B. Haftungs- und Vertretungsregeln) sind im Interesse der Rechtssicherheit bei allen Gesellschaften grundsätzlich zwingend und unterliegen somit nicht der Disposition der Gesellschafter. Im **Innenverhältnis** ist dagegen das Recht der **Personengesellschaft** weitgehend dispositiv. Den Gesellschaftern steht es grundsätzlich frei, die gesetzlichen Regelungen durch Vereinbarungen zu ergänzen oder zu ersetzen. Auch bei der **GmbH** läßt sich das Verhältnis der Gesellschafter zueinander weitgehend frei gestalten (Grundsatz der Satzungsfreiheit, § 45 II GmbHG). Das Recht der **AG** ist dagegen durch den Grundsatz der Satzungsstrenge geprägt. Abweichungen sind nur dort möglich, wo das Aktiengesetz dies zuläßt (§ 25 V AktG).

Während die Gesellschaftsverträge der Körperschaften, genannt **Satzung**, grundsätzlich der notariellen Beurkundung bedürfen (§ 23 I AktG, § 2 I GmbHG),[27] kann der Gesellschaftsvertrag der Personengesellschaften formlos und damit auch stillschweigend oder konkludent abgeschlossen werden. Ein Formerfordernis kann sich jedoch aus allgemeinen rechtsgeschäftlichen Vorschriften ergeben, wenn beispielsweise die gesellschaftsvertragliche Verpflichtung zur Einbringung oder zum Erwerb eines bestimmten Grundstückes besteht (§ 313 I BGB). Der Gesellschaftsvertrag kann ferner aufgrund vormundschaftsrechtlicher Bestimmungen genehmigungsbedürftig sein.[28]

---

[27] Anders beim eingetragenen Verein, vgl. § 59 III BGB.

[28] Dies ist insbesondere dann der Fall, wenn ein Erwerbsgeschäft betrieben werden soll, und eine Person durch einen Vormund oder ihre Eltern vertreten wird (§§ 1643 I, 1822 Nr. 3 BGB); vgl. auch § 1908 i BGB sowie §§ 1629 II, 1795 BGB).

Als vertragliche Vereinbarung sind grundsätzlich auch auf den Gesellschaftsvertrag die allgemeinen Regeln des Bürgerlichen Rechts für Verträge anzuwenden.[29] Die Besonderheiten eines Gesellschaftsvertrages führen jedoch insbesondere bei der **Anwendung der §§ 320 ff. BGB** zu Schwierigkeiten:

Beispiel: A, B und C sind Gesellschafter einer GbR. Als C von dem alleingeschäftsführungsbefugten A auf Leistung des im Gesellschaftsvertrag vereinbarten Beitrages in Höhe von 20.000,00 DM in Anspruch genommen wird, wendet er ein, daß auch B seine Beitragsleistung noch nicht erbracht hat. Steht C die Einrede des nichterfüllten Vertrages gemäß § 320 BGB zu?

Obwohl der Gesellschaftsvertrag gem. § 705 BGB unter den Gesellschaftern eine **„gegenseitige" Verpflichtung** zur Förderung des Gesellschaftszweckes begründet, würde die Anwendbarkeit der Einrede des § 320 BGB bei einer mehrgliedrigen Gesellschaft dazu führen, daß es jeder einzelne Gesellschafter in der Hand hätte, die Erfüllung des Vertrages unmöglich zu machen. Nach ganz herrschender Meinung ist daher § 320 BGB nur bei einer zweigliedrigen Gesellschaft anwendbar.[30] Bei den **Körperschaften** stellt sich dieses Problem nicht, da die Beitragspflicht (z. B. Verpflichtung zur Zahlung der Stammeinlage) nicht gegenüber dem Mitgesellschafter sondern gegenüber der Körperschaft begründet wird.

E. Geschäftsführung und Vertretung

Bei jeder Gesellschaft stellt sich die Frage, wer für die Organisationen, die als solche nicht handlungsfähig sind, tätig werden soll. Bei den Personengesellschaften sind das die Gesellschafter (**Grundsatz der Selbstorganschaft**), während die Mitglieder einer AG oder einer GmbH hierzu kein Recht aus ihrer Mitgliedschaft herleiten können (**Grundsatz der Fremdorganschaft**). Die auf die Verwirklichung des gemeinsamen Zweckes gerichtete Tätigkeit wird als Geschäftsführung bezeichnet. Die Geschäftsführung umfaßt jede Maßnahme tatsächlicher oder rechtlicher Art, die den Gesellschaftszweck fördert.[31]

Entsprechend der Unterscheidung zwischen Innen- und Außenverhältnis ist streng zwischen Geschäftsführung und Vertretung zu trennen. Die Regeln über die Geschäftsführungsbefugnis beantworten die Frage, ob ein Handeln im Innenverhältnis vorgenommen werden darf. Die Regeln über die Vertretung besagen dagegen, ob ein Handeln im Außenverhältnis wirksam für und gegen die Gesellschaft ist.

Ein und dieselbe Handlung kann sowohl unter Geschäftsführungs- als auch unter Vertretungsgesichtspunkten relevant sein. In den Fällen, in denen zwar Ver-

---

29 Zur rechtlichen Behandlung der fehlerhaften Gesellschaft vgl. oben, (C.III.).

30 Vgl. BGHZ 10, 44, 51; BGH WM 1967, 419 f.; Kübler (FN 1), S. 45.

31 Nicht gedeckt von der Geschäftsführungsbefugnis sind Maßnahmen, die die Beziehungen der Gesellschafter zueinander oder die Grundlagen der Gesellschaft betreffen (z. B. Aufnahme eines neuen Gesellschafters oder Änderung des Gesellschaftszwecks).

tretungsmacht besteht, aber die Geschäftsführungsbefugnis überschritten wird, kommen regelmäßig **Schadensersatzansprüche** gegen den Handelnden in Betracht.[32]

I. Gesellschaft bürgerlichen Rechts

Dem personalistischen Charakter der GbR entsprechend steht die Geschäftsführungsbefugnis als wichtigstes Mitwirkungsrecht im Zweifel allen Gesellschaftern gemeinschaftlich zu (**Gesamtgeschäftsführungsbefugnis**, § 709 I BGB). Zu jeder Geschäftsführungsmaßnahme ist daher die Zustimmung aller Gesellschafter bzw. ein einstimmiger Beschluß der Gesellschafter erforderlich.

Da sich hierdurch die Gesellschafter leicht wechselseitig blockieren können, wird regelmäßig im Gesellschaftsvertrag eine abweichende Regelung getroffen, z. B. die Entscheidung nach Stimmenmehrheit (§ 709 II BGB). Soll zur Vereinfachung der Geschäftsführertätigkeit allen oder mehreren Gesellschaftern die **Einzelgeschäftsführungsbefugnis** zustehen, kann jeder geschäftsführungsbefugte Gesellschafter ohne Mitwirkung der anderen entscheiden. Widerspricht jedoch ein anderer Gesellschafter, so muß das Geschäft unterbleiben (§ 711 BGB). Der **Widerspruch** hat jedoch keine Außenwirkung, so daß der trotz Widerspruches handelnde Gesellschafter die Gesellschaft wirksam vertritt, sich aber ggf. schadensersatzpflichtig macht.[33] Der Gesellschaftsvertrag kann ferner vorsehen, daß einzelne (nicht aber alle) Gesellschafter von der Geschäftsführung ausgeschlossen werden (§ 710 BGB). Den von der Geschäftsführung ausgeschlossenen Gesellschaftern stehen die **Kontrollrechte** des § 716 I BGB zu.

Bei der GbR decken sich Geschäftsführungsbefugnis und Vertretungsmacht, sofern im Gesellschaftsvertrag nichts anderes vereinbart worden ist (§ 714 BGB). Gemäß §§ 709 I, 714 BGB besteht daher im Zweifel **Gesamtvertretungsmacht**. Im Falle der Einzelgeschäftsführungsbefugnis ist den entsprechenden Gesellschaftern im Zweifel auch das Recht eingeräumt, gesellschaftsbezogene Geschäfte mit Dritten allein vorzunehmen (Einzelvertretung).

Aufgrund der Verknüpfung von Geschäftsführungsbefugnis und Vertretungsmacht ist es für Dritte (Geschäftspartner) nur schwer erkennbar, ob der handelnde Gesellschafter die erforderliche Vertretungsmacht besitzt oder ob die Vertretungsmacht durch Beschränkung der Geschäftsführungsbefugnis eingeschränkt ist. Auch in diesen Fällen kann sich jedoch die uneingeschränkte Vertretungsmacht nach den Grundsätzen der **Duldungs- oder Anscheinsvollmacht** ergeben.[34]

---

32 Für die Kapitalgesellschaften vgl. §§ 43 II, 37 I GmbHG und § 93 II AktG; bei den Personengesellschaften kommt ein Anspruch aus pVV des Gesellschaftsvertrages in Betracht.

33 BGHZ 16, 394, 398f.

34 Vgl. BGH NJW 1992, 3037.

II. Personenhandelsgesellschaft

Für die Personenhandelsgesellschaften gilt, daß die Geschäftsführung Sache aller Gesellschafter ist (§ 114 I HGB). Anders als bei der GbR obliegt die Geschäftsführung gem. §§ 114 I, 115 I HGB im Zweifel jedem einzelnen Gesellschafter. Diese **Einzelgeschäftsführungsbefugnis** gilt jedoch nur für Handlungen, die der gewöhnliche Geschäftsbetrieb mit sich bringt (§ 116 I HGB). Für Maßnahmen, die darüber hinausgehen, ist ein Beschluß aller Gesellschafter erforderlich (§ 116 II HGB).

Zum gewöhnlichen Betrieb eines Handelsgewerbes gehören beispielsweise der Wareneinkauf und -verkauf, das Ausstellen von Schecks und Wechseln, die Einstellung und Entlassung von Arbeitnehmern und die Anschaffung von erforderlichen Einrichtungsgegenständen. Außergewöhnliche, also zustimmungsbedürftige Geschäfte sind dagegen regelmäßig der An- und Verkauf von Grundstücken, die Eröffnung von Filialbetrieben oder die bauliche Erweiterung des Geschäftsgebäudes.

Ferner steht im Falle der Einzelgeschäftsführungsbefugnis jedem anderen geschäftsführenden Gesellschafter ein **Widerspruchsrecht** gem. § 115 I HGB zu. Soweit die Geschäftsführungsbefugnis eines einzelnen Geschäftsführers beschränkt wird, hat dies für die Vertretungsmacht im Außenverhältnis kaum Bedeutung. Eine Beschränkung des Umfanges der Vertretungsmacht ist Dritten gegenüber unwirksam (§ 126 II HGB).

Im Gesellschaftsvertrag kann jedoch der Ausschluß eines Gesellschafters von der Vertretung oder die Gesamtvertretung angeordnet werden (vgl. § 125 II und III HGB). Diese vom Regelfall der Einzelvertretungsmacht abweichenden gesellschaftsvertraglichen Bestimmungen sind gem. § 125 IV HGB zur Eintragung in das Handelsregister anzumelden. Unterbleibt die Anmeldung im Handelsregister, so muß ein Dritter die Einschränkung der Einzelvertretungsmacht nicht gegen sich gelten lassen, es sei denn, er kannte die internen Beschränkungen (§ 15 I HGB).

Die Geschäftsführungsbefugnis kann auf Antrag der übrigen Gesellschafter aus wichtigem Grund im Rahmen eines gerichtlichen Verfahrens entzogen werden (§ 117 HGB).

Die vorstehenden Grundsätze gelten auch für Geschäftsführung und Vertretung in einer **Kommanditgesellschaft** (§ 161 II HGB).[35] Zu beachten ist jedoch, daß nur die persönlich haftenden Gesellschafter (Komplementäre) zur Geschäftsführung und Vertretung befugt sind (§§ 164, 170 HGB). Die Gesellschafter, bei denen die Haftung gegenüber den Gesellschaftsgläubigern auf den Betrag einer bestimmten Vermögensanlage beschränkt ist (Kommanditisten), sind von der Geschäftsführung ausgeschlossen (§ 164 HGB) und zur Vertretung nicht ermächtigt (§ 170 HGB).

---

35 Gem. § 7 III PartGG finden die Vorschriften der §§ 125 – 127 HGB mit Ausnahme des § 125 III HGB entsprechend Anwendung. Anders als bei den Personenhandelsgesellschaften können jedoch einzelne Partner nicht von der Führung und Vertretung solcher Geschäfte ausgeschlossen werden, die im Zusammenhang mit der Berufsausübung stehen (§ 6 II PartGG).

III. Kapitalgesellschaften

Die Aktiengesellschaft und GmbH sind gemäß ihrer körperschaftlichen Struktur vom Prinzip der Fremdorganschaft geprägt. Nicht die Gesellschafter bzw. Aktionäre, sondern der Vorstand (§ 176 I AktG) bzw. die Geschäftsführer (§ 35 GmbHG) handeln für die Gesellschaft.

Das **Geschäftsführungsorgan** (Vorstand bzw. Geschäftsführer) kann aus einer oder mehreren Personen bestehen (§ 76 II AktG; § 6 I GmbHG). Innerhalb des Geschäftsführungsorgans gelten grundsätzlich Gesamtvertretung und Gesamtgeschäftsführung (§§ 77 I, 78 II AktG; § 35 II 2 GmbHG). Häufig wird allerdings eine Einzelentscheidungsbefugnis der Vorstandsmitglieder bzw. Geschäftsführer durch Satzung oder Geschäftsordnung festgelegt, verbunden mit einer ressortmäßigen Arbeitsteilung (Produktion / Finanzwesen etc.).

Die Aktiengesellschaft und die GmbH unterscheiden sich jedoch in erheblichem Maße bezüglich der Einflußnahme der Gesellschafter respektive Aktionäre auf die Geschäftsführung. Die Gesellschafter einer GmbH können durch entsprechende Regelungen im Gesellschaftsvertrag, im Anstellungsvertrag oder durch Weisungen (Gesellschafterbeschlüsse) die Geschäftsführungsbefugnis des Geschäftsführers in erheblichem Maße einschränken (§ 37 I GmbHG).[36] Der Vorstand einer Aktiengesellschaft hat dagegen die Gesellschaft unter eigener Verantwortung zu leiten (§ 76 I AktG). Den anderen Organen der Aktiengesellschaft (Hauptversammlung und Aufsichtsrat) räumt das Aktiengesetz diesbetreffend nur sehr eingeschränkte Mitwirkungsbefugnisse ein.

Gemäß § 111 IV AktG kann in der Satzung oder durch Anordnung des Aufsichtsrates bestimmt werden, daß bestimmte Arten von Geschäften nur mit Zustimmung des Aufsichtsrates vorgenommen werden dürfen. Verweigert der Aufsichtsrat die so erforderliche Zustimmung, so kann der Vorstand einen die Zustimmung ersetzenden Hauptversammlungsbeschluß herbeiführen (§ 111 IV 3–5 AktG). Im übrigen kann die Hauptversammlung über Fragen der Geschäftsführung nur dann entscheiden, wenn der Vorstand es verlangt (§ 119 II AktG). Durch diese Regelungen soll sichergestellt werden, daß sich der Vorstand an den langfristigen Interessen des Unternehmens und nicht an den kurzfristigen Gewinninteressen der Aktionäre ausrichtet.

Die **Vertretung** der Aktiengesellschaft und der GmbH obliegt dem Vorstand (§ 78 AktG) bzw. den Geschäftsführern (§ 35 GmbHG) und nicht den Gesellschaftern oder den Aktionären. Beschränkungen der Befugnis der Organe, die Gesellschaft zu vertreten, haben gegenüber dritten Personen keine rechtliche Wirkung (§ 37 II GmbHG; § 82 I AktG)

---

[36] Die Möglichkeit der Einflußnahme der Gesellschafter auf die Geschäftsführung wird auch durch den jederzeit möglichen Widerruf der Bestellung der Geschäftsführer nach § 38 I GmbHG verstärkt.

F. Das Gesellschaftsvermögen

Das Gesellschaftsvermögen ist als Haftungsmasse im Falle einer Inanspruchnahme der Gesellschaft durch Dritte von besonderer Bedeutung. Es umfaßt alle Aktiva der Gesellschaft, wie z. B. Sachen, Forderungen und sonstige Rechte, aber auch tatsächliche Werte wie Kundenbeziehungen und technisches Know-how. Vom Gesellschaftsvermögen ist das Privatvermögen der Gesellschafter zu trennen. Je nach Rechtsform kann das Gesellschaftsvermögen der Gesellschaft selbst oder den Gesellschaftern gesamthänderisch zuzuordnen sein.

I. Gesellschaft bürgerlichen Rechts

Das Gesellschaftsvermögen der GbR wird gemäß § 718 BGB aus den Beiträgen der Gesellschafter, den Rechtsgeschäften für die Gesellschaft und etwaiger „Surrogation" (dingliche Ersetzung) gebildet. Verfügungen über das Gesellschaftsvermögen sind grundsätzlich nur dann wirksam, wenn sie von allen Gesellschaftern getroffen worden sind. Der einzelne Gesellschafter kann auch nicht über seinen Anteil am Gesellschaftsvermögen verfügen oder die Teilung des Gesellschaftsvermögens außerhalb der Auseinandersetzung verlangen (§ 719 I BGB).

Die Frage der Zuordnung des Gesellschaftsvermögens bei der GbR ist eines der umstrittensten Probleme des Gesellschaftsrechtes. Im Mittelpunkt steht die Frage, ob und in welchem Maße die Gesellschaft gegenüber ihren Gesellschaftern rechtlich verselbständigt ist.

Am weitesten geht die mit geltendem Recht kaum vereinbare Auffassung, die alle Personengesellschaften einschließlich der GbR als juristische Personen qualifiziert.[37] Nach anderer Ansicht soll dagegen lediglich der „unternehmenstragenden" GbR eigene Rechtsfähigkeit zukommen.[38]

In der Literatur setzt sich zunehmend die Lehre von der GbR als „teilrechtsfähiger Wirkungseinheit" durch.[39] Die Gesellschaft ist nicht juristische Person, sondern, soweit ihr Rechte zugeordnet werden, ähnlich wie eine OHG, teilrechtsfähig. Zuordnungssubjekt von Vermögensrechten und Verbindlichkeiten sind nicht die Gesellschafter, sondern die von ihnen errichtete Gesellschaft.

Die Regelungen der §§ 714, 718, 719 BGB legen nach der hier vertretenen Auffassung dagegen nahe, das Gesellschaftsvermögen den gesamthänderisch verbundenen Gesellschaftern rechtlich zuzuordnen.[40] Es ist als Sondervermögen der Gesellschafter vom Privatvermögen der einzelnen Gesellschafter streng zu trennen.

---

37 Timm, Die Rechtsfähigkeit der GbR und ihre Haftungsverfassung, NJW 1995, 3209 ff.

38 K. Schmidt, Gesellschaftsrecht, 3. Aufl. (1997), § 58 IV 3.

39 Vgl. Hüffer, Gesellschaftsrecht, 5. Aufl. (1998), 46 f.

40 Wie hier: Kübler (FN 1), § 6 III 3 c; gegen eine Verselbständigung der GbR zu einer verpflichtungsfähigen Rechtsperson auch: BGH BB 1999 2152, 2153; a.A. Grunewald, Gesellschaftsrecht, 3. Aufl. (1999), 1.A.101 f.

Es darf jedoch nicht verkannt werden, daß der rechtstheoretische Streit um die Zuordnung des Gesellschaftsvermögens von geringer praktischer Bedeutung ist, da die GbR nicht prozeßfähig[41] ist, der Grundstückserwerb die Eintragung aller Gesellschafter ins Grundbuch verlangt (§ 47 GBO) und die Zwangsvollstreckung in das Gesellschaftsvermögen einen Titel gegen alle Gesellschafter erfordert (§ 736 ZPO).

Unabhängig von den unterschiedlichen dogmatischen Ansätzen ist allerdings auch in der Rechtsprechung anerkannt, daß die GbR als Gesamthandsgemeinschaft ihrer Gesellschafter grundsätzlich jede Rechtsposition einnehmen kann, sofern nicht spezielle rechtliche Gesichtspunkte entgegenstehen.[42]

II. Personenhandelsgesellschaft

Die Frage der Zuordnung des Gesellschaftsvermögens hat der Gesetzgeber für die OHG, die KG und die Partnerschaftsgesellschaft ähnlich wie bei den Kapitalgesellschaften geregelt. Die OHG und die KG sind zwar nicht juristische Personen, wohl aber teilrechtsfähig: die Personenhandelsgesellschaft kann unter ihrer Firma selbst Rechte erwerben und Verbindlichkeiten eingehen, Eigentum und andere dingliche Rechte an Grundstücken erwerben (§ 124 I HGB, § 161 II HGB).[43] Dennoch sind auch die OHG und die KG Gesamthandsgemeinschaften (§§ 105 II, 161 II HGB, § 719 BGB), da die Rechtszuständigkeit für das Gesellschaftsvermögen den gesamthänderisch verbundenen Gesellschaftern und nicht einem von ihnen gänzlich losgelösten Rechtssubjekt zusteht.

III. Kapitalgesellschaften

Die Frage der Zuordnung des Gesellschaftsvermögens ist bei den Kapitalgesellschaften unproblematisch, da diese als juristische Personen selbst Träger von Rechten und Pflichten sind (§ 13 I GmbHG, § 1 I 1 AktG).

G. Haftung für Verbindlichkeiten

Eng verbunden mit der Zuordnung des Gesellschaftsvermögens ist auch die praxis- und klausurrelevante Frage, wer für die bei der Verfolgung des Gesellschaftszweckes entstehenden Verbindlichkeiten haftet.

---

41 So die gefestigte Rspr.: BGH NJW 1993, 2944; BFH BB 1980, 823.

42 So: BGHZ 136, 254; Die GbR kann Gesellschafterin einer juristischen Person sein (BGH NJW 1998, 376); sie ist scheck- und wechselfähig (BGH NJW 1997, 2754), ferner insolvenzfähig (§ 11 II InsO) und kann Ziel einer formwechselnden Umwandlung sein (§ 191 II 1 UmwG).

43 Entsprechendes gilt für die Partnerschaftsgesellschaft gemäß § 7 II PartGG.

I. Gesellschaft bürgerlichen Rechts

Die §§ 705 ff. BGB enthalten keine spezielle Regelung der Haftung für die Gesellschaftsschulden. In Betracht kommen sowohl eine Haftung der Gesellschafter in ihrer gesamthänderischen Verbundenheit mit dem Gesellschaftsvermögen als auch eine Haftung der Gesellschafter mit ihrem Privatvermögen.

Verpflichtungen in der GbR entstehen grundsätzlich als vertragliche Verpflichtungen durch Vertretung: gemäß § 714 BGB sind die geschäftsführungsbefugten Gesellschafter im Zweifel ermächtigt, die übrigen Gesellschafter gegenüber Dritten zu vertreten. Eine so begründete gemeinschaftliche vertragliche Verpflichtung der Gesellschafter (§§ 427, 431 BGB) führt zu ihrer Haftung als Gesamtschuldner (§ 421 BGB). Der Gläubiger kann die Leistung nach seinem Belieben von jedem Gesellschafter ganz oder zum Teile fordern (§ 421 BGB). Der in Anspruch genommene Gesellschafter kann seinerseits von den übrigen Gesellschaftern anteiligen Ausgleich verlangen (§ 426 BGB).

Die Frage, ob und unter welchen Voraussetzungen die Gesellschafter nicht nur gemeinsam mit dem Gesellschaftsvermögen, sondern auch mit ihrem jeweiligen Privatvermögen haften sollen, hängt wiederum entscheidend von dem Verständnis der GbR als Gesamthandsgemeinschaft ab und ist nach wie vor lebhaft umstritten. Vereinfachend lassen sich folgende Ansätze unterscheiden:

Nach der Theorie der akzessorischen Gesellschafterhaftung[44] sollen die GbR-Gesellschafter akzessorisch für die Verbindlichkeiten der GbR haften. Im Ergebnis entspricht dies einer analogen Anwendung der §§ 128, 129 HGB. Die GbR wird damit weitgehend der OHG angenähert. In der Literatur[45] hat sich dagegen zunehmend die Theorie von der „Doppelverpflichtung" durchgesetzt: Aus Verträgen, die von allen oder im Namen aller Gesellschafter mit Dritten abgeschlossen worden sind, entsteht eine Doppelverpflichtung, da grundsätzlich sowohl im Namen der Gesellschaft als auch im Namen der Gesellschafter gehandelt wird. Die Gesellschafter haften nach dieser Auffassung nicht kraft Gesetzes für die Gesellschaftsverbindlichkeiten. Erforderlich ist das Vorliegen einer zumindest konkludenten Willenserklärung, wonach der handelnde Gesellschafter sich und die anderen Mitgesellschafter mit ihrem Privatvermögen mitverpflichten will (Auslegungsfrage gem. §§ 133, 157 BGB), sowie entsprechende Vertretungsmacht (§ 714 BGB) des handelnden Gesellschafters. Der Gesellschafter wird also neben der Gesellschaft verpflichtet.[46]

Die höchstrichterliche Rechtsprechung hat eine „akzessorische" Haftung der GbR-Gesellschafter abgelehnt: Die Rechtsform der GbR stehe für eine Vielzahl sehr unterschiedlicher Personenverbindungen zur Verfügung, so daß die unter-

---

44 Vgl. Timm NJW 1995, 3209, 3215; für eine Beschränkung der akzessorischen Gesellschafterhaftung auf die unternehmenstragende GbR: K. Schmidt (FN 38), § 60 III 2.

45 MünchKomm/Ulmer, § 705 Rdn. 128–136; § 714 Rdn. 24 f. m.w.N.

46 Bei einer Mitunternehmer- oder Erwerbsgesellschaft soll die persönliche Mitverpflichtung aus einer nach § 157 BGB zu berücksichtigenden **Verkehrsauffassung** folgen: MünchKomm/ Ulmer, § 714, Rdn. 29 ff.; auch die Grundsätze der Duldungs- und Anscheinsvollmacht können zur Bejahung der Vertretungsmacht führen.

schiedslose strenge handelsrechtliche Haftung für diese Verbindungen nicht sachgerecht sei.[47] Obwohl der BGH in verschiedenen Entscheidungen von dem rechtstheoretischen Ansatz der Doppelverpflichtungstheorie Gebrauch machte,[48] hat er sich nunmehr auch von dieser Theorie gelöst: Die Annahme, zur Begründung einer persönlichen Verpflichtung der Gesellschafter einer GbR sei neben dem Vertragsschluß durch die Gesellschaft eine besondere rechtsgeschäftliche Verpflichtung der Gesellschafter persönlich erforderlich, sei unzutreffend.[49] Für die im Namen der GbR begründeten Verpflichtungen haften Gesellschafter einer GbR vielmehr „kraft Gesetzes auch persönlich".[50] Auch eine Verselbständigung der GbR zu einer verpflichtungsfähigen Rechtspersönlichkeit, welche zusätzlich oder an Stelle der Gesellschafter als Schuldner der in der Gemeinschaft begründeten Verbindlichkeiten betrachtet werden könnte, lehnt der BGH in seiner jüngsten Entscheidung ab.

Es darf jedoch wie bei der Frage der Zuordnung des Gesellschaftsvermögens nicht verkannt werden, daß dem Streit um die rechtstheoretische Begründung der Gesellschafterhaftung nur verminderte praktische Bedeutung zukommt. Im Regelfall ist nach allen vorgenannten Ansichten ungeachtet der unterschiedlichen rechtsdogmatischen Begründung eine Haftung für die rechtsgeschäftlich begründeten Verbindlichkeiten der Gesellschaft sowohl des Gesellschaftsvermögens wie auch des Privatvermögens der Gesellschafter zu bejahen. Die praktische Relevanz einer eigenständigen Verpflichtung der Gesellschaft (neben den Gesellschaftern) wird durch die vollstreckungsrechtlich maßgebliche Regelung des § 736 ZPO eingeschränkt, da nach dieser Bestimmung der Gläubiger zur Vollstreckung in das Gesellschaftsvermögen einen Titel gegen alle Gesellschafter benötigt. Da die Rechtsprechung zudem eine Prozeßfähigkeit der GbR ablehnt,[51] werden in der Praxis alle Gesellschafter (nicht die Gesellschaft) verklagt, um einen vollstreckungsrechtlichen Zugriff auf das Gesellschafts- und Privatvermögen zu erreichen.

Praktisch bedeutsam sind jedoch die unterschiedlichen Ansätze insbesondere dann, wenn es um die Frage der Begrenzung der Haftung auf das Gesellschaftsvermögen durch Beschränkung der Vertretungsmacht der handelnden Gesellschafter geht, auf der die Konstruktion der „GbR-mbH" beruht:

Beispiel: A und B sind gemeinschaftlich als Unternehmensberater tätig. Auf ihrem Briefkopf treten sie als „A+B Unternehmensberatung GbR-mbH" auf. Die Fußzeile ihres Briefpapiers enthält den Hinweis: *„Für die Verbindlichkeiten der Gesellschaft haftet gem. § 3 des Gesellschaftsvertrages (Beschränkung der Vertretungsmacht aller Gesellschafter) nur das Gesellschaftsvermögen".* Unter Verwendung ihres Briefpapiers schließt der allein zur Geschäftsführung befugte A mit V einen Mietvertrag über Gewerberäume ab. Die Gesellschaft gerät wenig später mit der vereinbarten Miete in Rückstand. Kann V die Gesellschafter als Gesamtschuldner in Höhe der Mietrückstände auf

---

47 BGHZ 117, 168, 176; vgl. auch BGHZ 61, 338, 343; BGHZ 74, 240, 241.

48 BGH BB 1974, 57; BGHZ 1991, 438.

49 BGH BB 1999, 2152, 2153.

50 BGH BB 1999, 2152; nach der gefestigten Rspr. des BFH haften die GbR-Gesellschafter entgegen der Doppelverpflichtungstheorie auch für alle Steuerschulden persönlich: BFH ZIP 1990, 643 f.; BFH BB 1990, 2251.

51 BGH NJW 1993, 2944; BFH BB 1980, 823.

Zahlung gemäß §§ 535, 427, 421 BGB auch mit ihrem Privatvermögen in Anspruch nehmen?

Nach der Akzessorietätstheorie ist der Mietvertrag nur mit der (teilrechtsfähigen) GbR zustandegekommen. Für die Miete haften A und B akzessorisch analog § 128 HGB. Da die Haftung nicht auf einer Vertretung beruht, kann durch eine Beschränkung der Vertretungsmacht auch keine Haftungsbeschränkung erreicht werden.[52] Nach der Theorie der Doppelverpflichtung ist zunächst (nur) die GbR mit ihrem Gesellschaftsvermögen verpflichtet. Die (Mit-)Verpflichtung der Gesellschafter bedarf dagegen eines eigenen rechtsgeschäftlichen Verpflichtungstatbestandes. Gemäß § 714 BGB folgt aus der Geschäftsführungsbefugnis nur „im Zweifel" die Vertretungsmacht. Die Vertretungsmacht aller Gesellschafter ist vorliegend jedoch durch den Gesellschaftsvertrag eingeschränkt worden, so daß eine Mitverpflichtung der Gesellschafter mit ihrem Privatvermögen ausscheidet, jedenfalls wenn die Beschränkung der Vertretungsmacht hinreichend erkennbar ist (im Ausgangsfall zweifelhaft). Die Rechtsprechung hatte die „GbR-mbH" bislang in Übereinstimmung mit der Theorie der Doppelverpflichtung grundsätzlich als mögliche Form der Haftungsbegrenzung durch Einschränkung der Vertretungsmacht anerkannt.[53] Nunmehr hat der BGH diese Konstruktion unter Hinweis auf die „kraft Gesetzes" bestehende persönliche Haftung der GbR-Gesellschafter gänzlich verworfen. Nur durch individualvertragliche Vereinbarung mit dem Gläubiger können die Gesellschafter ihre persönliche Haftung vermeiden.[54]

Außerhalb der vertraglichen Erfüllungsansprüche des Gläubigers der Gesellschaft ist zwischen folgenden Fallkonstellationen zu unterscheiden:

1. Vertragliche Pflichtverletzung durch Mitgesellschafter

Die Zurechnung des Verhaltens des Mitgesellschafters gegenüber den anderen Gesellschaftern ist wegen § 425 BGB zweifelhaft. Das schuldhafte Verhalten eines Mitgesellschafters ist eine „andere Tatsache" im Sinne des § 425 BGB, die grundsätzlich nur für und gegen den schuldhaft handelnden Gesamtschuldner wirkt, „soweit sich nicht aus dem Schuldverhältnis ein anderes ergibt". Der BGH hat jedoch bei einer Anwaltssozietät, einer Steuerberater-Sozietät sowie einer ärztlichen Gemeinschaftspraxis angenommen, daß alle Gesellschafter für vertragliche Pflichtverletzungen „nach dem Inhalt des Schuldverhältnisses" haften.[55] Auch dort, wo das Verschulden keine „Gesamtwirkung" hat, müssen sich die übrigen Gesellschafter das Verschulden ihres Mitgesellschafters nach § 278 BGB zurechnen lassen, wenn sie diesen in die Erfüllung eingeschaltet haben.[56]

52 K. Schmidt (FN 38), § 60 III 2 c.

53 BGH NJW 1985, 619; Die Verwendung eines Briefkopfes mit dem Hinweis „GbR-mbH" oder ähnliche Formulierungen waren auch nach bisheriger Rspr. allerdings unzureichend: vgl. BGH NJW 1992, 3037.

54 BGH BB 1999, 2152.

55 Vgl. BGHZ 56, 356, 362; BGHZ 97, 273, 276; BGHZ NJW 1990, 827 f.

56 BGH NJW-RR 1990, 701.

2. Bereicherungsfälle

Auch für Bereicherungsansprüche, die auf einer rechtsgrundlosen Leistung des Gläubigers an die Gesellschaft beruhen, haften die Gesellschafter als Gesamtschuldner mit ihrem Privatvermögen.[57] Handelt es sich dagegen um eine Bereicherung der GbR „in sonstiger Weise“ (Eingriffskondiktion), so haftet lediglich das Gesellschaftsvermögen.[58]

3. Haftung aus unerlaubter Handlung

Beispiel: Bei dem Einzug der „A+B Unternehmensberatung GbR-mbH“ (obiger Fall) wird der Mitmieter M auf der Treppe des Mietshauses in Folge fahrlässigen Handelns des A durch herabfallendes Umzugsgut der GbR verletzt. M bittet um Prüfung seiner Ansprüche.

Da vorliegend nur deliktsrechtliche Ansprüche aus §§ 823 I, 847 BGB in Betracht kommen, ist die Frage einer rechtsgeschäftlichen Begrenzung der Vertretungsmacht unerheblich. Soweit ein Gesellschafter in Ausübung seiner Tätigkeit für die Gesellschaft eine unerlaubte Handlung begeht, haftet er selbst dem geschädigten Dritten nach §§ 823 ff. BGB. Eine Haftung der Mitgesellschafter (hier des B) läßt sich regelmäßig nicht aus § 831 BGB herleiten, da die Gesellschafter untereinander nicht weisungsgebunden und daher nicht als Verrichtungsgehilfen zu betrachten sind. Auch eine Zurechnung analog § 31 BGB (Organhaftung) scheidet nach Ansicht des BGH aus, da die GbR – anders als die OHG und KG – zu wenig körperschaftlich organisiert ist, als daß die für sie handelnden Gesellschafter als ihre Organe bezeichnet werden können.[59]

II. Personenhandelsgesellschaften

Für die Verbindlichkeiten der Personenhandelsgesellschaften haften kraft ausdrücklicher gesetzlicher Regelung sowohl die Gesellschaft mit ihrem Gesellschaftsvermögen (§§ 124, 161 II HGB) sowie – zugleich – die Gesellschafter mit ihrem Privatvermögen (§§ 128, 161 II HGB).[60]

Ein in eine bestehende OHG neu eintretender Gesellschafter haftet auch für die vor seinem Eintritt begründeten Verbindlichkeiten (§ 130 HGB). Scheidet ein OHG-Gesellschafter aus der Gesellschaft aus, so ist die Nachhaftung auf eine Frist von fünf Jahren nach Eintragung des Ausscheidens in das Handelsregister begrenzt

---

57 BGHZ 61, 338, 344.

58 MünchKomm/Ulmer, § 714 Rdn. 53 f.

59 BGHZ 45, 311, 312; anders die h. M. in der Literatur: vgl. MünchKomm/Reuter, § 31 Rdn. 10; Nach der **Akzessorietätstheorie** und der **Doppelverpflichtungstheorie** ist § 31 BGB analog anwendbar, mit der Folge, daß neben dem deliktsrechtlich verantwortlichen Gesellschafter auch die Gesellschaft mit dem Gesellschaftsvermögen haftet.

60 Entsprechendes gilt aufgrund der Verweisung des § 8 I PartGG auch für die Gesellschafter einer Partnerschaftsgesellschaft.

(§ 160 HGB). Entsprechendes gilt aufgrund der Verweisung des § 161 II HGB für den persönlich haftenden Gesellschafter einer KG (Komplementär).

Eine **Ausnahme** gilt jedoch für den **Kommanditisten der KG**, dessen persönliche Haftung summenmäßig auf den Betrag der übernommenen Einlage beschränkt ist (§ 171 I 1. Halbs. HGB). Soweit er die **Hafteinlage** geleistet hat, ist seine Haftung ausgeschlossen (§ 171 I 2. Halbs. HGB). Die durch Leistung der Einlage ausgeschlossene Haftung des Kommanditisten lebt aber wieder auf, wenn ihm seine Einlage zurückbezahlt wird (§ 172 IV 1 HGB).

Beispiel: Im Gesellschaftsvertrag der XY-Handels KG hat sich Kommanditist K verpflichtet, ein Jahr unentgeltlich die Buchführung zu übernehmen, wodurch das Unternehmen sonst anfallende jährliche Kosten in Höhe von 12.000,00 DM spart. Im Handelsregister wird K mit einer Haftsumme von 10.000,00 DM eingetragen. Fast zwei Jahre später wird K von G wegen einer Kaufpreisschuld der KG in Höhe von 10.000,00 DM in Anspruch genommen. Zu Recht?

Ein Anspruch des G gegen K aus § 433 II BGB i.V.m. §§ 124 I, 161 II, 171 I HS. 1 HGB ist ausgeschlossen, wenn K seine „Einlage" geleistet hat (§ 171 I HS. 2 HGB). Zwar hat K einen Geldbetrag in dieser Höhe nicht eingezahlt, die im Gesellschaftsvertrag übernommene Verpflichtung zur Erbringung von Dienstleistungen ist aber als **„Pflichteinlage"** ihrem objektiven Wert entsprechend auf die Haftsumme anzurechnen.[61] G kann daher Zahlung nur von der KG (§ 433 II BGB i.V.m. § 124 I HGB) und den Komplementären (§ 433 II BGB i.V.m. §§ 128, 161 II HGB) verlangen.

Riskant für den Kommanditisten ist lediglich die Zeit zwischen Geschäftsbeginn (bei Neugründungen) bzw. Eintritt in eine bestehende Gesellschaft und der Eintragung in das Handelsregister: Gemäß § 176 I HGB haftet der Kommanditist uneingeschränkt, wenn mit seiner Zustimmung der Geschäftsbeginn bereits vor Eintragung in das Handelsregister aufgenommen wurde, es sei denn, der Gläubiger hatte Kenntnis von der Kommanditistenstellung.

Entsprechendes gilt gemäß § 176 II HGB, wenn der Kommanditist in eine bestehende Gesellschaft eintritt, für diejenigen Verbindlichkeiten, die in der Zeit zwischen seinem Eintritt und der Eintragung seines Eintrittes im Handelsregister begründet worden sind.[62] Auf die Zustimmung des Kommanditisten zu den vorgenommen Rechtsgeschäften kommt es im Gegensatz zu § 176 I HGB nicht an, da bereits der Beitritt zu einer werbenden Personenhandelsgesellschaft seine Haftung legitimiert.[63]

Nach h. M. ist allerdings eine Haftung des eintretenden Kommanditisten aus § 176 I HGB wegen deliktsrechtlicher Ansprüche zu verneinen.[64] Sinn und Zweck des § 176 I HGB ist lediglich der Vertrauensschutz Dritter. Niemand aber vertraut im Falle einer unerlaubten Handlung auf das Vorhandensein weiterer Schuldner neben dem Schädiger. Eine unbeschränkte Haftung kommt daher nur für Verbind-

---

61 BGHZ 95, 188, 196.

62 Der Kommanditist vermeidet die Haftung gem. § 176 II HGB, indem er seinen Beitritt unter der aufschiebenden Bedingung (§ 158 I BGB) der Eintragung der Haftungsbeschränkung ins Handelsregister erklärt.

63 BGHZ 82, 209, 211 f.

64 BGH NJW 1982, 883.

lichkeiten aus Rechtsgeschäften und rechtsgeschäftsähnlichen Tatbeständen in Betracht.

Haftung der Gesellschafter in der OHG und KG

OHG-Gesellschafter oder Komplementär	**Kommanditist**	**Eintretender OHG-Gesellschafter oder Komplementär**
mit Privatvermögen	mit Privatvermögen, beschränkt auf Hafteinlage; keine Haftung, wenn die Hafteinlage vollständig erbracht und nicht zurückerstattet worden ist	mit Privatvermögen für Neu- und Altschulden
§§ 128,129 HGB (i.V.m. § 161 II HGB)	§§ 171, 172, 173 HGB	§ 130 HGB (i.V.m. § 161 II HGB)

Ausgeschiedener OHG-Gesellschafter und Komplementär	**Kommanditist bei Zustimmung zur Geschäftsaufnahme vor Eintragung der KG**	**Eintretender Kommanditist vor Eintragung der Haftungsbeschränkung**
mit Privatvermögen für Altschulden; Nachhaftungsfrist 5 Jahre	mit Privatvermögen für bis zur Eintragung in das HR begründeten rechtsgeschäftlichen oder rechtsgeschäftsähnlichen Verbindlichkeiten	mit Privatvermögen für die zwischen Eintritt und Eintragung in das HR begründete Verbindlichkeiten
§ 160 HGB (i.V.m. § 161 II HGB)	§ 176 I HGB	§ 176 II HGB

III. Kapitalgesellschaften

Die GmbH und die Aktiengesellschaft sind aus einer oder mehreren Personen bestehende Gesellschaften mit eigener Rechtspersönlichkeit, für deren Verbindlichkeiten den Gläubigern derselben grundsätzlich nur das **Gesellschaftsvermögen** haftet (§ 1 I 2 AktG, § 13 II GmbHG).

Der Gläubigerzugriff auf das Gesellschaftsvermögen wird durch die Regelung des § 31 BGB (**Organhaftung**) erweitert. Danach haftet der rechtsfähige Verein mit seinem Gesellschaftsvermögen, wenn ein verfassungsmäßig berufener Vertreter in Ausführung seiner Verrichtung einem Dritten schadensersatzpflichtig wird. § 31 BGB gilt für alle Kapitalgesellschaften und sonstige Körperschaften, aber auch für die Personenhandelsgesellschaften.[65]

[65] Vgl. RG 76, 48; BGH NJW 1952, 538.

Beispiel: Das Vorstandsmitglied X der Commerz-AG nimmt unter Ausnutzung seiner Stellung betrügerische Handlungen zum Nachteil des S vor. Wer haftet S für den entstandenen Schaden?

Neben X (§ 823 II BGB i.V.m. § 263 StGB) haftet auch die Commerz-AG mit ihrem Gesellschaftsvermögen für den von X verursachten Schaden (§§ 823 II, 31 BGB i.V.m. § 263 StGB).

Das Haftungsprivileg der Gesellschafter einer Kapitalgesellschaft wird jedoch in der Praxis vielfach faktisch durchbrochen, wenn die Gesellschafter sich einer persönlichen Haftung für Gesellschaftsschulden als Bürgen oder sonstige Sicherungsgeber unterwerfen, wie es beispielsweise regelmäßig bei der Inanspruchnahme von Bankkrediten erforderlich ist.

Eine persönliche Haftung der Gesellschafter kommt ferner in der Gründungsphase der Gesellschaft in Betracht, wenn die Gesellschafter bereits vor der Eintragung der Gesellschaft in das Handelsregister die Geschäftstätigkeit aufnehmen.[66] Die Gesellschafter haften ferner als Folge eines Verstoßes gegen die Grundsätze der Kapitalaufbringung (vgl. § 9a GmbHG) oder die Grundsätze der Kapitalerhaltung (vgl. §§ 30, 31 und §§ 32a, 32b GmbHG) sowie in den Fällen der sog. Durchgriffshaftung.[67]

H. Mitgliedschaft

Die Mitgliedschaft in einer Gesellschaft ist durch die Rechte und Pflichten der Gesellschafter gekennzeichnet.

I. Rechte der Gesellschafter

Die Rechte der Gesellschafter bestehen in erster Linie aus Vermögens- und Mitverwaltungsrechten.

1. Vermögensrechte

Erwerbsgesellschaften werden gegründet, um Gewinne zu erzielen. Die Gesellschafter haben dementsprechend einen Anspruch auf Gewinnbeteiligung (§ 722 BGB, § 121 HGB, § 58 IV AktG, § 29 GmbHG) sowie einen Anspruch auf den ihnen zustehenden Anteil am Liquidationserlös bei Beendigung der Gesellschaft (§ 734 BGB, § 155 HGB, § 271 AktG, § 72 GmbHG).

---

66 Zur Frage der Haftung der GmbH-Gesellschafter in der Gründungsphase siehe: Grunewald (FN 40), 2.E. 33 f.; Kübler (FN 1), § 24.

67 Beispiele aus Rspr. und Literatur sind insb. Fälle der **Vermögensvermischung**, die Haftung des Mehrheitsgesellschafters bei Mißbrauch seiner Leitungsmacht im Rahmen des **faktisch qualifizierten Konzerns** sowie der **Unterkapitalisierung** (sehr zweifelhaft); hierzu: Kübler (FN 1), § 23 I.

Bei der GbR besteht insoweit eine Besonderheit, als nach der gesetzlichen Regel die Verteilung des Gewinnes und Verlustes erst nach Auflösung der Gesellschaft erfolgt (§ 721 I BGB). Ist die Gesellschaft jedoch von längerer Dauer, so hat der Rechnungsabschluß im Zweifel am Schluß des Kalenderjahres zu erfolgen (§ 721 II BGB).

Auch bei der OHG und KG wird in Ermangelung weiterer gesellschaftsvertraglicher Regelungen am Schluß jedes Geschäftsjahres der Gewinn oder Verlust ermittelt. Auf Grundlage der Jahresbilanz wird für jeden Gesellschafter sein Kapitalanteil errechnet, der sich aus geleisteten Beiträgen zuzüglich Gewinnanteilen abzüglich Verlustanteilen und Entnahmen zusammensetzt (§ 120 II HGB). Die Verteilung von Gewinn und Verlust erfolgt in der Weise, daß jeder Gesellschafter zunächst vom Gewinn eine Vorzugsdividende in Höhe von 4 % seines Kapitalanteils erhält (§ 121 I HGB). Der verbleibende Gewinn sowie ein etwaiger Verlust werden, falls keine anderweitigen gesellschaftsvertraglichen Vereinbarungen bestehen, nach Köpfen verteilt (§ 121 III HGB).

Die Gewinnverteilung bei den Kapitalgesellschaften ist dagegen vom Grundsatz der Kapitalerhaltung geprägt. Hierzu gehört die zwingende Bilanzierungsregel, wonach auf der Passivseite der Bilanz das Stamm- bzw. Grundkapital aufzuführen ist (§ 266 III HGB). Hierdurch soll sichergestellt werden, daß das Vermögen der Gesellschafter als Gewinn nur dann ausgewiesen und verteilt werden kann, wenn die Aktiva die Verbindlichkeiten der Gesellschaft und das Grundkapital übersteigen.

2. *Mitverwaltungsrechte*

Ohne Rücksicht auf die Rechtsform stehen grundsätzlich allen Gesellschaftern ein Mitspracherecht (Stimmrecht) und Kontrollrechte (Einsichtnahme und Auskunftsrechte) zu. Zwischen Personen- und Kapitalgesellschaften besteht jedoch insbesondere im Hinblick auf die Geschäftsführung ein Unterschied. In Personengesellschaften obliegt den Gesellschaftern selbst die Geschäftsführung (Grundsatz der Selbstorganschaft), während die Mitglieder einer AG oder einer GmbH hierzu kein Recht aus ihrer Mitgliedschaft herleiten können (Grundsatz der Fremdorganschaft).

II. Pflichten der Gesellschafter

Korrespondierend zu den Rechten der Gesellschafter sind insbesondere folgende Pflichten der Gesellschafter von Bedeutung:

1. *Beitragpflicht*

Ungeachtet der jeweiligen Rechtsform unterliegen alle Gesellschafter grundsätzlich einer Beitragspflicht (§ 705 BGB, § 105 II HGB i.V.m. § 705 BGB, § 54

AktG, § 19 I GmbHG). Je nach Rechtsform und gesellschaftsvertraglicher Gestaltung kommen als Beiträge die Zahlung von Geldbeträgen, die Einbringung von Sachgegenständen, Rechten oder anderen Vermögenswerten sowie die Erbringung von Dienstleistungen für die Gesellschaft in Betracht.

Die Ansprüche der Gesellschaft auf Leistung der im Gesellschaftsvertrag versprochenen Beiträge oder auf Schadensersatz wegen einer Pflichtverletzung sind in erster Linie von den zur Geschäftsführung und Vertretung berufenen Gesellschaftern im Namen der Gesellschaft geltend zu machen. Die Ansprüche der Gesellschaft gegen den einzelnen Gesellschafter (sog. Sozialansprüche) sind aber zugleich Ansprüche der Gesellschafter untereinander (Individualansprüche), da sich die Gesellschafter zumindest auch gegenseitig zur Förderung eines gemeinsamen Zwecks verpflichtet haben (vgl. § 705 BGB). Es wird daher grundsätzlich jedem Gesellschafter die Befugnis zugesprochen, von jedem anderen Gesellschafter die Leistung an die Gesellschaft zu verlangen (sog. actio pro socio oder Gesellschafterklage).[68]

Zu beachten ist jedoch, daß die innere Zuständigkeitsordnung der Gesellschaft grundsätzlich Vorrang vor der Gesellschafterklage hat. Diese ist daher ausgeschlossen, wenn bereits ein zuständiges Organ (Geschäftsführer, Vorstand) den Anspruch verfolgt.[69]

2. *Treuepflicht*

Neben der Beitragspflicht ist auch die gegenüber den Mitgesellschaftern wie auch gegenüber der Gesellschaft bestehende Treuepflicht von großer praktischer Bedeutung. Die gesellschaftsrechtliche Treuepflicht gebietet es, alles zu tun, was den Gesellschaftszweck fördert und alles zu unterlassen, was dem Gesellschaftszweck schadet. Die Intensität der Treuepflicht hängt von der Struktur der jeweiligen Gesellschaft ab. Je personalistischer die Gesellschaft ausgestaltet ist, desto intensiver ist die Treuepflicht. Bei einer „kapitalistischen“, d.h. auf eine reine Geldbeteiligung ausgelegten Gesellschaft, ist die Treuepflicht dagegen entsprechend schwächer ausgeprägt.

Aus der allgemeinen Treuepflicht kann sich auch ohne das Vorliegen einer besonderen gesellschaftsvertraglichen Regelung ein Wettbewerbsverbot für die Gesellschafter ergeben.[70] Obwohl der einmal geschlossene Gesellschaftsvertrag grundsätzlich nur mit Zustimmung aller Gesellschafter geändert werden kann, gebietet in Ausnahmefällen die gesellschaftsvertragliche Treuepflicht, einer im

---

68 Ausnahmsweise kann die actio pro socio ausgeschlossen sein, wenn sich die Geltendmachung des Schadensersatzanspruches durch einen einzelnen Gesellschafter gerade unter Berücksichtigung der besonderen Verhältnisse in der Gesellschaft als rechtsmißbräuchliche Rechtsausübung darstellt (BGHZ 25, 47, 50).

69 Vgl. BGH WM 1982, 928; OLG Düsseldorf DB 1993, 2474.

70 Vgl. auch BGH NJW 1995, 2843, 2845 (Steuerberaterpraxis).

Interesse der Gesellschaft gebotenen Änderung des Gesellschaftsvertrages zuzustimmen.[71]

Der Gesellschafter haftet nach den allgemeinen Regeln des Vertragsrechtes auf Schadensersatz, wenn er eine der ihn betreffenden Pflichten verletzt. Nach § 708 BGB hat der Gesellschafter jedoch nur für diejenige Sorgfalt einzustehen, die er in eigenen Angelegenheiten anzuwenden pflegt.[72] Gemäß § 277 BGB haftet der Gesellschafter daher (im Innenverhältnis) nur bei Vorsatz oder grober Fahrlässigkeit.

Eine besondere Ausprägung der allgemeinen Treuepflicht bildet das gesetzliche Wettbewerbsverbot nach § 112 HGB. Danach ist es den Gesellschaftern der OHG untersagt, der Gesellschaft durch eigene Tätigkeit oder Beteiligung als persönlich haftender Gesellschafter an einem anderen Unternehmen Konkurrenz zu machen. Im Falle eines Verstoßes steht der Gesellschaft ein Schadensersatzanspruch nach § 113 I HGB zu. Da sich der Schadensnachweis häufig schwierig gestaltet, besteht auch ein „Eintrittsrecht". Die unter Verstoß gegen § 112 HGB geschlossenen Geschäfte gelten dann als für Rechnung der OHG eingegangen. Der Gesellschaft steht also ein Anspruch auf Herausgabe des erlangten Gewinnes bzw. der erhaltenen Vergütung zu.[73] Das gesetzliche Wettbewerbsverbot des § 112 HGB gilt durch die Verweisung des § 161 II HGB auch für den Komplementär einer KG, nicht jedoch für den Kommanditisten (§ 165 HGB).

I. Gesellschafterwechsel

Eine für die Gesellschafter zentrale Frage ist die Möglichkeit eines Gesellschafterwechsels. Auch hierbei zeigen sich grundlegende Unterschiede zwischen den Personengesellschaften und Körperschaften.

Bei der GbR geht das Gesetz davon aus, daß die Existenz der Gesellschaft von der unveränderten Zusammensetzung ihres Gesellschafterbestandes abhängig ist. Mangels anderweitiger gesellschaftsvertraglicher Regelung führt daher die Kündigung durch einen Gesellschafter oder dessen Tod zur Auflösung der Gesellschaft (§§ 723 I 1, 727 I BGB).

Die verbleibenden Gesellschafter können jedoch auch ohne besondere gesellschaftsvertragliche Regelung im Falle des Ausscheidens eines Gesellschafters beschließen, daß die Gesellschaft unter den verbleibenden Gesellschaftern fortgesetzt werden soll. In diesem Fall erfolgt eine „Anwachsung" des Anteils des Ausscheidenden an die übrigen Gesellschafter, die zu einer dem Wert des Anteils entsprechenden Abfindungszahlung an den ausscheidenden Gesellschafter verpflichtet sind (§ 738 I 2 BGB). Im Falle des Eintrittes eines Gesellschafters tritt entsprechend eine „Abwachsung" ein. Ein Gesellschafterwechsel kann bei ent-

---

[71] Vgl.: BGHZ 44, 40, 41 f.; 64, 253, 257 f.; 68, 81, 82; 98, 276, 279.

[72] § 708 BGB betrifft nur das Innenverhältnis, nicht den Haftungsmaßstab im Außenverhältnis.

[73] Die Vereinbarkeit von § 112 HGB und sonstigen Wettbewerbsverboten mit § 1 GWG ist allerdings problematisch: vgl. BGHZ 38, 306, 312.

sprechender gesellschaftsvertraglicher Regelung schließlich durch eine rechtsgeschäftliche (grundsätzlich formfreie) Anteilsübertragung vollzogen werden.[74]

Kündigung oder Tod des Gesellschafters führen dagegen bei den Personenhandelsgesellschaften (nunmehr) im Falle des Fehlens abweichender vertraglicher Bestimmung zum Ausscheiden des Gesellschafters (§ 131 III Nr. 1 und 3 HGB).

Die Existenz einer Körperschaft ist dagegen grundsätzlich unabhängig vom jeweiligen Mitgliederbestand. Bei den Kapitalgesellschaften ist der Geschäftsanteil grundsätzlich frei veräußerlich und vererblich (vgl. § 15 I GmbHG), wobei die Abtretung von GmbH-Geschäftsanteilen der notariellen Beurkundung bedarf (§ 15 III GmbHG).[75] In der Praxis wird jedoch bei personalistisch strukturierten Kapitalgesellschaften vielfach ein gesellschaftsvertraglicher Zustimmungsvorbehalt der Gesellschaft vereinbart (sog. Vinkulierung: § 15 V GmbHG, § 68 II AktG).

J. Beendigung der Gesellschaft

Die Beendigung der Gesellschaft erfolgt in mehreren Schritten, die mit der „Auflösung" der Gesellschaft beginnt, des weiteren eine Auseinandersetzung (Liquidation, Abwicklung) erfordert und mit dem Untergang der Gesellschaft (Vollbeendigung) endet.

I. Die Auflösung

Für die jeweilige Rechtsform sieht das Gesetz Auflösungsgründe vor. Ein solches auflösendes Ereignis führt dazu, daß der bisherige gemeinsame Zweck entfällt. Neuer gemeinsamer Zweck ist die (Voll-)beendigung der Gesellschaft.

Bei den Personengesellschaften findet sich eine Aufzählung der Auflösungsgründe in den §§ 723–728 BGB (z. B.: Kündigung, Tod oder Insolvenz eines Gesellschafters) und in den §§ 131 ff. HGB (z. B.: Zeitablauf, Beschluß der Gesellschafter, gerichtliche Entscheidung). Der Gesellschaftsvertrag kann einerseits weitere Auflösungsgründe bestimmen oder aber die Fortführung der Gesellschaft trotz Eintrittes eines gesetzlichen Auflösungsgrundes vorsehen.[76]

Für die Kapitalgesellschaften sind die Auflösungsgründe für die GmbH in § 60 GmbHG (dispositiv) und für die AG in §§ 262, 396 AktG (zwingend und erschöpfend) geregelt. Zu den Auflösungsgründen gehören insbesondere der mit ¾-Mehr-

---

[74] Die ***dispositive*** Regelung des § 717 BGB (Nichtübertragbarkeit der Gesellschafterstellung) soll die Gesellschafter nur davor schützen, daß sie gegen ihren Willen mit einer fremden Person eine Gesellschaft eingehen müssen.

[75] Gleiches gilt für das der Abtretung zugrunde liegende Verpflichtungsgeschäft, § 15 IV GmbHG.

[76] In der GbR wird regelmäßig vereinbart, daß die Kündigung durch einen Gesellschafter oder Gesellschaftsgläubiger, der Tod sowie die Insolvenz eines Gesellschafters zum Ausscheiden des betreffenden Gesellschafters, nicht aber zur Auflösung der Gesellschaft führen.

heit zu fassende Auflösungsbeschluß, die Eröffnung des Insolvenzverfahrens über das Vermögen der Gesellschaft oder der rechtskräftige Beschluß über die Ablehnung des Insolvenzverfahrens mangels Masse.

II. Auseinandersetzung

Mit dem Eintritt eines Auflösungsgrundes verwandelt sich die vormals werbende Gesellschaft in eine Liquidationsgesellschaft mit dem Firmenzusatz „in Liquidation" bzw. „i.L." (vgl. § 153 HGB; §§ 264 II, 268 IV 1 AktG). Im Rahmen der Liquidation sind (zumindest) die Gesellschaftsschulden auszugleichen und das verbleibende Gesellschaftsvermögen unter den Gesellschaftern aufzuteilen.

III. (Voll-)beendigung

Mit Abschluß der Liquidation ist die Gesellschaft vollbeendigt, da weder Forderungen, noch Verbindlichkeiten der Gesellschaft, noch ein Gesellschaftsvermögen mehr existieren.

Vertiefungsliteratur

Eisenhardt, Ulrich: Gesellschaftsrecht (8. Aufl. 1999)
Grunewald, Barbara: Gesellschaftsrecht (3. Aufl. 1999)
Hüffer, Uwe: Gesellschaftsrecht (5. Aufl. 1998)
Klunzinger, Eugen: Grundzüge des Gesellschaftsrechts (11. Aufl. 1999)
Kübler, Friedrich: Gesellschaftsrecht (5. Aufl. 1998)
Timm, Wolfram: Handels- und Wirtschaftsrecht Band I (2. Aufl. 1999)
Schmidt, Karsten: Gesellschaftsrecht (3. Aufl. 1997)

Volker Boehme-Neßler

Wirtschaft ohne Grenzen? – Europäisches Gesellschaftsrecht

A. Einheitliches Gesellschaftsrecht im Binnenmarkt

In allen Mitgliedstaaten der EG beruht das Gesellschaftsrecht auf einem ähnlichem Grundkonzept[1]: Die Idee des Gesellschaftsrechtes ist es, einen Teil des Privatvermögens zu verselbständigen, so daß es Kooperationsmöglichkeiten mit den Vermögensmassen anderer Personen gibt. Ergänzt wird diese Idee durch den Gedanken der Verselbständigung von Haftungsmassen: In bestimmten, vom Gesellschaftsrecht näher festgelegten Fällen haftet nicht mehr die Privatperson, sondern nur noch die Vermögensmasse. Das hat praktisch eine Haftungsbeschränkung zur Folge.[2] Diese rechtliche Trennung von Privatperson einerseits und der Vermögens- und Haftungsmasse andererseits hat den beabsichtigten Effekt gehabt: Sie hat die wirtschaftlichen Handlungsmöglichkeiten enorm erweitert und damit einen erheblichen Beitrag zur wirtschaftlichen Dynamik geleistet.

Auch wenn alle nationalen Gesellschaftsrechtsordnungen auf diesem Grundgedanken beruhen,[3] sind die Unterschiede zwischen den einzelnen Rechtsordnungen im Detail ganz erheblich.[4] Diese Unterschiede haben keine Auswirkungen auf den innerstaatlichen Handel. Sie wirken sich aber immer störender auf den grenzüberschreitenden, europaweiten Handel aus.[5] Unterschiedliche Systeme des Gesellschaftsrechts stehen deshalb immer stärker im Widerspruch zu einem wichtigen Ziel der Europäischen Gemeinschaft: Der Schaffung eines gemeinsamen Binnenmarktes (Art. 2, Art. 14 EG-Vertrag).[6]

Die grenzüberschreitenden Tätigkeiten der Gesellschaften werden in vielfältiger Weise behindert:[7] Sitzverlegung und Fusionen über die Grenzen hinaus erfordern möglicherweise eine Gesellschaftsneugründung, bei Kooperationen müssen die

---

1 Dazu Schwintowski, JA 1993, 97.

2 Dazu Schwintowski, JA 1993, 97.

3 Dazu Nicolaysen, Europarecht II, 1996, S. 197 m.w.N.

4 So ausdrücklich Donath, JA, 1993, 289. Ausführlich zu den Unterschieden im Detail Blaurock, ZeuP 1998, 460, 476 ff.

5 Ähnlich Basedow, FS Mestmäcker, 1997, S. 351 f.

6 Dazu Oppermann, Europarecht, 2. Auflage 1999, S. 507 ff. m.w.N.

7 Timmermans, RabelsZ 48 (1984), 1, 15.

Partner nicht nur ein, sondern mehrere nationale Gesellschaftsrechte beachten, der Schutz der Aktionäre, Arbeitnehmer und Gläubiger einer Gesellschaft ist in Europa nicht einheitlich, sondern kann von Mitgliedstaat zu Mitgliedstaat stark differieren. Die beteiligten schutzbedürftigen Personen können deshalb bei grenzüberschreitenden Aktivitäten ihr Risiko nur schwer überblicken.

Ein zentrales Problem dabei ist die Sitztheorie, die in den meisten europäischen Staaten gilt[8]: Auf eine Gesellschaft ist das Recht desjenigen Mitgliedstaaten anzuwenden, in dem die Gesellschaft ihren Sitz hat.[9] Dieses Dogma hat eine fatale Konsequenz: Wenn ein Unternehmen seinen Firmensitz in das Ausland verlegen will, muß die Gesellschaft im Inland aufgelöst und im Ausland neu gegründet werden.[10] Die Grenzüberschreitung in Europa ist für Unternehmen deshalb mit großem Aufwand und erheblichen Kosten verbunden.[11] Eine unter wirtschaftlichen Gesichtspunkten vernünftige Identitäts- und Statutswahrung ist in der Regel nicht möglich. Dieses Problem ist faktisch eines der größten Hindernisse für Gesellschaften, von ihrem freien Niederlassungsrecht gemäß Art. 43 EG-Vertrag Gebrauch zu machen.

In seiner viel kritisierten Daily-Mail-Entscheidung[12] hat der EuGH 1988 die Ansicht vertreten, die Sitztheorie verstoße nicht gegen die Niederlassungsfreiheit gemäß Art. 43, 48 EG-Vertrag. Wenn nicht alles täuscht, ist der EuGH in jüngster Zeit dabei, von dieser Rechtsprechung wieder abzurücken.[13]Das könnte dazu führen, daß der EuGH sich der Ansicht anschließt, daß die Sitztheorie gegen europäisches Gemeinschaftsrecht verstößt. Eine Gesellschaft könnte dann ihren Sitz in einen anderen Mitgliedstaat verlegen und dabei ihre bisherige Verfassung beibehalten. Alle nationalen Regeln, die dem entgegen stünden, wären europarechtswidrig und damit nichtig.

Die Abkehr von der Sitztheorie würde die Ausübung der Niederlassungsfreiheit für Unternehmen erheblich erleichtern. Ein anderes Problem würde sich aber erheblich verschärfen.[14] Das nationale Gesellschaftsrecht wird immer stärker zu einem Faktor der Standortwahl.[15] Die Unternehmen verlegen ihren Sitz in denjenigen Staat, der ihnen das liberalste Gesellschaftsrecht anbietet.[16] Das führt zu einer

---

8 Zum Geltungsbereich Merkt, RabelsZ 59 (1995), 545, 560.

9 Dazu: Merkt, RabelsZ 59 (1995), 545, 560 ff.; Freitag, EuZW 1999, 267, 268 m.w.N.

10 Habersack, Europäisches Gesellschaftsrecht, 1999, Rd. 13.

11 Instruktiv dazu EuGHE 1988, 5483 – Daily Mail. Merkt, RabelsZ 59 (1995), 545, 561 spricht davon, daß die Kosten einer Sitzverlegung nicht selten eine „prohibitive Höhe" erreichen können.

12 EuGHE 1988, 5483, 5510 f. Kritisch Schön ZHR 160 (1996), 221, 245 m.w.N.

13 Das scheint die „Centros-Entscheidung" des EuGH, EWS 1999, 140 ff., anzukündigen. Dazu Freitag, EuZW 1999, 267 ff.; Geyrhalter, EWS 1999, 201 ff.; Kandler, NJW 1999, 1993 ff.; Werlauff, ZIP 1999, 867 ff.

14 Auf diese weitreichende Konsequenz einer Abkehr von der Sitztheorie weist Merkt, RabelsZ 59 (1995), 545, 567 hin.

15 Blaurock, ZeuP 1998, 460, 462.

16 Das ist der sogenannte Delaware-Effekt. Dazu ausführlich Merkt, RabelsZ 59 (1995), 545, 549 ff. m.w.N. Ein Beispiel dafür bietet der Sachverhalt der „Centros-Entscheidung" des EuGH, EWS 1999, 140 ff.

ruinösen Konkurrenz – „race to the bottom“[17] – der Mitgliedstaaten um die Ansiedlung von Unternehmen zu Lasten eines funktionierenden Gläubiger- und Gesellschafterschutzes.[18]

Mit der Errichtung eines einheitlichen Binnenmarktes ist das kaum zu vereinbaren. Denn der Binnenmarkt hat das Ziel, einen möglichst unverzerrten Wettbewerb nach ökonomischen Rentabilitätsgesichtspunkten zu gewährleisten.[19] Das setzt aber einheitliche rechtliche Rahmenbedingungen in den Mitgliedstaaten voraus.[20] Die Gemeinschaft hat dieses Problem von Anfang an gesehen. Es ist deshalb nur folgerichtig, daß sie eine ganze Reihe von rechtlichen Maßnahmen ergriffen hat, um die nationalen Gesellschaftsrechte aneinander anzugleichen und ein europäisches Gesellschaftsrecht zu schaffen.[21]

B. Verfassungsrechtliche Grundlagen: Das primäre europäische Gesellschaftsrecht

Die grundlegenden Normen für das europäische Gesellschaftsrecht finden sich im EG-Vertrag, dem europäischen „Verfassungsrecht“. In Art. 2 EG-Vertrag wird der europäische Binnenmarkt ausdrücklich zu einem wichtigen Ziel der Gemeinschaft gemacht: Der Gemeinschaft wird aufgegeben, einen – wie es in Art. 14 Abs. 2 EG-Vertrag heißt – „Raum ohne Binnengrenzen, in dem der freie Verkehr von Waren, Personen, Dienstleistungen und Kapital gemäß den Bestimmungen dieses Vertrages gewährleistet ist,“ zu schaffen. Das wird in Art. 3 Abs. 1 lit.c, lit. h EG-Vertrag konkretisiert. Dort wird die Gemeinschaft beauftragt,

- alle Hindernisse für den freien Waren-, Personen-, Dienstleistungs- und Kapitalverkehr zwischen den Mitgliedstaaten zu beseitigen und
- eine Angleichung der innerstaatlichen Rechtsvorschriften vorzunehmen, soweit dies für das Funktionieren des gemeinsamen Marktes erforderlich ist.

Dieser allgemeine Rechtsetzungs- und Politikauftrag bezieht sich nicht zuletzt auf das Gesellschaftsrecht.[22]

Die entscheidende Rechtsgrundlage für Maßnahmen auf dem Gebiet des Gesellschaftsrechts ist Art. 44 Abs. 2 lit. g EG-Vertrag.[23]

Die Niederlassungsfreiheit betrifft nämlich nicht nur Privatpersonen, sondern – das regelt Art. 48 EG-Vertrag ausdrücklich – auch Gesellschaften. Um die Aus-

---

17 So die bildliche Charakterisierung von Cary, Yale Law Journal 83 (1974), 663, 705.

18 Ein eindrucksvolles Beispiel aus dem Gesellschaftsrecht von Delaware nennt Merkt, RabelsZ 59 (1995), 545, 552. Dazu auch Koenig/Braun/Capito, EWS 1999, 401, 403 m.w.N.

19 Dazu: Oppermann, Europarecht, 2. Auflage 1999, S. 351 f. m.w.N.; Schön ZHR 160 (1996), 221, 232.

20 Behrens, in: Dauses, Handbuch des EU-Wirtschaftsrechts, Stand: 1997, E. III, S. 3.

21 Ausführlich zu den Zielen der Rechtsangleichung im Gesellschaftsrecht Timmermans, RabelsZ 48 (1984), 1, 12 ff.

22 Behrens, EuZW 1990, 13.

23 Dazu Schön ZHR 160 (1996), 221, 223 ff. m.w.N.

übung der Niederlassungsfreiheit in der Praxis zu ermöglichen, ist es notwendig, die Unterschiede in den nationalen Gesellschaftsrechten, die eine grenzüberschreitende Tätigkeit behindern, zu minimieren.[24] Deshalb gibt Art. 44 Abs. 2 lit. g EG-Vertrag der Gemeinschaft auf, „soweit erforderlich die Schutzbestimmungen zu koordinieren, die in den Mitgliedstaaten der Gesellschaften ... im Interesse der Gesellschafter sowie Dritter vorgeschrieben sind, um diese Bestimmungen gleichwertig zu gestalten."[25]

Das Gesellschaftsrecht stellt aber einen wichtigen Kernbereich der nationalen Wirtschaftsrechtsordnungen dar. Wenn das europäische Gemeinschaftsrecht sich mit dem Gesellschaftsrecht befaßt, greift es also an zentraler Stelle in den Souveränitätsbereich der Mitgliedstaaten ein. Diesen Eingriff in ihre nationalstaatliche Souveränität wollten die Mitgliedstaaten begrenzen, als sie sich zur Europäischen Gemeinschaft zusammengeschlossen haben. Sie haben deshalb in Art. 44 Abs. 2g das Kriterium der „Erforderlichkeit" zur Voraussetzung für die Tätigkeit der Gemeinschaft im Gesellschaftsrecht gemacht. Die Gemeinschaft darf also nicht schon dann tätig werden, wenn sie es für wünschenswert hält. Sie darf europäisches Recht nur dann setzen, wenn es erforderlich ist, um die Niederlassungsfreiheit für Gesellschaften zu ermöglichen oder zu verbessern.[26] Dieses Erforderlichkeitskriterium ist eine Konkretisierung des Subsidiaritätsprinzips in Art. 5 Abs. 2 EG-Vertrag[27], das für die gesamte Tätigkeit der Gemeinschaft gilt.

Das europäische Verfassungsrecht stellt der Gemeinschaft drei Instrumente zur Verfügung, mit denen sie ihre Aufgabe, ein europäisches Gesellschaftsrecht zu schaffen, erfüllen kann:

Instrumente zur Schaffung eines Europäischen Gesellschaftsrechts
- Richtlinien im Sinne von Art. 249 Abs. 3 EG-Vertrag
- Verordnungen gemäß Art. 249 Abs. 2 EG-Vertrag
- Multilaterale Verträge gemäß Art. 293 EG-Vertrag.

Der Schwerpunkt der europäischen Tätigkeit liegt bei den Richtlinien: Fast alle verabschiedeten Rechtsakte zur Harmonisierung des Gesellschaftsrechts in Europa sind Richtlinien. Lediglich die Europäische Wirtschaftliche Interessenvereinigung (EWIV) ist durch eine Verordnung geschaffen worden, auch die geplante Europäische Aktiengesellschaft soll auf einer europäischen Verordnung basieren.[28]

---

24 Groeben/Thiesing/Ehlermann – Troberg, EUV/EGV, 5. Auflage 1997, Art. 54 Rd. 28.

25 Über den reinen Wortlaut der Norm hinaus geht der EuGH davon aus, daß Art. 44 Abs. 2 lit. g EGV der Gemeinschaft eine umfassende Rechtsangleichungskompetenz im Gesellschaftsrecht gibt: EuGHE 1997 I, 6858, 6864 f. – Daihatsu. Zur Multifunktionalität von Art. 54 III g EGV, dem heutigen Art. 44 II EGV Schön ZHR 160 (1996), 221, 224 ff. m.w.N.

26 Behrens, in: Dauses, Handbuch des EU-Wirtschaftsrechts, Stand: 1997, E. III, S. 3.

27 Ausführlich dazu Oppermann, Europarecht, 2. Auflage 1999, S. 199 f. m.w.N.

28 Die Verordnungen kann die Gemeinschaft nicht auf Art. 44 Abs. 2 lit. g EGV stützen, der nur Richtlinien vorsieht. Ermächtigungsgrundlage für Verordnungen kann aber Art. 95 EGV sein.

1968 haben die Mitgliedstaaten ein „Übereinkommen über die gegenseitige Anerkennung von Gesellschaften und juristischen Personen" gemäß Art. 293 EG-Vertrag abgeschlossen.[29] Weil aber die Niederlande dieses Übereinkommen nie ratifiziert haben, ist der Vertrag nicht in Kraft getreten.

C. Zwei Wege zum Binnenmarkt für Gesellschaften

Die Gemeinschaft schlägt grundsätzlich zwei Wege ein, um die Hindernisse für die wirtschaftliche Betätigung von Gesellschaften im europäischen Binnenmarkt zu beseitigen: Sie harmonisiert – also: europäisiert – die nationalen Gesellschaftsrechtsysteme, und sie schafft daneben ein eigenständiges, supranationales europäisches Gesellschaftsrecht.

In der Regel beschränkt sich die Gemeinschaft auf eine Europäisierung der nationalen Gesellschaftsrechte: Die nationalen Rechtsordnungen bleiben im Grundsatz erhalten, durch Richtlinien wird den Mitgliedstaaten aber aufgegeben, eine gewisse Rechtsangleichung durchzuführen. Die Rechtsangleichung ist die klassische Methode, die Art. 44 Abs. 2 lit. g EG-Vertrag vorsieht, um die Hindernisse durch eine Harmonisierung der unterschiedlichen nationalen Rechtsordnungen zu beseitigen.[30] Die Methode der Europäisierung hat einen großen Vorteil: Sie greift nur sehr schonend in die unterschiedlichen, jahrzehntelangen gewachsenen Strukturen der nationalen Gesellschaftsrechtsordnungen ein. Dadurch erreicht sie zwar ihr Ziel, Hindernisse für die grenzüberschreitende Tätigkeit von Gesellschaften abzubauen. Weil der Eingriff aber „schonend" ist, wird die Gefahr vermieden, die gewachsenen und ausdifferenzierten Systeme des nationalen Gesellschaftsrechts durch grobe, möglicherweise unangemessene und undurchdachte Eingriffe aus dem Gleichgewicht zu bringen.

Der Ehrgeiz der Gemeinschaft reicht aber weiter: Sie will auch eigenständige europäische Rechtsformen für grenzüberschreitende, europaweite Aktivitäten von Gesellschaften zu schaffen. Die Gemeinschaft hat dabei vor allem ein Motiv: Die Rechtsangleichung durch Richtlinien beseitigt lediglich die wichtigsten Hindernisse im grenzüberschreitenden Handelsverkehr. Weil sie aber grundsätzlich die nationalen Gesellschaftsrechtsordnungen unangetastet läßt, bleibt die große Anzahl der unterschiedlichen Gesellschaftsformen, die in Europa möglich sind, unverändert erhalten. Damit ist ein ökonomisches Problem verbunden: Die Formenvielfalt im Gesellschaftsrecht erhöht die Transaktionskosten bei der grenzüberschreitenden Tätigkeit von Gesellschaften ganz erheblich.[31]

Dieses ökonomische Hindernis für die europaweiten Aktivitäten von Gesellschaften will die Gemeinschaft beseitigen, indem sie eine überschaubare Anzahl

29 Das Abkommen ist abgedruckt im BGBl. 1972 II, S. 370.

30 Zur Richtlinie im Gesellschaftsrecht Habersack, Europäisches Gesellschaftsrecht, 1999, Rd. 29 ff.

31 Schwintowski, JA 1993, 97, 104.

von europäischen Gesellschaftsformen für grenzüberschreitende wirtschaftliche Aktivitäten zur Verfügung stellt.

Das geht allerdings nicht durch Richtlinien, die die nationalen Gesellschaftsrechte lediglich vorsichtig europäisieren. Das dafür notwendige Instrument ist die EG-Verordnung gemäß Art. 249 Abs. 2 EG-Vertrag. Denn sie gilt unmittelbar und zwingend in allen Mitgliedstaaten, ohne daß dazu noch ein Tätigwerden einer nationalen Institution notwendig wäre.[32] Das supranationale, europäische Gesellschaftsrecht beruht dementsprechend auch auf Verordnungen oder Vorschlägen für Verordnungen.

Bisher hat die Gemeinschaft eine supranationale, typisch europäische Gesellschaftsform geschaffen: die Europäische Wirtschaftliche Interessenvereinigung (EWIV). Zur Zeit liegen aber noch Kommissionsvorschläge über weitere europäische Gesellschaftstypen auf dem Tisch: Es geht dabei um die Europäische Aktiengesellschaft, die Europäische Genossenschaft, die Europäische Gegenseitigkeitsgesellschaft und den Europäischen Verein.

I. Die Europäisierung des Gesellschaftsrechts durch EG-Richtlinien

1. Allgemeines

Die Gemeinschaft hat ein umfangreiches Rechtsangleichungsprogramm im Bereich des Gesellschaftsrechts durchgeführt. Elf Richtlinien sind bereits erlassen worden, vier Richtlinienvorschläge der Kommission werden im Augenblick im Rat diskutiert.[33] Diese Richtlinien sind von den nationalen Gesetzgebern zum großen Teil, wenn auch noch nicht alle vollständig, in nationales Gesellschaftsrecht überführt worden.[34]

Inhaltlich konzentriert sich die Gemeinschaft auf drei Kernbereiche des Gesellschaftsrechts:

- die Publizität zum Schutz der Aktionäre und Geschäftspartner[35]
- die Organisationsstruktur von Gesellschaften
- die Änderung von Gesellschaften durch Fusion, Spaltung, Verschmelzung und Übernahme.

Dabei ist die Intensität, mit der die Richtlinien Inhalte des nationalen Gesellschaftsrechts verändern, durchaus unterschiedlich. Von erheblicher Bedeutung ist die Bilanzrichtlinie[36], die umfangreiche gesetzgeberische Aktivitäten in Deutsch-

32 Oppermann, Europarecht, 2. Auflage 1999, S. 207.

33 Siehe dazu den Überblick bei Behrens, in: Dauses, Handbuch des EU-Wirtschaftsrechts, Stand: 1997, E. III, S. 10 ff.

34 Siehe dazu den Überblick bei Lenz – van Hulle, EG-Handbuch, Recht im Binnenmarkt, 2. Aufl. 1994, S. 551 ff.

35 Zur Schutzfunktion von Publizitätsvorschriften Timmermans, RabelsZ 48 (1984), 1, 21.

36 4. Gesellschaftrechtliche Richtlinie vom 25.7.1978, ABl. EG Nr. L 222/11.

land ausgelöst hat.[37] Weniger Auswirkungen auf das deutsche Recht hatte dagegen die Spaltungsrichtlinie.[38]

Insgesamt ist die Bedeutung der Europäisierung des Gesellschaftsrechts nicht zu unterschätzen: Wie in anderen Rechtsgebieten auch, gehen immer mehr Rechtsetzungskompetenzen vom nationalen Gesetzgeber auf die europäischen Rechtsetzungsorgane über. Wirtschaftsrecht – also auch Gesellschaftsrecht – wird zunehmend nicht mehr im nationalen Parlament, sondern in „Europa" gemacht.[39]

2. Die einzelnen Richtlinien

a) Die Publizitätsrichtlinie[40]

Die Vorschriften über die handelsrechtliche Publizität einer Gesellschaft sind in den Mitgliedstaaten sehr unterschiedlich geregelt. Weil dadurch die Risiken der Gesellschafter und Gläubiger einer Gesellschaft beim grenzüberschreitenden Handeln häufig nur schwer kalkulierbar sind, hat die Gemeinschaft diese Unterschiede als problematisches Hindernis für den Binnenmarkt angesehen. Es ist deshalb kein Zufall, daß die erste gesellschaftsrechtliche Richtlinie sich mit der Harmonisierung der Publizitätsvorschriften in den Mitgliedstaaten beschäftigt.

Die Publizitätsrichtlinie[41] betrifft in Deutschland die Aktiengesellschaften, Kommanditgesellschaften auf Aktien und GmbHs. Sie regelt die Offenlegung bestimmter gesellschaftsrechtlicher Verhältnisse, die Bedingungen für die Vertretung einer Gesellschaft nach außen durch Gesellschaftsorgane und die Gründe für die Nichtigkeit von Gesellschaften. Damit hat die Richtlinie ein eindeutiges Ziel: Sie will dadurch ein einheitliches Schutzniveau für Dritte schaffen, die mit der Gesellschaft zu tun haben.

Publizitätsrichtlinie:
Der Schutz Dritter durch
- Publizität
- eindeutige Vertretungsverhältnisse
- eingeschränkte Nichtigkeitsgründe

37 Die Richtlinie wurde durch das Bilanzrichtliniengesetz, BGBl. 1985 I, 2355 ff., in deutsches Recht umgesetzt. Umfassend dazu Hennrichs ZGR 1997, 66 ff.

38 6. Gesellschaftrechtliche Richtlinie vom 17.12.1982, ABl. der EG Nr. L 378/47. Zu den Auswirkungen auf das deutsche Recht Donath, JA 1993, 289, 293 m.w.N.

39 Schätzungen gehen davon aus, daß inzwischen 80 % des deutschen Wirtschaftsrechts inhaltlich von der EG vorgegeben sind: BVerfGE 89, 155, 172

40 Ausführlich dazu Habersack, Europäisches Gesellschaftsrecht, 1999, Rn. 77 ff. m.w.N.

41 Richtlinie 68/151/EWG, ABl. EG Nr. L 65/8.

b) Die Kapitalrichtlinie

Das Gesellschaftskapital ist die wichtigste Sicherheit sowohl für die Aktionäre als auch für die Gläubiger einer Gesellschaft. Es ist deshalb folgerichtig, daß sich die zweite gesellschaftsrechtliche Richtlinie der Europäischen Gemeinschaft mit dem Schutz des Gesellschaftskapitals beschäftigt. Die Kapitalrichtlinie[42] führt europaweit den Grundsatz des festen Kapitals ein:[43]Der Mindestbetrag des gezeichneten Kapitals einer Gesellschaft darf nicht weniger als 25.000 ECU betragen. Dem Schutz der Gläubiger und der Aktionäre dienen Vorschriften über die Erhaltung des Kapitals: Die Richtlinie regelt den verteilungsfähigen Gewinn, das Verfahren der Kapitalerhöhung[44] und das grundsätzliche Verbot, eigene Aktien der Gesellschaft zu erwerben.[45]

Die Kapitalschutzrichtlinie beschränkt ihre Geltung allerdings nur auf Aktiengesellschaften. Das ist problematisch: Weil es keine europäischen Regelungen zum Mindestkapital gibt, ist für eine GmbH in einigen Mitgliedstaaten – beispielsweise in Großbritannien – kein Mindestkapital vorgeschrieben. In der Praxis führt das dazu, daß deswegen verstärkt GmbHs in Großbritannien gegründet werden.[46] Mit dem Ziel eines gemeinsamen Binnenmarktes in Europa ist das nicht zu vereinbaren.

c) Die Fusionsrichtlinie

Die Fusionsrichtlinie[47] stellt sicher, daß die Fusion oder Verschmelzung von Aktiengesellschaften in allen Mitgliedstaaten überhaupt möglich ist. Das hat eine besondere Bedeutung für diejenigen Mitgliedstaaten, die dieses Rechtsinstitut bisher nicht kannten.

Eine Fusion von Gesellschaften birgt Risiken für Aktionäre und Gläubiger. Diese Gefahren will die Richtlinie mindern. Sie stellt deshalb bestimmte Anforderungen an die Publizität der Fusion. Gleichzeitig schreibt sie einen angemessenen Schutz der Gläubiger vor.[48] Schließlich führt die Richtlinie bestimmte schwerwiegende Mängel auf, die zur Nichtigkeit der Fusion führen. Das dient der Rechtssicherheit und damit dem Schutz der Aktionäre und der Gläubiger.

Obwohl die Richtlinie an sich nur Aktiengesellschaften betrifft, haben einige Mitgliedstaaten – beispielsweise die Niederlande – die Vorschriften dieser Richtli-

---

42 Richtlinie 77/91/EWG vom 13.12.1976, ABl. EG 1977 Nr. L 26/1.

43 So treffend Habersack, Europäisches Gesellschaftsrecht, 1999, Rd. 137.

44 Instruktiv dazu EuGHE 1992 I, 2111 – EPAS.

45 Wichtig ist auch: Die Kapitalschutzrichtlinie normiert in Art. 42 ausdrücklich den Grundsatz der kapitalmäßigen Gleichbehandlung aller Aktionäre, die sich in gleichen Verhältnissen befinden. Damit wird eine Stärkung der Aktionäre bezweckt. Ausführlich dazu Habersack, Europäisches Gesellschaftsrecht, 1999, Rn. 164 ff.

46 Lenz – van Hulle, EG-Handbuch Recht im Binnenmarkt, 2. Aufl. 1994, S. 490.

47 Richtlinie 78/855/EWG, ABl. EG 1978 Nr. L 295/36.

48 Dazu Habersack, Europäisches Gesellschaftsrecht, 1999, Rd. 231 m.w.N.

nie auch auf Fusionen ausgedehnt, bei denen eine oder mehrere GmbHs betroffen sind.[49]

Die Richtlinie beschäftigt sich nur mit der nationalen Fusion. Um auch internationale, europaweite Fusionen einheitlichen Regeln zu unterwerfen, hat die Gemeinschaft inzwischen einen Vorschlag für eine internationale Fusionsrichtlinie vorgelegt.[50] Diese Richtlinie ist bisher allerdings nicht in Kraft getreten.

d) Bilanzrechtliche Richtlinien

Die Gemeinschaft hat eine Reihe von Richtlinien erlassen, mit denen die Regeln für den Jahresabschluß von Gesellschaften europäisiert werden.[51]Ihr Ziel ist es, einen gemeinschaftsweiten gleichwertigen und verläßlichen Standard für Informationen über Unternehmen zu etablieren. Denn die Bilanz ist eine wichtige Informationsquelle für potentielle Geschäftspartner einer Gesellschaft: Sie soll ihnen einen umfassenden Überblick über die Vermögens-, Finanz- und Ertragslage des Unternehmens verschaffen.

Von besonderer Bedeutung ist die Bilanzrichtlinie[52], die den Jahresabschluß aller Kapitalgesellschaften auf eine einheitliche Basis stellt.

EG-Bilanzrichtlinie
- einheitliche Gliederungsschemata
- Mindestinhalt für Anhang und Lagebericht
- einheitliche Bewertungsregeln
- einheitliche Prüfungsregeln
- einheitliche Offenlegung des Jahresabschlusses

Die EG-Bilanzrichtlinie schreibt für die Aufstellung der Bilanz und der Gewinn- und Verlustrechnung einheitliche Gliederungsschemata vor. Gleichzeitig legt sie den Mindestinhalt des Anhangs der Bilanz sowie des Lageberichts fest. Die Bewertungsregeln werden definiert, auch die Prüfungs- und Offenlegungsvorschriften für den Jahresabschluß werden harmonisiert.

Die Bestimmungen der Richtlinien gelten uneingeschränkt nur für große Gesellschaften. Um auf die speziellen Interessen und Bedürfnisse von kleineren und mittleren Unterlagen (KMU) Rücksicht zu nehmen, sieht die Richtlinie Erleichterungen für den Umfang, die Prüfung und die Publizität des Jahresabschlusses vor. Weitere Modifikationen für KMU sind durch die Mittelstandsrichtlinie[53] vorge-

---

49 Lenz – van Hulle, EG-Handbuch Recht im Binnenmarkt, 2. Aufl. 1994, S. 491.

50 Richtlinienvorschlag vom 14.1.1985, ABl. EG 1985, Nr. C 23/11.

51 Ausführlich zur Harmonisierung des Bilanzrechts Niessen, RabelsZ 48 (1984), 81 ff. m. umfangr. N.

52 Richtlinie 78/660/ EWG, ABl EG 1978 Nr. L 222/11. Groeben/Thiesing/Ehlermann – Troberg, EUV/EGV, 5. Auflage 1997, Art. 54 Rd. 36 bezeichnet die Richtlinie sogar als „erfolgreiches Jahrhundertwerk europäischer Harmonisierung im Gesellschaftsrecht".

53 Richtlinie 90/605/ EWG, ABl. EG 1990 Nr. L 317/57.

nommen worden.[54] Danach kann es kleinen Gesellschaften erlaubt werden, auf bestimmte Angaben im Anhang der Bilanz zu verzichten. Gleichzeitig können sie von der Pflicht zur Aufstellung eines Lageberichtes ganz befreit werden.

Im selben Maß schutzbedürftig wie bei einer Kapitalgesellschaft sind die Gläubiger einer GmbH & Co. KG. Denn auch bei dieser speziellen Konstruktion einer Personengesellschaft haftet die Gesellschaft nur mit ihrem Gesellschaftsvermögen. Deshalb hat die Gemeinschaft ihre Regelungen aus der Bilanzrichtlinie auf die Gesellschaftsform GmbH & Co. KG erweitert[55].

Die europarechtliche Konzeption des Bilanzrechts wird durch zwei weitere Richtlinien abgerundet:

Weitere bilanzrechtliche Richtlinien
- die Konzernbilanzrichtlinie
- die Abschlußprüferrichtlinie

Die Konzernbilanzrichtlinie[56] knüpft an die Bilanzrichtlinie an und regelt ausführlich die Konsolidierung der Bilanzen im Konzern. Ein Konzern wird durch die Richtlinie verpflichtet, die Vermögens-, Finanz- und Ertragslagen seiner Konzerntöchter so auszuweisen, als ob sie ein einziges Unternehmen wären. Die Richtlinie bewirkt also, daß auch bei verbundenen Unternehmen der Jahresabschluß ein zutreffendes Bild der Vermögens-, Finanz- und Ertragslage der einzelnen Konzerngesellschaften vermittelt.

Die Abschlußprüferrichtlinie[57] regelt die Qualifikationsvoraussetzungen, die für die Abschlußprüfer gelten. Dadurch wird sichergestellt, daß die Jahresabschlußprüfungen, die von der Bilanzrichtlinie und der Konzernbilanzrichtlinie angeordnet werden, von qualifizierten Personen durchgeführt werden.

e) Die Spaltungsrichtlinie

Die Spaltungsrichtlinie der Gemeinschaft[58] befaßt sich mit der Aufspaltung einer Aktiengesellschaft in mehrere neue Unternehmen. Ebenso wie eine Fusion birgt eine Spaltung Gefahren für die Aktionäre und Gläubiger der aufgespaltenen Gesellschaft. Die Spaltungsrichtlinie will einen gemeinschaftsweiten Mindestschutz für sie installieren.

---

54 Ausführlich zum Inhalt der Mittelstandsrichtlinie Lenz – van Hulle, EG-Handbuch Recht im Binnenmarkt, 2. Aufl. 1994, S. 499 ff.

55 Richtlinie 90/604/ EWG, ABl. EG 1990 Nr. L 317/60. Nach Groeben/Thiesing/Ehlermann – Troberg, EUV/EGV, 5. Auflage 1997, Art. 54 Rd. 36 sind davon allein in Deutschland 60 bis 80000 Gesellschaften betroffen.

56 Richtlinie 83/349/ EWG, ABl. EG 1983 Nr. L 193/1. Ausführlich dazu Habersack, Europäisches Gesellschaftsrecht, 1999, Rd. 291 ff.

57 Richtlinie 84/253/ EWG vom 10.4.1984, ABl. EG 1984 Nr. L 126/20.

58 Richtlinie 82/891/EWG, ABl. EG 1982 Nr. L 378/47. Dazu Habersack, Europäisches Gesellschaftsrecht, 1999, Rd. 234 ff.

Die Richtlinie richtet sich nur an die Mitgliedstaaten, die eine Spaltung von Gesellschaften in ihrem Recht überhaupt vorsehen. Das betraf beispielsweise die französische Rechtsordnung.[59] In Deutschland hat die Richtlinie erst 1991 Bedeutung erlangt. Denn erst durch das 1991 verabschiedete Gesetz über die Spaltung der von der Treuhand verwalteten Unternehmen hat das Rechtsinstitut der Spaltung von Gesellschaften in die deutsche Rechtsordnung Einzug gehalten.[60]

f) Die Zweigniederlassungsrichtlinie

Die europäische Niederlassungsfreiheit kann nicht nur durch die Gründung einer Gesellschaft im Ausland, sondern auch durch die Errichtung einer Zweigniederlassung ausgeübt werden. Es ist deshalb folgerichtig, daß sich die europäischen Gesellschaftsrechtsrichtlinien auch mit den Problemen einer grenzüberschreitenden Zweigniederlassung befassen.

Die Zweigniederlassungsrichtlinie[61] hat einen doppelten Schutzzweck:

- Sie will die Ausübung der Niederlassungsfreiheit durch Zweigniederlassungen im Ausland erleichtern.
- Sie will gleichzeitig alle Personen schützen, die über eine Zweigniederlassung mit einer ausländischen Gesellschaft in Beziehung treten.[62]

Beide Ziele können nur erreicht werden, wenn für Zweigniederlassungen gleichwertige Vorschriften in ganz Europa gelten. Solche europäischen Standards enthält die Richtlinie.

g) Einpersonengesellschaftsrichtlinie

Durch die Einpersonengesellschaftsrichtlinie[63] wird dem Einzelunternehmer in allen Mitgliedstaaten eine Organisationsform zur Verfügung gestellt, die ihm eine Beschränkung der Haftung auf das diesem Unternehmen dienende Vermögen ermöglicht. Das ist für die deutsche Rechtsordnung nichts Neues: Dort ist die Ein-Personen-GmbH seit langem bekannt. Große Bedeutung hat die Richtlinie aber für diejenigen Mitgliedstaaten, die eine Einpersonengesellschaft bisher nicht kannten.[64] Ein Beispiel dafür ist Spanien.[65]

---

59 Dazu Micheler, RIW 1993, 15.

60 Gesetz vom 15.5.1991, BGBl. I 1992, 853 ff. Vertiefend dazu Ganzke, DB 1991, 791 ff. 1994 hat der Gesetzgeber Inhalte der Richtlinie in das neue Umwandlungsgesetz übernommen. Dazu Blaurock, ZeuP 1998, 460, 470.

61 Richtlinie 89/666/EWG, ABl. EG 1989, Nr. L 395/36.

62 Lenz – van Hulle, EG Handbuch Recht im Binnenmarkt, 2 Aufl. 1994, S. 510 ff.

63 Richtlinie 89/667/EWG, ABl. EG 1989 Nr. L 395/40. Sehr kritisch dazu Lutter, FS Brandner, 1996, S. 81 ff.

64 Dazu Lutter, FS Brandner, 1996, S. 82 ff.

65 Lenz – van Hulle, EG Handbuch Recht im Binnenmarkt, 2 Aufl. 1994, S. 512.

Weil diese Rechtsform durch die Haftungsbeschränkung besondere Gefahren für die Gesellschaftsgläubiger schafft[66], sieht das Richtlinienrecht unter anderem spezielle Offenlegungspflichten und Haftungsregelungen vor. Die potentiellen Geschäftspartner der GmbH sollen dadurch in die Lage versetzt werden, ihr Risiko zutreffend einschätzen zu können.[67]

3. Ungelöste Probleme im EG-Gesellschaftsrecht: Richtlinienvorschläge der Kommission

Trotz ihrer vielfältigen gesetzgeberischen Aktivitäten im Bereich des Gesellschaftsrechts sieht die Europäische Gemeinschaft noch eine ganze Reihe von Problemen als ungelöst an. Zur Lösung dieser Probleme hat die EG-Kommission Richtlinienentwürfe vorgelegt, eine Entscheidung im Rat über die Verabschiedung der Entwürfe ist bisher aber nicht gefallen. Das hängt nicht zuletzt damit zusammen, daß die Mitgliedstaaten sehr unterschiedliche Gesellschaftsrechtssysteme und damit auch Interessen haben. Es ist in diesen Fällen nicht gelungen, einen gemeinsamen Nenner zu finden.

Richtlinienvorschläge der Kommission[68]
- Verfassung der AG
- Internationale Fusionen
- Übernahmeangebote
- Konzerne

a) Die Struktur der Aktiengesellschaft

Alle Mitgliedstaaten kennen den Gesellschaftstypus der Aktiengesellschaft. Die innere Verfassung der Aktiengesellschaft ist aber von Mitgliedstaat zu Mitgliedstaat sehr unterschiedlich ausgestaltet. Der entscheidende Unterschied zwischen den in Europa gebräuchlichen Systemen liegt letztlich bei der Frage der Mitbestimmung.

Insbesondere nach dem deutschen Mitbestimmungsmodell stellen die Arbeitnehmer – also die Gewerkschaften – bis zu 50 % der Mitglieder des Aufsichtsgremiums. Das ist im angelsächsischen Board-System völlig anders: im Board of Directors sind die Arbeitgeber unter sich.

Dieser grundlegende Unterschied behindert die grenzüberschreitende Gründung von Aktiengesellschaften. 1983 hat die EG-Kommission deshalb einen Vorschlag

---

66 Ausführlich dazu Habersack, Europäisches Gesellschaftsrecht, 1999, Rd. 319.

67 Sehr kritisch zu diesen Regelungen Lutter, FS Brandner, 1996, S. 93 ff.

68 Die Kommission hat ihr Vorhaben einer Liquidationsrichtlinie fallengelassen: Habersack, Europäisches Gesellschaftsrecht, 1999, Rd. 45. Auf die Darstellung des bereits vorgelegten Richtlinienentwurfs wird daher verzichtet.

für eine Richtlinie über die Struktur der Aktiengesellschaft vorgelegt.[69] Mit dieser Strukturrichtlinie versucht die Gemeinschaft, die innere Verfassung von Aktiengesellschaften in Europa zu vereinheitlichen. Die Richtlinie bis heute nicht in Kraft getreten. Vor allem Großbritannien leistet Widerstand: Durch die Richtlinie müßte es nicht nur sein Gesellschaftsrecht, sondern auch das Aktien- und vor allem auch das kollektive Arbeitsrecht tiefgreifend ändern. Dazu besteht im Augenblick aber keine Bereitschaft. Mit einer Verabschiedung der Richtlinie ist also in der nächsten Zeit nicht zu rechnen.

c) Internationale Fusionen

Die bereits erwähnte Fusionsrichtlinie beschränkt sich auf nationale Fusionen: Sie stellt Regeln auf, die bei der Fusion von Gesellschaften innerhalb eines EG-Mitgliedstaates gelten. Im Zeitalter der Globalisierung und der zunehmenden wirtschaftlichen Verflechtung ist die Wirkung dieser Richtlinie allerdings begrenzt. Deshalb hat die Gemeinschaft inzwischen einen Richtlinienvorschlag vorgelegt, der sich mit Regelungen für internationale, grenzüberschreitende Fusionen beschäftigt.[70]

d) Übernahmeangebote

In den letzten Jahren spielen Unternehmensübernahmen („take overs") eine immer wichtigere Rolle im Bereich der internationalen Wirtschaft. Das hängt mit Konzentrationsprozessen und der strategischen Neuorientierung internationaler Unternehmen zusammen, die im Zuge der Globalisierung wichtiger werden. Daneben geht es auch darum, daß Unternehmen von außerhalb der Gemeinschaft versuchen, sich durch die Übernahme eines europäischen Unternehmens am EG-Markt zu positionieren.

Übernahmeangebote sind in den Mitgliedstaaten sehr unterschiedlich geregelt.[71] Die Kommission bemüht sich deshalb seit 1974, die Rechtslage durch eine Richtlinie zu vereinheitlichen.[72] 1996/97 hat sie einen weiteren Entwurf für eine Richtlinie vorgelegt, der sich mit Übernahmeangeboten beschäftigt.[73] Mit diesem Vor-

---

69 ABl. EG 1983 Nr. C 240/ 2. Seit 1991 liegt eine geänderte Fassung des Vorschlags vor: Abl. EG 1991, Nr. C 321/9. Ausführlich dazu Behrens, Gesellschaftsrecht, in: Dauses, Handbuch des EU-Wirtschaftsrechts, Stand: 1997, E. III S. 17 ff. m.w.N.

70 ABl. EG Nr. C 23/11 vom 25.01.1985.

71 Ausführlich dazu Lenz – van Hulle, EG Handbuch Recht im Binnenmarkt, 2. Aufl. 1994, S. 519.

72 Zu den verschiedenen Anläufen und Richtlinienvorschlägen Roos, WM 1996, 2177, 2177 f. m. umfangr. N.

73 Abl. EG1997, Nr. C 378/10. Zum vorhergehenden Entwurf Roos, WM 1996, 2177, 2178 ff. m.w.N.

schlag will die Kommission für mehr Transparenz bei Übernahmeangeboten sorgen und eine Gleichbehandlung aller Aktionäre sicherstellen.

Der Richtlinienvorschlag enthält fünf „Allgemeine Grundsätze“:

Kerngedanken der Übernahme-Richtlinie
- Gleichbehandlung aller Aktionäre der übernommenen Gesellschaft
- Transparenz: öffentliches Übernahmeangebot bei Überschreiten eines Schwellenwertes
- Effizienz: Fristen für Übernahmeangebote, damit die Zielgesellschaft nicht übermäßig lange in ihrer Geschäftstätigkeit behindert wird
- Neutralität: Beschränkung der Rechte des Managements, Abwehrmaßnahmen gegen Übernahmen zu ergreifen.
- Überwachung der Übernahmen durch unabhängige Instanzen

Der Richtlinienvorschlag will verhindern, daß die Aktionäre der Gesellschaft, die übernommen werden soll, unterschiedlich behandelt werden. Denn bei Übernahmen besteht grundsätzlich die Gefahr, daß die Aktionäre, deren Aktien nicht übernommen werden, einen deutlichen Wertverlust ihrer Papiere hinnehmen müssen.[74] Deshalb legt die vorgeschlagene Richtlinie fest: Wenn durch Aktienaufkäufe eine Kontrollmehrheit entsteht, muß ein öffentliches Übernahmeangebot an alle Aktionäre des aufzukaufenden Unternehmens abgegeben werden.[75] Dadurch haben alle Aktionäre die gleiche Chance, auf das Angebot einzugehen.[76] Dieser Vorschlag ist allerdings sehr umstritten, denn er fördert ebenfalls potentiell Unternehmenskonzentrationen.[77]

Der Transparenz und damit dem Schutz der (Klein-)Aktionäre dient auch die Pflicht, alle potentiellen Empfänger des Angebots umfassend zu unterrichten. Dazu muß vom Bieter eine Angebotsunterlage erstellt werden, die alle Bedingungen für die Übernahme enthält. Gleichzeitig muß der Vorstand der Gesellschaft, die aufgekauft werden soll, zu diesem Angebot Stellung nehmen. Ohne ausführliche Unterlagen, die diesen Mindestvoraussetzungen entsprechen, kann nach dem Richtlinienvorschlag kein wirksames Übernahmeangebot an die Aktionäre unterbreitet werden. Auch durch diese Voraussetzung soll verhindert werden, daß „heimliche“ Angebote und Übernahmetransaktionen zu Nachteilen für die nicht informierten, nicht beteiligten Aktionäre führen.[78]Durch Angebotsfristen soll verhindert werden, daß sich Übernahmeverhandlungen zu lange hinziehen und die Effizienz der Zielgesellschaft im Alltagsgeschäft leidet.[79]

---

74 Lenz – van Hulle, EG Handbuch Recht im Binnenmarkt, 2. Aufl. 1994, S. 519.

75 Habersack, Europäisches Gesellschaftsrecht, 1999, Rn. 347 f.

76 Lenz – van Hulle, EG Handbuch Recht im Binnenmarkt, 2. Aufl. 1994, S. 519.

77 Dazu Donath, JA 1993, 289, 295 m.w.N.

78 Lenz – van Hulle, EG Handbuch Recht im Binnenmarkt, 2. Aufl. 1994, S. 519 f.

79 Art. 5 lit. e, Art. 6 Abs. 3 des Entwurfs Dokument KOM (95) 655 endg. Instruktiv zur Situation in der Zielgesellschaft während der Verhandlungen über eine Übernahme Werner, Probleme „feindlicher“ Übernahmen im Aktienrecht, 1989, S. 15.

Ob die Bestimmungen der Richtlinie eingehalten werden, soll von unabhängigen Instanzen überwacht werden.[80] Wie diese Instanzen organisiert sind, überläßt die Richtlinie jedoch weitgehend den Mitgliedstaaten selbst.

Der Richtlinienvorschlag schränkt die Befugnis des Managements der Zielgesellschaft stark ein, selbständig Abwehrmaßnahmen gegen öffentliche Übernahmeangebote zu ergreifen. Sie dürfen ohne Zustimmung der Hauptversammlung keine Abwehrmaßnahmen in die Wege leiten, die den Erfolg des Angebots vereiteln können. Dahinter steht die treffende Erkenntnis, daß bei Übernahmeangeboten die Interessen des Managements nicht zwangsläufig identisch mit den Interessen der Aktionäre sind. Der Richtlinienvorschlag stellt sich ausdrücklich auf die Seite der Aktionäre und der Beschäftigten des Übernahmekandidaten.[81]

Bisher hat sich der Ministerrat allerdings noch nicht über den Inhalt des Richtlinienvorschlags einigen können.[82] Eine wichtige Rolle spielt dabei ein großer Unterschied in den Unternehmenskulturen verschiedener Mitgliedstaaten. Während in Großbritannien – der angelsächsischen Tradition entsprechend – Übernahmen ein übliches und legitimes Mittel der strategischen Unternehmensentwicklung sind, sieht das in Deutschland ganz anders aus. Unternehmensübernahmen sind immer noch eher ungewöhnlich und verpönt[83].

II. Europäisches Gesellschaftsrecht

1. Europäische Gesellschaftstypen

Die umfangreichen Rechtsangleichungsmaßnahmen durch Richtlinien im Gesellschaftsrecht ändern nichts an einem zentralen Problem: Nach wie vor unterliegen die Gesellschaften dem nationalen – wenn auch harmonisierten – Recht. Bei der grenzüberschreitenden Kooperation von Wirtschaftsunternehmen müssen deshalb mehrere nationale Gesellschaftsrechtssysteme beachtet werden. Gerade bei kleineren und mittleren Unternehmen entstehen dadurch psychologische Vorbehalte und rechtliche Unsicherheiten.[84] Bei größeren Unternehmen erhöhen sich durch die unterschiedlichen, aber relevanten nationalen Gesellschaftsrechtssysteme in jedem Fall die Transaktionskosten bei grenzüberschreitenden Aktivitäten.[85] Diese Hindernisse lassen sich auch nicht mit dem ausdrücklich von der Kommissi-

---

80 Art. 4 des Entwurfs, Dokument KOM (95) 655 endg.

81 Lenz – van Hulle, EG Handbuch Recht im Binnenmarkt, 2. Aufl. 1994, S. 521 zur ähnlichen Vorschrift des vorangegangenen Richtlinienentwurfs.

82 Inzwischen ist eine baldige Verabschiedung der Richtlinie in greifbare Nähe gerückt. Dazu FAZ, 6.3.2000, S. 17.

83 Ob sich diese Einstellung allerdings trotz des immer intensiveren Globalisierungsprozesses durchhalten läßt, ist eher zweifelhaft. Wenn nicht alles täuscht, setzt sich auch auf europäischer Ebene inzwischen die angelsächsische Übernahmekultur durch. Dazu FAZ, 6.3.2000, S. 17.

84 Darauf weist ausdrücklich Lenz – van Hulle, EG Handbuch Recht im Binnenmarkt, 2. Aufl. 1994, S. 523 ff. hin.

85 So ausdrücklich Schwintowski, JA 1993, 97, 104.

on formulierten industriepolitischen Ziel vereinbaren, den Aufbau gemeinschaftsweiter Unternehmensstrukturen zu fördern und zu ermöglichen.[86]

Die Europäische Gemeinschaft hat deshalb begonnen, verschiedene, in ganz Europa einheitlich geltende Gesellschaftstypen zu schaffen. Ihr Ziel ist es, ein einheitliches, supranationales europäisches Gesellschaftsrecht in Kraft zu setzen.

Europäische Gesellschaftstypen
- Europäische Wirtschaftliche Interessenvereinigungen (EWIV)
- Europäische Aktiengesellschaft (Societas Europaea, SE)
- Europäischer Verein (EUV)
- Europäische Genossenschaft (EUGEN)
- Europäische Gegenseitigkeitsgesellschaften (EUGGES)

2. Die Europäische Wirtschaftliche Interessenvereinigung

a) Rechtliche Grundlagen

1985 hat der Rat durch eine Verordnung die Rechtsform: Europäische Wirtschaftliche Interessenvereinigung (EWIV) geschaffen.[87] Aufgrund dieser Verordnung ist es seit dem 01. Juli 1989 möglich, in den Mitgliedstaaten der EG eine EWIV zu gründen. Die Bundesrepublik Deutschland hat am 14. April 1989 das EWIV-Ausführungsgesetz erlassen,[88] das die europäischen Regelungen im Detail ergänzt.

b) Inhalt und Charakter der EWIV

Die EWIV ist eine Gesellschaftsform, die den ausschließlichen Zweck hat, die grenzüberschreitende Zusammenarbeit ihrer Mitglieder zu erleichtern. Sie ist kein Unternehmenszusammenschluß, sondern ein dem Konsortium vergleichbares Kooperationsinstrument.[89] Ihr Zweck ist darauf beschränkt, Hilfsfunktionen für ihre Mitglieder zu erfüllen.[90]

Das bedeutet vor allem, daß sie nicht als Instrument der Konzernbildung oder als Holding eingesetzt werden kann.[91] Dieser Hilfscharakter der EWIV hat einen eindeutigen Hintergrund: Die Gemeinschaft wollte keine Gesellschaftsform zur Verfügung stellen, die als Instrument zur „Flucht vor nationalen Mitbestimmungsregelungen“ genutzt werden könnte. Die EWIV ähnelt damit einer französischen

---

86 Dazu Behrens, Gesellschaftsrecht, in: Dauses, Handbuch des EU-Wirtschaftsrechts, Stand: 1997, E. III S. 46 m.w.N.

87 EWG-Verordnung Nr. 2137/85, ABl. EG 1985 Nr. L 199/1.

88 BGBl. 1989 I, S. 514.

89 So die treffende Charakterisierung von Müller-Gugenberger, NJW 1989, 1449, 1454 f.

90 Habersack, Europäisches Gesellschaftsrecht, 1999, Rd. 358.

91 Darauf weist Behrens, Gesellschaftsrecht, in: Dauses, Handbuch des EU-Wirtschaftsrechts, Stand: 1997, E. III. S. 48, hin.

Gesellschaftsform, dem „Groupement d'Intérêt Économique" (GIE), die beispielsweise auch für die europaweite Zusammenarbeit von Luftfahrtfirmen im Rahmen des Airbus-Projekts verwendet wurde.[92]

Die EWIV kann in der Praxis vor allem für folgende Zwecke verwendet werden:

Praktische Bedeutung der EWIV
- Einkaufsgemeinschaften
- Forschungs- und Produktentwicklungskooperationen
- Vertriebsgemeinschaften
- Marketingkooperationen
- Grenzüberschreitende Zusammenarbeit von Freiberuflern.[93]

Mitglieder einer EWIV können natürliche Personen, Gesellschaften und andere juristische Personen sein. Mindestens zwei Mitglieder müssen allerdings verschiedenen Mitgliedstaaten der EG angehören (Art. 4 EWIV-Verordnung).

Die EWIV wird durch einen Gründungsvertrag errichtet, der große Spielräume für eine individuelle Gestaltung bietet (Art. 5 EWIV-Verordnung).

Die Verordnung legt allerdings „Essentials" fest, die bei der Formulierung des Vertrages zwingend beachtet werden müssen.

Das entscheidende Strukturmerkmal der EWIV ist eine organisatorische Trennung von Leitungsorganen und Mitgliedschaft. Das oberste Willensbildungsorgan ist die Mitgliederversammlung. Geschäftsführung und Vertretung nach außen obliegen dem Geschäftsführer, der nicht selbst Mitglied der EWIV sein muß. Es besteht also die Möglichkeit der Fremdorganschaft.[94]

Die Mitgliederversammlung beschließt grundsätzlich nach dem Einstimmigkeitsprinzip. Dabei hat jedes Mitglied eine Stimme. Abweichungen können in bestimmten Grenzen im Gründungsvertrag vorgesehen werden, kein Mitglied darf aber allein eine Stimmenmehrheit erhalten (Art. 17 EWIV-Verordnung).

Die Verordnung schreibt kein Mindestkapital der EWIV vor. Sie statuiert aber in Art. 24 Abs. 1 EWIV-Verordnung den Grundsatz der unbeschränkten Haftung: Die Mitglieder der EWIV haften unbeschränkt und gesamtschuldnerisch für alle Verbindlichkeiten der EWIV.[95]

Die Auflösung einer EWIV ist grundsätzlich nur durch einen einstimmigen Beschluß aller Mitglieder möglich. Eine aufgelöste EWIV wird nach dem Recht des Sitzstaates abgewickelt (Art. 31, 35 EWIV-Verordnung).

c) *Vorteile und Kritik*

Die Rechtsform der EWIV stellt eine leistungsfähige Struktur für grenzüberschreitende Aktivitäten zur Verfügung. Sie bietet im Vergleich zu bloßen Koope-

---

92 Lenz – van Hulle, EG Handbuch Recht im Binnenmarkt, 2. Aufl. 1994, S. 524.
93 Lenz – van Hulle, EG Handbuch Recht im Binnenmarkt, 2. Aufl. 1994, S. 525.
94 Habersack, Europäisches Gesellschaftsrecht, 1999, Rn. 372.
95 Habersack, Europäisches Gesellschaftsrecht, 1999, Rd. 378 ff.

rationsverträgen mehrere Vorteile. Sie kann als eigene, unabhängige Rechtsform gegenüber Dritten auftreten, also etwa Verträge abschließen. Das erhöht ihre Glaubwürdigkeit und bietet damit auch Wettbewerbsvorteile.[96] Verstärkt wird diese Wirkung durch die strengen Haftungsbestimmungen – die Mitglieder haften unbeschränkt und vor allem gesamtschuldnerisch –, die den Vertragspartnern der EWIV Sicherheit bieten.[97]

Ein weiterer Vorteil gegenüber bloßen Kooperationsverträgen ist: Die Mitglieder sind gebunden, allerdings können sie diese Bindungen relativ leicht wieder lösen. Die EWIV ist deshalb ein Instrument, um eine grenzüberschreitende Zusammenarbeit über einen gewissen Zeitraum „einzuüben" oder zu testen. Sie kann dann später durch andere, stärker integrierende Rechtsformen abgelöst werden. Oder sie kann – wenn sich die Zusammenarbeit nicht bewährt hat – relativ leicht aufgelöst werden.

In dieser recht lockeren Bindung liegt nicht nur ein Vorteil, sondern auch ein Nachteil. Die Zwecke der EWIV sind auf Hilfsfunktionen beschränkt. Dementsprechend ist ihr wirtschaftlicher Einsatzbereich ebenfalls beschränkt. Sie bietet – darauf wurde bereits hingewiesen – kein Instrument zur Bildung eines Konzerns und keine Basis für eine Holding. Die beschränkten Einsatzmöglichkeiten und die strengen Publizitäts- und Haftungsvorschriften haben bisher dazu geführt, daß die EWIV in Europa keine starke Verbreitung gefunden hat.[98]

Insgesamt spiegelt die Rechtsform der EWIV den Stand der europäischen Integration im Bereich des Gesellschaftsrechts wieder: Man sieht die Notwendigkeit von europaweiten Zusammenarbeiten und Gesellschaftsformen. Gleichzeitig sind die Unterschiede in den nationalen Gesellschaftsrechten aber noch so groß, daß gemeinsame Lösungen kaum gefunden werden können. Dem entspricht die Struktur der EWIV: Sie ermöglicht eine grenzüberschreitende Zusammenarbeit und eine rechtliche Bindung der Mitglieder. Gleichzeitig ist sie aber auf Hilfsfunktionen beschränkt, die Bindung der Mitglieder bleibt locker.

3. Die Europäische Aktiengesellschaft

a) Auf dem Weg zu einer Europäischen Aktiengesellschaft?

Seit den 60er Jahren betreibt die EG-Kommission ein ehrgeiziges Projekt: die Schaffung einer Europäischen Aktiengesellschaft, der „Societas Europaea" (SE).[99]

---

96 Lenz – van Hulle, EG Handbuch Recht im Binnenmarkt, 2. Aufl. 1994, S. 526.

97 Groeben/Thiesing/Ehlermann – Troberg, EUV/EGV, 5. Auflage 1997, Art. 54 Rd. 55.

98 Habersack, Europäisches Gesellschaftsrecht, 1999, Rn. 358 m.w.N. Zu euphorisch wohl Groeben/Thiesing/Ehlermann – Troberg, EUV/EGV, 5. Auflage 1997, Art. 54 Rd. 55, der davon spricht, die EWIV habe sich gut bewährt. Völlig anders Hinz, ZeuP 1994, 553, 556, der die EWIV aus der Sicht der Wirtschaft für „weitgehend unbrauchbar" hält.

99 Zur politischen Geschichte dieses Projekts Groeben/Thiesing/Ehlermann – Troberg, EUV/EGV, 5. Auflage 1997, Art. 54 Rd. 51 f.

Sie will damit allen multinationalen, europaweit agierenden Unternehmen eine einheitliche europäische Gesellschaftsform zur Verfügung stellen.[100]

Bisher brauchen multinationale Gesellschaften ein Netz von Holding- und Tochtergesellschaften, die in bis zu 15 Mitgliedstaaten nach deren unterschiedlichem Gesellschaftsrecht niedergelassen sind. Anders ist nach der heutigen Rechtslage eine europaweite, grenzüberschreitende Tätigkeit von Gesellschaften nicht möglich. Der Aufbau dieses Gesellschaftsnetzes und die zusätzlichen Managementebenen verursachen direkte Kosten und mindern die Effizienz.[101] Es gibt Schätzungen, die von möglichen Kosteneinsparungen für Unternehmen von bis zu 30 Milliarden US-Dollar ausgehen, wenn Gesellschaften bei ihren europaweiten Aktivitäten auf eine einheitliche Gesellschaftsform zurückgreifen könnten.[102]

Die Kommission hat seit 1970 immer wieder Vorschläge vorgelegt, wie eine Europäische Aktiengesellschaft aussehen könnte.[103] Bisher haben sich die im Rat vertretenen Mitgliedstaaten allerdings noch nicht auf eine gemeinsame Lösung verständigen können. Das entscheidende Problem ist die Frage der Mitbestimmung. Deutschland fürchtet, daß sein im europäischen Maßstab sehr weitgehendes Mitbestimmungsmodell durch eine Europäische Aktiengesellschaft ausgehöhlt werden könnte.[104] Im Augenblick steht das „Statut der Europäischen Aktiengesellschaft“ zur Diskussion, das die Kommission 1991 vorgelegt hat.[105]

b) Die Struktur der Europäischen Aktiengesellschaft

Die EG-Kommission schlägt eine einheitliche Organisationsstruktur für die SE vor: Die SE soll eine Gesellschaft mit einem festen Mindestkapital von 100.000 ECU sein, das in Aktien zerlegt ist. Die Haftung der Aktionäre für die Gesellschaftsschulden ist beschränkt auf die Höhe ihrer Einlagen. Die SE besitzt Rechtspersönlichkeit und ist eine Handelsgesellschaft kraft Rechtsform (Art. 1 SE-Statut). Eine Sitzverlegung innerhalb der Gemeinschaft läßt das Gesellschaftsstatut unberührt: Eine Auflösung und Neugründung der Gesellschaft ist nicht nötig (Art. 5a Abs. 1 Satz 2 SE-Statut).

Das Statut regelt in groben Zügen die Gründung der Gesellschaft, subsidiär gilt allerdings das Recht des Sitzstaates (Art. 11a SE-Statut). Wichtig ist dabei, daß natürliche Personen keine Europäische Aktiengesellschaft gründen können.[106] Grundsätzlich kann eine SE nur durch bereits bestehende Gesellschaften gegründet

---

100 Kolvenbach, FS Heinsius, 1991, S. 379; Raiser, FS Semler, 1993, S. 278.

101 So ausdrücklich Hopt, ZIP 1998, 96, 100.

102 Dazu Monti, WM 1997, 607.

103 Die Entwicklung zeichnet Hopt, ZIP 1998, 96, 97 f. nach.

104 Dazu Hopt, ZIP 1998, 96, 101 m.w.N.

105 Geänderter Vorschlag für eine Verordnung des Rates über das Statut der Europäischen Aktiengesellschaft, ABl. EG 1991 Nr. C 176/1. Dazu: Merkt, BB 1992, 652 ff.; Rasner, ZGR 1992, 314 ff.

106 Behrens, Gesellschaftsrecht, in: Dauses, Handbuch des EU-Wirtschaftsrechts, Stand: 1997, E. III S. 50. Kritisch dazu Kolvenbach, FS Heinsius, 1991, S. 394.

werden, die entweder verschmelzen, eine Holding-SE oder gemeinsame Tochtergesellschaften gründen.

Die Verfassung der Europäischen Aktiengesellschaft wird vom Statut ähnlich geregelt wie in der Strukturrichtlinie. Die SE muß zum einen eine Hauptversammlung der Aktionäre haben. Ob sie daneben ein einheitliches Leitungs- und Aufsichtsorgan (monistisches System) oder ein Leitungsorgan und ein davon getrenntes Aufsichtsorgan (dualistisches System) hat, bleibt den Mitgliedstaaten überlassen.

Die Europäischen Aktiengesellschaften werden deshalb nach diesem Vorschlag der EG-Kommission keine einheitliche Verfassungsstruktur haben.[107] Der Grund für diese – unter europäischen Gesichtspunkten unbefriedigende – Regelung ist einfach: Die Mitgliedstaaten, die von unterschiedlichen Traditionen geprägt sind, konnten sich nicht auf eine gemeinsame Lösung einigen.

Das Statut regelt auch die Auflösung, Liquidation, Zahlungsunfähigkeit und Zahlungseinstellung der SE. Allerdings schafft das Statut auch hier keine eigenständigen europäischen Regelungen, es verweist im wesentlichen auf die Rechtsvorschriften, die nach dem Recht des Sitzstaates für eine Aktiengesellschaft gelten.[108]

Das politisch brisante Problem der Arbeitnehmermitbestimmung wird vom Statut ausgeklammert. Die Kommission hat aber einen ergänzenden Richtlinienvorschlag vorgelegt, der die Mitbestimmungsproblematik regelt.[109]

Weil bei der Frage der Mitbestimmung tiefgreifende politische Differenzen zwischen den Mitgliedstaaten bestehen, schlägt die Kommission drei unterschiedliche Mitbestimmungsmodelle vor, die im wesentlichen den in Europa existierenden Mitbestimmungstypen entsprechen.[110] Die Mitgliedstaaten müssen sich für eines der vorgeschlagenen Modelle entscheiden. Die Mitgliedstaaten brauchen also nicht auf ihre historisch gewachsenen Mitbestimmungssysteme verzichten, wenn sie der Richtlinie zustimmen. Das bedeutet für die SE allerdings, daß sie innerhalb Europas nicht nur keine einheitliche Organisationsstruktur, sondern auch keine einheitlichen Mitbestimmungsregelungen hat.[111]

c) Die Probleme der Europäischen Aktiengesellschaft

Positiv an der Konzeption der Kommission ist, daß sie eine Option für die Schaffung einer Europäischen Aktiengesellschaft anbietet. Das ist sicher ein Weg, der mehr Erfolg verspricht als eine Europäisierung der bereits bestehenden natio-

---

107 Kolvenbach, FS Heinsius, 1991, S. 389.

108 Dazu ausdrücklich Lenz – van Hulle, EG Handbuch Recht im Binnenmarkt, 2. Aufl. 1994, S. 531.

109 Der neueste, mehrfach überarbeitete Entwurf ist abgedruckt in RdA 1998, 239 ff. Zum früheren Entwurf Behrens, Gesellschaftsrecht, in: Dauses, Handbuch des EU Wirtschaftsrechts, Stand: 1997, E III, S. 49, 51 m.w.N.

110 Ausführlich dazu: Wißmann, RdA 1992, 320 ff.; Dreher, EuZW 1990, 476 ff.; Kolvenbach, FS Heinsius, 1991, S. 389 ff.

111 Sehr kritisch dazu Raiser, FS Semler, 1993, S. 290.

nalen Aktiengesellschaftsrechte.[112] Mit dem Statut sind aber eine ganze Reihe von Problemen verbunden, die nicht zufriedenstellend gelöst werden. Neben vielen Details stehen dabei zwei Grundprobleme im Vordergrund:

Das Statut verweist in einer Fülle von Einzelpunkten auf das nationale Recht und enthält sich einer einheitlichen europäischen Lösung. Dadurch wird die ursprüngliche Idee – eine einheitliche europäische Aktiengesellschaft – verwässert. Gleichzeitig wird es damit auch schwieriger, die mit dem Konzept der Europäischen Aktiengesellschaft verbundenen Ziele überhaupt zu erreichen.[113]

Die im Statut vorgeschlagene Wahlmöglichkeit zwischen verschiedenen Mitbestimmungsmodellen für die SE ist keine wirkliche Lösung. Es gäbe dann kein europäisches Mitbestimmungsmodell. Es bliebe bei der Konkurrenz der nationalen Mitbestimmungssysteme mit allen damit verbundenen Nachteilen.

4. Weitere europäische Gesellschaftsformen

Trotz aller politischen Schwierigkeiten hat die Kommission ihr Vorhaben, einheitliche europäische Gesellschaftsformen zu schaffen, keineswegs aufgegeben. 1992 hat sie Vorschläge für weitere europäische Gesellschaftsformen gemacht:

Europäische Gesellschaftsformen
- Europäischer Verein (EUV)
- Europäische Genossenschaft (EUGEN)
- europäische Gegenseitigkeitsgesellschaft (EUGGES)

Bisher sind die Vorschläge allerdings noch nicht über das Stadium der Diskussion hinausgekommen.

a) Europäischer Verein

1992 hat die Kommission – gestützt auf Art. 95 EG-Vertrag – einen Vorschlag für eine Verordnung über ein Statut für europäische Vereine vorgelegt.[114] Flankiert wird der Verordnungsvorschlag von einem Richtlinienvorschlag, der die Rolle der Arbeitnehmermitbestimmung im europäischen Verein regeln soll.[115]

Nach dem Verordnungsvorschlag kann der Verein sowohl als gemeinnütziger Verein als auch als Verein, der wirtschaftliche Interessen verfolgt, ausgestaltet werden. Er ist – allerdings auf den Vereinszweck begrenzt – rechtsfähig. Seine Haftung beschränkt sich auf das Vereinsvermögen (Art. 2 EUV-Statut). Der Europäische Verein ist im Sitzstaat in ein Vereinsregister einzutragen. Für ihn gelten

---

112 So zutreffend Hopt, ZIP 1998, 96, 100.

113 Habersack, Europäisches Gesellschaftsrecht, 1999, Rn 395. Rasner, ZGR 1992, 314, 316 f. hält die SE denn auch für überflüssig.

114 Vorschlag vom 06.03.1992, ABl. EG 1992 Nr. C 99/1.

115 Richtlinienvorschlag vom 06.03.1992, ABl. EG 1992 Nr. C 99/14.

umfassende Publizitätsvorschriften, die den europäischen Vorschriften für die Publizität der Aktiengesellschaften nachgebildet sind.

Die Verfassung des Europäischen Vereins sieht zwei Organe vor:

Organe des EUV
- die Generalversammlung und
- das Verwaltungsorgan.

Die Generalversammlung tritt mindestens einmal jährlich zusammen. Sie beschließt mit einfacher Mehrheit über die grundlegenden Angelegenheiten des Vereins. Das Verwaltungsorgan besteht aus mindestens drei Mitgliedern, die aus ihrer Mitte einen Vorsitzenden wählen. Aufgabe des Verwaltungsorgans ist die Geschäftsführung sowie die Vertretung des Vereins gegenüber Dritten.

b) Die Europäische Genossenschaft (EUGEN)

In der Wirtschaft aller Mitgliedstaaten spielen die Genossenschaften eine große Rolle.[116] Die Europäische Kommission will deshalb die grenzüberschreitende Zusammenarbeit und Aktivität von Genossenschaften fördern. Zu diesem Zweck hat sie 1992 dem Rat einen Vorschlag für eine Verordnung über ein Statut der Europäischen Genossenschaft (EUGEN) vorgelegt.[117] Ergänzt wird dieser Vorschlag durch einen Richtlinienvorschlag, der die Rolle der Arbeitnehmer in der EUGEN regeln soll.[118]

Ähnlich wie der Vorschlag für die Europäische Aktiengesellschaft regelt auch der Vorschlag einer Europäischen Genossenschaft die grundlegenden Strukturen der Genossenschaft selbst. Eine Reihe von Sachfragen bleibt allerdings offen und soll vom nationalen Recht entschieden werden.

Gründungsmitglieder einer EUGEN können nur nationale Genossenschaften oder Versicherungsvereine auf Gegenseitigkeit werden. Der Verordnungsvorschlag der Kommission enthält zwingende Vorschriften über Form und Inhalt der Satzung, über die Pflicht zur Registrierung der Genossenschaft und über die handelsrechtliche Publizität der Genossenschaft. Diese Bestimmungen entsprechenden im wesentlichen den Regelungen der Publizitätsrichtlinie.

Die Verfassung der EUGEN lehnt sich stark an die Struktur der Europäischen Aktiengesellschaft an, wie sie die Europäische Kommission vorgeschlagen hat. Der Vorschlag sieht zwei oder wahlweise drei Organe für die EUGEN vor:

Organe der EUGEN
- eine Generalversammlung
- ein Leitungs- und Verwaltungsorgan
- ein Aufsichtsorgan.

---

116 Lenz – van Hulle, EG Handbuch Recht im Binnenmarkt, 2. Aufl. 1994, S. 533.

117 Vorschlag vom 06.03.1992, ABl. EG Nr. C 99/17. Ausführlich dazu Kessel, EuZW 1992, 475 ff.

118 Richtlinienvorschlag vom 06.03.1992, ABl. EG 1992, Nr. C 99/37.

Die Generalversammlung beschließt über alle grundlegenden Angelegenheiten, die die EUGEN betreffen. Sie ist für alle Genossenschaften obligatorisch. Ansonsten läßt der Vorschlag den Mitgliedstaaten ein Wahlrecht. Sie können – dem monistischen System entsprechend – ein einheitliches Verwaltungsorgan als zweites Organ etablieren. Sie können aber auch – wie es dem dualistischen System entspricht – ein Leitungsorgan und ein davon getrenntes Aufsichtsorgan vorsehen. Mit dieser Wahlmöglichkeit nimmt die Kommission Rücksicht auf die unterschiedlichen Unternehmenskulturen in den Mitgliedstaaten. Das hat allerdings die Konsequenz, daß Europäische Genossenschaften keine einheitliche Struktur haben werden.[119]

Wie bei der SE ist ein zentrales Problem die Mitbestimmung. Wegen der großen politischen Differenzen über die Arbeitnehmermitbestimmung hat die Kommission bei der EUGEN kein einheitliches europäisches Mitbestimmungskonzept entwickelt. Die Kommission geht auch bei der Europäischen Genossenschaft den – im Augenblick anscheinend einzig möglichen – Weg des geringsten Widerstands. Das bedeutet: Für die EUGEN gelten die Mitbestimmungsregelungen des Staates, in dem die EUGEN ihren Sitz hat. Wenn in diesem Staat keine Mitbestimmungsregelungen für Genossenschaften existieren, verlangt der Richtlinienvorschlag der Kommission die Einführung eines bestimmten Mindeststandards an Arbeitnehmerrechten. Dabei geht es aber nur um Unterrichtung und Anhörung der Arbeitnehmer. Mitentscheidungsrechte der Arbeitnehmer sind nicht vorgesehen.

c) Europäische Gegenseitigkeitsgesellschaft (EUGGES)

1992 hat die Kommission einen Verordnungsvorschlag über ein Statut für eine Europäische Gegenseitigkeitsgesellschaft (EUGGES) vorgelegt.[120] Die EUGGES ist als eine Rechtsform für Personenvereinigungen konzipiert, deren Zweck in der sozialen Fürsorge, der Hilfe im Gesundheitsbereich, der Kreditgewährung oder der Versicherung besteht. Sie ist rechtsfähig, ihre Haftung beschränkt sich auf einen „Betriebsfond" und die Rücklagen. Ähnlich wie die Europäische Genossenschaft ist die EUGESS unmittelbar nur mitgliedstaatlichen Personenvereinigungen zugänglich, die nach dem Prinzip des gegenseitigen Beistands der Mitglieder organisiert sind. Nach deutschem Recht kommen damit nur Versicherungsvereine auf Gegenseitigkeit (VVaG) in Betracht.

---

[119] Darauf weist ausdrücklich Behrens, Gesellschaftsrecht, in: Dauses, Handbuch des EU Wirtschaftsrechts, Stand: 1997, E III, S. 55, hin.

[120] Verordnungsvorschlag vom 06.03.1992, ABl. EG 1992, Nr. C 99/40.

D. Europäisches Gesellschaftsrecht in der Krise

I. Krisensymptome und Ursachen

Die europäische Rechtsetzung im Gesellschaftsrecht ist ins Stocken geraten: Mehrere Richtlinienentwürfe sind im Rat blockiert, in anderen Bereichen existieren nur Vorentwürfe der Kommission, an die Verabschiedung der Verordnungen über neue europäische Gesellschaftsformen ist im Augenblick nicht zu denken. Wo liegen die Ursachen für die Krise des EG-Gesellschaftsrechts?

Das europäische Gesellschaftsrecht greift in lange gewachsene und verfestigte Strukturen des nationalen Rechts ein. Gleichzeitig sind politisch brisante Fragen betroffen. Die Kontroverse um die Arbeitnehmermitbestimmung ist ein deutliches Beispiel dafür. Nicht zuletzt spielt die große wirtschaftliche Bedeutung des Gesellschaftsrechts eine Rolle. Weil es um lukrative Bereiche geht, ist der Einsatz von Lobbyisten auf jeder Ebene des Entscheidungsprozesses besonders intensiv und deshalb wirkungsvoll.

Schließlich hat die Kommission, die das europäische Gesellschaftsrecht entworfen hat, die Komplexität dieser Aufgabe möglicherweise unterschätzt.

Die Kommission ist jedenfalls in eine konzeptionelle Krise geraten:[121] Sie findet keine – in allen Mitgliedstaaten akzeptable – Lösung für das Problem der Arbeitnehmermitbestimmung. Die rechtlichen und politischen Unterschiede zwischen den Mitgliedstaaten sind einfach noch zu groß.[122]

Die Mitgliedstaaten ziehen inzwischen – gestützt auf das Subsidiaritätsprinzip[123] – zunehmend die weiterreichende Befugnis der Gemeinschaft zur Regelung des Gesellschaftsrechts in Zweifel.[124] Dazu kommen Widerstände bei der Umsetzung des europäisierten Gesellschaftsrechts in die nationalen Rechtsordnungen.[125]

Von besonderer Brisanz ist aber die Sinnkrise, in der sich die europäische Gesellschaftsrechtspolitik augenblicklich befindet. Soll es überhaupt ein einheitliches europäisches Gesellschaftsrecht geben, oder ist ein Wettbewerb der unterschiedlichen Rechtsordnungen nicht sinnvoller?

II. Rechtsangleichung oder Wettbewerb der Rechtsordnungen?

Angesichts der Stagnation der europäischen Gesellschaftsrechtspolitik ist in der Wissenschaft die Frage aufgeworfen worden, ob das Projekt eines einheitlichen

---

121 Dazu Behrens, FS Mestmäcker, 1997, S. 833 ff.

122 Instruktiv dazu Blaurock, ZeuP 1998, 460, 478 m.w.N. Zu neueren Initiativen in diesem Bereich Hopt, ZIP 1998, 96, 100 f. m.w.N.

123 Zum Subsidiaritätsprinzip im Gesellschaftsrecht Ebke, RabelsZ 62 (1998), 195, 223 f.

124 Dazu Behrens, FS Mestmäcker, 1997, S. 836 ff.; Schön, ZGR 1995, 1 ff. m. umfangr. N.

125 Behrens, FS Mestmäcker, 1997, S. 843, der – überpointiert – von einer Loyalitätskrise spricht. Allgemein zu den Ursachen von Umsetzungsdefiziten Magiera, DÖV 1998, 173 (178) m.w.N.

Europäischen Gesellschaftsrechts nicht endgültig begraben werden sollte.[126] Braucht man überhaupt ein einheitliches Gesellschaftsrecht in Europa? Die Unternehmenspraxis hat nämlich längst andere Wege gefunden, grenzüberschreitend tätig zu werden. Die Internationalisierung der Wirtschaft schreitet auch in Europa voran, ohne daß es dazu einer einheitlichen europäischen Gesellschaftsform bedurft hätte.[127] Das läßt an der Notwendigkeit zweifeln, das Ziel einer einheitlichen Europäischen Aktiengesellschaft weiterzuverfolgen.[128]

Hinzu kommen zunehmend grundsätzliche Erwägungen, die das Europäische Gesellschaftsrecht inzwischen in eine Legitimationskrise führen.[129] Immer stärker wird ein legislativer Wettbewerb zwischen den Mitgliedstaaten propagiert.[130] Dadurch – so die Überlegung – werde sich die beste Lösung durchsetzen. Durch eine europäische Lösung werde nämlich nicht nur die Rechtsvielfalt aufgegeben[131], sondern auch die Chance der dezentralen, kompetitiven und deshalb effektiven Rechtsfortbildung.[132]Dahinter steht die aus der Wirtschaftswissenschaft stammende Idee des Wettbewerbs als Entdeckungsverfahren für die beste Lösung.[133]

Erfahrungen gerade aus den USA zeigen aber, daß der gesellschaftsrechtliche Wettbewerb der Mitgliedstaaten nicht zwangsläufig zur Durchsetzung des optimalen Gesellschaftsrechtssystems führt.[134] Es besteht die Gefahr, daß sich ein unausgewogenes, die spezifischen Interessen einer Gesellschaft – oder schlimmer: des Managements – einseitig schützendes nationales Gesellschaftsrechtssystem durchsetzt, weil es die meisten Gesellschaften „anlockt".[135] Ein angemessener Gläubiger- und Minderheitenschutz bleibt dabei leicht auf der Strecke.[136] Ein Beispiel aus den USA:[137] Kein einzelner Bundesstaat hatte es gewagt, privatrechtlichen Gesellschaften eine Pflicht zur Rechnungslegung oder zur Jahresabschlußprüfung aufzuerlegen. Das mußte der amerikanische Bundesgesetzgeber schließlich tun. Wie problematisch ein Wettlauf der Gesetzgeber sein kann, zeigt sich zur Zeit deutlich im europäischen Steuerrecht und in der europäischen Steuerpolitik.

Abgesehen davon verkennt die Kritik an der Vision eines einheitlichen europäischen Gesellschaftsrechts die deutlichen Nachteile des bestehenden, zersplitterten

---

126 So Raiser, Festschrift Semler, 1993, S. 277. Dazu auch Merkt, BB 1992, 652 ff.; Rasner, ZGR 1992, 314 ff.

127 Dazu Weyand, KritV 1994, 90, 94.

128 So Kolvenbach, FS Heinsius, 1991, 379, 381 ff.; Merkt, BB 1992, 652, 666.

129 Umfassend dazu Ebke, RabelsZ 62 (1998), 195, 197 ff. m.umfangr. N.

130 Ausführlich dazu Ebke, RabelsZ 62 (1998), 195, 207 ff. m.w.N.

131 Dagegen allerdings Basedow, FS Mestmäcker, 1997, S. 360 f., der diese Gefahr zutreffend relativiert.

132 Dazu ausführlich Hopt, ZIP 1998, 96, 98 f. m.w.N.; Kübler, KritV 1994, 79, 88 f.; Behrens, FS Mestmäcker, 1997, S. 839 m.w.N.

133 Dazu Basedow, FS Mestmäcker, 1997, S. 360 m.w.N. Ähnlich Ebke, RabelsZ 62 (1998), 195, 234, der vom „Entdeckungsverfahren Markt" spricht.

134 Dazu ausführlich Ebke, RabelsZ 62 (1998), 195, 236 f. m.w.N.

135 Das ist der sogenannte Delaware-Effekt. Dazu Cary, Yale Law Journal 83 (1974), 663, 666.

136 Dazu Blaurock, ZeuP 1998, 460, 463, Fn. 7, der auf das Beispiel Delaware hinweist.

137 Ebke, RabelsZ 62 (1998), 195, 237 m.w.N.

Gesellschaftsrechts in Europa:[138] mangelnde Transparenz, Unsicherheit über die Rechtslage, erhöhte Transaktionskosten, mehr Rechtsstreitigkeiten und Schutzdefizite für Aktionäre, Investoren und Geschäftspartner.[139] Das sind Probleme, die ihren Grund in der Rechtszersplitterung haben. Durch einen Wettbewerb der Rechtsordnungen, der an der Rechtszersplitterung nichts ändert, würden sie deshalb nicht gelöst.

Zu den wirtschaftspolitischen Zielen der Europäischen Gemeinschaft gehört es, die Ausübung der Niederlassungsfreiheit für Gesellschaften zu verbessern.[140] Gleichzeitig soll aber der Qualitätsstandard des Gesellschaftsrechts in Europa erhalten bleiben. Das kann durch einen Wettbewerb der Rechtsordnungen nicht erreicht werden. Verbesserung der Niederlassungsfreiheit ohne Qualitätsverlust ist nur denkbar durch eine Harmonisierung der nationalen Rechtsordnungen.[141] Das hat schon der EG-Vertrag erkannt: Neben die Niederlassungsfreiheit der Unternehmen in Art. 48 EGV hat er den Harmonisierungs- und Schutzauftrag in Art. 44 II lit. g EGV gestellt.

Zur Harmonisierung der nationalen Gesellschaftsrechte gibt es also keine Alternative, die mit den Vorgaben des EG-Vertrags zu vereinbaren wäre. Über die Frage, wie diese Harmonisierung gestaltet wird, kann und muß aber nachgedacht werden.

Vertiefungsliteratur

Mathias Habersack, Europäisches Gesellschaftsrecht, 1999

Peter Behrens, E.III. Gesellschaftsrecht, in: Manfred Dauses (Hrsg.), Handbuch des EU-Wirtschaftsrechts, Loseblattsammlung, Stand: 1997

Karel van Hulle, Gesellschaftsrecht, in: Carl Otto Lenz (Hrsg.), EG-Handbuch Recht im Binnenmarkt, 2. Auflage 1994

---

[138] Ausführlich dazu Basedow, FS Mestmäcker, 1997, S. 356 ff. m.w.N.

[139] Dazu Hopt, ZIP 1998, 96, 99.

[140] Timmermans, RabelsZ 48 (1984), 1, 15 f.

[141] Instruktiv dazu Basedow, FS Mestmäcker, 1997, S. 351, zu den integrativen Wirkungen eines gemeineuropäischen Privatrechts.

Volker Boehme-Neßler

Cyberlaw: Wirtschaftsrecht für die Internet-Ökonomie

A. Die Internet-Ökonomie

I. Das Internet

Das Internet ändert die Welt und das Denken.[1] Dieser bisher nur in Ansätzen und in Umrissen erkennbare Prozeß betrifft natürlich auch die Wirtschaft und das Wirtschaftsrecht.

1. Cyber-World

Die alten Strukturen von Politik, Wirtschaft und Gesellschaft lösen sich auf. An ihre Stelle treten neue. Von besonderer Bedeutung ist dabei, daß sich politische Macht von den Nationalstaaten hin zu Wirtschaftsunternehmen verlagert.[2] Die Nationalstaaten verlieren ihren politischen Einfluß, ihre rechtliche Macht aber nicht vollständig. Jeder Mensch lebt weiterhin physisch in einem Staat: Er bleibt insoweit nationalen rechtlichen und politischen Einflüssen und Bindungen ausgesetzt. Wichtiger werden aber die überstaatlichen, transnationalen Einflüsse auf die Menschen.

Eine besondere Rolle dabei spielen die Internet-Service-Provider. Als Access-Provider ermöglichen sie den Menschen den Zugang zum Internet, als Content-Provider versorgen sie die Nutzer mit Informationen und anderen Inhalten. Der Einfluß dieser global agierenden Unternehmen auf die einzelnen Bürger wird immer stärker. Nationale Grenzen spielen dabei keine Rolle mehr.

Ein Problem ist, daß sich die Internet-Service-Provider in der Regel in der Hand privater Unternehmen befinden. Der Einfluß der Politik ist bisher eher gering. Die Internet-Provider wachsen zunehmend in eine politische und wirtschaftliche

---

1 Dazu im Überblick: Rötzer, Megamaschine Wissen, 1999; Turkle, Leben im Netz, 1999; Negroponte, Total Digital, 1997.

2 Instruktiv dazu das Drei-Ebenen-Modell von Dyson, Release 2.1, 1999, S. 197 ff.

Schlüsselstellung hinein, die bisher von der Öffentlichkeit weder hinreichend wahrgenommen, noch diskutiert wird.

In dem Maße, in dem nationale Staatsbürgergemeinschaften unwichtiger werden, gewinnen globale Internet-Communities an Bedeutung. Internet-Communities treten in ganz unterschiedlichen Ausprägungen auf: Sie können lockere, informelle Zusammenschlüsse sein: etwa Chatrooms oder Newsgroups. Sie können aber auch streng strukturiert und abgeschlossen sein. Dazu gehören etwa globale, aber firmeninterne Netze (Intranets).

Die Denationalisierung und die Erosion der politischen Macht werfen grundlegende Fragen auf, die bisher noch nicht beantwortet sind. Es geht dabei etwa um das Problem, wie Nationalstaaten zukünftig regiert werden sollen oder um die Zukunft des Sozialstaates in der globalisierten Wirtschaft.[3]

Nicht weniger tief sind die Auswirkungen auf die Gesellschaft, insbesondere die Arbeitswelt.[4] Dabei gibt es viele Unwägbarkeiten, ein Trend aber ist eindeutig: Die Beziehungen in der Arbeitswelt und in der Gesellschaft insgesamt werden flexibler und lockerer[5].

Auch im Bereich der Wirtschaft werden die alten Strukturen umgepflügt: Neue Handelsstrukturen und Wettbewerbsverhältnisse bilden sich, neuartige Unternehmenstypen entstehen, die Arbeitsteilung in der Weltwirtschaft ändert sich, alte Wirtschaftsbranchen verschwinden, neue Geschäftsfelder tun sich auf und werden schnell von kleinen flexiblen Unternehmen besetzt.[6]

Das Internet ist nicht die einzige Ursache dieser Prozesse, es ist aber ein immer stärker wirkender Beschleuniger dieser Änderungstendenzen.

2. Cyber-Think

Das Internet führt zu einer Änderung der Denkgewohnheiten, die in ihren Konsequenzen bisher noch kaum abgeschätzt werden kann.

Das Internet „denkt“ bildlich, sprunghaft und assoziativ. Inhalte des Internet bestehen nicht allein aus Texten. Die besondere Stärke des Internet liegt darin, daß es multimedial ist: Inhalte werden nicht nur durch Texte, sondern auch grafisch, durch Klang, durch Video oder Kombinationen dieser Elemente dargestellt. Die multimediale Darstellung durch das Internet ist reizvoll und eröffnet Möglichkeiten, die die Grenzen des rein textlichen Denkens sprengen.

Damit verbunden ist aber auch eine Gefahr. Bilder lassen sich gut verkaufen, aber sie erhellen Probleme nicht wirklich.[7] Bildhaftes Denken ist nicht strukturiert, analytisch, Argumente abwägend und Konsequenzen bedenkend. Verstärkt wird diese Tendenz durch die dem Internet eigene Methode der Vernetzung: Inhalte

---

3 Grundlegend dazu Michael Zürn, Regieren jenseits des Nationalstaates, 1998.

4 Ausführlich dazu Giarini/Liedtke, Wie wir arbeiten werden, 1998.

5 Dazu Richard Sennett, Der flexible Mensch, 1998.

6 Ausführlich zu den neuen Wirtschaftsstrukturen siehe unten A. II. Die Strukturen der Internet-Ökonomie.

7 Dyson, Release 2.1, 1999, S. 174.

werden in der Regel nicht durch eine klare Struktur miteinander verbunden. Sie werden durch Links lose vernetzt. Das Internet fördert also das sprunghafte und assoziative Denken von einem Link zum anderen. Klar strukturierte, einem roten Faden folgende Problemlösungen werden dadurch nicht gefördert. Welche Auswirkungen dieses neue Denken – das Cyber-Think – auf Politik, Gesellschaft und Wirtschaft hat, läßt sich bisher kaum abschätzen.

Verschärft werden die genannten Tendenzen durch ein weiteres Charakteristikum des Internet: Die Informationsflut vervielfacht sich. Jedem Individuum werden immer mehr Informationen zugänglich. Dabei wird es zunehmend schwerer, wesentliche und unwesentliche, richtige oder falsche Informationen voneinander zu trennen. Das kann zu einer scheinbar paradoxen Entwicklung führen. Während immer mehr Detailinformationen auf dem Wissensmarkt verfügbar sind, wird Spezialwissen immer unwichtiger. Benötigt werden Generalisten, oder „Wissenspfadfinder", die zwischen relevanten und irrelevanten Informationen unterscheiden können.

II. Die Internet-Ökonomie

Das Internet wird die Weltwirtschaft tiefgreifend ändern. Wie wird die Internet-Ökonomie aussehen? Einige grundlegende Strukturmerkmale zeichnen sich bisher ab:

Merkmale der Internet-Ökonomie
- Globalisierung
- Dezentralisierung
- Individualisierung und Flexibilisierung
- Vernetzung
- Innovative Regulierungen

1. Globalisierung

Die Internet-Ökonomie ist global. Sie kennt – ebenso wie das Internet – keine nationalen Grenzen mehr. Ein empirischer Beleg dafür ist, daß der internationale Handel, die Kapitalmärkte und die ausländischen Direktinvestitionen immer stärker wachsen.[8] Damit sind ungeahnte Möglichkeiten und Märkte verbunden.[9] Die Globalisierung der Wirtschaft führt allerdings auch zu einer Verschärfung des Wettbewerbs: Die Konkurrenz zwischen Unternehmen ist in der Internet-Ökonomie nicht mehr regional begrenzt, sondern global, also unbegrenzt.[10]

8 Ausführlich dazu Jonathan Perraton und andere: Die Globalisierung der Wirtschaft, in: Ulrich Beck, Politik der Globalisierung, 1998, S. 139 ff.

9 Durch die Globalisierung entstehen allerdings nicht nur neue Möglichkeiten, sondern auch neue Kosten und Risiken. Dazu Jonathan Perraton und andere, Die Globalisierung der Wirtschaft, in: Ulrich Beck, Politik der Globalisierung, 1998, S. 166 ff.

10 Dazu auch Peter Glotz, Die beschleunigte Gesellschaft, 1999, S. 96, der auch ein eindrückliches Beispiel dafür nennt.

2. Dezentralisierung

Das Internet ist geprägt von locker strukturierten, nicht hierarchisch organisierten Gemeinschaften von Usern.[11] Diese Communities finden sich leicht zusammen und lösen sich auch wieder auf, je nach dem, wie sich die Interessenlage der User entwickelt. Diese dezentrale Organisationsstruktur prägt auch die Internet-Ökonomie.

Die Internet-Ökonomie ist dezentral.[12] Die bisherige Organisation der Wirtschaft wird aufgebrochen: Es entstehen zunehmend neue Unternehmen mit flacheren Hierarchien, Just-in-Time-Produktion und einem immer stärker ausdifferenzierten Outsourcing wichtiger Produktionsprozesse oder Dienstleistungen.[13] Motor dieser Entwicklung ist bisher die dezentrale Struktur des Internet: Es gibt keine zentrale Instanz und keine fest definierten Kommunikationskanäle. Kommuniziert wird von einer Vielzahl von PCs aus, die miteinander vernetzt sind. Diese Vernetzung provoziert neue Formen wirtschaftlichen Verhaltens, die sich ihrerseits wieder auf die Organisation von Wirtschaftsunternehmen auswirken.

Ein Beispiel dafür: Durch das Internet ist es möglich, Konsumenten viel direkter und individueller als bisher anzusprechen. Das führt zu einer verstärkten Face-to-Face-Werbung – oder 1:1-Marketing –, die die mit dem üblichen Marketing verbundenen Streuverluste vermeidet.[14] Voraussetzung für das 1:1-Marketing ist allerdings eine individuelle Auswertung des Konsumentenprofils. Das wiederum kann nicht von großen, zentral und hierarchisch organisierten Unternehmen geleistet werden. Dafür sind dezentrale Unternehmen mit flachen Hierarchien besser geeignet, die den Abstand zwischen Produzent und Konsument so klein wie möglich halten können.

3. Vernetzung

Die Internet-Ökonomie ist hochgradig und global vernetzt.[15] Über das Internet ist es möglich, potentiell jeden PC mit allen anderen PCs zu verbinden. Das schafft immer neue Kombinationsmöglichkeiten: Man kann sich immer wieder neue Geschäftspartner aussuchen. Das hat erhebliche Auswirkungen auf die Wirtschaftsstruktur: Es entstehen molekulare Wirtschaftsstrukturen.[16] Was bedeutet das? Große Unternehmen lösen sich in ihre Bestandteile auf und werden zu Clustern kleiner Moleküle, die gut und in immer wieder neuen Kombinationen zusammenarbeiten. Dabei entsteht eine vollständig neue Architektur der Wirtschaft. Kleine Kernteams

---

11 Ausführlich dazu Dyson, Release 2.1, 1999, S. 67 ff.

12 Dazu Zerdick, Die Internet-Ökonomie, 2. Aufl. 1999, S. 208 f. m.w.N.

13 Peter Glotz, Die beschleunigte Gesellschaft, 1999, S. 96.

14 Ausführlich dazu: Zerdick, Die Internet-Ökonomie, 2. Aufl. 1999, S. 194 ff.; Merz, Electronic Commerce, 1999, S. 244 f.

15 Dazu Zerdick, Die Internet-Ökonomie, 2. Aufl. 1999, S. 208 ff. Zur globalen Vernetzung der Weltwirtschaft Robert B. Reich, Die neue Weltwirtschaft, 1996, S. 125 ff.

16 Peter Glotz, Die beschleunigte Gesellschaft, 1999, S. 101 ff.

arbeiten mit permanent wechselnden Einzelunternehmen und Einzelunternehmern zusammen und steuern dadurch die Realisierung von wirtschaftlichen Projekten.

Ein Beispiel dafür ist der europäische Konzern ABB.[17] Der überwiegende Anteil der Angestellten arbeitet in kleinen, selbständigen, selbstverantwortlichen und autonomen Geschäftseinheiten. Dabei handelt es sich um etwa 1000 verschiedene Einzelunternehmen mit durchschnittlich 200 Mitarbeitern. Diese Unternehmen sind noch einmal unterteilt in insgesamt 4500 Profitcenter mit durchschnittlich 45 Mitarbeitern. Diese Mitarbeiter sind untereinander vernetzt, klassische Hierarchien spielen aber keine Rolle mehr.[18]

Der Prozeß der Vernetzung tritt inzwischen in eine neue Phase. Während bisher Menschen über ihre PCs vernetzt wurden, werden zunehmend Produkte miteinander verbunden, also vernetzt. Produkte werden mit Chips versehen, die über einen Rechner kontrolliert und mit anderen Chips verbunden werden. Durch die Vernetzung werden aus unbelebten Objekte plötzlich animierte Netzknoten, die sich selbst optimierende Lösungen ermöglichen. Durch einzelne simple, aber miteinander über ein Netzwerk kommunizierende Chips werden intelligente, wirtschaftlichere Lösungen möglich.[19]

Ein Beispiel dafür: In Berlin wurden im Rahmen eines Modellversuchs Glasrecyclingcontainer mit einem Sensorchip und einem Sender ausgestattet, die der Zentrale signalisieren, wann ein Glascontainer voll ist. Aus den eingehenden Daten errechnete die Zentrale dann täglich die optimale Route für den LKW, der die Container leert.

Die immer dichter werdende Vernetzung führt zu einer Beschleunigung des Wirtschaftsprozesses.[20] Die engen und kurzen Verbindungen durch das Internet ermöglichen hohe Geschwindigkeiten. Ein Zeichen dafür ist die Tatsache, daß die Zeiten, in denen Produkte auf einem Markt präsent sind, sich spürbar verkürzen.[21] Die Beschleunigung des Wirtschaftsprozesses hat zur Folge, daß hohe Wachstumsraten möglich sind. Das bisher im besten Fall sanft ansteigende Jahreswirtschaftswachstum eines Unternehmens wird nicht selten durch exponentielles Wachstum abgelöst.[22]

Das deutlich erhöhte Tempo der Wirtschaft hat allerdings auch gravierende Nachteile:

- Eine verschärfte Konkurrenz und
- kleine Gewinne trotz hoher Wachstumsraten.

Der Grund dafür: Die Lebenszyklen der Produkte sind angesichts der hohen Entwicklungskosten zu kurz. Das führt nicht selten dazu, daß Produkte auf den

---

17 Dieses Beispiel schildert ausführlich Peter Glotz, Die beschleunigte Gesellschaft, 1999, S. 102 f.

18 Dazu auch Zerdick, Die Internet-Ökonomie, 2. Aufl. 1999, S. 213.

19 Zerdick, Die Internet-Ökonomie, 2. Aufl. 1999, S. 208.

20 Zur Beschleunigung der digitalen Gesellschaft Peter Glotz, Die beschleunigte Gesellschaft, 1999, S. 93 f.

21 Zerdick, Die Internet-Ökonomie, 2. Aufl. 1999, S. 212.

22 Dazu Zerdick, Die Internet-Ökonomie, 2. Aufl. 1999, S. 212.

Markt gebracht werden, deren Entwicklung noch nicht vollständig abgeschlossen ist.[23]

4. Individualisierung und Flexibilisierung

Durch und über das Internet individualisieren sich die Märkte. Ein besonders prägnantes Beispiel dafür: Arbeitsmärkte werden zunehmend von Selbständigen und Freiberuflern geprägt, die ihre Arbeitskraft immer wieder auf dem Arbeitsmarkt anbieten.[24] Die für die industrielle Welt typischen längerfristigen Arbeitsverhältnisse für Arbeiter und Angestellte lösen sich auf.[25]

Nicht nur die Arbeitsmärkte, sondern auch die Konsumentenmärkte werden individueller und flexibler. Besonders deutlich wird dies am Beispiel der Werbung: Der Internet ermöglicht – das wurde bereits erwähnt – wirkungsvolles Eins-zu-Eins-Marketing, Massenwerbung mit unvermeidlichen Streuverlusten wird überflüssig.[26]

5. Innovative Regulierungsmodelle

Die zentrale und individualistische Struktur des Internet hat Auswirkungen auf die Art und Weise, wie rechtlich verbindliche Regelungen für das Internet geschaffen werden. Bisher existiert kein zentrales, international gültiges und anerkanntes einheitliches Internet-Recht. Internet-Recht besteht zu weiten Teilen aus einzelstaatlichem Recht, das aber dem internationalen, grenzüberschreitenden Charakter des Internet in vielen Fällen nicht gerecht wird. Nicht zuletzt aus diesem Grund entwickeln sich im Internet dezentrale Regeln, mit denen das Internet seine Interessenkonflikte selbst reguliert. Das Internet läßt sich insoweit als vernetztes, sich selbst regulierendes System beschreiben. An zwei Beispielen läßt sich prägnant verdeutlichen.

Die Vergabe von Domains ist nicht gesetzlich geregelt. Im Internet haben sich deshalb unabhängig von staatlicher Gesetzgebung Strukturen und Verfahrensweisen entwickelt, durch die die Domain-Vergabe geregelt wird.[27] Ein anderes Problem, das das Internet dezentral, ohne staatliche Beteiligung selbst reguliert, ist das Spamming.[28] Unter Spamming versteht man das Verschicken elektronischer Massensendungen – etwa vergleichbar einer Postwurfsendung – die unaufgefordert per E-mail an Internet-Nutzer geschickt werden. Spamming kann zu einer Bedrohung für die Funktionsfähigkeit des Internet werden: Durch das massenhafte Versen-

---

23 Ein spektakuläres Beispiel dafür ist die A-Klasse der Firma DaimlerChrysler. Stichwort: Elchtest.

24 Ausführlich zum dadurch entstehenden flexiblen Menschen Richard Sennett, Der flexible Mensch, 1998, insbesondere S. 57 ff.

25 Peter Glotz, Die beschleunigte Gesellschaft, 1999, S. 105.

26 Dazu Zerdick, Die Internet-Ökonomie, 2. Aufl. 1999, S. 18.

27 Ausführlich zur Domain-Vergabe Koch, Internet-Recht, 1998, S. 493 ff. m.w.N.

28 Zum Begriff Strömer, Online-Recht, 2. Aufl. 1999, S. 137 m.w.N.

dung solcher Mails können Server blockiert werden oder sogar zusammenbrechen.[29] In den USA gibt es einige Gesetzesinitiativen, die sich mit dem Problem des Spamming beschäftigen.[30] Ein wirksames gesetzliches Mittel zur Lösung dieses Problems ist bisher aber noch nicht gefunden worden. Deshalb haben die Internet-User selbst eigene, dezentrale Strategien und technische Problemlösungen entwickelt, um das Spamming in einem verträglichen Umfang zu halten.[31]

B. Provider

I. Begriff, Arten und Bedeutung

1. Begriff und Arten

Internet-Service-Provider (ISP) sind in der Regel private Unternehmen, die den Nutzern den Zugang zum Internet ermöglichen. Sie verbinden die physische mit der virtuellen Welt.[32] Es gibt inzwischen eine Fülle von ISP. Eine ganze Reihe von ihnen operiert auch international: Beispiele dafür sind etwa CompuServe, AOL oder EOnet. In der Regel sind ISP private Unternehmen, in einigen Staaten werden sie aber streng vom Staat überwacht: Dort sind sie staatlich lizenzierte oder im Staatsbesitz befindliche Agenturen. Ein Beispiel dafür ist China.

Idealtypisch lassen sich grundsätzlich zwei Arten von Providern unterscheiden: Access-Provider und Content-Provider.[33] Access-Provider vermitteln lediglich einen Zugang zum Internet. Content-Provider bieten dagegen redaktionell aufbereitete Informationen und Inhalte im Internet an. Diese idealtypische Unterscheidung wird in der Praxis allerdings immer stärker obsolet: Jedenfalls die großen Access-Provider gehen immer stärker dazu über, auch Inhalte anzubieten. Das entspricht der allgemeinen Tendenz zur Konvergenz im Medienbereich.[34]

2. Schlüsselstellung: Die technische und politische Bedeutung der Provider

Die Provider haben eine technische Schüsselstellung: Ohne sie ist kein Zugang zum Internet und zu seinen Inhalten möglich. Daraus resultiert letztlich auch die große politisch – juristische Bedeutung der ISP. Das Rechtssystem beginnt erst allmählich, sich der überragenden Bedeutung der ISP bewußt zu werden und sie entsprechend in die Verantwortung zu nehmen.[35] Inzwischen hat das deutsche

29 Dazu Koch, Internet-Recht, 1998, S. 44.

30 Siehe dazu Dyson, Release 2.1, 1999, S. 216 ff.

31 Ausführlich dazu Dyson, Release 2.1, 1999, S. 218 ff.

32 Dyson, Release 2.1, 1999, S. 202.

33 Ausführlich dazu Strömer, Online-Recht, 2. Aufl., 1999, S. 9 f.

34 Zu dieser Entwicklung und den damit verbundenen rechtlichen Konsequenzen: Lehmann, CR 2000, 50; Koenig, K&R 2000, 1 ff.

35 Dazu ausführlich Dyson, Release 2.1, 1999, S. 195 ff.

Recht begonnen, rechtliche Regelungen für die Provider zu entwickeln. Sie beziehen sich vor allem auf

- die Zulassung eines Unternehmens als Provider
- den Schutz der Vertragspartner der Provider
- die Verantwortlichkeit der Provider für die von ihnen angebotenen Inhalte.

II. Die Zulassung als Provider

Access-Provider, die ein eigenes Netz betreiben, sind nach § 6 Abs. 1 Telekommunikationsgesetz (TKG) lizenzpflichtig. Die zuständige Regulierungsbehörde für Post- und Telekommunikation ist nach § 8 TKG grundsätzlich verpflichtet, eine solche Lizenz zu erteilen. Sie darf die Genehmigung nur verweigern, wenn – das sagt § 8 Abs. 3 TKG –,

- keine nutzbaren Frequenzen zur Verfügung stehen oder
- der Antragsteller nicht zuverlässig, leistungsfähig und fachkundig ist oder
- durch die Lizenzerteilung die öffentliche Sicherheit oder Ordnung gefährdet würde.

Welchen Sinn hat die Lizenzpflicht? § 2 Abs. 2 TKG zählt ein ganzes Bündel von Zielen auf, die bei der Regulierung der Telekommunikation erreicht werden sollen:

- Berücksichtigung der Interessen der Nutzer
- chancengleicher und funktionsfähiger Wettbewerb
- flächendeckende Grundversorgung
- Förderung von Telekommunikationsdiensten bei öffentlichen Einrichtungen
- effiziente und störungsfreie Nutzung von Frequenzen
- Wahrung der Interessen der öffentlichen Sicherheit.

Diese – sich zum Teil widersprechenden – Ziele können nur erreicht werden, wenn die Entwicklung der Telekommunikation – und auch die Entwicklung des Internetmarktes – jedenfalls vorsichtig kontrolliert und gesteuert wird. Das ist Aufgabe der Regulierungsbehörde für Post- und Telekommunikation, das dazu notwendige Instrument ist die Lizenzpflicht in § 6 Abs. 1 TKG.

Access-Provider, die den Zugang zum Internet vermitteln, ohne ein eigenes Netz zu betreiben, üben einen geringeren Einfluß auf die Infrastruktur der Telekommunikation aus. Sie müssen die Aufnahme oder Änderung ihrer Tätigkeit deshalb lediglich gemäß § 4 TKG anzeigen, damit die Behörde den Überblick über den Internet-Markt behält. Lizenzpflichtig sind sie allerdings nicht.

III. Kundenschutz: Verträge mit Providern

Um die Kunden zu schützen, gibt es inhaltliche Vorgaben und Schranken für die Verträge, die Provider mit ihren Kunden abschließen. Rechtsgrundlagen dafür sind die Telekommunikations-Kundenschutz-Verordnung (TKV) und das AGB-Gesetz.

1. Die Telekommunikations-Kundenschutz-Verordnung (TKV)

Access-Provider müssen die am 1. Januar 1998 in Kraft getretene Telekommunikations-Kundenschutz-Verordnung (TKV)[36] beachten, wenn sie Verträge mit ihren Kunden schließen. Für reine Content-Provider gilt die TKV allerdings nicht.[37]

Die TKV enthält eine Reihe von inhaltlichen Anforderungen, die den Schutz der Provider-Kunden bezwecken. Provider dürfen beispielsweise – das regelt § 2 TKV – keine Kunden diskriminieren. Sie dürfen auch – das ist die Regelung von § 3 TKV – ihre Leistungen grundsätzlich nicht im Bündel anbieten: Sie müssen für Kunden, die dies wünschen, einzelne Leistungen zur Verfügung stellen. § 5 TKV legt Grundsätze für die Berechnung der Preise fest, § 7 regelt die Haftung für Schäden. Um die Transparenz des immer unübersichtlicher werdenden Telekommunikations- und Internet-Marktes zu verbessern, regeln §§ 27 ff. TKV ausführlich, wie die Provider ihre Kunden im einzelnen informieren müssen.

2. AGB-Gesetz

Von besonderer Bedeutung für die Verträge, die Provider mit ihren Kunden schließen, ist das Gesetz über die Allgemeinen Geschäftsbedingungen (AGB-Gesetz). Das AGB-Gesetz beschäftigt sich im wesentlichen mit zwei Problemkreisen: Unter welchen Voraussetzungen werden vorformulierte Vertragsbedingungen – also Allgemeine Geschäftsbedingungen – Inhalt eines Vertrages? Und: Welchen inhaltlichen Anforderungen müssen diese Allgemeinen Geschäftsbedingungen entsprechen, damit die betroffenen Kunden geschützt werden?

a) Wann werden AGB Bestandteil des Providervertrages?

Allgemeine Geschäftsbedingungen werden Bestandteil eines Provider-Vertrages, wenn – das ist die Regelung von § 2 AGB-Gesetz – zwei Voraussetzungen erfüllt sind:

– Der Provider muß ausdrücklich auf seine Allgemeinen Geschäftsbedingungen hinweisen und
– der Kunde muß eine zumutbare Möglichkeit haben, von den AGB Kenntnis zu nehmen.

Ob ein Hinweis auf die AGB deutlich genug ist, kann problematisch sein, wenn ein Provider-Vertrag per e-mail oder per Mausklick am Bildschirm geschlossen wird. Grundsätzlich ist es nicht erforderlich, daß Allgemeine Geschäftsbedingungen schriftlich auf Papier vorliegen. Es reicht aus, wenn Allgemeine Geschäftsbedingungen auf einer Internet-Seite gespeichert und abrufbar sind. § 2 Abs. 1 AGB-Gesetz verlangt, daß auf diese Web-Page ausdrücklich hingewiesen wird: durch

36 vom 11. Dezember 1997, BGBl. I, S. 2910.
37 So ausdrücklich Strömer, Online-Recht, 2. Aufl. 1999, S. 16.

einen Link. Es empfiehlt sich, den Link in das Auftragsformular zu integrieren oder dem Bestell-Icon unmittelbar voranzustellen.[38] Ein bloßer Hinweis auf die AGB in der allgemeinen Menüleiste entspricht den Anforderungen von § 2 Abs. 1 AGB-Gesetz allerdings nicht.

Wenn Allgemeine Geschäftsbedingungen nur flüchtig am Bildschirm dargestellt werden, müssen besondere Anforderungen an die Zumutbarkeit der Kenntnisnahme im Sinne von § 2 Abs. 1 Nr. 2 AGB-Gesetz gestellt werden. AGB auf einer Web-Page müssen deutlich kürzer und verständlicher dargestellt sein, als Allgemeine Geschäftsbedingungen, die schriftlich in Papierform vorliegen. Das Internet ist ein weltweites Medium, die dominierende Sprache ist Englisch. Nicht selten stellen Provider deshalb ihre Allgemeinen Geschäftsbedingungen in Englisch ins Netz. Ob englischsprachige AGB für deutsche Kunden die Voraussetzungen von § 2 Nr. 2 AGB-Gesetz erfüllen, ist allerdings zweifelhaft.[39]

Eine spezielle Möglichkeit, Vertragsbedingungen von Providern zu Bestandteilen der Verträge mit den Kunden zu machen, sieht § 23 Abs. 2 Nr. 1a AGB-Gesetz vor: Provider können ihre Geschäftsbedingungen bei der Regulierungsbehörde für Post- und Telekommunikation hinterlegen. Wenn sie dann im Amtsblatt der Behörde veröffentlicht werden und die Kunden jederzeit die Möglichkeit zur Einsichtnahme haben, gelten die Allgemeinen Geschäftsbedingungen als Vertragsbestandteil.

b) Wann sind AGB inhaltlich wirksam?

Nicht alle AGB, die Vertragsbestandteil geworden sind, sind auch wirksam.

§ 3 AGB-Gesetz sieht überraschende Klauseln, mit denen die Kunden nicht rechnen konnten und mußten, als nichtig an.[40] §§ 9 bis 11 AGB-Gesetz stellen inhaltliche Standards auf, denen die Allgemeinen Geschäftsbedingungen entsprechen müssen. Wenn diese Anforderungen zu Lasten des Verbrauchers nicht erfüllt werden, sind die Klauseln nichtig. Den Grundgedanken der Inhaltskontrolle von Allgemeinen Geschäftsbedingungen durch das Gesetz drückt § 9 AGB-Gesetz deutlich aus: Allgemeine Geschäftsbedingungen sind nichtig, wenn sie den Verbraucher unangemessen benachteiligen. Wann eine solche unangemessene Benachteiligung vorliegt, konkretisieren die §§ 10 und 11 AGB-Gesetz exemplarisch.

Von besonderer Bedeutung ist die Regelung von § 6 AGB-Gesetz: Es gibt keine geltungserhaltende Reduktion.[41] Das bedeutet: Eine unwirksame Klausel ist immer vollständig unwirksam, sie kann nicht durch eine entsprechende Auslegung auf das gerade noch zulässige Maß reduziert werden. Das setzt – so will es das AGB-Gesetz – den Verwender der Klausel unter Druck. Er muß sich bemühen, eine inhaltlich wirksame Klausel zu benutzen. Tut er dies nicht, läuft er Gefahr, die gesamte Klausel durch Nichtigkeit zu „verlieren".

---

38 So Koehler MMR 1998, 298, 291.

39 Dazu Koch, Internet-Recht, 1998, S. 86 m.w.N.

40 Dazu Koch, Internet-Recht, 1998, S. 70 m.w.N.

41 Dazu Koch, Internet-Recht, 1998, S. 72 f. m.w.N.

IV. Inhalte im Internet: Verantwortlichkeit und Kontrollpflichten von Providern

1. Teledienste und Mediendienste

Der Gesetzgeber unterscheidet bei Providern zwischen Telediensten und Mediendiensten. An diese Unterscheidung knüpft er zum Teil unterschiedliche inhaltliche Anforderungen und Kontrollpflichten für Provider.

Was Teledienste sind, definiert § 2 Abs. 1 Teledienste-Gesetz (TDG): Teledienste sind elektronische Informations- und Kommunikationsdienste, die für eine individuelle Nutzung von kombinierbaren Daten wie Zeichen, Bildern oder Tönen bestimmt sind. Als Beispiele führt § 2 Abs. 2 TDG Telebanking, Telespiele, Teleshopping, Datendienste und Angebote zur Nutzung des Internet an. Mediendienste werden dagegen von § 2 Abs. 1 Mediendienste-Staatsvertrag (MDStV) definiert als das Angebot und die Nutzung von an die Allgemeinheit gerichteten Informations- und Kommunikationsdiensten in Text, Ton oder Bild. § 2 Abs. 2 MDStV nennt Beispiele: Fernseheinkauf, Verteildienste, Fernsehtext, Video-on-Demand und multimediale Presse. Entscheidend für die Unterscheidung sind für den Gesetzgeber also nicht die technischen Merkmale, sondern die Zwecksetzung der Dienste. Mediendienste richten ihr Angebot an die Allgemeinheit, Teledienste wenden sich an individuelle Nutzer.

Eine grobe Faustregel hilft bei der Unterscheidung: Teledienste sind die Angebote derjenigen, die ohne kulturellen Anspruch Geld verdienen wollen.[42] Die Online-Ausgaben von Zeitschriften sind deshalb typische Mediendienste, die Web-Sites von virtuellen Shopping-Malls sind dagegen Teledienste.

2. Die Verantwortlichkeit von Providern für Inhalte

Bei allen Unterschieden im Detail: Die Verantwortlichkeit von Telediensten und Mediendiensten für die Inhalte, die sie präsentieren, ist nach den gleichen Grundsätzen geregelt.

Verantwortlichkeit von Providern
- **Content-Provider**
  eigene Inhalte: volle Haftung
  fremde Inhalte: eingeschränkte Haftung
- **Access-Provider**
  keine Haftung

Für eigene Inhalte, die sie zur Nutzung bereithalten, sind die (Content-) Provider – unabhängig davon, ob sie als Teledienste oder Mediendienste zu qualifizieren sind – voll nach den allgemeinen Gesetzen verantwortlich. Das ist die Rege-

[42] So Strömer, Online-Recht, 2. Aufl. 1999, S. 13.

lung von § 5 Abs. 1 TDG und von § 5 Abs. 1 MDStV. Sie haften dann also aus Deliktsrecht, Strafrecht, Presserecht, Verlagsrecht und Produkthaftungsrecht.[43]

Der Gesetzgeber sieht Haftungserleichterungen für Provider vor, die keine eigenen Inhalte ins Netz stellen. Gemäß § 5 Abs. 2 TDG und § 5 Abs. 2 MDStV sind Provider für fremde Inhalte, die sie zur Nutzung bereithalten, nur unter eingeschränkten Voraussetzungen verantwortlich. Sie haften nur dann,

- wenn sie von den fremden Inhalten Kenntnis haben und
- es ihnen technisch möglich und zumutbar ist, die Nutzung zu verhindern.

Völlig ausgeschlossen ist die Haftung von Access-Providern, die lediglich den technischen Zugang zur Nutzung von fremden Inhalten ermöglichen (§§ 5 Abs. 3 TDG, 5 Abs. 3 MDStV).

V. Das Internet als internationales Medium: Anwendbarkeit des deutschen Rechts?

Das Internet ist global und ignoriert die nationalen Grenzen. Viele, wenn nicht die meisten, Provider stammen nicht aus Deutschland, sondern aus anderen Staaten. Eine entscheidende Frage ist deshalb: Wann ist deutsches Recht überhaupt auf Verträge mit Providern anwendbar?

Deutsches Recht gilt einmal, wenn es – das sagt Art. 27 EGBGB – vertraglich so vereinbart wurde. Wenn keine vertragliche Einigung erzielt wurde, gilt bei Verbraucherverträgen in der Regel dann deutsches Recht, wenn der Verbraucher Deutscher ist. Denn nach Art. 29 EGBGB darf ein deutscher Verbraucher nicht rechtlich schlechter gestellt werden, wenn er grenzüberschreitende Verträge abschließt. Bei allen anderen Verträgen gilt die Regelung von Art. 28 EGBGB: Es gilt das Recht des Staates, mit dem der Vertrag die engsten Verbindungen aufweist. In der Regel ist das der Staat, in dem die vertragliche Leistung erbracht werden soll.

Deutsches Recht gilt also dann, wenn deutsche Verbraucher einen Vertrag mit einem Provider schließen, unabhängig davon, in welchem Staat der Sitz des Providers ist. Wenn Kaufleute oder Unternehmen Verträge mit Providern schließen, gilt dagegen in der Regel das Recht des Staates, in dem der Provider seine Leistung erbringt.

C. Domains

I. Begriff und Bedeutung

Alle Rechner, die mit dem Internet verbunden sind, sind durch charakteristische Zahlenkombinationen identifiziert (sog. Internet-Protocol-Number). Durch diese Zahlenketten kann jeder Rechner im Internet gefunden werden. Diese IP-Nummern

[43] Ausführlich zur Haftung Koch, Internet-Recht, 1998, S. 214 ff.

lassen sich etwa mit Telefonnummern vergleichen.[44] Diesen durch Zahlenkombinationen identifizierbar gemachten Adressen werden – um die Adressen anschaulich zu machen – zusätzlich sogenannte Domain-names – oder verkürzt: Domains – zugeordnet. Ein Beispiel dafür ist etwa: *t-online.de*. Letztlich bezeichnen diese Domains also die Adresse eines Nutzers im Internet.[45]

Die Domains bestehen grundsätzlich aus zwei Komponenten, die durch einen Punkt voneinander getrennt werden. Auf der rechten Seite des Punktes steht die sogenannte Top-Level-Domain. Links befindet sich die sogenannte Second-Level-Domain. Das Internet kennt etwa 180 verschiedene, fest definierte Top-Level-Domains.[46] Dazu gehören etwa die Länder-Domains, die angeben, in welchem Staat der Nutzer seinen Rechner betreibt. Beispiele dafür sind *de* für Deutschland oder *uk* für Großbritannien. Second-Level-Domains sind vom Nutzer frei wählbar. Sie stellen den eigentlich, individuellen Namensbestandteil dar. Zur besseren Identifizierung kann die Second-Level-Domain in weitere Sub-Domains aufgespalten werden, die voneinander wiederum durch einen Punkt getrennt werden.

Je weiter die Kommerzialisierung des Internet fortschreitet, desto wichtiger werden also die Domains. Sie sind die „Ankerplätze für die eigene Internet-Präsenz".[47] Angesichts der ungeheuren Fülle an Web-Sites im Internet wird es immer schwieriger, die Aufmerksamkeit der Internet-Nutzer auf sich zu ziehen.[48] Die Domains sind das Mittel der Anbieter, Internet-Nutzer auf die eigenen Web-Sites zu locken.

Ein Indiz für die gestiegene ökonomische Bedeutung von Domains ist die Tatsache, daß inzwischen ein schwunghafter Handel mit prägnanten, die Aufmerksamkeit auf sich ziehenden Domains entstanden ist.[49]

Hier liegt eine Herausforderung für das Internet-Wirtschaftsrecht. Es muß angemessene und akzeptierte Regeln entwickeln, die zwei Probleme lösen:

- Wie und von wem werden die Domains an die einzelnen Interessenten vergeben?
- Wie werden die Inhaber von Domains gegen Verletzungen ihrer Rechte geschützt?

II. Die Vergabe von Domains

Internet-Domains werden von der ICANN (Internet Corporation for Assigned Names and Numbers) vergeben[50]. Hinter ICANN – der „Internet-Regierung" – steht das amerikanische Department of Commerce, also letztlich die amerikanische

---

44 Dazu Koch, Internet-Recht, 1998, S. 493. Ein anderes Bild: Wenn man das Internet mit einer Straße vergleicht, sind die IP-Nummern die Hausnummern der Rechner.

45 Domains werden von allen Internet-Programmen selbständig in IP-Nummern umgewandelt (domain name lookup).

46 Dazu Strömer, Online-Recht, 2. Aufl. 1999, S. 52.

47 Strömer, Online-Recht, 2. Aufl. 1999, S. 51.

48 Dazu Dyson, Release 2.1, 1999, S. 267 f.

49 Dazu Strömer, Online-Recht, 2. Aufl. 1999, S. 51, der sich a.a.O., S. 70 f. dazu aber sehr kritisch äußert.

50 Ausführlich zur Vergabeorganisation im Internet Koch, Internet-Recht 1998, S. 573 ff. m.w.N.; Mayer, K&R 2000, 13 ff.

Regierung. Das bedeutet: Streng genommen wird die Vergabe von Domains im Internet von der amerikanischen Regierung vorgenommen.[51]

ICANN hat die Vergabe von Top-Level-Domains an private Unternehmen delegiert. Die geografischen Top-Level-Domains wie etwa *uk* für Großbritannien, *de* für Deutschland oder *ag* für Antigua werden von regionalen Vergabeorganisationen zugeteilt. Alle andere Top-Level-Domains werden vom International Network Information Center (Inter NIC) vergeben.

Alle Second-Level-Domains – also die eigentlichen Namensbestandteile – im Zusammenhang mit der Top-Level-Domain *de* werden vom Deutschen Network Information Center (DENIC) verteilt.

Es gibt bisher kein internationales verbindliches Recht, das sich mit der Vergabe von Domains beschäftigt. Die privaten Vergabeorganisationen haben sich selbst Regeln gegeben, nach denen sie die Zuteilung von Domains vornehmen. Das Vergabeverfahren ist denkbar einfach organisiert: Es gilt das Prinzip „first come, first served".[52] Wer also zuerst eine Domain beantragt, erhält sie in der Regel auch.

Dieses Vergabeverfahren ist problematisch. Denn es kann vorkommen, daß jemand eine Domain beantragt und dabei die Rechte eines anderen an diesem Namen oder Markenzeichen verletzt. Ein Beispiel dafür: Ein Provider, der die Vergabe der Domain „*bahnhof.de*" beantragt, verletzt die besseren Rechte der Deutsche Bahn AG an dieser Domain.[53]

Die Verfahrensordnung, die sich die Vergabeorganisationen selbst gegeben haben, schützt also nicht davor, daß Domains an Unberechtigte vergeben werden. Um so schärfer stellt sich die Frage, wie das staatliche Recht diesen Konflikt auflöst.

III. Der Schutz von Domains

1. Domainschutz als Querschnittsaufgabe

Es gibt kein spezielles Recht, das sich ausschließlich mit dem Schutz von Domains beschäftigt. Auf die Schutzproblematik ist aber das bereits bestehende rechtliche Instrumentarium anzuwenden. Domains können deshalb geschützt werden als

Schutz von Domains
- Namen, § 12 BGB
- Firma, §§ 17, 37 HGB
- Marke, § 14, 15 Markengesetz
- Titel, §§ 5 Abs. 3, 15 Abs. 1 Markengesetz
- Eigentum, §§ 823, 826 BGB oder durch
- Wettbewerb, §§ 1, 3 UWG

---

[51] So Dyson, Release 2.1, 1999, S. 210; ähnlich auch Koch, Internet-Recht, 1998, S. 573.

[52] Siehe dazu die INTERNIC Domains name dispute policy, abgedruckt bei Strömer, Online-Recht, 2. Aufl. 1999, S. 365.

[53] Landgericht Köln, Beschluß vom 31. Oktober 1997, 31 O880/97, abgedruckt bei Strömer, Online-Recht, 2. Aufl. 1999, S. 326.

2. Domains als Name, Firma, Marke und Werktitel

Das Recht hat Mechanismen entwickelt, durch die es Namen, Firmen, Marken und Titel gegen unberechtigte Inanspruchnahmen schützt. Aber: Das hilft im Internet-Recht nur dann weiter, wenn man Domains überhaupt als Namen, Firmen, Marken oder Titel ansehen kann.

Unter technischen Gesichtspunkten kann man daran zweifeln.[54]. Domains sind an sich nichts anderes als symbolische Bezeichnungen einer Rechneradresse, die technisch erforderlich ist, um mit dem Rechner über das Internet zu kommunizieren. Die Domain hat deshalb Ähnlichkeit mit einer Telefonnummer. Sie dient – anders als etwa ein Name oder eine Marke – nicht der Unterscheidung einer Person, eines Produktes oder Unternehmen von einer anderen Person, einem anderen Produkt oder Unternehmen. Denn mit der Domain werden im technischen Sinn weder natürliche oder juristische Personen noch Waren oder Dienstleistungen bezeichnet.

Allerdings erschöpft sich der Zweck einer Domain nicht in dieser rein technischen Funktion. Denn Domains werden zunehmend dazu benutzt, Informationen über den Betreiber des Rechners zu geben. Insbesondere Unternehmen machen ihren Firmennamen zum Bestandteil einer Domain. Damit wollen sie sich von anderen Unternehmen im Internet abgrenzen und ihre möglichen Kunden - genauer: deren Suchmaschinen - auf sich aufmerksam machen. Domains haben ein hohes Identifizierungspotential. Angesichts dieser Funktion stellen sie einen Namen im Sinne von § 12 BGB und eine Firma im Sinne von §§ 17 und 37 HGB dar.[55]

Domains sind deshalb durch § 12 BGB geschützt. Wer durch den Gebrauch einer Domain in seinem Namensrecht verletzt wird, kann deshalb Unterlassung und Schadensersatz verlangen.[56]

Unterlassungsansprüche können sich auch aus § 37 Abs. 2 HGB ergeben, wenn ein fremder Unternehmensname - eine Firma – unbefugt genutzt wird. Allerdings setzt § 30 Abs. 1 HGB voraus, daß Verletzer und Firmeninhaber am gleichen Ort ansässig sein müssen. Eine solche Fallkonstellation wird im Bereich des Internet eher selten sein, so daß § 37 Abs. 2 HGB als Schutznorm für Domains kaum eine Rolle spielt.

Domains können auch eine Marke im Sinne von § 3 Markengesetz oder eine geschäftliche Bezeichnung im Sinne von § 5 Abs. 1 Markengesetz sein.[57] Ein Beispiel dafür ist die Domain *krupp.de*.[58] Domains können auch Unternehmenskennzeichen im Sinne von § 5 Abs. 2 MarkenG sein. Das Paradebeispiel dafür ist die Domain *amazon.com*, die den bekannten Buchversand in Seattle bezeichnet.

---

54 Ablehnend deshalb auch Kur, CR1996, 325, 327; LG Köln CR 1997, 291, 292 – pulheim.de.

55 So auch Koch, Internet-Recht, 1998, S. 500 ff. m. w.N.

56 Kritisch dazu aber Gabel, NJW – CoR 1996, 322 324 f., der dadurch die Freiheit des zentral organisierten Internet gefährdet sieht.

57 Dazu Koch, Internet-Recht, 1998, S. 506 ff. m. w.N.

58 Dazu OLG Hamm, MMR 1998, S. 214 ff.

Durch das Markenrecht geschützt werden Domains auch dann, wenn sie Werktitel im Sinne von § 5 Abs. 3 Markengesetz darstellen. Davon wird man vor allem dann ausgehen können, wenn die Domain den Titel eines bekannten Printmediums enthält. Ein Beispiel dafür: *eltern.de.*[59]

Ist eine Domain als Marke, Unternehmenskennzeichen oder Werktitel geschützt, greifen im geschäftlichen Verkehr die Verbote von § 14 und 15 Markengesetz ein. Verboten ist dann vor allem

- die Verwendung identischer Marken, Unternehmenskennzeichen oder Werktitel, oder
- die Benutzung von ähnlichen Zeichen, wenn die Gefahr von Verwechslungen besteht oder
- die Rufausbeutung durch die Benutzung unterschiedlicher, aber sehr ähnlicher Markenzeichen, Unternehmenskennzeichen oder Werktitel.

Der Inhaber des geschützten Rechts kann gemäß §§ 14, 15 Markengesetz Unterlassung der Rechtsverletzung und Schadensersatz verlangen. Von besonderer Bedeutung ist ein zusätzlicher Auskunftsanspruch aus § 19 Markengesetz: Der in seinem Markenrecht Verletzte kann vom Verletzer Auskunft über den gesamten Umfang der Markenverletzung verlangen. Das ist in der Praxis von großer Bedeutung. Denn in der Regel kann der Verletzte seinen Schaden nicht beziffern, solange er nicht über den gesamten Umfang der Markenverletzung voll informiert ist.

Ein Problem ist bislang noch ungeklärt. Welche Lösung gibt es, wenn zwei gleichnamige Personen oder Unternehmen mit gleicher Berechtigung die selbe Domain benutzen wollen? Im Internet wird dieses Problem durch die unterschiedlichen Top-Level-Domains immer drängender. Es ist nämlich ohne weiteres denkbar, daß unterschiedliche Nutzer dieselbe Second-Level-Domain unter verschiedenen Top-Level-Domains benutzen. Ein Beispiel: Frau Müller aus Hamburg benutzt die Domain: *müller.de*. Die Firma Müller aus Bayern benutzt dagegen die Domain *müller.com*. Auf den ersten Blick scheint das unproblematisch zu sein. Brisant wird das Problem aber durch die technische Funktionsweise der Internet-Suchmaschinen: Sie unterscheiden nicht zwischen den unterschiedlichen Top-Level-Domains *de* und *com*. Daraus resultieren Verwechslungsprobleme.[60]

3. Domain-Grabbing – Wettbewerbsrechtlicher Schutz von Domains

Domains werden im deutschen Recht auch durch wettbewerbsrechtliche Normen geschützt: §§ 1, 3 UWG verbieten einen Wettbewerb, der gegen die guten Sitten verstößt oder die Verbraucher irreführt. Besonders relevant wird das im Fall des sogenannten Domain-Grabbing.

Von Domain-Grabbing spricht man, wenn eine Internet-Domain sittenwidrig zu Lasten eines Markeninhabers oder Titelinhabers blockiert wird.[61] Das passiert in

---

59 Dazu LG Hamburg, CR 1999, 47, 48 – eltern.de.

60 Zu diesem Problem Köhler/Arndt, Recht des Internet, 1999, S. 17 f. m.w.N.

61 Dazu Köhler/Arndt, Recht des Internet, 1999, S. 21.

der Praxis nicht selten: Die Eintragung von Domains wird beim DENIC auf Vorrat beantragt, um die eingetragenen Domains später meistbietend weiterzuverkaufen. Das ist unlauter und damit sittenwidrig im Sinne von § 1 UWG.[62]

Bei Verstößen gegen § 1 oder § 3 UWG hat der in seinen Rechten Verletzte Unterlassungs- und Schadensersatzansprüche gegen den Verletzer.

Unterlassungs- und Schadensersatzansprüche können auch dann gelten gemacht werden, wenn Internet-Suchmaschinen unzulässig durch sogenannte Meta-Tags oder durch Word Stuffing manipuliert werden.[63]Denn auch diese Manipulationstechniken sind wettbewerbswidrig.

Voraussetzung für einen wettbewerbsrechtlichen Schutz einer Domain ist allerdings, daß zwischen den Kontrahenten ein Wettbewerbsverhältnis besteht. Ist dies nicht der Fall, ist der in seinen Rechten Verletzte auf seine Ansprüche aus § 12 BGB und § 823 BGB beschränkt.

Eine in diesem Zusammenhang interessante, aber noch ungeklärte Frage ist die Verantwortlichkeit des DENIC wegen Kennzeichen- oder Markenverletzungen durch die Zuteilung von Domains an Unberechtigte. Diese Frage wird zur Zeit sehr kontrovers diskutiert.[64]

4. Domains als Eigentum

Firmenbezeichnungen und Marken sind Bestandteil des Unternehmens, zu dem sie gehören. Damit stellen sie auch Eigentum im Sinne von § 823 Abs. 1 BGB dar.[65] Die entsprechenden Domains sind deshalb auch deliktsrechtlich gemäß § 823 Abs. 1, § 826 und § 1004 BGB geschützt. Domain-Grabbing und Domain-Erpressungen können deshalb auch nach § 826 BGB als vorsätzliche sittenwidrige Schädigung bekämpft werden.

5. Globales Internet – deutsches Domain-Schutzrecht?

Das Charakteristikum des Internet ist seine Internationalität. Damit stellt sich die Frage, ob und wann bei Verletzungen einer Domain überhaupt deutsches Recht anwendbar ist. Das Internationale Privatrecht hat unterschiedliche Prinzipien entwickelt, mit deren Hilfe es diese Frage beantwortet.

Anwendbarkeit des deutschen Rechts
- Tatortprinzip
- Schutzlandprinzip
- Marktortprinzip

62 So Köhler/Arndt, Recht des Internet, 1999, S. 21. Instruktiv dazu LG Hamburg, CR 1999, 47, 48 – *eltern.de*.

63 Ausführlich dazu Viefhues, MMR 1999, 336 ff.

64 Dazu Köhler/Arndt, Recht des Internet, 1999, S. 24 f. m.w.N.

65 So auch Wegner, CR 1999, 250, 257 m.w.N.

Im Namensrecht und beim Schutz einer Domain durch § 823, § 826 BGB gilt das sogenannte Tatortprinzip.[66] Das bedeutet: Das Recht desjenigen Staates ist anwendbar, in dem der Name oder die Marke verletzt wird. Die entscheidende Frage lautet also: Wo wird der Name oder die Marke verletzt, wenn eine Domain unberechtigt benutzt wird? Die Marke oder der Name wird dann verletzt, wenn die unberechtigte Domain von einem Nutzer aus dem Internet auf seinen Bildschirm geladen wird. Das deutsche Namens- und Deliktsrecht ist also anwendbar, wenn eine Domain von einem Rechner in Deutschland aufgerufen wird.

Im Markenrecht gilt das sogenannte Schutzlandprinzip. Danach ist markenrechtlich die Rechtsordnung des Landes anwendbar, für das Schutz beansprucht wird. Weil jede Domain-Benutzung weltweit und damit auch in Deutschland stattfindet, kann eine Domain-Nutzung im Inland mit deutschem Markenrecht verboten werden.[67] Das hat eine faktische Konsequenz, die bisher noch kaum durchdacht worden ist. Weltweit müßten sich alle Domains dem deutschen Markenrecht unterordnen.

Im Wettbewerbsrecht gilt das sogenannte Marktortprinzip. Bei wettbewerbsrechtlichen Problemen gilt das Recht des Ortes, an dem die wettbewerblichen Interessen der Mitbewerber aufeinander treffen. Deutsches Wettbewerbsrecht ist deshalb also anwendbar, wenn deutsche Unternehmen an der Wettbewerbsverletzung beteiligt sind oder Produkte in Deutschland angeboten werden. Für das Internet-Recht bedeutet das konkret: Deutsche Unternehmen und Unternehmen, deren Websites sich an deutsche Adressaten richten, müssen sich an das deutsche Wettbewerbsrecht halten.

D. Electronic commerce

I. Die Wirtschaft geht online: electronic commerce

Das Internet ist inzwischen ein weltweiter, elektronischer Marktplatz: Jede Art von wirtschaftlicher Tätigkeit ist im Internet möglich: Das wird als Electronic Commerce bezeichnet.[68] Was die absoluten Umsatzzahlen angeht, ist die Bedeutung von Electronic Commerce bisher eher gering. 1996/97 betrugen die gesamten Umsätze im Electronic Commerce weltweit nur etwa 26 Milliarden Euro[69]. Eindrucksvoll sind allerdings die Steigerungsraten: für das Jahr 2000 werden weltweit etwa 200 Milliarden Euro Umsatz erwartet[70], für 2005 rechnet man sogar mit glo-

---

66 Dazu Köhler/Arndt, Recht des Internet, 1999. S. 12.

67 So ausdrücklich Köhler/Arndt, Recht des Internet, 1999. S. 12.

68 Zerdick, Die Internet Ökonomie, 2. Aufl. 1999, S. 148. Ausführlich dazu auch Dyson, Release 2.1, 1999, S. 238 ff.

69 Das ist eine Schätzung der OECD, auf die Merz, Electronic Commerce, 1999, S. 42 verweist.

70 Dazu Merz, Electronic Commerce, 1999, S. 41 m.w.N.

balen Umsätzen in Höhe von etwa 2,8 Billionen Euro.[71] Bei aller gebotenen Vorsicht[72] läßt sich dennoch prognostizieren, daß der e-commerce eine erhebliche Bedeutung für die Wirtschaft und das Wirtschaftsrecht erhalten wird. Das bedeutet auch: Herkömmliche Wirtschaftsstrukturen und -beziehungen werden grundlegend verändert.

Die Strukturveränderungen lassen sich bisher nur in Umrissen erahnen. Zwei Tendenzen lassen sich aber schon feststellen:

Strukturveränderungen der Weltwirtschaft durch e-commerce
- Verbraucherschutz durch weltweite Markttransparenz
- Neue Unternehmensstrategien bei
  - Produkten
  - Preisen
  - Kommunikation

Um im E-commerce wettbewerbsfähig zu sein, sind neue Wettbewerbs- und Produktstrategien notwendig.[73] Es geht nicht mehr darum, einzelne Produkte zu entwickeln und zu verkaufen. Es wird statt dessen notwendig, vielfältige Produktlinien zu entwickeln, die sich in übergreifende Systemzusammenhänge bringen lassen: Mit anderen Worten: Es reicht nicht mehr aus, ein gutes Buch zu produzieren. Es kommt darauf an, neben dem Buch auch einen Film, ein Video und diverse Merchandising-Produkte herzustellen. Aus dieser Produktlinie kann sich der Konsument dann das Produkt aussuchen, das für ihn den höchsten Nutzen hat.

Nur damit können Unternehmen auf dem Internet-Markt bestehen. Denn die weltweite Transparenz der Märkte stärkt die Stellung der Verbraucher. Sie können weltweit vergleichen und sich die für sie besten Produkte aussuchen. Gleichzeitig können sie sich zu Einkaufsgemeinschaften vernetzen (Power-Shopping) und dadurch Einkaufsrabatte aushandeln.

Der gestiegenen Marktmacht der Verbraucher begegnen die Unternehmen im E-commerce zunehmend mit neuen Preisstrategien. Das meist diskutierte Beispiel dafür ist die Strategie der Free-Economy:[74]: Produkte werden verschenkt, um in kürzester Zeit einen Markt zu erobern. Ausgehend von dieser Marktposition lassen sich dann mit anderen Produkten deutliche Gewinne machen. Ein Beispiel dafür: Das amerikanische Software-Unternehmen Netscape hat seinen Browser *Netscape Navigator* kostenlos abgegeben. In kürzester Zeit hatte es einen weltweiten Marktanteil von 80 % im Bereich der Browser erreicht. Die Preisstrategie war so erfolgreich, daß der Konkurrent Microsoft nachziehen und seinen eigenen Browser *Internet Explorer* ebenfalls kostenlos vertreiben mußte.[75] Auch die Marketingstrategien ändern sich tiefgreifend: Das Massenmarketing weicht zunehmend dem

71 Diese Zahlen von US-Marktforschungsinstituten finden sich bei: Würth, Die Woche vom 7. Januar 2000, S. 16.

72 Merz, Electronic Commerce, 1999, S. 42 betont, daß in diesem Bereich selbst kurzfristige Prognosen nicht selten von der Realität überholt werden.

73 Dazu Zerdick, Die Internet-Ökonomie, 2. Aufl. 1999, S. 179 ff.

74 Dazu Merz, Electronic Commerce, 1999, S. 84 ff.

75 Ausführlich dazu Zerdick, Die Internet-Ökonomie, 2. Aufl. 1999, S. 190 f.

Eins-zu-Eins-Marketing.[76] Das Internet ermöglicht es, detaillierte und differenzierte Nutzerprofile anzufertigen und die Nutzer dann individuell durch kommerzielle Kommunikation anzusprechen.

Bisher existiert Electronic Commerce in zwei unterschiedlich intensiven Formen:

Intensitätsstufungen des E-commerce
– Elektronisch unterstützter E-commerce
– Vollständiger elektronischer E-commerce

Beim elektronisch unterstützten E-commerce wird die Handelsbeziehung teils elektronisch, teils herkömmlich abgewickelt. Ein Beispiel dafür: Eine Ware wird elektronisch per Mausklick bestellt, sie wird dann aber klassisch per Post ausgeliefert. In zwei Fällen existiert schon eine vollständig elektronisierte Wirtschaftsbeziehung.[77] Dabei geht es um den Kauf von Informationsprodukten, die digitalisierbar sind und über das Internet verschickt werden können. Ein Beispiel dafür sind Medieninhalte oder Software-Produkte. Im zweiten Fall geht es um den vollelektronischen Wertpapierhandel über das Internet.

E-Commerce tritt in unterschiedlichen Erscheinungsformen auf:

Erscheinungsformen des Electronic commerce
– business to business: B2B
– business to consumer: B2C

Die wichtigste[78] Form des Electronic Commerce ist der *business to business electronic commerce:* Zunehmend gestalten Unternehmen ihre Handelsbeziehungen untereinander elektronisch. Besonders ausgeprägt ist diese Entwicklung in der Automobilbranche.[79] Die großen Automobilkonzerne gründen gemeinsame Internetunternehmen, mit denen sie ihre Einkäufe gemeinsam über das Internet abwikkeln. Mit anderen Worten: Es entsteht ein virtueller Weltmarkt für Autoteile. Stärker im Blickpunkt der Öffentlichkeit steht allerdings der *business to consumer electronic commerce*. Dabei geht es um das „virtuelle Shopping“: Unternehmen wenden sich per Internet an die Verbraucher, um ihre Waren oder Dienstleistungen zu verkaufen.

E-commerce ändert nicht nur die Struktur von Handelsbeziehungen, er stellt auch eine Herausforderung an das Wirtschaftsrecht dar. Die Notwendigkeit wirtschaftlicher Regulierungen ist dabei im *business to consumer electronic commerce* deutlich größer. Denn dort geht es auch um den Schutz von Verbrauchern, die den Unternehmen in bezug auf wirtschaftliche Stärke und Know-how eher unterlegen sind.

---

76 Dazu Zerdick, Die Internet-Ökonomie, 2. Aufl. 1999, S. 194 ff.

77 Dazu Zerdick, Die Internet-Ökonomie, 2. Aufl. 1999, S. 148 f.

78 Zur Zeit entfallen etwa 80 % des Umsatzes auf den B2B-Electronic Commerce: Merz, Electronic Commerce, 1999, S. 42 m.w.N.

79 Dazu Financial Times Survey, in: Financial Times vom 29.2.2000.

II. Rechtsgrundlagen des Electronic Commerce: Auf dem Weg zu einem Internet-Handelskodex?

1. Deutsches Recht und internationaler E-commerce

Weil Electronic commerce die nationalen Staatsgrenzen ignoriert, stellt sich in aller Schärfe die Frage: Welches Recht ist auf die Verträge anzuwenden, die über das Internet geschlossen werden? Oder anders: Wann gilt deutsches Recht im Electronic commerce?

Electronic commerce: Welches Recht gilt?
- UN-Kaufrechtsabkommen
- Vereinbarung einer Rechtsordnung, § 27 Abs. 1 EGBGB
- Rechtsordnung der „charakteristischen Leistung", § 28 Abs. 2 EGBGB
- Rechtsordnung des Verbrauchers, § 29 Abs. 2 EGBGB

Wenn die Vertragspartner aus einem Staat stammen, der das UN-Übereinkommen zum internationalen Warenkauf unterschrieben hat, gelten die dort festgelegten allgemeinen Regeln. Deutsches oder anderes nationales Recht kommt dann nicht zur Anwendung.

Wenn das UN-Abkommen nicht einschlägig ist, gilt diejenige Rechtsordnung, die von beiden Vertragspartnern beim Vertragsschluß vereinbart worden ist. Das ist die Regelung, die § 27 Abs. 1 EGBGB trifft. Deutsches Recht ist dann einschlägig, wenn es so vereinbart wurde. Solche Vereinbarungen finden sich beim grenzüberschreitenden B2C-electronic commerce in der Regel aber nicht.

Gibt es keine wirksame vertragliche Vereinbarung einer Rechtsordnung, klären §§ 28, 29 EGBGB, wann die deutsche Rechtsordnung angewendet wird. Deutsches Recht gilt gemäß § 28 Abs. 1 EGBGB, wenn der Vertrag die engste Verbindung mit der deutschen Rechtsordnung aufweist. In der Regel[80] – das ist der Inhalt von Art. 28 Abs. 2 S. 1 EGBGB – ist dafür entscheidend, ob die vertraglich geschuldete Leistung in Deutschland oder in einem anderen Staat erbracht werden muß.

Ein Beispiel: Der Verkäufer erbringt seine vertragliche Leistung in der Regel an seinem Firmensitz. Die charakteristische Leistung des Verkäufers weist also die engsten Beziehungen zur Rechtsordnung des Staates auf, in dem er seine Hauptverwaltung oder seine Hauptniederlassung hat. Deutsches Recht ist folglich anwendbar, wenn der Verkäufer seinen Sitz in Deutschland hat.

Stammt der Verkäufer aus einem anderen Staat, ist grundsätzlich dessen Rechtsordnung für die Beurteilung des Vertrages einschlägig. Dabei besteht allerdings die Gefahr, daß die dann gültigen Verbraucherschutzregelungen weniger weitreichend und wirkungsvoll sind als das deutsche Verbraucherschutzrecht. Dieses Risiko will das EGBGB nicht eingehen. Um Nachteile für den deutschen Verbraucher zu vermeiden, legt § 29 Abs. 2 EGBGB deshalb fest: Die deutschen Verbraucherschutzregelungen gelten dann, wenn die Verbraucherschutzregelungen

80 Art. 28 Abs. 5 EGBGB enthält die Ausnahme zu dieser Regel.

des Vertragspartners weniger streng wären. Das heißt mit anderen Worten: In vielen Fällen gilt das strenge deutsche Verbraucherschutzrecht bei Verträgen, die im Rahmen von e-commerce im Internet abgeschlossen werden.[81]

2. *Auf dem Weg zu einem globalen Internet – Handelskodex?*

Es gibt kein einheitliches, weltweit gültiges Internet-Recht. Das Internet-Recht ist bisher im wesentlichen nationales Recht. Grundlage für den weltweiten electronic commerce sind damit unterschiedliche Rechtsordnungen, die sich überlappen, ergänzen, aber auch widersprechen. Diese Situation behindert die Weiterentwicklung des electronic commerce ganz erheblich. Unterschiedliche Rechtsordnungen erhöhen die Transaktionskosten und das Risiko für wirtschaftliches Handeln im Internet. Das hemmt Investitionen im Bereich des electronic commerce.[82] Die rechtliche Unsicherheit betrifft nicht nur die Anbieter, sondern auch die Verbraucher im Netz. Weil sie sich nicht sicher sein können, wie weit ihr Verbraucherschutz reicht, sind sie beim Abschluß von Verträgen über das Internet zurückhaltender, als sie es wären, wenn sie sich auf einen einheitlichen Verbraucherschutz verlassen könnten. Dieses Problem läßt sich letztlich nur durch einen internationalen, weltweit gültigen Internet-Handelskodex lösen.[83] Erste Vorschläge und Ansätze zu einem solchen globalen Vertragswerk liegen vor, eine Verabschiedung ist allerdings in nächster Zukunft noch nicht zu erwarten.

a) Framework for global electronic commerce

1997 hat die amerikanische Regierung ihre Vorstellungen eines rechtlichen Rahmens für den weltweiten electronic commerce vorgestellt.[84] Dieses *Framework for global electronic commerce* basiert auf folgenden Grundgedanken, die der dezentralen, vernetzten Struktur des Internet entsprechen:

- Grundsätzlich soll sich der electronic commerce im Internet selbst regulieren.
- Die Regierungen sollen aber eingreifen, wenn es zum Schutz der Beteiligten erforderlich ist. Das Eingreifen soll sich aber auf das unbedingte Minimum beschränken.
- Die Regierungen sollen einheitliche, weltweit gültige Regeln für den electronic commerce entwickeln.
- Diese Regeln sollen durch ein Netzwerk von multilateralen Verträgen in die Wirtschaftspraxis umgesetzt werden.

---

[81] Ausführlich dazu Junker, RIW, 1999, 809, 815 f. m. w.N.

[82] Ausführlich dazu die Begründung des Richtlinienvorschlages der Europäischen Kommission zum e-commerce vom 18.11.1998, ABl. EG Nr. C30/4 ff., S. 7 ff.

[83] So auch Dyson, Release 2.1, 1999, S. 239.

[84] Dazu Dyson, Release 2.1, 1999, S. 193, 238 f.

Diese Vision eines weltweiten Internet-Handelskodex ist bislang allerdings noch in der politischen Diskussion. Verbindliche Normen sind noch nicht geschaffen worden.

b) Der global business dialogue on electronic commerce

Selbstregulierung des Internet – das ist der Grundgedanke, auf dem die Vision der amerikanischen Regierung fußt. Das entspricht auch den Vorstellungen der Internetwirtschaft selbst. Führende Unternehmen aus der Medien-, Internet- und Telekommunikationswirtschaft haben sich zum *global business dialogue on electronic commerce* (GBDe) zusammengeschlossen, um weltweit geltende Regeln für den elektronischen Handel im Internet zu entwickeln.[85] Die im GBDe zusammenarbeitenden Unternehmen setzen im wesentlichen auf eine Selbstregulierung der weltweiten Internet-Wirtschaft. Staatliche Regeln sollen sich auf das notwendige Minimum beschränken.

c) Europäisches Internet-Recht

Die Europäische Gemeinschaft hat den fundamentalen Widerspruch zwischen Recht und Realität im Cyberspace erkannt: Das Internet ist global und ignoriert die Grenzen von Staaten und Rechtsordnungen, das Recht dagegen ist national begrenzt und zersplittert. Auf die Dauer läßt sich so die Entwicklung des Internet rechtlich nicht steuern. Die EG beginnt deshalb, ein einheitliches europäisches Internet-Recht zu schaffen.

Ihre Vision eines europäischen Internet-Rechts hat die Kommission 1997 vorgelegt:[86] Die Zielrichtung ist dabei eindeutig: Es soll ein sicherer rechtlicher Rahmen geschaffen werden, um die Vorteile nutzen zu können, die sich aus der rasanten Entwicklung der Informations- und Kommunikationstechnik, der Liberalisierung der Telekommunikationsmärkte, der Einführung des Euro und dem Binnenmarkt ergeben. Inzwischen hat die Gemeinschaft begonnen, diese Vision in die Praxis umzusetzen.

Bausteine des Europäischen Internetrechts
- Fernabsatz-Richtlinie, 1997
- Electronic-Commerce-Richtlinie, 2000
- Richtlinienvorschlag: Fernabsatz von Finanzdienstleistungen, 1998

Der erste Baustein des europäischen Internet-Rechts ist die Fernabsatz-Richtlinie vom 20. Mai 1997.[87] Die Richtlinie konzentriert sich auf den Verbrau-

85 Nähere Informationen zum global business dialogue on electronic commerce im Internet unter www.gbde.org.

86 Siehe Mitteilung der Kommission „Eine europäische Initiative im elektronischen Geschäftsverkehr“ KOM (97) 157 vom 16.04.1997.

87 Richtlinie 97/7/EG, ABl. Nr. L144/19. Dazu Martinek NJW 1998, 207.

cherschutz bei Verträgen, die im Rahmen der sogenannten „Fernkommunikationstechnik" geschlossen werden. Mit anderen Worten: Es geht um den Verbraucherschutz bei Verträgen, die über das Internet geschlossen werden. Die Fernabsatz-Richtlinie sieht das klassische Verbraucherschutzinstrumentarium für Internet-Verträge vor:

- umfassende Unterrichtung der Verbraucher vor Vertragsschluß
- Widerrufsrecht der Verbraucher
- Schutz vor unbestellten Waren oder Dienstleistungen

Ende 1998 hat die Kommission einen weiteren Baustein des europäischen Internet-Rechts vorgelegt: Eine umfassende Richtlinie zum electronic commerce.[88] Mit dieser Richtlinie verfolgt die Kommission zwei Ziele:

- Rechtliche Unsicherheiten sollen beseitigt werden, um die kommerzielle Nutzung des Internet zu erleichtern und zu fördern.
- Gleichzeitig soll der Schutz der Verbraucher durch einheitliche europäische Regeln gewährleistet sein.

Dieser Richtlinienentwurf ist noch in der politischen Diskussion, er ist bisher kein geltendes Recht.

Ebenfalls 1998 hat die Kommission einen weiteren Richtlinienvorschlag zur Diskussion gestellt: Sie schlägt spezielle Regelungen für den Internet-Vertrieb von Finanzdienstleistungen vor.[89] Seit der einheitlichen Einführung des Euro in Europa gehen alle Prognosen davon aus, daß der Vertrieb von Finanzdienstleistungen über das Internet deutlich zunehmen wird. Neben den wirtschaftlichen Chancen enthält diese Entwicklung allerdings auch hohe Risiken für die Verbraucher. Deshalb räumt die Kommission dem Verbraucherschutz in dieser Branche einen hohen Stellenwert ein. Auch dieser Richtlinienentwurf befindet sich noch in der politischen Diskussion.xxx

III. Elektronische Verträge: Vertragsschluß im Internet

1. Der Mausklick als Willenserklärung

Verträge im Bereich des electronic commerce werden in der Regel per e-mail oder per Mausklick abgeschlossen. Das wirft im Grundsatz keine rechtlichen Probleme auf: Wenn hinter dem Mausklick oder der e-mail eine menschliche Willensbildung steht, kann der Wille ohne weiteres per e-mail oder per Mausklick rechtlich wirksam erklärt werden.[90]

---

88 Die Richtlinie ist am 04.05.2000 vom EP angenommen worden. Sie basiert auf dem Vorschlag der Europäischen Kommission für eine „Richtlinie des europäischen Parlaments und des Rates über bestimmte rechtliche Aspekte des elektronischen Geschäftsverkehrs im Binnenmarkt" KOM (1998) 586 endg., abgedruckt: ABl. EG Nr. C30/4. Ausführlich dazu Brisch, CR 1999, 235 ff.; Maennel, MMR 1999, 187 ff.; Hoeren, MMR 1998, 192 ff.

89 Siehe den „Vorschlag für eine Richtlinie über den Fernabsatz von Finanzdienstleistungen an Verbraucher" vom 14.10.1998, KOM (1998) 468 endg.

90 So auch Köhler/Arndt, Recht des Internet, 1999, S. 28 m.w.N.

Nicht ganz so eindeutig läßt sich das Problem der Computererklärungen lösen: Computererklärungen sind Erklärungen, die ein Computer aufgrund seiner Programmierung automatisch erstellt und anschließend automatisch und elektronisch an den Empfänger übermittelt.[91] Solche Computererklärungen werden im Bereich des B2B-electronic commerce immer wichtiger.[92] Ein Beispiel dafür sind automatisierte Lagersysteme: Die EDV-Anlage überprüft selbständig den Lagerbestand und sendet bei Bedarf automatisch eine entsprechende Bestellung an ein Zulieferunternehmen.[93]

Ist diese vom Computer generierte Erklärung eine wirksame Willenserklärung, die zu einem Vertrag mit dem Zulieferer führt? Hinter der konkreten Bestellung im Einzelfall steht kein menschlicher Wille. Der Sinn dieser Art von Software liegt gerade darin, daß Computer „selbständig" die Erklärungen ausfertigen, ohne daß Menschen beteiligt sein müssen.[94] Nach den allgemeinen Regeln des BGB setzen Willenserklärungen aber voraus, daß ihnen ein menschlicher Wille zugrunde liegt. Auf den ersten Blick könnte man deshalb daran zweifeln, daß Computererklärungen Willenserklärungen im Sinne des BGB sind.[95] Diese Ansicht greift allerdings zu kurz. Die Datenverarbeitungsanlage „entscheidet" nicht selbständig: Sie führt letztlich nur ein Programm aus, das ihr eingegeben worden ist. Dieses Programm ist aber von Menschen geschrieben worden. Durch die Programmierung der Datenverarbeitungsanlage ist deshalb ein menschlicher Wille in die (Computer)Praxis umgesetzt worden. Auch Computererklärungen gehen insoweit auf einen menschlichen Willen zurück und sind Willenserklärungen im Rechtssinn.[96]

2. Die digitale Signatur

Die Rechtsprobleme des electronic commerce lassen sich – das ist bisher deutlich geworden – in weitem Umfang durch das herkömmliche rechtliche Instrumentarium lösen. Für ein spezielles Problem gilt dies nicht. Es erfordert eine spezifische, auf das Internet zugeschnittene rechtliche Lösung durch den Gesetzgeber.

In besonderem Maße stellt sich bei elektronischen Willenserklärungen das Problem der Echtheit der Willenserklärung und der Identität des Erklärenden.

Im herkömmlichen Geschäftsverkehr haben sich Mechanismen entwickelt, wie sich überprüfen läßt, ob eine Willenserklärung echt ist und wer ihr Absender ist. Bei schriftlich übermittelten Erklärungen gibt die Unterschrift weitgehende Sicherheit darüber, wer die Erklärung abgegeben hat. Bei telefonisch übermittelten Willenserklärungen kann bei Zweifeln durch sofortiges Nachfragen die Echtheit einer Erklärung und die Identität des Erklärenden überprüft werden. Über das

---

91 Dazu Mehrings, MMR 1998, 30, 31.

92 Dazu auch Merz, Electronic Commerce, 1999, S. 438.

93 Dazu Taupitz/Kritter, JUS 1999, 839, 840.

94 Das betont Merz, Electronic Commerce, 1999, S. 438.

95 So denn auch Clemens, NJW 1995, 1998, 2001 f.

96 So die ganz h. M. Mehrings, MMR 1998, 30, 31 m.w.N.; Taupitz/Kritter JUS 1999, 839, 840 m.w.N. Skeptisch aber Köhler/Arndt, Recht des Internet, 1999, S. 28.

Internet kann eindeutig ermittelt werden, von welchem Rechner eine Willenserklärung abgegeben worden ist. Es ist aber nicht möglich, mit letzter Sicherheit die Person festzustellen, die die Erklärung über den Rechner abgegeben hat. Dieses Problem soll die digitale Signatur lösen.

Durch das „Gesetz zur digitalen Signatur"[97] hat der Gesetzgeber ein Verfahren eingeführt, durch das elektronische Dokumente durch die sogenannte *digitale Signatur* eindeutig einer bestimmten Person zugeordnet werden können.[98] Dieses Verfahren soll in allen europäischen Staaten etabliert werden. Die Europäische Kommission hat die Idee aufgegriffen und 1998 einen Vorschlag für eine Signatur-Richtlinie vorgelegt.[99]

3. Formvorschriften bei Verträgen im electronic commerce

In bestimmten Fällen ordnet der Gesetzgeber an, daß Verträge nur wirksam sind, wenn sie schriftlich geschlossen worden sind. Wichtige Beispiele sind dafür § 126 Abs. 1 BGB und § 4 Abs. 1 VerbrKrG. Dieses Problem löst die digitale Signatur nicht. Denn auch ein digital signiertes elektronisches Dokument genügt nicht der Schriftform des BGB oder des VerbrKrG.[100] Das behindert die Ausbreitung des electronic commerce in Deutschland noch erheblich. Der Gesetzgeber steht vor einer doppelten Herausforderung:

- Er muß die herkömmlichen Formvorschriften so modifizieren, daß sie auch für den elektronischen Vertragsschluß über das Internet praktikabel sind.
- Er muß gleichzeitig den Verbraucherschutz, dem die Formvorschriften dienen, weiterhin auch im Internet gewährleisten.

Verschiedene Vorschläge befinden sich im Augenblick in der Diskussion.[101]

4. Die Anfechtung von Willenserklärungen im Internet

Ob fehlerhafte Willenserklärungen, die über das Internet abgegeben wurden, angefochten werden können, läßt sich mit den bekannten Regeln des BGB beantworten.

Dabei lassen sich folgende Fehler unterscheiden:

- Eingabefehler
- Übermittlungsfehler

---

97 Vom 22. Juli 1997, BGBl. I S. 1870.

98 Ausführlich dazu Koch, Internet-Recht, 1998, S. 116 ff. m. w.N.

99 Vorschlag für eine Richtlinie des Europäischen Parlaments und des Rates für gemeinsame Rahmenbedingungen für elektronische Signaturen, KOM (98) 297 endg. vom 13.5.1998. Dazu ausführlich Roßnagel, MMR 1998, 331 ff. Zu den Authentizitätsproblemen im Internet siehe Waldenberg, BB 1996, 2365, 2366.

100 Geis, NJW 1997, 1000, 1003; Taupitz/Kritter, JuS, 1999, 839, 846; BGHZ 121, 224; Fringuelli/Wallhäuser, CR 1999, 93 ff.

101 Dazu Taupitz/Kritter, JUS 1999, 839, 846 m.w.N.

– Sonstige Erklärungsfehler.

Wird eine elektronische Willenserklärung durch eine fehlerhafte Eingabe in den Computer beeinflußt (Eingabefehler), kann sie gemäß § 119 Abs. 1 BGB angefochten werden. Der Eingabefehler ist das elektronische Gegenstück zum – je nach Lage des konkreten Falles – Inhalts- oder Erklärungsirrtum.[102]

Treten Fehler durch die elektronische Übermittlung der Willenserklärung vom Absender zum Empfänger auf (Übermittlungsfehler), können sie gemäß § 120 BGB angefochten werden. In der Regel werden die Willenserklärungen durch Internet-Provider weitergeleitet. Die Provider sind eine „Anstalt" im Sinne von § 120 BGB.[103]

Andere Erklärungsfehler berechtigen nicht zur Anfechtung. Dazu gehören vor allem Hardware- und Softwarefehler, die zu nicht gewollten Willenserklärungen führen. Dabei geht es aber um Irrtümer im Prozeß der Willensbildung, nicht bei der Willensäußerung. Nach dem System der §§ 119ff. BGB sind solche Fehler grundsätzlich nicht anfechtbar.[104] Das gleiche gilt auch für fehlerhafte Willenserklärungen, die auf der Verwendung von unkorrekten oder veralteten Daten basieren.[105] Sie entsprechen den bereits bekannten „Kalkulationsirrtümern" oder den „Motivirrtümern" Ebenso wie im herkömmlichen Geschäftsverkehr berechtigen sie im Bereich des electronic commerce nicht zur Anfechtung.[106]

IV. Allgemeine Geschäftsbedingungen im electronic commerce

Der moderne Wirtschaftsverkehr ist ohne vorformulierte Vertragsbedingungen – die Allgemeinen Geschäftsbedingungen – nicht mehr denkbar. Das gilt auch – und gerade – für den electronic commerce. Praktisch alle Diensteanbieter benutzen Allgemeine Geschäftsbedingungen, wenn sie Verträge abschließen, um ihre Produkte abzusetzen. Anders läßt sich die Vielzahl von Verträgen nicht bewältigen.

Rechtsgrundlage dafür ist das AGB-Gesetz, das für alle Verträge, also auch für elektronische Verträge gilt. Dabei stellen sich aber Probleme, die mit den Besonderheiten des Internet als digitalem Medium zusammenhängen.

1. Die Vorfrage: Anwendbarkeit des AGB-Gesetzes auf grenzüberschreitende Verträge

Viele Anbieter im Internet haben ihren Firmensitz im Ausland. Müssen sie sich an das deutsche AGB-Gesetz halten, wenn sie allgemeine Geschäftsbedingungen

102 Dazu Mehrings, MMR 1998, 30, 32.
103 Mehrings, MMR 1998, 30, 32.
104 Mehrings, MMR 1998, 30, 33.
105 Instruktiv dazu der Fall vom LG Frankfurt, NJW RR 1997, 1273.
106 Dazu Pawlowski, JZ 1997, 741, 742.

formulieren? Oder anders gefragt: Wann gilt das AGB-Gesetz bei internationalen Verträgen, die über das Internet abgeschlossen werden?

§ 12 AGBG beantwortet diese Frage eindeutig:[107] Die deutschen Vorschriften müssen beachtet werden, wenn der Vertrag, um den es geht, einen engen Zusammenhang mit dem Gebiet der Bundesrepublik Deutschland aufweist. Ein solcher enger Zusammenhang ist jedenfalls immer dann anzunehmen, wenn

- der ausländische Vertragspartner in Deutschland geschäftlich tätig ist und
- der Kunde in Deutschland lebt und
- der Kunde seine Willenserklärung in Deutschland abgibt.

Das bedeutet konkret: Auf Verträge im Rahmen des B2C-electronic commerce ist das AGBG in der Regel anwendbar, wenn der Kunde in Deutschland wohnt. Beim B2B- electronic commerce kann die Sachlage anders zu beurteilen sein.

2. AGB als Vertragsbestandteil

Allgemeine Geschäftsbedingungen werden nicht „automatisch“ Bestandteil des Vertrages, den Anbieter und Kunde abschließen. Sie müssen rechtlich wirksam in den Vertrag einbezogen worden sein. Wann das der Fall ist, regelt das AGBG ausdrücklich. Wichtig ist dabei: Die Voraussetzungen sind unterschiedlich, je nachdem, ob es um Verträge im B2B-electronic commerce oder im B2C-electronic commerce geht.

Für den B2C-electronic commerce formuliert § 2 Abs. 1 AGBG strenge Voraussetzungen, unter denen AGB Vertragsinhalt werden:

- Der Kunde muß ausdrücklich auf die AGB hingewiesen worden sein und
- er muß die Möglichkeit gehabt haben, in zumutbarer Weise vom Inhalt der AGB Kenntnis zu nehmen und
- er muß mit der Geltung, der AGB einverstanden sein.

Nur dann wird das „Kleingedruckte“ Inhalt des Vertrages. Die entscheidende Frage ist: Wie können diese Voraussetzungen unter den technischen Besonderheiten des Internet erfüllt werden?

Es gibt mehrere Möglichkeiten, wie der Anbieter den Nutzer auf seine AGB aufmerksam machen kann. Er kann die AGB schriftlich auf der gleichen Webseite wie sein Leistungsangebot plazieren. Es wäre auch möglich, auf der Homepage den Hinweis anzubringen: *Es gelten unsere Allgemeinen Geschäftsbedingungen.* Dann müßte aber gleichzeitig ein Icon oder ein Link vorgesehen werden, der den Abruf der AGB möglich macht.[108] Besonders empfehlenswert ist es, den Hinweis auf die AGB dem Bestell-Icon unmittelbar voranzustellen.[109] Dann wird der Be-

---

[107] § 12 AGBG setzt die europäische Richtlinie über mißbräuchliche Klauseln in Verbraucherverträgen, RL 93/13/EWG, Abl.. EG 1993, Nr. L 95/29, in deutsches Recht um. Ausführlich dazu Schmidt-Salzer, BB 1995, 1493 ff.

[108] Ausführlich zu den Gestaltungsmöglichkeiten Löhning, NJW 1997, 1688 ff.

[109] So ausdrücklich Kohler, MMR 1998, 289, 291.

steller „gezwungen", von den AGB Kenntnis zu nehmen, bevor er eine Bestellung elektronisch aufgeben kann.

Es entspricht den Anforderungen von § 2 Abs. 1 Nr. 1 AGB-Gesetz allerdings nicht, lediglich im Hauptmenü auf der Homepage des Anbieters einen kurzen Hinweis auf die AGB zu integrieren.[110] Denn der Verbraucherschutzzweck von § 1 AGB-Gesetz wird nur erreicht, wenn die AGB eine besondere Nähe zum elektronischen Bestellformular der konkreten Webseite aufweisen.

Der deutliche Hinweis auf die AGB reicht noch nicht aus, um das „Kleingedruckte" zum Bestandteil des Vertrages zu machen. Der Nutzer muß auch – das sagt § 2 Abs. 1 Nr. 2 AGBG ausdrücklich – die Möglichkeit haben, in zumutbarer Weise von den AGB Kenntnis zu nehmen. Was ist zumutbar? Das läßt sich nicht pauschal, sondern letztlich nur für den konkreten Einzelfall beantworten. Dabei müssen die Besonderheiten des Internet und des electronic commerce ebenso beachtet werden wie die Verbraucherinteressen, die das AGBG schützen will.

Wenn AGB durch einen Link ohne weitere Zwischenschritte angeklickt werden können, entspricht das den Voraussetzungen von § 2 Abs. 1 Nr. 2 AGB-Gesetz. Denn das Aufrufen eines Links ist kein größerer Aufwand als das Umdrehen eines Formulars, auf dessen Rückseite die AGB abgedruckt sind.[111] Grundsätzlich sind Allgemeine Geschäftsbedingungen, die online übermittelt werden, am Bildschirm schlechter lesbar als auf Papier. Ob sie aber deshalb nur aus wenigen Sätzen bestehen dürfen,[112] ist sehr zweifelhaft. Denn die schlechte Lesbarkeit am Bildschirm wird durch andere Umstände ausgeglichen. In der Regel kann sich der Nutzer die am Bildschirm angezeigten AGB auch ausdrucken. Abgesehen davon bietet die Bildschirmversion der AGB einen Vorteil gegenüber der gedruckten Papierversion. Mit Hilfe der in das Programm integrierten Suchfunktion können die am Bildschirm angezeigten AGB gezielt auf bestimmte Suchworte hin analysiert werden. Das erleichtert es den Verbrauchern, die für sie besonders wichtigen Inhalte aus den gesamten AGB herauszufinden.

Kaufleute sind – das ist die Ansicht von § 24 AGBG – im Geschäftsleben weniger schutzbedürftig als private Verbraucher. Die strengen Voraussetzungen von § 2 AGBG gelten deshalb im B2B-electronic commerce nicht. AGB werden bei Verträgen zwischen Unternehmen schon dann Inhalt des Vertrages, wenn beide Seiten ausdrücklich oder stillschweigend damit einverstanden sind.

Ein Problem ist allerdings bisher noch nicht gelöst. AGB sind – wie alle anderen digital gespeicherten Informationen auch – „flüchtig": Sie können kurzfristig geändert werden, ohne daß der Vertragspartner davon erfährt. Selbstverständlich werden die einseitig vom Diensteanbieter geänderten AGB nicht automatisch Vertragsbestandteil. Inhalt des Vertrages bleiben die ursprünglichen Allgemeinen Geschäftsbedingungen. Die kurzfristige, nicht bekannt gegebene Änderung von

---

110 So Mehrings, BB 1998, 2373, 2376.

111 So ausdrücklich Köhler/Arndt, Recht des Internet, 1999, S. 34.

112 So zur vergleichbaren Problematik beim Bildschirmtext LG Aachen, NJW 1991, 2159, 2160; LG Ravensburg, CR 1992, 1472, 1473; LG Freiburg, CR 1993, 433. Dazu Mehrings, BB 1998, 2373, 2378.

Geschäftsbedingungen kann allerdings im Prozeßfall zu Beweisschwierigkeiten vor Gericht führen.[113]

Selbstverständlich werden Allgemeine Geschäftsbedingungen nur Vertragsbestandteil, wenn sie vor Abschluß des Vertrages – also vor dem entscheidenden Mausklick – zur Kenntnis hätten genommen werden können. Die nicht seltene Praxis, den Nutzer nach einem elektronischen Vertragsschluß die AGB schriftlich per Post zukommen zu lassen, genügt den Anforderungen von § 2 AGB-Gesetz nicht.[114] Diese AGB werden nicht Vertragsbestandteil.

3. Der zulässige Inhalt von AGB

Nicht alle AGB, die Inhalt eines Vertrages geworden sind, sind auch rechtlich wirksam. Um die Verbraucher vor den Gefahren zu schützen, die mit dem „Kleingedruckten“ verbunden sind, stellt das AGBG inhaltlich Standards für AGB auf. AGB sind nur gültig, wenn sie auch den inhaltlichen Anforderungen von § 9 bis § 11 AGB-Gesetz entsprechen.

Die Generalklausel in § 9 Abs. 1 AGBG bestimmt: Allgemeine Geschäftsbedingungen sind unwirksam, wenn sie den Vertragspartner des AGB-Verwenders entgegen den Geboten von Treu und Glauben unangemessen benachteiligen. Wann eine unangemessene Benachteiligung anzunehmen ist, wird in § 9 Abs. 2, § 10 und § 11 AGBG genauer bestimmt. Grundsätzlich ist eine unangemessene Benachteiligung immer dann anzunehmen, wenn

- AGB mit wesentlichen Grundgedanken einer gesetzlichen Regelung, von der sie abweichen, nicht zu vereinbaren sind oder
- wesentliche Rechte oder Pflichten, die sich aus der Natur des konkreten Vertrages ergeben, durch AGB so eingeschränkt werden, daß die Erreichung des Vertragszwecks gefährdet ist.

Diesen Anforderungen des AGB-Gesetzes genügen eine ganze Reihe von Klauseln nicht, die in der Praxis häufig verwendet werden.[115] Einige Beispiele können diesen problematischen Befund belegen:

Volljährigkeitsbestätigung: Der Nutzer versichert, daß er mindestens 18 Jahre alt ist und das Recht und die Befähigung besitzt, diesen Vertrag abzuschließen. Diese Volljährigkeitsbestätigungsklausel, mit der sich die Internetanbieter schützen wollen, ist unwirksam. Sie verstößt gegen § 11 Nr. 15 AGB-Gesetz.

Zugangsfiktion: Eine Rechnung gilt nach dieser bei den Providern beliebten Klausel auch dann als zugegangen, wenn sie via E-Mail an die Domain des Kunden zugestellt worden ist. Diese Zugangsfiktion ist unwirksam. Sie verstößt gegen § 10 Nr. 6 AGB-Gesetz.

---

113 Darauf weisen Köhler/Arndt, Recht des Internet, 1999, S. 35 zu Recht hin.

114 Dazu Strömer, Online-Recht, 2. Aufl. 1999, S. 122.

115 Eine umfangreiche Übersicht dazu findet sich bei Koch, Internet-Recht, 1998, S. 86 ff. m. w.N.

Liefervorbehalt: Angebote, Bestellungen, Liefermöglichkeiten und Lieferfristen sind freibleibend. Diese Klausel enthält das Recht des Diensteanbieters, sich jederzeit ohne Angabe von Gründen vom Vertrag zu lösen. Die Klausel ist nach § 10 Nr. 3 AGB-Gesetz unwirksam.

Gewährleistungsausschluß: Der Provider haftet weder für Fehler seiner Software oder von Inhalten von Programmen, die in seinem Service oder im Internet verbreitet werden, noch für Schäden, die daraus entstehen, es sei denn, daß solche Schäden von ihm vorsätzlich oder grob fahrlässig oder unter schuldhafter Verletzung wesentlicher Vertragspflichten herbeigeführt werden. Durch diese Klausel schließt der Provider jede verschuldensunabhängige vertragliche Gewährleistung aus. Das widerspricht eindeutig § 11 Nr. 10a AGB-Gesetz. Die Klausel ist deshalb unwirksam. Das gilt für eine ganze Reihe ähnlicher, weit verbreiteter Klauseln, die sich mit Haftungsausschlüssen oder Haftungsbeschränkungen befassen.[116]

4. Rechtsfolgen unwirksamer AGB

Welche Folgen hat es, wenn eine Klausel unwirksam ist? Gemäß § 6 AGB-Gesetz gilt der Vertrag, allerdings ohne die unwirksame Klausel. Es gibt auch keine geltungserhaltende Reduktion einer Klausel: Eine Klausel ist insgesamt unwirksam, wenn sie den gesetzlichen Vorgaben nicht entspricht. Sie kann nicht so ausgelegt werden, daß sie gerade noch mit den gesetzlichen Vorgaben vereinbar ist.[117]

Das AGBG hat sich bewußt für diese Rechtsfolge entschieden, die eine Härte für den Verwender der AGB bedeutet. Damit will das Gesetz Druck auf ihn ausüben: Wenn er unwirksame AGB zum Vertragsinhalt macht, riskiert er, daß der Vertrag gilt, aber ohne die AGB. Dieses Risiko soll ihn zwingen, bei der Formulierung von AGB die rechtlichen Grenzen zu beachten.

V. Virtuelle Haftung? Produkthaftung im electronic commerce

Die Haftung für die Verletzung von elektronisch geschlossenen Verträgen entspricht der allgemeinen Haftung für Vertragsverletzungen und fehlerhafte Produkte. Denn nach Abschluß des Vertrages wird die gekaufte Ware in der Regel konventionell ausgeliefert. Dabei ergeben sich keine Besonderheiten im Bereich des electronic commerce. Vertragspartner haften also grundsätzlich gemäß §§ 323 ff. BGB, pFV und § 1 ProdHG, je nachdem, wie sie welchen Vertrag verletzt haben.

---

[116] Siehe dazu ausführlich Koch, Internet-Recht, 1998, S. 97 ff. m.w.N.

[117] Dazu Strömer, Online-Recht, 2. Aufl. 1999, S. 123.

VI. Verbraucherschutz im electronic commerce

1. Vorbemerkung: Mächtigere Verbraucher im Internet

Wenn nicht alles täuscht, verbessert das Internet die Stellung der Verbraucher gegenüber den Anbietern deutlich. Vor allem zwei Entwicklungen ändern die Kräfteverteilung im B2C-electronic commerce zugunsten des Verbrauchers:

Größere Transparenz der Märkte: Durch die technischen Möglichkeiten wird es jedem Verbraucher zunehmend leichter gemacht, die Angebote verschiedener Anbieter weltweit systematisch zu vergleichen. Spezielle Anbieter – Informationsbroker – geben den Verbrauchern systematische und globale Überblicke über Branchen und Märkte. Die dadurch zunehmende globale Transparenz der Märkte stärkt die Position der Verbraucher deutlich.

Zunehmende Vernetzung: Durch die weiter rasant zunehmende Vernetzung der Internet-Nutzer wird es einfacher, sich mit anderen Nutzern zu Einkaufsgemeinschaften zusammenzuschließen.[118] Das wiederum stärkt die Verhandlungsposition gegenüber den Produzenten und macht das Aushandeln von Mengenrabatten möglich.[119]

Auch wenn die Verbraucher stärker werden: Das Recht überläßt den Schutz des Verbrauchers dennoch nicht dem freien Spiel des Marktes. Auch im electronic commerce wird der Verbraucher durch Normen geschützt.

2. Europäischer Verbraucherschutz im electronic commerce

Grundlage des Europäischen Verbraucherschutzes im electronic commerce ist die Fernabsatz-Richtlinie von 1997.[120] Sie sieht die klassischen Instrumente des Verbraucherschutzes auch für den electronic commerce – die Richtlinie spricht von Fernabsatz – vor:

- Umfassende *Information* des Verbrauchers über alle relevanten Aspekte des Produzenten, des Produkts und des Preises (Artikel 4 der Richtlinie)
- Ein *Widerrufsrecht* des Verbrauchers: Jeder Verbraucher kann einen im Rahmen des electronic commerce geschlossenen Vertrag gemäß Art. 6 der Richtlinie innerhalb einer Frist von mindestens sieben Werktagen ohne Angaben von Gründen und ohne Strafzahlung widerrufen.

Inzwischen hat die Europäische Kommission eine weitere Richtlinie zum Verbraucherschutz im electronic commerce vorgeschlagen:[121] Damit will sie die Ver-

---

118 Ein Beispiel führt Merz, Electronic Commerce, 1999, S. 418, an.

119 Zur Bedeutung und den Spielarten dieses sogenannten „Power Shoppings" siehe Die Woche, 7. Januar 2000, S. 16. Unter wettbewerbsrechtlichen Gesichtspunkten ist das nicht unproblematisch. Dazu OLG Hamburg, BB 2000, 115.

120 Richtlinie 197/7/EG vom 17. Februar 1997, ABl. Nr. L144/19. Dazu Martinek, NJW 1998, 207 ff.

121 Vorschlag für eine Richtlinie über den Fernabsatz von Finanzdienstleistungen an Verbraucher, KOM (1998) 468 endg.

braucherschutzregelungen der Fernabsatz-Richtlinie – leicht modifiziert – auf eine spezielle Art von Produkten, nämlich Finanzdienstleistungen, erweitern.

Weitere europäische Verbraucherschutzregelungen sind noch zu erwarten. Denn der Verbraucherschutz ist inzwischen – das belegen Art. 3 Abs. 1 und Art. 153 EG-Vertrag – ein wichtiges Ziel der Europäischen Gemeinschaft.

3. Verbraucherschutz im electronic commerce: Das deutsche Recht

Auch das deutsche Recht kennt eine Reihe von Verbraucherschutzvorschriften, die auch im B2C-electronic commerce wirksam sind. Denn gemäß § 29 EGBGB ist in der Regel deutsches Verbraucherschutzrecht anwendbar, wenn ein deutscher Verbraucher am Abschluß des elektronischen Vertrages beteiligt ist.[122]

Eine wichtige Verbraucherschutznorm ist § 4 Abs. 1 Verbraucherkreditgesetz (VerbrKrG). Besonders schutzbedürftig ist ein Verbraucher bei Kreditverträgen, Kreditvermittlungsverträgen oder Verträgen über die Lieferung von Waren in Teilleistungen oder wiederkehrenden Leistungen. Denn in diesen Fällen ist es schwierig, das tatsächliche Ausmaß der vertraglichen Bindung ganz zu überschauen. Um den Verbraucher bei solchen Verträgen zu schützen, bestimmt § 4 Abs. 1 VerbrKrG, daß solche Verträge schriftlich geschlossen werden müssen. Dadurch soll der Verbraucher gewarnt und auf die weitreichende rechtliche Bindung durch diese Verträge hingewiesen werden. Wird ein solcher Vertrag nicht schriftlich abgeschlossen, so ist er – das ist die klare Regelung von § 6 Abs. 1 VerbrKrG – nichtig.

Verträge im Sinne des VerbrKrGes können deshalb nicht über das Internet geschlossen werden[123]. Denn selbst Verträge, die mit einer elektronischen Signatur versehen worden sind, genügen nicht den Anforderungen an die Schriftform.[124]

§ 8 VerbrKrG sieht eine Ausnahme zu diesen Formvorschriften vor. Danach ist die Formvorschrift von § 4 Abs. 1 VerbrKrG nicht anwendbar, wenn der Verbraucher aufgrund eines Verkaufsprospekts mit ausführlichen Informationen bestellt hat und er diesen Verkaufsprospekt in Abwesenheit der anderen Vertragspartei eingehend zur Kenntnis nehmen konnte. Denn in einem solchen Fall hält der Gesetzgeber den Verbraucher für ausreichend geschützt, auch wenn der Vertrag nicht schriftlich abgeschlossen wurde.

Für den electronic commerce lautet die entscheidende Frage deshalb: Ist die Homepage oder die Website eines Anbieters ein „Verkaufsprospekt" im Sinne von § 8 VerbrKrG? Das wird wohl zu bejahen sein.[125] Denn die Website eines Diensteanbieters ist nichts anderes als eine moderne – digitale – Form eines Verkaufsprospekts. Der Kunde kann die Informationen auf der Website in aller Ruhe stu-

---

122 Ausführlich dazu Junker, RIW, 1999, 809, 815 f. m. w.N.

123 So auch: Köhler /Arndt, Recht des Internet, 1999, S. 35.

124 So ausdrücklich auch Köhler/Arndt, Recht des Internet, 1999, S. 36.

125 Anderer Ansicht sind aber für den vergleichbaren Fall des Teleshoppings und des Bildschirmtextes Brinkmann, BB 1981, 1183, 1188; Micklitz, NJW 1982, 263, 267.

dieren. Er kann sich die Website in der Regel auch ausdrucken. Die Situation ist also dieselbe, als wenn er einen Verkaufsprospekt aus Papier in gedruckter Form lesen würde. Er ist also auch nicht stärker schutzbedürftig als in diesem Fall.

Das bedeutet im Ergebnis: Wenn eine Website den inhaltlichen Anforderungen von § 8 Abs. 1 VerbrKrG entspricht, können auch Verbraucherkreditverträge online abgeschlossen werden.[126]

Dem Verbraucherschutz speziell im Bereich des electronic commerce dienen § 6 TDG und § 6 MDStV. Sie schreiben den Anbietern von Tele- oder Mediendiensten zwingend vor, ihre Namen und Anschriften vollständig anzugeben. Durch die obligatorische Anbieterkennzeichnung will der Gesetzgeber sicherstellen, daß der Verbraucher immer wissen kann, mit wem er es über das Internet zu tun hat.

Die allgemeinen Verbraucherschutzbestimmungen von § 2 Abs. 4 und § 3 Preisangabenverordnung[127] gelten auch beim electronic commerce. Auch beim Internethandel muß der Anbieter Bruttopreise für seine Produkte angeben. Nettopreisangaben könnten den Verbraucher über den wirklichen, von ihm zu zahlenden Preis täuschen und sind deshalb untersagt.

Ein klassisches Verbraucherschutzgesetz ist allerdings im electronic commerce nicht einschlägig: Das Gesetz über den Widerruf von Haustürgeschäften und ähnlichen Geschäften (HaustürWG) kann im Bereich des Internet in der Regel nicht angewandt werden.[128]

Das HaustürWG will die „Überrumpelung" des Verbrauchers an der Haustür verhindern. Deshalb gibt § 1 HaustürWG dem Verbraucher ein spezielles Widerrufsrecht, wenn er einen Vertrag geschlossen hat, der auf mündlichen Verhandlungen an seinem Arbeitsplatz oder in seiner Privatwohnung, während einer Freizeitveranstaltung oder im Anschluß an ein überraschendes Ansprechen im Bereich öffentlich zugänglicher Verkehrswege abgeschlossen worden ist. Dadurch möchte der Gesetzgeber dem Verbraucher Zeit und Gelegenheit geben, sich den spontan abgeschlossenen Vertrag noch einmal in Ruhe zu überlegen. Die mit den vom Gesetz angesprochenen Situationen idR verbundene Überrumpelung kann damit wieder ausgeglichen werden.

Beim electronic commerce finden keine mündliche Vertragsverhandlungen im Sinne von § 1 Abs. 1 Nr. 1 HaustürWG statt. Ebenso wenig ist eine Online-Bestellung als „Freizeitveranstaltung" im Sinne von § 1 Abs. 1 Nr. 2 HaustürWG anzusehen.[129] § 5 HaustürWG sieht zwar eine analoge Anwendung von § 1 HaustürWG vor, wenn das Widerrufsrecht durch eine anderweitige Gestaltung der Vertragsverhandlungen umgangen werden soll. Die Gestaltung von Homepages und Websites dient aber nicht der Umgehung von § 1 HaustürWG. Denn der typische Überrumpelungseffekt, der mit Haustürgeschäften verbunden ist, tritt beim „virtuellen Shopping" gerade nicht ein. Der Rechner des Verbrauchers ist keine „elektronische Haustür". Eine Website erscheint nicht überraschend auf dem

---

126 So auch Waldenberger, BB 1996, 2365, 2369 f.; Köhler, NJW 1998, 185 ff. m.w.N.

127 vom 14.3.1985, BGBl. I S. 580.

128 Koch, Internet-Recht, 1998, S. 122 f.

129 Arnold, CR 1997, 526, 527; Köhler/Arndt, Recht des Internet, 1999, S. 35.

Rechner des Nutzers. Sie muß gezielt angewählt und aufgerufen werden. Beim Einkauf über das Internet kann der Verbraucher in aller Ruhe überlegen und auswählen, ohne von Verkäufern psychologisch unter Druck gesetzt zu werden. Das bedeutet im Ergebnis: Das Haustürwiderrufsgesetz ist auf Verträge, die im electronic commerce geschlossen werden, nicht anwendbar.[130]

Vertiefungsliteratur

Koch, Frank A. Internet-Recht, 1998
Loewenheim, Ulrich /Frank A. Koch (Hrsg.), Praxis des Online-Rechts, 1998
Merz, Michael, Electronic Commerce, 1999
Strömer, Tobias, Online-Recht, 2. Auflage 1999

130 So auch Köhler/Arndt, Recht des Internet, 1999, S. 35; Arnold, CR 1997, 526, 527; Koch, Internet-Recht, 1998, S. 122 f.

Christoph Schalast / Felix Hermonies

Wirtschaft und Staat: Wirtschaftsverwaltungsrecht

A. Einleitung

I. Zum Begriff Wirtschaftsverwaltungsrecht

Wirtschaftsverwaltungsrecht ist zwar keine neue Rechtsdisziplin, aber der Begriff hat sich erst in der jüngsten Vergangenheit in Abgrenzung zu den umfassenderen Rechtsgebieten Wirtschaftsrecht bzw. Öffentliches Wirtschaftsrecht durchgesetzt. Wirtschaftsverwaltungsrecht entwickelte sich dabei als dynamische Disziplin im Spannungsfeld zwischen Wirtschaftsprivatrecht und Öffentlichem Recht. Stober, einer der „Väter" der Disziplin, hat sie jüngst wie folgt definiert:

„Wirtschaftsverwaltungsrecht ist konkretisiertes und auf ökonomische Sachverhalte konzentriertes Verfassungs- und Verwaltungsrecht"[1]

Danach kann man unter Wirtschaftsverwaltungsrecht zusammenfassend alle öffentlich-rechtlichen Normen verstehen, die den Wirtschaftsprozeß lenken, auf ihn einwirken und ihn bestimmen.[2] Im Zentrum des Wirtschaftsverwaltungsrecht steht dabei sowohl in der Lehre wie den früheren Lehrbüchern[3] das Gewerberecht mit seinen Nachbarrechtsgebieten, dem Gaststättenrecht, dem Handwerksrecht. Des weiteren wird in diesen traditionellen Darstellungen des Wirtschaftsverwaltungsrecht etwa der des Immissionsschutzrecht als „Besonderes Gewerberecht" aufgefaßt. Nach § 1 BImSchG ist es aber Zweck des Gesetzes, „Menschen, Tiere und Pflanzen den Boden, das Wasser, die Atmosphäre sowie Kultur- und sonstige Sachgüter vor schädlichen Umwelteinwirkungen ... zu schützen und dem Entstehen schädlicher Umwelteinwirkungen vorzubeugen". Mit der Festschreibung ver-

---

1 Stober, Zur Entwicklung des Wirtschaftsverwaltungsrechts, DZWir 1996, S. 133; vgl. auch bereits grundsätzlich zu der Begriffsbestimmung: Stober, Handbuch des Wirtschaftsverwaltungs- und Umweltrechts, S. 3 ff.; sowie weitere Abgrenzungen bei Frotscher, Wirtschaftsverfassungs- und Wirtschaftsverwaltungsrecht, Rd. 3 ff.

2 Vgl. hierzu z. B. Papier, Fälle zum Wahlfach Wirtschaftsverwaltungsrecht, 2. Aufl., S. 2, sowie Jarass, in Jarass, Wirtschaftsverwaltungsrecht mit Wirtschaftsverfassungsrecht, § 2, Rd. 7.

3 Siehe dazu die Rubrik Vertiefungsliteratur.

schiedener Umweltmedien als Schutzgüter wird damit bereits in der Zweckbestimmung des Gesetzes deutlich, daß das BImSchG nicht nur dem Schutz des Menschen sondern auch dem Schutz der gesamten Umwelt dient.[4]

Demnach wird man das Immissionsschutzrecht wohl eher dem Umweltrecht als dem Gewerberecht zurechnen müssen. Folgerichtig nennt auch Stober sein insoweit wegweisendes 1989 erschienenes Nachschlagewerk: Handbuch des Wirtschaftsverwaltungs- und Umweltrechts.

Folgerichtig hat sich in der letzten Zeit immer stärker der Gesichtspunkt durchgesetzt, daß über das Immissionsschutzrecht auch das gesamte den Wirtschaftsprozeß bestimmende und lenkende Umweltrecht in das Rechtsgebiet Wirtschaftsverwaltungsrecht mit einbezogen werden muß.[5] Heutzutage kann das Verhältnis Staat/Bürger/Unternehmen nicht mehr ohne Einbeziehung von Umweltgesichtspunkten begriffen werden. Insoweit kann man von einer Ökologisierung des Wirtschaftsrechts und damit auch des Wirtschaftsverwaltungsrecht sprechen. Hervorzuheben ist dabei nicht nur die erhebliche Regelungsdichte und Regelungsvielfalt im Umweltbereich, sondern auch die strafrechtliche Verantwortung der handelnden Personen in den Unternehmen seit Schaffung des Kapitels Umweltstrafrecht im StGB sowie die zivilrechtliche Haftungsproblematik im BGB sowie im Umwelthaftungsgesetz. Letztendlich gehen aber sowohl Umweltstrafrecht, wie das zivilrechtliche Umwelthaftungsrecht zurück auf die öffentlich-rechtliche Regulierung und man spricht zu Recht von einer Verwaltungsakzessorietät. Vorliegend wird daher in dem Umweltrecht als wichtiges Teilrechtsgebiet des Wirtschaftsverwaltungsrechts betrachtet. Das Umweltrecht wird dargestellt aus der Sicht der Unternehmen, auf deren Tätigkeit im Wirtschaftsprozeß es lenkenden Einfluß ausübt.[6]

Des weiteren ist das Wirtschaftsverwaltungsrecht heute aber auch durch eine starke gemeinschaftsrechtliche Komponente geprägt, da die Europäische Union seit der Erweiterung ihrer Kompetenzen durch die Einheitliche Europäische Akte, den Unionsvertrag von Maastricht und den Amsterdamer Vertrag über zentrale Kompetenzen in diesem Bereich verfügt. Insoweit kann man zu Recht auch von einer umfassenden gemeinschaftsrechtlichen „Steuerung" der Wirtschaftsverwaltung sprechen und darüber spekulieren, wie groß der gemeinschaftsrechtliche Anteil an dem anwendbaren Wirtschaftsverwaltungsrecht in Deutschland ist.[7]

---

4 Vgl. dazu Jarass, BImSchG-Kommentar, 4. Aufl., § 1, Rd. 5.

5 Vgl. etwa Stober, DZWir 1996, S. 133, 134; deutlich wird dieser Ansatz bereits in dem immer noch grundlegenden Handbuch des Wirtschaftsverwaltungsrecht von Stober aus dem Jahre 1989; vgl. auch den insoweit parallelen Ansatz von Schalast mit seiner Darstellung des Umweltrechts, in: Jäger/von Briel, Anwaltshandbuch zur rechtlichen Beratung von Unternehmen.

6 In den nächsten Jahren ist dabei von einem neuen Regulierungsschub auszugehen.

7 Vgl. dazu Stober, DZWir 1996, S. 133, 134, mit einer Schätzung im Bereich von 70 %.

II. Entwicklungstendenzen des Wirtschaftsverwaltungsrecht: Deregulierung und Privatisierung

Das Wirtschaftsverwaltungsrecht ist heute nicht zuletzt durch die Einbeziehung neuer und moderner Rechtsgebiete wie dem Europarecht und dem Umweltrecht durch eine besondere Dynamik gekennzeichnet. Diese Dynamik wird aber noch durch einen weiteren gesamteuropäischen Prozeß verstärkt, den Prozeß der Deregulierung in zentralen, bisher von staatlicher Einflußnahme traditionell geprägten Wirtschaftsbereichen.[8] Hervorzuheben sind im Rahmen dieser Entwicklung so wichtige Rechtsgebiete wie die Telekommunikation und die Energiewirtschaft, die gerade in den letzten Jahren eine revolutionäre Veränderung weg von staatlich geduldeten bzw. geförderten Monopol zu echtem Wettbewerb erfahren haben. Auf der anderen Seite führt aber der Deregulierungsschub auch zu einer erheblichen Re-Regulierung, da frühere Monopolisten wie die Deutsche Bundespost, die heutige Deutsche Telekom AG oder aber die (vorrangig im Eigentum der Gebietskörperschaften befindlichen) Stromversorgungsunternehmen Eigentümer des Netzwerks sind, hier das Telefonkabelnetz, dort das Energieversorgungsnetz, dessen Mitbenutzung den Wettbewerbern erst den Marktzutritt erlaubt (sog. Durchleitung). Um den Marktzutritt durch Nutzung fremder Netze zu gewährleisten, mußten neue Regulierungsinstanzen und entsprechende Kompetenzen, im Bereich der Telekommunikation sogar durch Errichtung einer eigenen Behörde, der Regulierungsbehörde für Telekommunikation und Post, geschaffen werden. Die Tätigkeit und Einflußnahme dieser Behörden auf die unternehmerische Tätigkeit in diesen für die wirtschaftliche Entwicklung heute besonders wichtigen Bereichen ist erheblich und führt im Ergebnis zu einem neuen Regulierungsschub. In der nachfolgenden Darstellung wird daher, trotz der gebotenen Kürze im Rahmen einer Einführung, den neuen Gebieten der ihnen auch wirtschaftlich gebührende Rang zuerkannt.[9]

III. Wirtschaftsverwaltungsrecht und Wirtschaftsgrundrechte

Das Wirtschaftsverwaltungsrecht ist durch bestimmte für den Wirtschaftsprozeß besonders wichtige Grundrechte, insbesondere Art. 12 GG und Art. 14 GG geprägt.[10] Angesichts des Prozesses der Deregulierung und Re-Regulierung sowie im Rahmen der derzeit anstehenden Privatisierungsvorhaben der öffentlichen Hand kommt dieser verfassungsrechtlichen Komponente immer größere Bedeutung zu. So ist die Zulässigkeit der Errichtung von neuen Genehmigungs- bzw. Lizenzierungsaufsichtsinstanzen insbesondere an Art. 12 GG zu messen, der im Rahmen

---

8 Vgl. grundsätzlich zu dieser Entwicklung Schalast, Regulierung und Deregulierung in Ost und West – Chancen und Perspektiven eines gesamteuropäischen Wirtschaftsverwaltungsrechts – ROW 1997, S. 252 ff.

9 So auch der Ansatz bei Frotscher, Wirtschaftsverfassungs- und Wirtschaftsverwaltungsrecht, Rd. 8 am Ende.

10 Vgl. dazu die Darstellung von Boehme-Neßler in diesem Band zum deutschen und europäischen Wirtschaftsverfassungsrecht.

der Berufsfreiheit auch die Gewerbefreiheit schützt.[11] Die Grundrechte und insbesondere Art. 12 GG entfalten damit im Bereich des Wirtschaftsverwaltungsrechtes, einem Rechtsgebiet, das von lenkenden Eingriffen des Staates in das Wirtschaftsleben geprägt ist, ihre klassische Funktion als Abwehrrechte. Daher sollte nachfolgend insbesondere im Bereich Gewerberecht aber auch im Rahmen der Darstellung neuer Gebiete des Wirtschaftsverwaltungsrechts, wie dem Telekommunikations- und dem Energierecht immer beachtet werden, daß die Zulässigkeit der Regulierungsmaßnahmen am Maßstab der Verfassung zu messen ist.

IV. Wirtschaftsverwaltungsrecht als Standortfaktor

Des weiteren sei darauf hingewiesen, daß das Wirtschaftsverwaltungsrecht heute angesichts des technischen Fortschritts im Bereich der Telekommunikation und neuer Medien angesichts zunehmenden Globalisierung zu einem wichtigen Standortfaktor, nicht nur innerhalb der Europäischen Union, sondern darüber hinausgehend im weltweiten Wettbewerb der Rechtssysteme geworden ist. In Mittel- und Osteuropa besteht nach der Wende 1989/1990 die historisch wohl einmalige Chance, neue Wirtschaftsrechtssysteme und damit auch Wirtschaftsverwaltungsrechtsysteme insbesondere unter Einbeziehung der Erfahrungen in den Staaten der Europäischen Union und in den OECD-Staaten zu entwickeln.

Die Reformstaaten haben damit die Möglichkeit, moderne und flexible Wirtschaftsverwaltungsrechtstrukturen zu entwickeln, die im Zweifel den gewachsenen Verfahren etwa in der Bundesrepublik Deutschland zumindest nach der „Papierform“ überlegen sind. Daneben wird es im Bereich des Wirtschaftsverwaltungsrecht vermehrt Staaten geben, die durch juristisches „Dumping“ versuchen, Standortvorteile zu verwirklichen. Deutschland hat hier traditionell einen wichtigen Vorteil, den des gewachsenen Rechtsstaates und der damit verbundenen Rechtssicherheit. Auf der anderen Seite sind aber gerade deutsche Genehmigungsverfahren im Bereich des Wirtschaftsverwaltungsrechts durch ihre Komplexität, die Mitwirkungsrechte von Bürgern und die damit verbundene erhebliche Laufzeit zu einer Belastung für das Wirtschaftsleben geworden.[12]

V. Wertwidersprüche im Wirtschaftsverwaltungsrecht

Schließlich stellt sich das Wirtschaftsverwaltungsrecht heute als ein Rechtsgebiet dar, das von zahlreichen Wertwidersprüchen gekennzeichnet ist. Vorrangig ist

---

11 Vgl. grundsätzlich zu diesem Gesichtspunkt, Frotscher, Gewerberecht, in: Schmidt (Hrsg.), Öffentliches Wirtschaftsrecht, Besonderer Teil I, Textziffer 6 f.; ders. Wirtschaftsverfassungsrecht und Wirtschaftsverwaltungsrecht; Rd. 33 ff. und Jarass, in: Jarass, Wirtschaftsverwaltungsrecht mit Wirtschaftsverfassungsrecht, der zu Recht bei der Darstellung der Vorgaben des Grundgesetzes in seinem Lehrbuch die Berufsfreiheit in Rd. 5 ff. in den Mittelpunkt stellt.

12 Vgl. dazu Schalast, ROW 1997, S. 252.

der Wertwiderspruch zwischen gemeinwohlorientierten Zielen wie etwa Umweltschutz oder Verbraucherschutz gegenüber dem Interesse an der (direkten) Förderung der Wirtschaft und damit der Schaffung von Arbeitsplätzen zu nennen. Daneben gibt es den Wertwiderspruch zwischen europäischer Steuerung und nationalen Interessen und Wertwidersprüche im Rahmen des globalen Wettbewerbs der Rechtsordnungen zwischen Überwachungsdichte und Flexibilität und Effizienz von Verfahren. Schließlich führt auch die bereits angesprochene Deregulierung und Privatisierung von klassischen staatlichen Aufgaben im Bereich der Daseinsvorsorge wie die Sicherheit der Elektrizitätsversorgung, die Teilnahme an Telekommunikationsdienstleistungen aber auch die Entstaatlichung von Abfallentsorgung und Wasserversorgung usw. zu Wertwidersprüchen. Auf der einen Seite entfällt damit z. B. im Bereich der Abfallwirtschaft die öffentlich-rechtliche Einbindung der beteiligten Unternehmen, was zu Defiziten hinsichtlich der betroffenen Gemeinwohlinteressen führen könnte. Bei privatwirtschaftlichen Unternehmen wird immer auch das Interesse des ökonomischen Erfolgs im Vordergrund stehen. Des weiteren werden sich aber die öffentlichen Unternehmen, soweit sie bestehen bleiben, dem Wettbewerb stellen müssen und die Zukunft wird zeigen, ob ihnen von der Rechtsprechung etwa im Bereich des Kartellrechts die gleichen Rechte eingeräumt werden wie der Privatwirtschaft. Da in all diesen Bereichen wichtige Grundrechte miteinander konkurrieren, muß im Interesse des Rechtsstaates vor allem Wert darauf gelegt werden, daß die Abwägungskriterien im Einzelfall vom Gesetzgeber möglichst konkret definiert werden.[13]

B. Einteilung des Wirtschaftsverwaltungsrechts

Vorstehend wurde dargestellt, daß das Wirtschaftsverwaltungsrecht heute ein modernes Rechtsgebiet ist, das von einer erheblichen Dynamik und Veränderung insbesondere im Rahmen des weltweiten und europäischen Prozesses der Privatisierung und Deregulierung erfaßt ist. Dabei wird Wirtschaftsverwaltungsrecht herkömmlicherweise unterteilt in das Allgemeine und Besondere Wirtschaftsverwaltungsrecht dargestellt. Nach der Einteilung in dem Lehrbuch von Stober[14] wird im Allgemeinen Verwaltungsrecht der für die Wirtschaftsverwaltung relevante Teil des Allgemeinen Verwaltungsrecht, d. h. die Lehre von der Verwaltungsorganisation, die Lehre vom Verwaltungshandeln sowie der Verwaltungsrechtsschutz dargestellt. Dabei bezieht Stober in seinem Lehrbuch auch das Wirtschaftsverfassungsrecht in das Allgemeine Wirtschaftsverwaltungsrecht ein. Anders stellt sich dagegen die Einteilung bei Frotscher[15] dar, der vom öffentlichen Wirtschaftsrecht als Wirtschaftsverwaltungsrecht im weiteren Sinne spricht und hierunter Wirt-

---

13 Vgl. zu dieser grundsätzlichen Problematik auch die Darstellung bei Steinberg, Der ökologische Verfassungsstaat, mit den entsprechenden Anforderungen an den Gesetzgeber unter anderem S. 145 ff.

14 Stober AT

15 Frotscher, Wirtschaftsverfassungs- und Wirtschaftverwaltungsrecht, Rd. 3 ff.

schaftsverfassungsrecht und Wirtschaftsverwaltungsrecht versteht, um dann unter Wirtschaftsverwaltungsrecht im engeren Sinne das Besondere Wirtschaftsverwaltungsrecht, d.h. Gewerberecht, Nebengebiete usw. zu verstehen. Im Ergebnis zeigen aber alle Abgrenzungen nur die grundsätzliche Schwierigkeiten mit der Begriffsbestimmung Wirtschaftsverwaltungsrecht. Deswegen werden in der nachfolgenden Darstellung zunächst die für das Wirtschaftsverwaltungsrecht wichtigen Grundelemente des Allgemeinen Verwaltungsrecht dargestellt, um dann im Besonderen Wirtschaftsverwaltungsrecht den Schwerpunkt im Gewerberecht sowie in den modernen und dynamischen Rechtsgebieten zu setzen.

C. Allgemeines Wirtschaftsverwaltungsrecht

I. Die Aufgabe der öffentlichen Verwaltung

Die öffentliche Verwaltung hat in der durch das Grundgesetz und das Gewaltenteilungsprinzip vorgegebenen staatlichen Ordnung zunächst die Aufgabe der vollziehenden Gewalt (Exekutive), bei der sie grundsätzlich jede Tätigkeit wahrnimmt, die weder der gesetzgebenden (Legislative) noch der rechtsprechenden Gewalt (Judikative) zugeordnet werden kann.[16]

Im speziellen versteht man aber unter der Tätigkeit der öffentlichen Verwaltung das gesamte **öffentliche Verwaltungshandeln zur Vollziehung der Gesetze**, das nicht mit dem eigentlichen Regieren befaßt ist. Insoweit verfügt sie über die ausschließliche Verwaltungskompetenz und Zuständigkeit.

Dabei hat sich diese Tätigkeit im Laufe der Zeit im wesentlichen in zwei Bereiche aufgespalten, in **Eingriffsverwaltung** und in **Leistungsverwaltung.**[17]

Bei der **Eingriffsverwaltung** tritt die öffentliche Verwaltung dem Bürger gegenüber hoheitlich auf und hat im Rahmen des Grundsatzes der Gesetzesbindung der Verwaltung die Möglichkeit, in die Rechts- und Freiheitssphäre des Bürgers einzugreifen, wenn sie sich auf eine gesetzliche Grundlage stützen kann. Solche Eingriffe z.B. in Form von Anordnungen können dann schließlich mit den Mitteln des Verwaltungszwangs auch zwangsweise vollzogen werden.

Demgegenüber befaßt sich der Bereich der **Leistungsverwaltung** mit der Verfolgung bestimmter im öffentlichen Interesse stehender gesellschaftspolitischer Ziele. Dazu kann der Bürger bestimmte Leistungen der öffentlichen Verwaltung und öffentliche Einrichtungen in Anspruch nehmen. Auch wenn hier nicht in die Rechte des Bürgers eingegriffen wird, so bedarf auch diese Tätigkeit einer gesetzlichen Grundlage, hier in Form der Verankerung der wahrzunehmenden Aufgabe

---

16 Vgl. Reidt, in: Jarass, Wirtschaftsverwaltungsrecht mit Wirtschaftsverfassungsrecht, § 5, Rd. 1; zur geschichtlichen Entwicklung s. Rudolf, in: Erichsen, § 51, Rd. 3 ff.

17 Wobei die beiden Bereiche beim Handeln der Behörde nicht immer klar voneinander getrennt werden können, vgl. Ehlers, in: Erichsen, § 1, Rd. 47; s. a. Jarass, in: Jarass, Wirtschaftsverwaltungsrecht mit Wirtschaftsverfassungsrecht, § 2, Rd. 7 ff.

in einem Gesetz. So genügt z. B. für die Vergabe von Subventionen, daß die Mittel im Haushaltsplan bereitgestellt werden.

Diese Gesetzesbindung der Verwaltung entfällt auch dann nicht, wenn die Behörde, wie das häufig im Bereich der Leistungsverwaltung der Fall ist, dem Bürger gegenüber privatrechtlich auftritt. Gerade hier können sich Benachteiligte u. U. auf den in den Grundrechten verankerten Gleichbehandlungsgrundsatz berufen, vgl. Art. 3 I GG. Insgesamt ist die Verwaltung aber freier in der Gestaltung des Verfahrens und muß sich nicht mehr an die verfahrensrechtlichen Vorschriften halten.[18]

II. Das Handeln der öffentlichen Verwaltung

Die eigentliche Tätigkeit der öffentlichen Verwaltung erfolgt in bestimmten Handlungsformen, von denen die des Verwaltungsaktes am bedeutsamsten ist. Daneben kann das Handeln der Behörde aber auch im Hinwirken auf den Abschluß eines ör Vertrag oder im schlichten, nicht auf Regelung eines Sachverhalts gerichteten, Verwaltungshandeln (= Realakt) bestehen.[19] Die Bedeutung der verschiedenen Handlungsformen ergibt sich vor allem aus den unterschiedlichen Anforderungen an den Verfahrensablauf und an ihre Rechtmäßigkeit.

Neben dem ör Handeln der Verwaltung in den genannten Formen, kann eine Behörde aber auch pr auftreten[20] und pr Verträge abschließen. In diesem Zusammenhang spricht man vom Verwaltungsprivatrecht. Dabei tritt die Verwaltung dem Vertragspartner gegenüber nicht hoheitlich auf, sondern steht zu ihm in einer bürgerlich-rechtlichen Beziehung. Gleichwohl bleibt die Verwaltung hier aber an die ör Grundsätze, wie insbes. die Grundrechte und Zuständigkeitsregelungen gebunden.[21] Der Vorteil für die Verwaltung liegt hier aber in der größeren Auswahl der zur Verfügung stehenden Handlungsformen, die das Privatrecht bietet.

---

18 S. allgemein Stober AT, § 7, S. 87 ff.

19 Darüber hinaus gehören zu den weiteren Formen des ör Verwaltungshandelns die Rechtsverordnung, vgl. Art. 80 GG, und der ör Plan, wie z. B. der Flächennutzungs- und Bebauungsplan, s. §§ 5 ff., 8 ff. BauGB, oder der Haushaltsplan, vgl. Art. 110 GG, zu deren Bedeutung Stober AT, § 28, S. 279 ff.

20 Zur Beantwortung der Frage, ob man es nun gerade mit öffentlichem Recht oder Privatrecht zu tun hat, sind in der Vergangenheit einige Theorien zur Abgrenzung entwickelt worden, die u. a. darauf abstellen, welche Normen angewendet werden, oder in welchem Verhältnis die Beteiligten zueinander stehen, vgl. Maurer, § 3, Rd. 12 ff., 14 ff.; besondere Bedeutung erlangen diese Theorien dann, wenn es darum geht zu klären, ob im Streitfall der Rechtsweg zu den Verwaltungsgerichten gemäß § 40 VwGO eröffnet ist; s. a. Stober AT, § 32, S. 325 ff.

21 Die sog. „Flucht ins Privatrecht" ist aufgrund der Gesetzesbindung der Verwaltung aus Art. 20 III GG aber auch aus Art. 1 III GG nicht möglich; vgl. Stober AT, § 33, S. 328 ff.; s. a. Maurer, § 17, Rd. 1.

1. Der Verwaltungsakt (VA)

a) Voraussetzungen

Die Legaldefinition des VA findet sich in § 35 des VwVfG des Bundes und der Länder[22], die Gesamtheit der Regelungen über Zustandekommen, Bestandskraft und Verjährung im Teil III, §§ 35–53 VwVfG.

Danach ist ein VA „Verfügung, Entscheidung oder andere hoheitliche Maßnahme, die eine Behörde zur Regelung eines Einzelfalls auf dem Gebiet des öffentlichen Rechts trifft und die auf eine unmittelbare Rechtswirkung nach außen gerichtet ist."

Ist ein solcher VA an einen nach allg. Merkmalen bestimmten oder bestimmbaren Personenkreis gerichtet oder betrifft er die ör Eigenschaft einer Sache oder ihre Benutzung durch die Allgemeinheit, so handelt es sich um die spezielle Form einer Allgemeinverfügung, § 35 S. 2 VwVfG. Deren bekannteste Beispiele sind die Verfügung der Polizei, die an eine Vielzahl von Personen gerichtet ist, z. B. einen Platz zu verlassen, oder die Umbenennung einer Strasse.[23]

Aus den zitierten Tatbestandsmerkmalen der Norm selbst ergibt sich, daß bestimmte Handlungen der Verwaltung keine VA-qualität haben sollen. So scheiden z. B. Auskunftserteilungen und verwaltungsinterne Vorgänge aus, weil sie entweder keine rechtliche Wirkung oder keine beabsichtigte Außenwirkung haben. Auch abstrakt gehaltene Normen, wie Gesetze, Verordnungen und Satzungen fallen nicht darunter, weil sie nicht den konkreten Einzelfall regeln sollen.

b) Formen, Varianten

In Wirkung und Inhalt gibt es die unterschiedlichsten VAe.[24] So kann ein VA, z. B. erlassen durch einen Polizisten, **verbieten** oder auch, wenn man von der Behörde eine Baugenehmigung erlangt, **berechtigen**.[25] Ein rechtliche **Eigenschaft**, wie z. B. eine Genehmigungsbedürftigkeit, kann durch ihn **festgestellt**[26], ein **Recht** an sich kann auch erst **gestaltet** werden, wie bei der Ernennung zum Beamten.

Wenn ein VA insoweit **belastend** oder **begünstigend** (vgl. die Legaldefinition in § 48 I 2 VwVfG) wirkt, so kann sich diese Wirkung gegenüber dem Adressaten

---

22 Die jeweilige Anwendbarkeit der größtenteils im Wortlaut identischen Verwaltungsverfahrensgesetze ergibt sich aus deren § 1. Im Folg. soll zur Anschaulichkeit das VwVfG des Bundes zugrunde liegen.

23 Zu den rechtlichen Zusammenhängen bei der Umbenennung einer Straße s. z. B. OVG Münster NJW 1987, S. 2695 f.

24 Vgl. Stober AT, § 34 II 3, S. 338 f.

25 S. zu der unterschiedlichen Wirkungsweise, Tünessen-Harmes, in: Jarass, Wirtschaftsverwaltungsrecht mit Wirtschaftsverfassungsrecht, § 8, Rd. 1 ff.

26 S. die Vielzahl weiterer Beispiele bei P. Stelkens/U. Stelkens, in: Stelkens/Bonk/Sachs, § 35, Rd. 144; zu den verschiedenen Formen von Genehmigungen Tünessen-Harmes, in: Jarass, Wirtschaftsverwaltungsrecht mit Wirtschaftsverfassungsrecht, § 9, Rd. 7 ff.

direkt oder indirekt, einem Dritten gegenüber, entfalten[27], wie insbes. bei der Baugenehmigung, die den Bauherrn begünstigen und den Nachbarn belasten kann, vgl. hierzu auch die Regelungen in § 80a VwGO.[28]

Weiterhin kann ein VA **mitwirkungsbedürftig** oder **zustimmungsbedürftig** sein, wenn z.B. das Verwaltungsverfahren zum Erlaß des VA, vgl. § 9 VwVfG, erst auf Antrag des Bürgers in Gang gesetzt werden kann, wie bei der Erteilung der Baugenehmigung, oder andere Behörden zustimmen müssen, wie bei der Erteilung des Einvernehmens der Gemeinde nach § 36 BauGB.[29]

Schließlich gibt es auch noch den **gebundenen** VA, bei dem der Bürger einen Anspruch auf Erlaß hat. Hat die Behörde bei Erlaß eines solchen VAs einen Ermessensspielraum, so beschränkt sich dieser Anspruch lediglich auf die fehlerfreie Ermessensausübung durch die Behörde.[30]

c) Ermessen

In einigen Tatbeständen wird der Behörde ein Ermessensspielraum gewährt. Insbesondere wenn es heißt, die Behörde „kann“, „ist berechtigt“ oder „darf“ in einer bestimmten Weise verfahren, dann ist die Verwaltung ermächtigt unter verschiedenen möglichen Rechtsfolgen eine auszuwählen. Dabei kann sie dann nicht nur entscheiden, **wie** sie tätig wird (Auswahlermessen), sondern auch, **ob** sie überhaupt tätig wird (Entschließungsermessen).[31]

Begrenzt wird dieser Ermessensspielraum durch § 40 VwVfG, wonach die Behörde ihr Handeln dem Zweck der Ermächtigung entsprechend auszuüben und die gesetzlichen Grenzen einzuhalten hat.

Eine besonders wichtige Grenze in diesem Zusammenhang ist der aus dem Übermaßverbot abgeleitete sog. Grundsatz der Verhältnismäßigkeit zwischen dem mit der Maßnahme angestrebten Zweck und dem angewendeten Mittel. Danach muß das Handeln der Behörde zunächst geeignet sein, das angestrebte Ziel überhaupt zu erreichen, es muß zumindest möglich sein. Weiterhin muß die Maßnahme auch erforderlich sein, was dann der Fall ist, wenn kein anderes – ebenso geeigne-

---

27 Vgl. Tünessen-Harmes, in: Jarass, Wirtschaftsverwaltungsrecht mit Wirtschaftsverfassungsrecht, § 8, Rd. 30 ff., sowie § 9, Rd. 45 ff.

28 Bekannt sind auch jene „Fälle mit Drittwirkung“ der beamtenrechtlichen Konkurrentenklage, in denen der unterlegene Bewerber gegen die an ihn gerichtete Ablehnung klagt, die zudem aber die Aufhebung der begünstigenden Wirkung des Mitbewerbers miteinschließt.

29 Vgl. Maurer, § 9, Rd. 30; vom Einvernehmen mit der Wirkung eines Vetorechts, über das man sich nicht hinwegsetzen kann, ist das schwächere Benehmen zu unterscheiden, das lediglich mit einem Recht auf Anhörung verbunden ist.

30 Vgl. Stober AT, § 33 II 2, S. 333 ff.; nur in Ausnahmefällen kann ein solches Ermessen auch „auf Null“ reduziert sein, wenn z. B. die Verweigerung des beantragten VAs aus Gründen der Verhältnismäßigkeit ermessensfehlerhaft wäre. Dann aber hat der Bürger trotz Ermessens einen Anspruch auf Erlaß des VAs, vgl. Schwerdtfeger, Rd. 151; vgl. Sachs, in: Stelkens/Bonk/Sachs, § 40, Rd. 55 ff., 138.

31 Vgl. Maurer, § 7, Rd. 7.

tes – aber milderes Mittel vorhanden ist. Und schließlich muß die Maßnahme angemessen sein, d. h. das mit dem behördlichen Handeln verfolgte Ziel und der Eingriff in die Rechtssphäre des Betroffenen müssen in einem angemessenen Verhältnis zueinander stehen (Verhältnismäßigkeit im engeren Sinn).

Auch wenn der Behörde hier ein gewisser Spielraum eingeräumt ist, können die Gerichte die Ausübung dieses Ermessens und insbesondere einen Verstoß gegen die beschriebenen Grenzen nachprüfen, vgl. § 114 VwGO.[32]

d) Formelle Anforderungen

Gemäß § 37 II VwVfG kann ein VA schriftlich, mündlich oder in anderer Weise erlassen werden, wobei der mündliche VA dann schriftlich zu bestätigen ist, wenn hieran ein berechtigtes Interesse besteht und der Betroffene dies unverzüglich verlangt. Ansonsten kann sich die Schriftform auch aus spezielleren Normen ergeben. Jedenfalls hat der schriftliche VA die erlassende Behörde erkennen zu lassen und er muß die Unterschrift oder die Namenswiedergabe des Behördenleiters, seines Vertreters oder seines Beauftragten enthalten, § 37 III VwVfG. Aus Gründen der Automation können hiervon Ausnahmen zugelassen werden.[33]

Daneben kommt es aber darauf an, daß der VA gemäß § 37 I VwVfG inhaltlich so hinreichend bestimmt ist, daß für die Beteiligten des Verfahrens erkennbar ist, zwischen wem welche Rechtsbeziehung wie geregelt werden soll.[34] Daher ist der VA auch zu begründen, wobei die tatsächlichen und rechtlichen Gründe mitzuteilen sind, die die Behörde zu ihrer Entscheidung bewogen haben, § 39 I VwVfG. Und wenn die Behörde von ihrem Ermessen Gebrauch gemacht hat, sollen die dabei zugrundeliegenden Gesichtspunkte erkennbar sein.

Für die Wirksamkeit kommt es schließlich darauf an, daß der VA demjenigen bekanntgegeben wird, für den er bestimmt ist oder der von ihm betroffen wird, § 41 I VwVfG. Ein durch die Post vermittelter VA gilt im Regelfall mit dem dritten Tage nach der Aufgabe als bekanntgegeben.[35]

e) Nebenbestimmungen

Mit der Hauptregelung eines VA kann die Behörde gemäß § 36 VwVfG auch Nebenbestimmungen versehen. Besteht auf diesen VA ein Anspruch, so sind sol-

---

32 S. die Beispiele bei Reidt, in: Jarass, Wirtschaftsverwaltungsrecht mit Wirtschaftsverfassungsrecht, § 5, Rd. 52.

33 Gemäß § 38 Abs. 1 VwVfG bedarf auch die **Zusicherung**, i. e. die von der zuständigen Behörde erteilte **Zusage**, eine bestimmten VA später zu erlassen oder zu unterlassen, der Schriftform, wenn auch nach Abs. 3 der Norm die Behörde bei wesentlicher nachträglicher Änderung der Sach- oder Rechtslage daran nicht mehr gebunden ist, vgl. Stober AT, § 35, S. 353.

34 Stelkens, in: Stelkens/Bonk/Sachs, § 37, Rd. 10 f.

35 Im übrigen gelten die Verwaltungszustellungsgesetze des Bundes und der Länder.

che Nebenbestimmungen allerdings nur zulässig, wenn eine Rechtsvorschrift dies vorsieht oder wenn die Erfüllung der gesetzlichen Voraussetzungen des VA gewährleistet werden soll. Ansonsten steht die Verbindung des VA mit einer Nebenbestimmung gemäß § 36 II VwVfG im pflichtgemäßen Ermessen der Behörde.

Nach der Legaldefinition dieser Norm sind dabei zu unterscheiden:

Die **Befristung**, die Beginn oder Ende der Wirksamkeit des VA von einem bestimmten Termin abhängig macht.

Die **Bedingung**, bei der die Wirksamkeit des VAs an den Eintritt eines unbestimmten zukünftigen Ereignisses geknüpft wird.[36]

Die **Auflage**, mit der gleichzeitig ein bestimmtes Tun, Dulden oder Unterlassen vorgeschrieben wird, wobei hier die Erfüllung dieser Auflage nicht die Wirksamkeit der Hauptregelung des VA berührt.

Der **Vorbehalt**, den VA zu widerrufen.

Der **Vorbehalt**, nachträglich eine Auflage aufzunehmen, zu ändern oder zu ergänzen.

f) Fehlerhafte Verwaltungsakte und die Rechtsfolgen

Erfüllt ein VA nicht die formellen oder materiellen Voraussetzungen, so ist er mit Fehlern behaftet und rechtswidrig. Dies muß aber noch nicht seine Wirksamkeit beeinträchtigen. Erst wenn ein Fehler so schwer ist, daß er zur Nichtigkeit des VA führt, wird der VA unwirksam gemäß § 43 III VwVfG und hat dann keine rechtlichen Konsequenzen. Ansonsten bedarf es dazu seiner Aufhebung oder Erledigung, § 43 II VwVfG.

Bei der Nichtigkeit eines VA ist gemäß § 44 I VwVfG darauf abzustellen, ob der VA an einem besonders schwerwiegenden Fehler leidet und dies bei verständiger Würdigung aller in Betracht kommenden Umstände offenkundig ist. Dazu führen Absatz 2 und 3 der Norm eine Reihe spezieller Gründe auf, die die Nichtigkeit zur Folge haben sollen.

Die eigentliche Feststellung der Nichtigkeit muß aber durch die Behörde von Amts wegen erfolgen und ist auch auf Antrag festzustellen, wenn der Antragsteller hieran ein berechtigtes Interesse hat, § 44 V VwVfG.

Bei Fehlern, die nicht zur Nichtigkeit eines VA führen, besteht demgegenüber nach § 45 VwVfG die Möglichkeit, ihre Fehlerhaftigkeit zu heilen. Dazu kann die Behörde die in § 45 I in den Nummern 1–5 aufgeführten Handlungen nachholen, in den meisten Fällen aber nur solange, bis ein Vorverfahren abgeschlossen ist oder, falls dieses nicht stattfindet, bis zur Erhebung einer verwaltungsgerichtlichen Klage.

Ausnahmsweise ist ein Verfahrens- oder Formfehler nach § 44 VwVfG dann unbeachtlich, wenn keine andere Entscheidung in der Sache hätte getroffen werden können und es sich bei dem Fehler um eine Verletzung von Vorschriften über das Verfahren, die Form oder die örtliche Zuständigkeit handelt, § 46 VwVfG.

---

36 Vgl. auch § 158 BGB.

Schließlich kann die Fehlerhaftigkeit eines VA auch dann unbeachtlich sein, wenn eine Umdeutung in einen anderen VA möglich ist. Voraussetzung dafür ist gemäß § 47 VwVfG, daß dieser

- auf das gleiche Ziel gerichtet ist,
- von der erlassenden Behörde in der geschehenen Verfahrensweise und Form rechtmäßig hätte erlassen werden können und
- die Voraussetzungen für dessen Erlaß erfüllt sind.

Eine solche Vorgehensweise ist allerdings dann unzulässig, wenn die eigentliche Absicht der Behörde unterlaufen, der von dem VA Betroffene dadurch ungünstiger gestellt oder die Entscheidung nun in eine Ermessensentscheidung umgedeutet werden würde.

g) Aufhebung eines VA durch Rücknahme oder Widerruf

Die Behörde hat die Möglichkeit einen rechtswidrigen VA gemäß § 48 VwVfG zurückzunehmen und einen rechtmäßigen VA gemäß § 49 zu widerrufen.[37]

aa) Rücknahme

Ist die Rechtswidrigkeit eines VA gegeben, so kann er von der Behörde auch nach seiner Unanfechtbarkeit zurückgenommen werden; für den Fall, daß ein begünstigender VA vorliegt, gilt das allerdings nur eingeschränkt. Insbesondere bei Geld- oder Sachleistungen[38] ist die Behörde an einer Rücknahme gehindert, wenn der von dem VA Betroffene in schutzwürdiger Weise auf dessen Bestand vertrauen durfte, § 48 II VwVfG.

Abgestellt wird dabei darauf, ob eine Rücknahme nicht mit unzumutbaren Nachteilen verbunden ist, der Begünstigte den VA unredlich herbeigeführt hat oder er die Rechtswidrigkeit kannte oder kennen mußte. Sind aber diese Voraussetzungen gegeben, so wird der VA rückwirkend zurückgenommen und die Leistungen nach § 49 a VwVfG i. V. m. §§ 812ff. BGB analog zu erstatten.

Wird aber ein rechtswidriger VA zurückgenommen, der keine Leistung gewährt, so ist dem Betroffenen auf Antrag der Vermögensnachteil auszugleichen, den er durch sein schutzwürdiges Vertrauen auf den Bestand des VA erleidet. Allerdings hat er diesen innerhalb eines Jahres geltend zu machen, § 48 III 5 VwVfG.

bb) Widerruf

Bei rechtmäßigen VAen erfolgt die Aufhebung durch die Behörde im Wege des Widerrufs. Danach kann ein nicht begünstigender VA nach seiner Unanfechtbar-

---

[37] S. a. Stober AT, § 34 IV, S. 349 f., mit Verweis auf spezialgesetzliche Regelungen.

[38] Vgl. die Ausführungen zu der Gewährung von Subventionen.

keit ganz oder teilweise mit Wirkung für die Zukunft widerrufen werden, außer wenn ein VA gleichen Inhalts erneut erlassen werden müßte oder aus anderen Gründen ein Widerruf unzulässig ist.

Für einen begünstigenden VA gilt dies aufgrund des Vertrauensschutzes der Beteiligten nur in den besonderen Fällen von § 49 II VwVfG:

1. wenn der Widerruf durch Rechtsvorschrift zugelassen oder im VA vorbehalten ist;

2. wenn der Begünstigte eine Auflage nicht oder nur unzureichend erfüllt hat;

3. wenn die Behörde aufgrund nachträglich eingetretener Tatsachen berechtigt wäre, den VA nicht zu erlassen, und wenn ohne den Widerruf das öffentliche Interesse gefährdet würde;

4. wenn die Behörde aufgrund einer geänderten Rechtsvorschrift berechtigt wäre, den VA nicht zu erlassen, soweit der Begünstigte von der Vergünstigung noch keinen Gebrauch gemacht hat oder aufgrund des VAs noch keine Leistungen empfangen hat, und wenn zudem ohne den Widerruf das öffentliche Interesse gefährdet würde;

5. um schwere Nachteile für das Gemeinwohl zu verhüten oder zu beseitigen.

Auch hier hat der schutzwürdige Betroffene in den Fällen 3–5 einen Anspruch gegen die Behörde auf Entschädigung für den Vermögensnachteil, § 49 VI VwVfG

2. Öffentlich-rechtlicher Vertrag

Neben dem Erlaß eines VA hat die Behörde auch die Möglichkeit, anstatt dessen einen ör Vertrag nach den §§ 54–62 VwVfG abzuschließen.[39]

Um einen ör Vertrag handelt es sich nach der Legaldefinition des § 54 S. 1 VwVfG dann, wenn ein Rechtsverhältnis auf dem Gebiet des öffentlichen Rechts durch Vertrag begründet, geändert oder aufgehoben wird.

Der ör Vertrag ist von einem privatrechtlichen Vertrag, den eine Behörde z.B. zum Kauf von Büromaterial abschließt, zu unterscheiden, indem man darauf abstellt, ob der Gegenstand, der mit dem Vertrag im wesentlichen geregelt werden soll, dem öffentlichen oder privaten Recht zuzuordnen ist.

Hat der ör Vertrag den Zweck, den Erlaß eines VA zu ersetzen, so steht die Behörde zum Vertragspartner in einem hoheitlichen Über-/Unterordnungsverhältnis und man spricht dann von einem **subordinationsrechtlichen Vertrag**. Liegt dem Vertrag dagegen ein Gleichordnungsverhältnis zugrunde, handelt es sich um einen **koordinationsrechtlichen Vertrag**.

Das VwVfG normiert zwei besondere Typen von Verträgen, den Vergleichsvertrag in § 55, dessen Bedeutung in der Beseitigung einer Ungewißheit durch gegenseitiges Nachgeben ergibt, und den Austauschvertrag in § 56, einem im wesentlichen dem gegenseitigen Vertrag des BGB vergleichbaren Vertrag. Aus dem Rechtsstaatsprinzip abgeleitet findet in diesem Zusammenhang das sog. Kop-

---

39 Vgl. Stober AT, § 36, S. 354 ff.

pelungsverbot Anwendung, wonach eine Behörde die Erfüllung hoheitlicher Aufgaben grundsätzlich nicht von unmittelbaren „verkoppelten" wirtschaftlichen Gegenleistungen abhängig machen darf.[40] Daher muß gemäß § 56 I 2 VwVfG ein sachlicher Zusammenhang zwischen den Leistungen bestehen.

Wenn nicht durch Rechtsvorschrift etwas anderes zugelassen ist, bedarf der ör Vertrag grundsätzlich immer der Schriftform, § 57 VwVfG. Daneben gelten auch hier die Regeln des BGB über die Nichtigkeit von Verträgen analog. Sollte einer der Vertragsparteien aufgrund der Änderung der Verhältnisse das Festhalten am Vertrag nicht zuzumuten sein (clausula rebus sic stantibus), so besteht gemäß § 60 VwVfG die Möglichkeit der Anpassung und der Kündigung.

3. Schlichtes Verwaltungshandeln/Realakt

Neben den beschriebenen Handlungsformen der Behörde kann es sich bei ihrer Tätigkeit auch nur um einen Realakt handeln, der nicht darauf gerichtet ist, eine Rechtsfolge herbeizuführen.[41] Ein solches schlichtes Verwaltungshandeln liegt z. B. dann vor, wenn die Behörde lediglich einfache Mitteilungen macht, Auskünfte erteilt oder Geld auszahlt.

III. Rechtsschutz

Je nach dem, in welcher Form die Behörde gehandelt hat, besteht für den Bürger die Möglichkeit, mit Rechtsbehelfen seine Rechte geltend zu machen.

Handelt es sich bei der begehrten oder belastenden Maßnahme der Behörde um einen VA, so ist zunächst innerhalb eines Monats Widerspruch nach § 68 VwGO einzulegen, bevor Klage beim Verwaltungsgericht erhoben werden kann. In diesem Widerspruchsverfahren prüft die Widerspruchsbehörde Rechtmäßigkeit und Zweckmäßigkeit des VA nach und hilft ihm ab, wenn sie ihn für begründet hält, § 72 VwGO.

Bei Erfolglosigkeit des Widerspruchsverfahren allerdings kann dann die Anfechtungsklage bzw. die Verpflichtungsklage gemäß § 42 VwGO eingereicht werden. Daneben ist für alle sonstigen Fälle mit ör Streitigkeiten die Leistungsklage, vgl. § 43 II VwGO, und die Feststellungsklage zulässig.

In Ausnahmefällen besteht auch noch die Möglichkeit, im Wege des einstweiligen Rechtsschutzes Anträge gemäß §§ 80f., 123 VwGO zur vorläufigen Regelung des Sachverhalts zu stellen, wobei dann aber ein besonderes Interesse bzw. eine sofortige Beeinträchtigung der Rechtsposition des Antragstellers geltend gemacht werden muß.[42]

---

40 Bonk, in: Stelkens/Bonk/Sachs, § 56, Rd. 3 f.

41 Vgl. Maurer, § 15; s. a. Erichsen, in: Erichsen, § 30.

42 Grundsätzlich hat die Einlegung eines Widerspruchs den Aufschub der Wirkung des VA zu Folge. Nur wenn diese aufschiebende Wirkung gemäß § 80 II VwGO entfällt, hat

D. Besonderes Wirtschaftsverwaltungsrecht

I. Gewerberecht

1. Rechtliche Grundlagen

Das Gewerberecht steht weiterhin im Mittelpunkt traditioneller Darstellungen des Wirtschaftsverwaltungsrechts. Dies erscheint nicht mehr ganz zeitgemäß, da es primär ordnungs- und polizeirechtliche Ziele verfolgt und damit der bereits angedeuteten Modernisierungstendenz im Bereich der Wirtschaftsverwaltung wohl nicht mehr gerecht wird. Die heutige Gewerbeordnung geht dabei im Kern weiterhin auf die Gewerbeordnung des Norddeutschen Bundes von 1869 zurück, wobei es vor allem in den siebziger und achtziger Jahren zu Novellierungen kam.[43] Diese haben die Grundprinzipien des Gesetzes allerdings nicht berührt, sondern vor allem der Schaffung von Sonderregelungen für bestimmte Teilgebiete, wie etwa dem Gaststättengewerbe und dem Handwerk als Sondergewerberecht oder dem Immissionsschutzrecht im Rahmen der Entwicklung des Umweltgedankens gedient. Heute herrscht weiter die Tendenz vor, wichtige und dynamische Bereiche des Gewerberechts spezialgesetzlich zu regeln. Ein Beispiel dafür aus neuerer Zeit ist das Ladenschlußgesetz.

Der polizei- und ordnungsrechtliche Hintergrund der Gewerbeordnung sowie der meisten spezialgesetzlichen Regelungen im Gewerbenebenrecht zeigt sich auch in der Gesetzessystematik. Der zentrale Begriff zur Überwachung der Gewerbetätigkeit ist dabei der Begriff der Unzuverlässigkeit, der für alle Arten der Gewerbetätigkeit Anwendung findet. Auch in dem Gewerbenebenrecht, etwa dem Gaststättengesetz oder der Handwerksordnung ist er von zentraler Bedeutung. Da die Feststellung der Unzuverlässigkeit eines Gewerbetreibenden im Ergebnis über die Möglichkeiten zur Verwirklichung der grundgesetzlich garantierten Berufsfreiheit (Art. 12 GG) entscheidet, kommt der Auslegung dieses unbestimmten Rechtsbegriffs durch Verwaltung und Rechtsprechung besondere Bedeutung zu. In diesem Zusammenhang ist auch darauf hinzuweisen, daß in modernen Gesetzen, wie etwa dem TKG, Voraussetzung der Gewerbeausübung der positive Nachweis der Zuverlässigkeit ist.

2. Die Gewerbefreiheit

Auch wenn das Gewerberecht, wie vorstehend dargestellt, im Kern der ordnungs- und polizeirechtlichen Überwachung dient, geht es doch zunächst vom

---

der Betroffene die Möglichkeit, trotzdem die aufschiebende Wirkung nach § 80 V VwGO zu beantragen; vgl. auch Redeker/von Oertzen, § 123, Rd. 5 ff.

43 Vgl. grundsätzlich zur Gewerbeordnung Stober, Handbuch des Wirtschaftsverwaltungs- und Umweltrechts, S. 1039 ff.

Grundsatz der Gewerbefreiheit aus, die in § 1 I GewO wie folgt festgeschrieben ist:

„Der Betrieb eines Gewerbes ist jedermann gestattet, soweit nicht durch dieses Gesetz Ausnahmen oder Beschränkungen vorgeschrieben oder zugelassen sind.“

Auch wenn die Gewerbefreiheit damit unter einem Gesetzesvorbehalt steht, hat der Gesetzgeber deutlich gemacht, daß jede Beschränkung der Gewerbefreiheit einer besonderen Legitimation im Hinblick auf die damit zwangsläufig verbundene Grundrechtseinschränkung bedarf. Dabei bedeutete die Einführung der Gewerbeordnung zunächst im Norddeutschen Bund einen erheblichen Fortschritt, da zahlreiche Beschränkungen der Gewerbetätigkeit, die teilweise ihren Ursprung noch aus dem mittelalterlichen Zunftwesen und dem neuzeitlichen Ständestaat hatten, nunmehr entfielen. Mit diesem „liberalen“ Grundgesetz für die Gewerbetätigkeit in Deutschland war damit den Prinzipien einer freien Marktwirtschaft Rechnung getragen.

Seit Verabschiedung des Grundgesetzes ist nunmehr jede Beschränkung dieser Freiheit vorrangig an Artikel 12 GG, der Berufsfreiheit, zu messen. Die Vereinbarkeit eines die Gewerbefreiheit einschränkenden Gesetzes mit der Verfassung hat daher gemäß der „Drei-Stufen-Theorie“ des Bundesverfassungsgerichts zu erfolgen.[44] Nach dieser Theorie wird der Freiraum des Gesetzgebers je nach der Intensität des Eingriffs in die Freiheit der Gewerbeausübung beschränkt. Danach ist eine Regelung der Ausübung eines Gewerbes noch am weitgehendsten dem Ermessen des Gesetzgebers überlassen. Dieses Ermessen wird aber zunehmend beschränkt, wenn subjektive Zulassungsvoraussetzungen für eine bestimmte Gewerbetätigkeit aufgestellt werden (2. Stufe) oder darüber hinausgehend auf der 3. Stufe objektive Beschränkungen des Zugangs zu einem Gewerbe vorliegen. Solche Berufszugangsbegrenzungen sind in vielen Gewerbebereichen üblich. Vorliegend sei nur auf dem Bereich der Personenbeförderung (Taxikonzession) oder aber die Anbietung von Telekommunikationsdienstleistungen (Lizenz) verwiesen. Im Ergebnis ist der Gesetzgeber nicht nur gehalten, Einschränkungen der Gewerbefreiheit auf der möglichst niedrigsten Stufe zu halten, sondern diese möglichst ganz zu vermeiden. Nicht zuletzt angesichts dieser verfassungsrechtlichen Relevanz der Garantie der Gewerbefreiheit kommt damit der ständigen Überprüfung der Zulässigkeit und „Erforderlichkeit“ von Beschränkungen und Ausnahmeregelungen durch den Gesetzgeber und die Verwaltungspraxis bzw. Rechtsprechung besondere Bedeutung zu. Nur so kann die wichtige Errungenschaft der Gewerbefreiheit, die im Widerstand gegen den Merkantilismus im absolutistischen Staates des 18. Jahrhunderts entwickelt wurde, bewahrt bleiben.

---

44 Ständige Rechtsprechung des Bundesverfassungsgerichts seit dem sogenannten Apotheken-Urteil, BVerwGE 7, S. 377; siehe ausführlich hierzu auch Frotscher, Wirtschaftsverfassungs- und Wirtschaftsverwaltungsrecht, in: Schmidt (Hrsg.) Öffentliches Wirtschaftsrecht, Besonderer Teil I, S. 9 ff.

3. Grundbegriffe

Voraussetzung für die Anwendbarkeit der GewO sowie des Nebengewerberechts ist zunächst, daß es sich bei der fraglichen wirtschaftlichen Tätigkeit um ein Gewerbe handelt. Dabei wird Gewerbe definiert als:
- erlaubte
- auf Gewinn gerichtete
- selbständige Tätigkeit
- die fortgesetzt und nicht nur gelegentlich ausgeübt wird.[45]

In Angrenzung hierzu werden die folgenden Tätigkeiten nicht als Gewerbetätigkeit betrachtet:
- die Verwaltung eigenen Vermögens
- wissenschaftliche, künstlerische und schriftstellerische Tätigkeit
- persönliche Dienstleistungen höherer Art
- die Urproduktion[46]

Man kann die vier zu erst genannten Kriterien als die positiven Merkmale der Gewerbsmäßigkeit sowie die vier zuletzt genannten Kriterien als Ausnahmen hierzu betrachten. Besonders die präzise inhaltliche Bestimmung der Ausnahmen kann im Einzelfall zu Problemen führen, da ihre Nichteinbeziehung in das Gewerberecht vor allem auf historischen Entwicklungen sowie der traditionellen Einordnung bestimmter Tätigkeiten, wie etwa der des Rechtsanwalts, Notars, Wirtschaftsprüfers oder des Steuerberaters als sog. „freie" Berufe beruht. Dagegen gibt es bei Berufen, die sich in einem Prozeß der Modernisierung befinden, wie etwa dem des Apothekers, bereits Abgrenzungsprobleme und neue Arbeitsfelder, wie etwa die des Umweltgutachters im Sinne des Umweltauditgesetzes müssen erst eingeordnet werden.[47]

Nachdem man anhand der vorstehend beschriebenen positiven und negativen Kriterien festgestellt hat, daß ein Gewerbe vorliegt, ist anschließend zu prüfen, welche Abschnitte der Gewerbeordnung oder aber welches Gewerbenebengesetz auf die betreffende Tätigkeit Anwendung findet. Zu diesem Zweck ist zunächst gemäß der Systematik der Gewerbeordnung zwischen den drei Grundtypen:
- stehendes Gewerbe
- Reisegewerbe
- Messe-, Ausstellungs- und Marktgewerbe

zu unterscheiden. Nur das Messe-, Ausstellungs- und Marktgewerbe ist in den §§ 64 ff. GewO umfassend und detailliert beschrieben. Dagegen hat der Gesetzgeber das stehende Gewerbe nicht gesetzlich definiert. Dies verwundert, da das stehende Gewerbe im Sinne der §§ 14 ff. GewO zum einen die wichtigste Form gewerblicher Tätigkeit in der Praxis darstellt und zum anderen auch die Aufnahme

45 Vgl. BVerwG, NJW 1977, S. 772.

46 Vgl. zu den Begriffen Stober BT, § 45 III 3, S. 11 ff.

47 Vgl. dazu Stober BT, § 45 III 3, S. 15, der aus § 1 Abs 2 UAG schließt, daß es sich bei dem Umweltgutachter auch um einen freien Beruf handelt.

einer solchen Tätigkeit den im Vergleich geringsten Anforderungen, d. h. nur einer Anzeigepflicht, unterliegt.

Ein **stehendes Gewerbe** wird von einem selbständigen Gewerbetreibenden aus seiner gewerblichen Niederlassung ausgeübt.[48] Diese Kriterien dienen insbesondere der Abgrenzung zum Reisegewerbe, dessen Ausübung zulassungspflichtig ist (Reisegewerbeschein). Hat man festgestellt, daß ein stehendes Gewerbe vorliegt, ist zu prüfen, ob nicht ein Sondergesetz, wie etwa das Gaststättengesetz oder aber die besonderen Zulassungsvoraussetzungen gemäß den §§ 30 ff. GewO Anwendung finden. Ist dies alles nicht der Fall, kann die Gewerbetätigkeit – nach entsprechender Anzeige gemäß § 14 GewO – aufgenommen werden.

Greift dagegen eine Spezialvorschrift ein, etwa weil ein **Gaststättengewerbe** eröffnet wird (§ 2 GaststättenG) oder aber weil es sich um ein **Privatkrankenhaus** (§ 30 GewO), eine **Spielhalle** (§ 33 i GewO), ein **Bewachungsgewerbe** (§ 34 a GewO) oder aber die Tätigkeit eines **Maklers** oder **Bauträgers** (§ 34 c GewO) handelt, sind die hierfür geltenden Zugangsvorschriften zu beachten. Diese Erscheinungsformen der Gewerbetätigkeit unterliegen damit einer besonderen staatlichen Marktzutrittskontrolle. Hintergrund ist, was sich schon aus der vorstehenden Aufzählung ergibt, daß diese Tätigkeiten mit besonderer Verantwortung (Krankenanstalt) oder aber auch besonderen Gefahren für Dritte (Bewachungsgewerbe, Gaststättengewerbe) verbunden sein können. Hier genügt dem Gesetzgeber eine reine Anzeige der Tätigkeit nicht, sondern es ist in der Regel eine staatliche Erlaubnis bzw. eine Lizenz erforderlich, die vor Aufnahme der Tätigkeit erteilt werden muß. In dem Genehmigungsverfahren werden die Voraussetzungen für eine Tätigkeit in dem konkreten Gewerbebereich geprüft, vorrangig die Zuverlässigkeit der Gewerbetreibenden aber auch weitere Gesetzespunkte können relevant werden, wie z. B. die erforderliche Fachkunde. Unzuverlässigkeit im Sinne von § 35 GewO liegt vor, wenn aufgrund der durch die zuständige Behörde festgestellten Tatsachen nicht die Gewähr besteht, daß ein Gewerbe entsprechend den gesetzlichen Vorschriften (auch unter Beachtung der Sittenordnung) ausgeübt wird. Im Ergebnis muß im Rahmen dieser Prognoseentscheidung die Wahrscheinlichkeit dafür sprechen, daß in Zukunft die Einhaltung der gesetzlichen Vorschriften nicht gewährleistet ist.[49] Angesichts der immer noch unscharfen Definition des unbestimmten Rechtsbegriffs „**unzuverlässig**" sowie der Prognoseelemente kann dies in der Praxis zu einer nicht unerheblichen Rechtsunsicherheit führen. Dabei ist ferner zu beachten, daß die Feststellung einer Unzuverlässigkeit in der Regel nicht nur für ein bestimmtes konkretes Gewerbe, sondern für alle Gewerbe erfolgt, was zu einer erheblichen Einschränkung der Berufsfreiheit den Betroffenen bis hin zu einem sektoriellen Berufsverbot führt.

Weiter ist darauf hinzuweisen, daß für die Tätigkeit in besonders dynamischen Wirtschaftsgebieten wie Telekommunikation oder Energieversorgung weitergehende Genehmigungsvoraussetzungen im EnWG bzw. im TKG vorgesehen sind. Das TKG hat dabei bei seinem Inkrafttreten sogar zahlreiche Tätigkeiten im Be-

---

[48] Vgl. hierzu Stober BT, § 46 I, S. 23.

[49] Vgl. aus der neueren Rechtsprechung des BVerwG, Gew.Arch 1997, S. 243 ff.

reich der Telekommunikationsdienstleistungen, die früher zulassungsfrei waren, dem Lizenzregime der §§ 6 ff. TKG unterstellt.

Spezielle Genehmigungsvoraussetzungen bestehen schließlich dann, wenn es sich bei der Gewerbetätigkeit um ein Handwerk im Sinne der Handwerksordnung handelt. Durch die Handwerksordnung werden vor allem durch das Erfordernis einer Meisterprüfung (§ 7 HwO) bzw. eines entsprechenden Befähigungsnachweises (§ 8 HwO) so auch in den Nachbarstaaten kaum bekannte Marktzutrittsschranken errichtet, die letztendlich nur traditionell aus dem mittelalterlichen Zunftwesen erklärt werden können.

Festzuhalten ist an dieser Stelle, daß nach der Einordnung einer Tätigkeit als stehendes Gewerbe umfassend zu prüfen ist, ob dieses nicht einer besonderen Erlaubnis oder Lizenzpflicht unterliegt. Angesichts der aktuellen Regelungsflut sowie der Unübersichtlichkeit des Gewerbenebenrechts ist insoweit von dem Grundsatz der Gewerbefreiheit nicht mehr viel zu erkennen.

Im Gegensatz zu dem stehenden Gewerbe unterliegen die weiteren in der GewO geregelten Formen der Gewerbeausübung, d. h. Reisegewerbe und Messe-, Ausstellungs- und Marktgewerbe einer Genehmigungs- bzw. Zulassungskontrolle. Bei dem **Reisegewerbe** ist dies gemäß § 55 GewO die sogenannte Reisegewerbekarte, deren Erfordernis wohl auf die Problematik einer kontinuierlichen Überwachung bei Fehlen einer gewerblichen Niederlassung zurückzuführen ist. Anders stellt sich dagegen die Situation bei dem sogenannten **Messe-, Ausstellungs- und Marktgewerbe** dar. Diese Veranstaltungen sind vordergründig auch von dem Prinzip der Marktfreiheit geprägt, doch bedarf es gemäß § 69 GewO immer einer Festsetzung, d. h. einer Erlaubnis zur Abhaltung der Veranstaltung. Darüber hinaus stellt sich dann im Rahmen solcher Veranstaltungen oftmals das Problem einer Zulassungsbeschränkung angesichts begrenzter Kapazitäten. Zentrales Rechtsproblem dieser Gewerbeart ist daher die Frage, wie der Gleichbehandlungsgrundsatz (Art. 3 GG) insbesondere beim Zugang zu umsatzträchtigen Veranstaltungen, wie dem Münchner Oktoberfest oder dem Nürnberger Weihnachtsmarkt gewährleistet werden kann. In diesen Grenzen besteht allerdings Teilnahmefreiheit und die Aussteller bedürfen nur dann einer Gewerbeerlaubnis, wenn im Rahmen der Veranstaltung selbst wiederum ein genehmigungsbedürftiges Gewerbe ausgeübt wird.

II. Umweltrecht

Wie bereits in der Einleitung dargestellt, muß das Umweltrecht heute, soweit es auf die Wirtschaftstätigkeit einwirkt, als ein wichtiger Bestandteil des Wirtschaftsverwaltungsrechts begriffen werden.[50] Im vorliegenden Zusammenhang kann jedoch nur das sogenannte öffentliche Umweltrecht einbezogen werden, soweit es die Rechtsbeziehungen zwischen Staat und Wirtschaftsteilnehmer entsprechend

50 Vgl. etwa die Textsammlung von Stober, Wichtige Umweltgesetze für die Wirtschaft, die allein über 30 umweltrelevante Spezialgesetze für die Wirtschaft enthält.

der bereits dargelegten Definition des Wirtschaftsverwaltungsrechts regelt.[51] Das für das Wirtschaftsleben relevante Umweltrecht kann unterschieden werden in produktionsbezogenes und produktbezogenes Umweltrecht. Im Bereich des produktionsbezogenen Umweltrechts stehen zunächst die genehmigungsbedürftigen Vorgänge, d. h. die Genehmigung von immissionsreichen Anlagen gemäß § 4, 5 BImSchG, wasserrechtliche Erlaubnisse und Bewilligungen gemäß §§ 7, 8 WHG usw. im Vordergrund. Des weiteren sind in diesem Zusammenhang Verpflichtungen zu Abgabenzahlungen z. B. nach dem Abwasserabgabengesetz zu nennen. Im Rahmen des produktbezogenen Umweltrechtes sind Zulassungs- und Anmeldeverfahren z.B. gemäß § 4 ChemG, § 11 PflSchG oder gemäß § 2 DnG zu beachten. Des weiteren aber auch gesetzliche Verbote, Kennzeichnungsregelungen und Bestimmungen über den Umgang mit umweltgefährdenden Produkten.[52]

Besondere Bedeutung kommt schließlich dem Kreislaufwirtschafts- und Abfallrecht mit seiner Betonung des Verursacherprinzips und dem Verwertungsvorrang zu.

Neue Entwicklungen des Umweltrechts, wie etwa den Umweltaudit gemäß der EG-Umweltauditverordnung und dem Umweltauditgesetz, ermöglichen Unternehmen darüber hinaus neuartige Kommunikationschancen sowohl mit der Verwaltung, etwa im Rahmen von Genehmigungs- und Aufsichtsverfahren oder aber mit den Verbrauchern und Kunden.

III. Moderne Tendenzen: Telekommunikations- und Energiewirtschaftsrecht

Gemessen an der Vielzahl von Presseveröffentlichungen der letzten Monate, sind die jeweils im Jahr 1998 wirksam gewordenen Reformen zur Deregulierung des deutschen Telekommunikations- und Energieversorgungsrechts die wichtigsten wirtschafts- und rechtspolitischen Neuerungen des letzten Jahrzehnts. Vorreiter war insoweit chronologisch der Telekommunikationsmarkt, der durch Inkrafttreten des TKG zwischen Juli 1996 und Januar 1998 (§ 100 TKG) für Wettbewerb geöffnet wurde. Im April 1998 wurde dann das neue EnWG endgültig verabschiedet, das im europäischen Vergleich die wohl liberalste Regelung der Elektrizitätsversorgung in einem Mitgliedsstaat der EU darstellt.

Bei diesen beiden Bereichen handelt es sich um besondere Wirtschaftsgebiete, da sowohl im Telekommunikationsmarkt wie im Strommarkt ein Marktzutritt von Wettbewerbern nur durch Nutzung der bestehenden Netzwerke, d. h. des Telefonfestnetzes und des Hochspannungsstromverteilungsnetzes möglich ist. Diese Netzwerke stehen aber im Eigentum der ehemaligen Monopolisten, d. h. der zur Deutschen Telekom AG umgewandelten früheren Bundespost mit einem erheblichen Bundesanteil am Aktienbesitz bzw. der ehemaligen monopolistischen Ener-

51 Vgl. hierzu Schalast, in: Jäger/von Briel Anwaltshandbuch zur rechtlichen Beratung von Unternehmen, Abschnitt 7.3.1 Umweltrecht, Einführung.

52 Vgl. hierzu die Checkliste bei Schalast, in: Jäger/von Briel, a.a.O.

gieversorgungsunternehmen, die selbst wiederum im Eigentum der öffentlichen Hand stehen. Voraussetzung für Wettbewerb in diesen Märkten ist daher neben der Schaffung weiterer Netzwerkkapazitäten etwa durch die Zuteilung von Funkfrequenzen die Nutzung dieser Infrastrukturanlagen gegen den Willen ihrer Eigentümer durch ihre Konkurrenten. Folgerichtig enthält das EnWG einen Anspruch auf Durchleitung (§ 6 EnWG) und das TKG auf Netzzugang und Zusammenschaltung (§ 33 TKG).[53] Über diese Spezialvorschriften hinaus der Gesetzgeber schließlich im Rahmen der 6. GWB Novelle auch eine allgemeine Zugangsvorschrift zu vergleichbaren Netzen oder Infrastruktureinrichtungen geschaffen (§ 19 IV Nr. 4 GWB).[54] Da es unwahrscheinlich ist, daß im Bereich der Strom- und Gasversorgung oder der Telekommunikation in Zukunft weitere flächendeckende Netzwerke geschaffen werden, wird es für den zukünftigen Wettbewerb grundlegend auf die Ausgestaltung der Mitbenutzungsrechte ankommen.[55] Dabei ist darauf hinzuweisen, daß auch weitere, traditionell durch ein öffentliches Monopol gekennzeichnete Versorgungsaufgaben, wie etwa die Wasserwirtschaft ebenfalls in die Reformbewegung einbezogen werden könnten.

Auffällig ist des weiteren, daß die Marktöffnung vom Gesetzgeber oftmals mit einer Zunahme seiner (im Kern gewerberechtlichen) Überwachungstätigkeit verbunden wird. So bestimmt etwa § 6 TKG, daß jeder Gewerbetreibende im Bereich des Telekommunikationsmarktes einer Lizenz bedarf, wenn er Übertragungswege betreibt, die die Grenze eines Grundstücks überschreiten und für Telekommunikationsdienstleistungen für die Öffentlichkeit genutzt werden. Um eine entsprechende Lizenz zu erhalten ist ein Nachweis der Zuverlässigkeit, Fachkunde und Leistungsfähigkeit zu führen.[56] Ob ein solcher Regulierungsschub tatsächlich mit den Zielen der Deregulierung zu vereinbaren ist, kann insoweit bezweifelt werden.

IV. Subventionsrecht

Auch wenn in den letzten Jahren durch die Berichterstattung in den Medien immer mehr der Eindruck entstanden ist, daß durch die Überwachungspolitik von Bundeskartellamt und Europäischer Kommission die Vergabe von Subventionen massiv eingeschränkt wurde, sind die Subventionen realiter ein wichtiger und auch rechtlich zulässiger Faktor für die volkswirtschaftliche Entwicklung geblieben.[57]

---

[53] Vgl. dazu Büdenbender, Schwerpunkt der Energierechtsreform 1998, S: 65 ff. und Beck TKG-Kommentar-Piepenbrock, § 33, Rd. 1 ff.

[54] Vgl. dazu Klaue, Zugang zu Netzen und anderen Infrastruktureinrichtungen als neuer Tatbestand in § 19 IV Nr. 4 GWB, FIW Schriftenreihe Heft 178.

[55] Mögliche Konkurrenznetze zum Netz der Telekom könnten die Breitbandkabelnetze (TV-Kabel) oder aber die Stromnetze sein. Da es sich aber auch dabei um knappe Kapazitäten handelt, wird in diesem Bereich § 19 IV GWB nach einem Ausbau (Rückkanalfähigkeit etc.) ebenfalls Anwendung finden.

[56] Vgl. hierzu Amtsblatt Nr. 17/1996 des Bundesministeriums für Post und Telekommunikation, Amtsblattverfügung 116/196.

[57] Vgl. Frotscher, Wirtschaftsverfassungs- und Wirtschaftsverwaltungsrecht, Rd. 371 ff.

Gleichwohl sind die rechtlichen Voraussetzungen, die zur Vergabe führen, nicht in einem einheitlichen Rahmen zusammengefaßt worden.[58]

1. Begriff, Arten

Der Subventionsbegriff an sich wird in den einschlägigen Gesetzen nicht einheitlich verwendet. So bezeichnet das Haushaltsrecht von Bund und Ländern diese als Zuwendung[59], während § 12 StabG von Finanzhilfen spricht.[60]

Als einzige Legaldefinition für den Begriff der Subvention findet sich im Strafgesetzbuch in § 264 VII StGB:

„Subvention im Sinne dieser Vorschrift ist eine **Leistung aus öffentlichen Mitteln** nach Bundes- oder Landesrecht oder nach dem Recht der Europäischen Gemeinschaften an Betriebe oder Unternehmen, die wenigstens zum Teil

1. ohne marktmäßige Gegenleistung gewährt wird und
2. der Förderung der Wirtschaft dienen soll."

In der Literatur wird aber die Allgemeingültigkeit dieser Definition bezweifelt und in der Subvention eine vermögenswerte Zuwendung gesehen, die ein Träger öffentlicher Verwaltung an Privatpersonen zur Förderung eines im öffentlichen Interesse liegenden Zwecks gewährt.[61]

Dementsprechend breit ist das Spektrum möglicher Subventionen[62]:

- Geldleistungen, in Form von Finanzhilfen, die nicht zurückgezahlt werden müssen, oder in Form von Zuschüssen zur Begleichung anderer Schulden.
- Darlehen, zu besonders günstigen Bedingungen.
- Die Übernahme von Bürgschaften.
- Die bevorzugte Berücksichtigung bei der Vergabe öffentlicher Aufträge.

Im Mittelpunkt der Subvention steht aber das Interesse der Behörde, der **Subventionszweck**. Die Zuwendung hat nicht allein das Ziel, dem privaten Unternehmen einen Wettbewerbsvorteil zu verschaffen, sondern vielmehr soll dieser dadurch veranlaßt werden, seine Aktivitäten im Sinne der Behörde zu gestalten.[63] Dabei handelt es sich meistens um wirtschafts- oder gesellschaftspolitische Ziele wie insbesondere die Schaffung neuer oder Beibehaltung bestehender Arbeitsplätze oder die Stärkung bestimmter Regionen.[64]

---

[58] S. a. Reidt, in: Jarass, Wirtschaftsverwaltungsrecht mit Wirtschaftsverfassungsrecht, § 10, Rd. 45 ff.; Stober BT, § 59 II 2, S. 278.

[59] § 14 HGrG, §§ 23, 44 BHO, vgl. Reidt, in: Jarass, Wirtschaftsverwaltungsrecht mit Wirtschaftsverfassungsrecht, § 10, Rd. 17.

[60] Vgl. auch Frotscher, Wirtschaftsverfassungs- und Wirtschaftsverwaltungsrecht, Rd. 375 ff.

[61] Maurer, § 17, Rd. 5; s. ausführlich Stober BT, § 59 III, S. 279 ff.

[62] Vgl. Maurer, § 17, Rd. 6.

[63] Stober BT, § 60 III, S. 285 ff.

[64] Vgl. Maurer, § 17, Rd. 8; vgl. Reidt, in: Jarass, Wirtschaftsverwaltungsrecht mit Wirtschaftsverfassungsrecht, § 10, Rd. 24.

2. *Das Subventionsverhältnis*

Abgesehen von gesetzlich ausdrücklich normierten Ausnahmen hat ein Unternehmen grundsätzlich keinen Anspruch auf die Gewährung einer Subvention[65], dennoch bleibt die Behörde insbes. durch den Gleichbehandlungsgrundsatz gebunden. Insoweit besteht ein Anspruch auf fehlerfreie Ermessenausübung, der schließlich aber aufgrund der Selbstbindung der Verwaltung zu einem Subventionsanspruch führen kann.[66]

In diesem Zusammenhang ergibt sich dann die Frage, in welcher Form die Gewährung einer Subvention erfolgt und mit welchen Mitteln die Subvention eingefordert werden kann. An dieser Stelle wird im allg. die sog. Zwei-Stufen-Theorie herangezogen, die zwischen dem „Ob" und dem „Wie" der Subvention unterscheidet. So handelt es sich bei der eigentlichen Bewilligung bzw. der Versagung durch die Behörde um einen VA des öffentlichen Rechts, während die tatsächliche Abwicklung, meist in Form eines Vertrages, dem privaten Recht zugeordnet wird.[67]

3. *Rückabwicklung*

In einigen Fällen kann es aber sein, daß eine Subvention auch zurückverlangt wird.[68] So ergibt sich z. B. aus § 49 III VwVfG, daß auch eine rechtmäßig gewährte Subvention unter den dort genannten Bedingungen wiederrufen werden kann. Dies gilt danach insbes. wenn

1. die Leistung nicht, nicht alsbald nach der Erbringung oder nicht mehr für den in dem VA bestimmten Zweck verwendet wird;

2. mit dem VA eine Auflage verbunden ist und der Begünstigte diese nicht oder nicht innerhalb einer ihm gesetzten Frist erfüllt hat.

Auch hier hat der Subventionsnehmer nur dann einen Entschädigungsanspruch gemäß § 49 VI VwVfG, wenn er einen Vermögensnachteil dadurch erlitten hat, daß er schutzwürdig auf den Bestand des VA vertraut hat. Im übrigen gilt auch hier für die Rückabwicklung § 49a VwVfG.[69]

---

65 S. als Beispiel für gesetzlich geregelte Ausnahmen das Investitionszulagengesetz von 1999, ausführlich dargestellt bei Frotscher, Wirtschaftsverfassungs- und Wirtschaftsverwaltungsrecht, Rd. 382 ff.

66 Vgl. Reidt, in: Jarass, Wirtschaftsverwaltungsrecht mit Wirtschaftsverfassungsrecht, § 10, Rd. 53.

67 S. ausführlich Stober BT, § 60 VI, S. 291 ff.; Frotscher, Wirtschaftsverfassungs- und Wirtschaftsverwaltungsrecht, Rd. 405.

68 Vgl. Frotscher, Wirtschaftsverfassungs- und Wirtschaftsverwaltungsrecht, Rd. 410; Stober BT, § 60 VII 2–5, S. 296 ff.

69 S. Frotscher, Wirtschaftsverfassung,s- und Wirtschaftsverwaltungsrecht, Rd. 408 ff.

V. Öffentliche Aufträge

Vor der 6. GWB Novelle, die Anfang 1999 in Kraft getreten ist, war das öffentliche Vergaberecht in Deutschland traditionell Haushaltsrecht. Die für den eigentlichen Vergabevorgang (Ausschreibung, Zuschlag) anwendbaren Normen hatten in der Regel den Charakter von Verwaltungsvorschriften. Ein gerichtlicher Vergaberechtsschutz für nicht zum Zuge gekommene Konkurrenten war nicht ausdrücklich vorgesehen.[70] Die Vorgaben der EG-Richtlinien zur Vergabe öffentlicher Aufträge waren schließlich hauptsächlich im Haushaltsgrundsätzegesetz geregelt.[71] Nach einer mehrjährigen heftigen politischen und auch juristischen Diskussion über die Nichterfüllung der Erfordernisse des europäischen Vergaberechts insbesondere im Hinblick auf die gerichtliche Überprüfung von Vergabeentscheidungen entschied sich der Gesetzgeber das Vergaberecht und unter Einbeziehung des Rechtsschutzes gegen Vergabeentscheidungen der öffentlichen Hand in das GWB als vierten Teil aufzunehmen. Darin kommt wohl die Überlegung zum Ausdruck, daß eine unzulässige Bevorzugung bei der öffentlichen Auftragsvergabe auch einen Verstoß gegen das Wettbewerbsprinzip darstellt.

Zunächst wird in §§ 97 – 101 GWB das Vergabeverfahren geregelt. Das GWB enthält allerdings nur allgemeine Grundsätze zur Definition eines öffentlichen Auftraggebers und der zulässigen Vergabeformen. Hervorzuheben ist dabei die Verankerung des Anspruchs der Teilnehmer an einem Vergabeverfahren auf Einhaltung der gesetzlichen Bestimmungen (§ 97 VII GWB). Damit wird den Beteiligten (in der Regel privaten Unternehmen) nunmehr ausdrücklich ein subjektiver Anspruch auf ein ordnungsgemäßes Verfahren eingeräumt, der auch gerichtlich durchgesetzt werden kann.[72] Die Einführung eines speziellen Nachprüfungsverfahrens (§§ 102 – 124 GWB) dient der Umsetzung dieses subjektiven Anspruchs. Zur Sicherung der Prinzipien des öffentlichen Vergaberechts wird ein zweistufiger Rechtsschutz, zunächst durch Vergabekammern und dann kontrolliert durch die Oberlandesgerichte garantiert. Die Einzelheiten der Ausschreibung und Vergabe sind aber weiterhin in den jeweils einschlägigen Verdingungsordnungen geregelt.

Grundprinzip des öffentlichen Auftragswesens ist, daß eine Vergabe in einem offenen Ausschreibungsverfahren zu erfolgen hat. Nicht offene Verfahren, etwa eine auf wenige ausgewählte Anbieter beschränkte Ausschreibung oder die freihändige Vergabe sind die Ausnahme und es bedarf jeweils einer spezifischen Begründung, wenn von dem Grundsatz der öffentlichen Ausschreibung abgewichen werden soll. Den Zuschlag soll das „wirtschaftlichste" Angebot erhalten (§ 97 V GWB), wobei die Auslegung dieses Rechtsbegriffs in der Praxis wohl zu den meisten Problemen führen wird.

Nach dem Willen des Gesetzgebers dient das Vergaberecht damit dem Wettbewerbsprinzip (§ 97 I GWB) und die Neuregelung im GWB garantiert erstmals

---

70 Vgl. Bechthold-Schwarz GWB, 2. Auflage, 1999, § 97 Rd. 2.

71 Vgl. grundsätzlich zum Auftragsrecht Stober BT, § 61, S. 303 ff.

72 Vgl. hierzu Pietzcker, Die Gestalt des neuen Vergaberechts, ZHR (162) 1998, S. 427, 441.

einen effizienten Rechtsschutz gegen die in der Praxis wohl weit verbreiteten Umgehungstaktiken.[73]

VI. Eigenwirtschaftliche Betätigung der öffentlichen Hand

Im Rahmen der eigenwirtschaftlichen Betätigung der öffentlichen Hand stellen sich heute vor allem zwei Probleme:

– Die Berechtigung der öffentlichen Hand zur Wirtschaftstätigkeit in Konkurrenz zur Privatwirtschaft

– Die kartellrechtliche Behandlung von Rationalisierungstendenzen bei der Beschaffungstätigkeit der öffentlichen Hand.

Bei beiden Problemkreisen zeigt sich zunächst die Ambivalenz zwischen dem Bemühen der öffentlichen Hand, bei ihrer Tätigkeit verstärkt marktwirtschaftlichen Kriterien zu genügen und gewinnorientiert zu arbeiten und damit möglicherweise verbundene „negative" Auswirkungen für ihre (privatwirtschaftlichen) bisherigen Geschäftspartner oder Wettbewerber, seien es Händler im Bereich der Beschaffungstätigkeit, seien es potentielle Konkurrenten etwa im Bereich einer Ausweitung öffentlicher Wirtschaftstätigkeit.

Weiter ist zu beobachten, daß neben der Privatisierung von öffentlichen Aufgaben etwa durch Beauftragung von Privatunternehmen oder Veräußerung von öffentlichen Betrieben auch die gegenläufige Tendenz besteht, daß Städte und Gemeinden mit privatrechtlichen Gesellschaften, die in ihrem Eigentum stehen, bemüht sind, in Tätigkeitsfelder vorzustoßen, die bisher der Privatwirtschaft vorbehalten waren. Hier stellt sich insbesondere die Frage der Zulässigkeit dieser „Geschäftsfelderweiterung" nicht zuletzt im Hinblick darauf, daß die privaten Konkurrenten vorbringen, die öffentliche Hand hätte unlautere Wettbewerbsvorteile, z. B. wegen ihrer fehlenden Konkursfähigkeit. So hat die Rechtsprechung die in der Öffentlichkeit breit diskutierten Bemühungen der Stadt Gelsenkirchen, mit der aus dem städtischen Grünflächen- und Friedhofsamt hervorgegangene Gesellschaft „Gelsengrün" in Konkurrenz zu privaten Gartenbaubetrieben tätig zu werden, wegen Verstoßes gegen § 1 UWG untersagt.[74] Vor kurzem hat aber nun das OLG Düsseldorf eine vergleichbare Konkurrenztätigkeit der kommunalen Autoverwertungsgesellschaft der Stadt Wuppertal als mit dem UWG vereinbar betrachtet, da aus der Gemeindeordnung NRW der „nichtwirtschaftliche" Charakter der Abfallwirtschaft geschlossen werden könnte.[75]

---

[73] Nunmehr stellt sich allerdings die Frage, ob im Hinblick auf das Urteil des EUGH vom 28.10.1999 (Rechtssache C-81/98) das Vergabeverfahren nicht noch einmal reformiert werden muß. Nach dieser Entscheidung ist in der Praxis der Zuschlag in dem Vergabeverfahren und der Vertragsschluß zu trennen. Vgl. dazu Handelsblatt vom 03.11.1999, S. 57, das Urteil war bei Abschluß des Manuskriptes noch nicht veröffentlicht.

[74] Vgl. Urteil des OLG Hamm vom 23.12.1997, AZ: 4 U 99/97, der BGH hat mit Beschluß vom 08.10.1998 eine Revision der Stadt Gelsenkirchen zurückgewiesen (AZ: I ZR 284/97)

[75] Vgl. OLG Düsseldorf, Urteil vom 28.10.1997, AZ: 2 U 7/97.

Ähnlich liegt die Problematik bei den Bemühungen von Städten und Gemeinden, ihre Beschaffungstätigkeit, z.B. im Bereich des Feuerwehrbedarfes zu bündeln. Auch in diesem Zusammenhang gibt es in der Praxis die Variante, eine privatrechtliche Gesellschaft zu gründen, die im öffentlichen Eigentum steht und sich bemüht, durch Bündelung von Beschaffungsaufträgen Preisvorteile zu verwirklichen. In der Rechtsprechung ist umstritten, ob dieses Nachfragekartell gemäß § 4 GWB n.F. vom allgemeinen Kartellverbot freigestellt werden kann.[76] Dieser kurze Überblick zeigt, daß sich der Bereich der eigenwirtschaftlichen Betätigung der öffentlichen Hand derzeit im Umbruch befindet und die Grenzen zulässiger wirtschaftlicher Tätigkeit von der Rechtsprechung noch nicht ansatzweise ausgelotet sind.

Vertiefungsliteratur

Erichsen, Hans-Uwe (Hrsg.): Allgemeines Verwaltungsrecht, 11. Aufl., Berlin 1998

Frotscher: Wirtschaftsverfassungs- und Wirtschaftsverwaltungsrecht, 3. Aufl., München 1999

Jarass: Wirtschaftsverwaltungsrecht mit Wirtschaftsverfassungsrecht, 3. Aufl., Neuwied 1997

Maurer, Hartmut: Allgemeines Verwaltungsrecht, 11. Aufl., München 1997

Redeker, Konrad/von Oertzen, Hans-Joachim: Verwaltungsgerichtsordnung, 12. Aufl., Stuttgart 1997

Schwerdtfeger, Gunther: Öffentliches Recht in der Fallbearbeitung, 10. Aufl., München 1997

Stelkens, Paul/Bonk, Heinz Joachim/Sachs, Michael: Verwaltungsverfahrensgesetz, 5. Aufl., München 1998

Stober, Rolf: Allgemeines Wirtschaftsverwaltungsrecht, Grundlagen und Prinzipien. Wirtschaftsverfassungsrecht, 11. Aufl., Stuttgart 1998

Stober, Rolf: Besonderes Wirtschaftsverwaltungsrecht, Gewerberecht und andere Wirtschaftszweige. Subventionsrecht, 11. Aufl., Stuttgart 1998

[76] Vgl. hierzu LG Dortmund, DZWir 1998, 294 f.

Register

www.ingramcontent.com/pod-product-compliance
Lightning Source LLC
LaVergne TN
LVHW010551300926
849162LV00002B/303